肯尼迪传

KENNEDY

孙恒 著

吉林出版集团股份有限公司

图书在版编目（CIP）数据

肯尼迪传 / 孙恒著．—长春：吉林出版集团有限公司，2011.7

ISBN 978-7-5463-5796-6

Ⅰ.①肯… Ⅱ.①孙… Ⅲ.①肯尼迪，J. F.（1917～1963）—传记 Ⅳ.①K837.127＝5

中国版本图书馆 CIP 数据核字（2011）第 130722 号

肯尼迪传

著　　者：孙　恒
出版统筹：博文天下
责任编辑：崔文辉　张晓华
封面设计：盛世博悦
版式设计：边学成
开　　本：710 mm×1000 mm　1/16
字　　数：247 千字
印　　张：18.75
版　　次：2011 年 8 月第 1 版
印　　次：2020 年 8 月第 3 次印刷

出　　版：吉林出版集团股份有限公司
地　　址：长春市人民大街 4646 号（130021）
电　　话：总编办：010－63109269
发行科：010－85725399
印　　刷：三河市燕春印务有限公司

ISBN 978-7-5463-5796-6　　　**定价：**59.80 元

目　录

第一章

长大成人

圣约翰校长把不遵守或不履行校规的人描述为“没教养的人”——乔特中学不要的东西。这给杰克带来了灵感，在他的领导下，他和几个朋友组织了一个“没教养俱乐部”，由杰克出任俱乐部主席，会员最终确定为13个人。为了规范组织，他们用黄金给会员们各自铸造了一个可以佩带的铲形徽章。

第二章

二战的洗礼

杰克这个原本不应该参战的人，一夜之间成了美国的英雄，只身为肯尼迪家族赢得了荣誉。但是，杰克对自己的美国英雄形象却是一种苦笑加谦虚的态度。当后来有个年轻人问他是如何成为英雄的，杰克回答：“这很容易，他们把我的鱼雷艇切成了两半。”

第三章

踏上征程

“我的哥哥小乔是我们家族中从事政治的当然人选；如果他活着，我会继续当作家；如果我死了，我的弟弟鲍勃会承担起这个责任；如果他出事了，还有我们的弟弟特迪去参加竞选……”肯尼迪在一次采访中说。

第四章
白宫岁月

肯尼迪是吹着“新边疆”的号角来到白宫的，因此他需要聘用能忠心服务于他的目标的人。他在竞选中宣布的录用人才的唯一标准是要有高超的工作能力，即既有思考能力又有行动能力和敏锐的判断力，勇于创新和改革，总而言之，他要聘用自己能够找到的最有才华、最有成就的人。

KENNEDY
第一章
长大成人

圣约翰校长把不遵守或不履行校规的人描述为“没教养的人”——乔特中学不要的东西。这给杰克带来了灵感，在他的领导下，他和几个朋友组织了一个“没教养俱乐部”，由杰克出任俱乐部主席，会员最终确定为 13 个人。为了规范组织，他们用黄金给会员们各自铸造了一个可以佩带的铲形徽章。

1 家族渊源

KENNEDY

1963年，美国第35任总统约翰·菲茨杰拉德·肯尼迪出访爱尔兰共和国。

这次爱尔兰之行，既不是官方访问，也不涉及政治，纯粹是美国总统光宗耀祖的个人行为。因为，爱尔兰是这位美国总统的故乡，100多年前他的祖辈们曾生活在这里。对于肯尼迪总统的出访，当时的报纸刊登了这样一幅爱尔兰乡村风光照：爱尔兰新罗斯镇的一座简陋的农舍前，站着一位农妇，她眺望着远方，神情带着骄傲。是什么让这位农妇看起来这么兴奋呢？原来，即将访问这里的美国总统肯尼迪是这位农妇的远亲。这位总统的曾祖父小帕特里克·肯尼迪曾居住在新罗斯镇附近的一个村子里，后来由于1848年的马铃薯大饥荒而逃亡美国，他这一去，最终缔造了一个美国历史上的伟大家族。

在1845年多雨的夏季里，爱尔兰佃农的主要食物马铃薯染上了枯萎病。这种病使马铃薯腐烂，不能食用。1848年9月，枯萎病再度爆发。据统计，当时大约有100多万爱尔兰人不是饿死，便是病死，另有上百万人为了求生不得不乘坐死亡率高达10%—20%的“棺材船”逃往美洲。因为，那里有广袤的处女地等待着他们去开发、建设，那里有他们的希望！在这上百万的爱尔兰移民中，就包括约翰·菲茨杰拉德·肯尼迪的曾祖父小帕特里克·肯尼迪。

在棺材船上颠簸一个多月后，小帕特里克·肯尼迪终于抵达了美国的波士顿。在那里，他凭借自己在爱尔兰老家的啤酒工厂学来的制桶手艺，当上了桶匠，制作威士忌酒桶和马车板。小帕特里克依靠自己刻苦的工作，慢慢有了一点积蓄。在到达波士顿9个月后，即1849年9月28日，小帕特里克·肯尼迪在波士顿的圣·克罗斯大教堂举行婚礼，新娘名叫布里基特·墨菲，两人是在棺材船上相识相爱的。婚后，他们生了三个女儿和一个儿子，女儿的名字依次是玛丽、约翰娜、玛格丽特，儿子的名字是帕特里克·约瑟夫。生活虽然不算富裕，但大家却非常快乐。

不幸的是，在1858年秋天，霍乱流行，年仅35岁的小帕特里克·肯尼迪不幸染病，于当年的11月22日去世。他什么都没有留下，只留下一个寡妇带着四个年幼的孩子。

生活的重担一下子落在37岁的布里基特·墨菲身上。为了抚养四个孩子，布里基特租了一栋临街的楼房，开起了杂货店，由于经营有方，生意变得越来越红火。作为全家人的希望，帕特里克·约瑟夫·肯尼迪被送进学校读书。

在帕特里克·约瑟夫14岁的时候，他认为自己作为家里唯一的男人，已经到了该承担家庭责任的时候，于是辍学回家，在波士顿码头干装卸工。帕特里克并没有像许多码头工人一样把赚来的钱花光，而是将目光放在经营生意上。慢慢的，他用自己微薄收入中省下的钱在码头附近开了一家酒店，专卖拉格牌啤酒。不久之后，帕特里克又在东波士顿和马弗里克买下了两个酒店。

随着帕特里克·约瑟夫的啤酒生意不断扩大，他在政治上的抱负也慢慢地显现出来。帕特里克·约瑟夫对每一位客人都很热情、友好，并且不时地请别人喝上一杯。因此，劳作之后的人们都很乐意到他的酒店里聊天聚会，和他一起讨论时事。渐渐的，帕特里克·约瑟夫不但成为人人喜爱的酒店老板，而且周围还出现了一大批拥护者。

从1884年开始，帕特里克·约瑟夫·肯尼迪连续5年在马萨诸塞州下议院任职，还连续3次当选任期1年的州参议员，成为民主党在波士顿的主要领导人之一。从此，肯尼迪家族开始走上美国的政治舞台。这时的帕特里克不仅在政治上春风得意，在爱情上也开始有所收获。1887年，他与一名叫玛丽·奥古斯塔·希基的姑娘在教堂举行了婚礼。玛丽出身于富裕的中产阶级家庭，父亲是一位成功的商人，哥哥洛克顿是当时波士顿市市长。这次婚姻使帕特里克的社会地位和经济地位都得到了提高，强化了他进入新兴爱尔兰中产阶级圈子的基础，早在1886年的时候，波士顿的爱尔兰移民人数就已经超过了本地人。

作为民主党在波士顿的主要领导人之一，帕特里克曾出席了1892年、1896年和1900年的民主党全国代表大会，出任过选举委员和罢免委员、电报局长以及代理消防局长等职务。1895年离开议会后，他便成为波士顿第二选区的幕后老板。

20世纪初，波士顿的政治世界里充斥着各种阴谋诡计，竞争非常激烈。但真正让帕特里克弄清楚政治的残酷性的是他与约翰·弗朗西斯·菲茨杰拉德的一次竞争。虽然后来菲茨杰拉德成了帕特里克的亲家，但在当时两人是势不两立的竞争对手。

约翰·弗朗西斯·菲茨杰拉德出生于1863年，28岁时，他成为波士顿市议会议员；29岁时，成为马萨诸塞州的参议员。这些成功使这位年轻人的政治欲望进一步膨胀，他把下一个目标定为：波士顿第九区马萨诸塞州的民主党国会席位。

当时的帕特里克是民主党策略委员会的一员，他与来自其他三区的权力经纪人负责提名波士顿当地和州里职位的候选人，分配民主党的利益。他们支持的是时任议员的约瑟夫·奥尼尔。因此，菲茨杰拉德宣布竞选国会席位的决定，不仅仅是对约瑟夫·奥尼尔的挑战，同时也是对帕特里克以及他所在的策略委员会的挑战。虽然帕特里克指示，凡是在9月份民主党干部会议上投给菲茨杰拉德的票一律作废，但菲茨杰拉德极为煽情的演讲，以及提出的火炬游行计划和在公共计划方面的承诺，还是使他在预选中赢得了决定性的胜利。

这次战役的失利，使帕特里克对菲茨杰拉德一直耿耿于怀。但帕特里克不得不面对菲茨杰拉德在此之后连续三届当选国会议员的事实。尽管如此，帕特里克一直没有放弃对菲茨杰拉德的阻击，终于在1900年的民主党代表大会上将其击败。在这之后，菲茨杰拉德赋闲长达5年，直到1905年东山再起，竞选波士顿市长成功。

菲茨杰拉德成为波士顿市长后，为了表示自己并没有对老政敌耿耿于怀，他专程去了一趟东波士顿与帕特里克·约瑟夫·肯尼迪会面。在上任之后，菲茨杰拉德任命帕特里克为电信局局长，两人的友谊从此逐渐建立起来。

此时的帕特里克·约瑟夫，无论是社会地位还是经济实力，在东波士顿的诺德斯岛都是首屈一指的，但诺德斯岛与波士顿市区相比，简直微不足道。于是，帕特里克在儿子约瑟夫·帕特里克·肯尼迪（昵称“乔”）读完小学后，就把他送到波士顿拉丁学校，而当时的爱尔兰移民的孩子都是在天主教学校学习。帕特里克的这一颇有远见的决定是肯尼迪家族进入上层社会至关重要的一步。从此，约瑟夫·肯尼迪彻底脱离了他原来生活的圈子。

在波士顿的拉丁学校，乔的学习成绩一般，还留了级。但他对运动兴趣浓厚，而且还是学校棒球队队长。在学校组织的各种活动中，他结识了很多波士顿的富家子弟。

中学毕业后，乔被帕特里克夫妇送进了当时最权威的哈佛大学，这在当时的爱尔兰裔的父母中真是少之又少。原本成绩平平的乔进入这所高手云集的名校后，显得更加平凡，即使是他最拿手的棒球，在这里也不值得一提，他甚至连学校棒球队都未能入选，这令他十分沮丧。令乔更为失望的是，他因为信仰天主教而被学校里最具声望的"瓷器"俱乐部拒之门外。这件事对乔的打击非同寻常，从这时起他便产生了强烈的报复心理，而且这种心理伴随了他一生，即使在他儿子当上了美国总统之后，也没能使之释然。

无论是在拉丁学校，还是在哈佛，乔对金钱都表现出了强烈的欲望。这一方面来自于他父亲帕特里克的影响，一方面来自于对社会现实的认知。

在大学三、四年级的暑假期间，乔曾与朋友一起经营一辆旅游观光车。乔担任讲解，他的朋友负责开车，把游客送到波士顿、康科德和莱克星顿的历史名胜区去游览。两年时间里，他们不但收回了600美元的成本，而且还净赚了9 400美元，这在当时可是笔不小的数目！乔深信财富能征服一切，并为自己立下目标：在30岁之前成为百万富翁。他曾说过这样一段话："有了金钱就有了自由，有了金钱的你，喜欢去哪里，什么时候去，用什么方式去，可以全凭自己的喜欢选择，这就是金钱最大的魅力所在!"

1912年大学毕业后，乔走遍了马萨诸塞州所有的大金融机构，但是连一个职位都没有得到，最后不得已才去哥伦比亚信托公司当一名低级职员。这是一家爱尔兰人开的小银行，由他父亲与人合伙创办。在哥伦比亚信托公司里工作了一段时间后，乔又利用父亲的政治影响，进入马萨诸塞州银行成为助理审查员，年薪15 000美元。

1913年12月，哥伦比亚信托公司发生危机，波士顿第一区的国民银行想要收购它。乔得知后，立即前往第一区国民银行，要求贷款4.5万美元。他用这笔贷款大量收购哥伦比亚信托公司的股票，以此来破坏收购价格。同时，他又通过各种关系设法掌握了哥伦比亚信托公司15%的股份。

到1914年1月，乔已经掌握哥伦比亚信托公司51%的股份。1914年1月20日，哥伦比亚信托公司董事会一致通过决定：由约瑟夫·帕特里克·肯尼迪担任董事长。26岁的他单枪匹马打败了银行的收购计划，并迫使信托公司原总裁辞职。此时，约瑟夫成为美国有史以来最年轻的银行总裁。

这会儿，年轻有为的乔该考虑自己的婚姻大事了。

其实，早在1906年夏天民主党的一次聚会中，18岁的乔便得到了菲茨杰拉德那聪颖、美貌的女儿罗丝的钟情。但乔和罗丝的爱情之旅并不顺利，他们的亲近遭到了菲茨杰拉德的强烈反对。首先，菲茨杰拉德夫妇认为乔的家庭与他们家相比差一个层次，另外菲茨杰拉德还认为乔反应迟钝、粗鲁莽撞、无能，更何况他还是自己长期以来的政敌——帕特里克·约瑟夫的儿子。在1906年至1914年间，菲茨杰拉德竭尽所能地阻止乔向自己女儿求婚。他禁止罗丝接受乔的邀请去参加波士顿拉丁学校第一次季节舞会；为了分开乔和罗丝，他还先后安排女儿在三所修道院学习。1911年夏天，菲茨杰拉德带着罗丝去欧洲旅行。途中，他安排女儿与自己相中的修·诺恩见面。修·诺恩也是哈佛大学的毕业生，他父亲哈里·诺恩是位百万富翁。菲茨杰拉德希望女儿能与修成为恋人，最终步入教堂。但结果并非如此，罗丝与修虽然一路上相处愉快，但她并未动心。在她的梳妆台上，一直摆放着乔的照片。菲茨杰拉德的干涉直到1914年6月才停止。是什么原因让这位固执的市长让步呢？第一，他一直认为无能的约瑟夫成为了全美最年轻的银行总裁；第二，罗丝对乔的执著；第三，罗丝的年龄越来越大，他担心女儿再也碰不到这样好的求婚者；第四，他本人因为绯闻事件被迫退出市长的竞选，从而终结了自己的政治生涯。

1914年6月13日，罗丝·伊丽莎白与约瑟夫·帕特里克·肯尼迪举行订婚仪式。4个月后，在红衣主教威廉·卡迪纳尔·奥康内尔的私人教堂里，乔与罗丝相对低调地举行了婚礼。随后，他们在岳父家为75名宾客举行了宴会。从此，肯尼迪家族和菲茨杰拉德家族结为同盟。

婚后，乔和罗丝住进了一幢舒适的二层半小楼。此楼位于波士顿郊外的布鲁克林比尔斯街，这里居住着第二代、第三代中低层工人和中产阶级。为了买这所房子，乔欠下了6500美元的债务。尽管此时的他负债累累，但为了便于交际，乔还是买了一辆崭新的黑色福特轿车——也是用借来的钱买的。

“当我看到丈夫开着油光铮亮的福特车回家时，那种感觉实在是太美妙了！无法用言语来表达。这时候的汽车隆隆声比任何时候听起来都要动听。乔当然也无比骄傲和兴奋，迫不及待地要带着我出去兜风。当时，我们家附近正在修路。乔可能由于太激动的原因，把车开得很快，使得我们不容易看清路边的警示灯，等我看清横在路前的沟时为时已晚，我们已经冲进了沟里。瞬间，一片混乱。乔和我的叫喊声，发动机的空转声……弥漫在空气中。但是，乔很快就镇定下来，开足马力，几秒钟后，汽车使劲跳了一下，我们冲出去了。”罗丝回忆汽车买回来第一天乔带她去兜风的经历。这正是他们生活的写照，罗丝后来回忆说：“在那些日子里，我们一起战胜了许多挫折。”

乔和罗丝的婚后生活还算令人满意。1915 年 7 月 28 日，他们的第一个孩子小约瑟夫·帕特里克·肯尼迪出生。他的外公菲茨杰拉德得到消息后非常高兴，立刻给报社打电话：“他一定会成为美利坚合众国的总统。他的父母已决定让他长大后去读哈佛大学，他将加入学校的棒球队和橄榄球队，顺便获得学生应获得的一切荣誉。然后，他将成为行业领袖，直到成为总统。在成为总统之前，他可能会先当一段时间的波士顿市市长和马萨诸塞州州长。”

尽管这只是菲茨杰拉德的一些玩笑话，却也真实地反映出了他的远大抱负和十足的信心。

1917 年 5 月 29 日，乔和罗丝的第二个孩子出生了，也是个健康的男孩。罗丝以自己父亲的名字为孩子取名为约翰·菲茨杰拉德·肯尼迪，昵称“杰克”。

两个可爱的孩子，贤淑的妻子，可以说家里什么都不缺了，但唯独不见乔的踪影。此时的他正想尽一切办法为自己捞钱，他对自己的经济前景信心十足。在他担任哥伦比亚信托公司总裁的 3 年时间里，公司的存款几乎翻了一倍，贷款增加了 50%以上。经过这几年商场的磨练，已变得更加自信和精明的乔正决心缔造自己的帝国神话。他发誓，要在 30 岁以前赚到他的第一个 100 万美元。

乔的财富迅速积累是从 1917 年开始的。这一年，他辞去了银行总裁的职务，进入伯利恒钢铁公司下属的富尔河造船厂，担任总经理助理。这份工作虽然只有 1.5 万美元的年薪，但可以使他免于从军。在造船厂工作的

18个月里，乔投入全部精力，非常勤奋，有时晚上就在办公室的沙发上睡一两个小时。当他于1919年离开造船厂时，因为“付出了其他人无可比拟的辛劳”，而得到了一张支票作为奖励。更让乔受益匪浅的是，因为有了这次管理大企业的经验和卓越表现，使他今后从事商业的道路更加平坦。

喜欢冒险也善于冒险的乔，绝不会放过任何一次赚钱的机会。对乔来说，财富是保护他和他的家人免遭大风浪吞噬的防护堤。

1919年，乔利用自己在银行当总裁以及后来在造船厂当总经理助理的成功经历，谋得了波士顿著名的“海登—斯通”公司的股票经纪人的工作。在那里，他逐渐掌握了经营股票的窍门和操纵股票市场的技术，再加上他有这方面的丰富知识和卓越的判断力，到1923年时，乔已经获得将近200万美元的净利。有了这些钱后，乔辞去“海登—斯通”公司的职位，成立了自己的公司。

这时，他决定搬家。长期以来，一直有个问题困扰着乔和罗丝：虽然他们拥有大量的财富和显赫的地位，享受着优越的生活，却因为自己是美籍爱尔兰人、天主教徒，而备受当地上层人物——富裕的新教徒的怠慢。

这样的现实，使努力进入上层、渴望用美国身份取代他们的“爱尔兰血统”的乔和罗丝非常气愤，乔曾对记者说过这样一句话：“我的父亲出生在这个国家，我也出生在这个国家，我的孩子们还是出生在这个国家，到底要怎么做才能成为一个美国人呢?”很长一段时间以来，肯尼迪家族被夹在两个对立阶层之间，既不愿与爱尔兰人交往，又得不到新英格兰人的认可。

为了改变这一现状，为了孩子们不再有与他们类似的经历，也为了他自己，乔决定举家迁往纽约，彻底远离爱尔兰人的世界，而且那里还有更多的商业机会等着他。

到纽约之后，乔在炒股的同时，开始从事电影戏剧事业。他先以50万美元的价格买下了“美国电影售票权”的股权，又买下了马萨诸塞州的一些影院。1926年，他收购了英国一家电影制片公司，接着又购得了世界电影公司的区域特权，这些都为他带来了巨大的利润。1930年，乔卖掉所有的电影股份。1933年禁酒令结束后，他又通过经营烈性酒大发了一笔财。据说此时的乔家资产已达2.5亿美元，跻身豪门之列，这为肯尼迪以后的政治生涯奠定了坚实的基础。

随着乔的财富不断增长，他和罗丝组建的家庭也在不停地增加成员。1918 年到 1932 年间，罗丝又先后为肯尼迪家生了七个孩子，其中有五个女孩，分别叫罗丝玛丽、凯瑟琳、尤妮丝、帕特里夏和琼；两个儿子，分别为三子罗伯特和幼子爱德华。在这个人丁兴旺的大家庭中，乔和罗丝获得了巨大的乐趣。这个大家庭也使乔和罗丝成为公众关注的对象，因为在那个时代，子孙满堂的传统在大多数中产阶级家庭中已经变得罕见。

然而，在乔的事业蒸蒸日上的时候，他和罗丝的关系却陷入低谷。在外界看来，他们是很般配的一对，有着相似的出身背景，对财富充满渴望，都努力争取进入上层社会。但是，婚后的他们并不像外界所说的那样和睦。

罗丝是循规蹈矩者，一生都在认真地遵守教会的规矩和各种社会习俗。由于长期的宗教灌输和教育上的浑沌状态，除了出于生育目的，罗丝尽量避免与乔做爱，禁欲主义在她的头脑中根深蒂固。据说，1932 年爱德华出生后，罗丝就搬进了一个单独的卧室，终止了和乔的“夫妻生活”。而作为一个有着正常欲望的男人，乔自然是无法忍受。有一次，乔甚至当着朋友的面对罗丝说：“难道你认为婚姻生活中，除了生孩子之外就不会有浪漫的爱情吗？书上从来没有这样写过，神父也没这样告诉过你，我们的结婚誓约中更没有这样的内容！在这个问题上，如果你还坚持你的观点，我就去神父那儿告你。”乔为了满足自己的欲望，开始延长在外面的时间，投入到女影星和其他露水情人的怀抱。他拈花惹草的风流韵事渐渐传到罗丝的耳中，再加上繁杂的家庭事务，使罗丝一气之下离家出走，与乔分居三个星期，最后不得不在菲茨杰拉德的催促下回到她“应该去的地方”。

为了保持家庭的稳定，为了孩子们的身心健康，为了在公众中的形象，罗丝与乔逐渐达成一个协议：罗丝定期出国旅游，来缓解繁重家务工作的压力。渐渐的，他们的关系变成了一种互相利用、互相合作的关系。也正是这种关系，使他们的家庭保持了稳定和团结。

2 家庭教育

KENNEDY

在教育孩子的问题上，肯尼迪夫妇始终步调一致。“父亲和母亲在性格方面配合得非常好。父亲对他的孩子们，尤其是儿子们抱有很大的希望，使人感到有一种威严的、强大的推动力量。和父亲相比，母亲的角色更像是一位导师和鼓舞者，使我们更有自信，感到父亲的标准是可以接受和达到的。”小儿子爱德华·肯尼迪后来回忆说。

“做一位伟大儿子的母亲远比做一位画家或钢琴家更有意义。”罗丝曾这样说道。父亲的丑闻和丈夫拈花惹草的行为让她丢尽了颜面，于是，罗丝开始将注意力集中在宗教和孩子的教育上，但在方式上则显得似乎有些呆板。她完全照搬《妇女家庭杂志》上模范家庭的教育方式，用通用的标准来要求自己和孩了们。她整天外出看朋友，但在晚上五点半之前一定会赶到家，“监督孩子们完成作业，询问他们白天都做了哪些有趣的事”，同时也可以防止一天快结束的时候孩子们“士气”低落。罗丝完全变成了一个地地道道的管家，思想的僵化使她从来不以亲吻和抚摸表达母爱，而是以体罚代替思想沟通，以检查纽扣来代替亲吻。与其说她是用母爱来抚育孩子，不如说是在“管理”家庭这个“企业”。她用卡片索引档案法记录孩子们的基本信息，比如出生的时间、地点、受洗礼的教堂，教父教母的姓名，以及重要的统计资料和病史。“每天检查”孩子们的衣服有无破损，对纽扣是否松动尤其重视，几乎达到了迷信的程度。“纽扣，纽扣，还是纽扣，我和佣人在纽扣上花了大量的时间，可是无论缝得多么结实，还是会被拽松……”罗丝后来说。

为了培养孩子们的阅读习惯，罗丝设立了一个专栏，在上面剪贴一些优秀的文章让孩子们阅览。在孩子们入学前以及生病住院期间，罗丝经常读书给孩子们听。在午间休息的时候，罗丝禁止孩子们追逐、打闹，但可以读书或睡觉。

罗丝还为孩子们制定了严格的时间纪律。要准时上餐桌，既不能早来，也不能迟到。在全家一块出去游玩时，每个人都必须在规定的时间内到达集合地点，时间到了就立刻驱车出动，绝不等迟到的人。一次，乔和罗丝带着孩子们在离家几英里的海边俱乐部拜访朋友。为了赶回家吃一点钟的午餐，罗丝规定大家必须在 12 点 45 分准时上车，而向来散漫的杰克却迟到了，只好自己搭车回家。

几个孩子们当中，时间观念最强的是罗伯特·肯尼迪。一次，为了准时上餐桌，他在跑向餐厅的时候速度过快，结果撞上了玻璃，缝了好几针。还有一次是在1948年的夏天，22岁的罗伯特正驾着船在海上玩，当他发现自己快要错过用餐的时间后，立刻开足马力向岸边冲去，还没等船靠岸，他就匆匆地对朋友说了句："船交给你了，我要准时回家吃饭。"然后跳入水中急急忙忙跑上岸。

"不能让小孩子放任自流，父母的规定他们必须遵守，不能让他们说'不'，更不允许有所反抗。他们应该理解父母，父母的所作所为都是为了他们好。"罗丝后来对记者说，"可能有些时候孩子们并没有完全按我们的要求做，但在我的记忆中，只有琼直接对我说过一次'不'。当时是在佛罗里达，她不想去学游泳，我对她说：'立刻去跟哥哥姐姐们一起学游泳，我们家的每一个孩子都是要学的。'可能是由于我的语气比较严厉，琼二话没说，立刻就去了。"

与母亲罗丝相比，父亲乔教育孩子的方式就灵活得多。

乔是家族精神的最好代表。虽然他长年在外，很少和孩子们在一起，但在孩子们眼中他却是一位让人敬佩的严父。乔虽然对待孩子们的态度有时比较专横，但从不打击他们的自信心，更多的时候他采用的是鼓励和肯定的方式，想方设法给孩子们灌输"必胜"的信心和决心。在杰克进入乔特预备学校读书时，乔给儿子的信中这样写道："听着杰克！根据我长期以来衡量人所得出的经验，你是一个非常有发展潜力的孩子。如果你无法把上帝赐予你的聪明才智充分发挥出来，不觉得很可惜吗？……儿子，你一定要全力以赴！"

尽管乔与孩子们相处的时间很少，但对孩子们的要求却是非常严格的。他要求孩子们必须学会竞争，善于竞争，习惯竞争，并且不管对手是外人还是亲兄妹都要将其击败。作为肯尼迪家族的总设计师，他一直向孩子们灌输这样的精神："凡事都要做第一！在我们这个家族中只能出第一，第二就是失败。我们这里不需要任何失败者！"

乔和罗丝安排女儿们进入天主教学校学习，而儿子们都进入新教的寄宿学校。每到节假日，肯尼迪家的孩子们就得在家里接受专业老师的训练。早上7点，在体育老师的带领下做柔软体操，早饭后开始学习网球、航海等课程。

为了培养孩子们的竞争意识，乔强迫他们从事竞技性的体育运动，比如游泳、帆船和橄榄球，并要求他们必须夺得冠军。一次，乔陪杰克在塔基特湾参加帆船比赛，由于杰克犯了严重的战术性错误，再加上在比赛的关键时刻精神松懈，最终导致失利。回家后，乔在门廊里狠狠地教训了杰克一顿，并告诫他不能赢就不应该参加比赛。这件事给杰克留下了深刻的印象，后来他与记者这样说道："我生长在一个有着严格家教的家庭中，谁都没有资格坐享其成。每个人都面临着巨大的压力，迫使你必须不断地完善自我。"

乔的这种竞争观在日后儿子争夺美国最高职位上起了相当大的作用，但同时也带来了灭顶之灾。

孩子们每天放学后都必须花一小时阅读报纸，然后在吃饭时与父亲讨论自己对各种新闻的看法。乔也经常为孩子们分析世界格局、政治局势、商业现状、美国政界要人的优缺点以及一些政府黑幕等等。这种大家庭的自由讨论，对日后肯尼迪兄弟在公众面前即兴演讲、清晰地表达自己的观点功不可没。

老约瑟夫就是这样一心要把孩子们培养成政治眼光敏锐、不断进取、渴望出人头地的人物。他决不允许孩子们违背父母的意志，自行其是。可以说，是老约瑟夫一手打造了肯尼迪家族的政治王朝。"我们的学习任务、需要达到的目标以及应该玩什么样的游戏，都已经由父母完全制定好了。"小儿子爱德华后来说，"就是在饭桌上，我们也不许谈论任何无关紧要的话题。"

乔不辞辛苦地为孩子们精心打造未来，在他近乎苛刻的严厉管束之外，孩子们依然觉得父亲和蔼可亲、无微不至。乔虽然长期不在家，但心里却总是惦记着孩子们，不管多忙，都会尽可能快地亲自给孩子们回信。乔还经常介绍一些明星给孩子们，比如体坛明星贝布·鲁思、西部片明星汤姆·密克斯等。父亲的慈爱和关心使孩子们对他非常尊敬和佩服。"我年轻的时候，父亲很少在身边。但是，无论他在不在，我们都能感觉到他；在这个世界上，我们永远占据他心中最重要的位置。他对我们的关心无所不在……如果我们没有达到父亲的要求，他是非常严厉的。"后来成为美国总统的次子约翰·菲茨杰拉德·肯尼迪对记者这样说道。

如此严格规范化的教育，令当时的波士顿人大发感慨："肯尼迪家日后必定会出一位伟大的人物。”

乔在拥有了巨大的财富后，便开始分配家产。他建立了4项信托金，在他的有生之年，能够提供给他的妻儿每人2 000万美元。他知道，要使子女们有权有势有地位，首先得有钱。用乔自己的话来说就是：“当你不必为生活担忧的时候，你就可以全身心地为公众服务了。”

孩子们虽然在经济上得到了解放，但是父亲的权力欲望却使他们无法按照自己的兴趣选择职业。父亲在为他们卸下经济包袱的同时，也交给了他们一项沉重的家族使命——“政治任务”。当然，这主要是针对男孩子们的。后来，乔的4个儿子都进入政界，可以说他的影响是举足轻重的。

纵观老约瑟夫的一生，财富和权力是他始终追求的两样东西。对他而言，追求财富是为了获得权力，也就是把有限的财富化作无限的权力。

在肯尼迪家族中，乔对子女的奢望首先集中在大儿子小乔身上。作为长子的小乔自己也明白身上的担子，他经常这样对朋友说：“作为家里的老大，我必须以身作则，才能起到带头的作用。”

小乔酷似父亲——富有进取心，争强好胜，冲劲十足，而且好发脾气。他从小就十分努力，凡事只求最好，不容他人质疑自己的能力和权威。对于父亲的良苦用心，小乔心领神会，他曾宣称：“有一天我会成为美国总统的!”这种抱负一方面是来自父亲的遗传，另一方面也与他受过的严格训练有关。当父亲不在时，小乔便充当同辈中长者的角色，在弟弟妹妹中间威信很高，在家中的主导地位无人能挑战。以至于有人做出这样的评价：“肯尼迪兄弟姐妹怕的不是父亲，而是小乔。”

“在我的童年时代，小乔是我的一个麻烦。”后来成为总统的肯尼迪这样说。可能是因为他们之间的年龄差距不大（2岁），也可能是因为他们的性格差异太大，或者是受父亲要求每事必胜心态的影响，小乔和杰克之间总是不时地爆发冲突和“战争”。

一年暑假，罗丝为小乔和杰克买了同样款式的游泳衣，马虎的杰克错穿了小乔的，令小乔大为恼火。“小乔怒不可遏。我赶忙安慰他，并让杰克向他保证以后再也不会发生这种事了。可没想到的是，4天以后杰克又犯了同样的错误。那天我不在家，但是完全能想象得到当时的可怕情景。听说，小乔挥拳相向，杰克拔腿就跑。他们越过草坪、灌木丛，一直追到海边，然后沿着老防波堤跑。眼看着小乔快要追上杰克的时候，埃迪·穆尔（乔的杂务总管）走过来了，才及时制止住他们。否则，真不知道接下来会发生什么样的事情。”罗丝后来回忆说。

还有一次，小乔提议，他和杰克在外面街区赛自行车，两人相向而行，看谁第一个到达对方的出发点。结果，小乔故意撞向杰克的自行车，造成杰克缝了28针的严重后果。

一句玩笑话、一句无礼的言辞都可能引起小乔和杰克的一场冲突，甚至大打出手。罗丝说：“在童年时期，小乔和杰克经常吵架，甚至打架。虽然杰克没有小乔个头高，力量也不如小乔大，但发起脾气来，瘦弱的杰克从不示弱。”通常情况下，都是力气大的小乔取得“战斗”的胜利。在家中，除了杰克以外，无人敢挑战小乔的权威。从一张早年的照片上可以看到，小乔和杰克手挽着手，似乎亲密无间，然而杰克的表情却很怪异，显得很痛苦，原来小乔正使劲拧着他的手。

当后来被问及小时候是否有过幸福的童年时，杰克想到的只是自己与小乔的竞争。“他的个性很好斗。后来脾气好些了，但在我的童年却是个问题。”杰克少年时期的一个恋人贝蒂·杨记得，只要他们单独在一起，杰克就忍不住要谈起小乔，“小乔橄榄球打得比我好，小乔的足球踢得比我好，小乔跳舞比我跳得好，小乔的学习成绩又提高了。”哥哥小乔简直成了杰克挥之不去的阴影。不过，兄弟俩的竞争并不意味着他们不是好朋友、好伙伴。

家庭观念、集体感、忠诚感是乔培养孩子们的指导原则。乔总是告诫孩子们，要依靠家庭的团结来抵御竞争对手和反对力量。1935年，在乘船前往欧洲的途中，乔给杰克上了一节永生难忘的课。当时，乔介绍通用汽车著名的设计师劳伦斯·费希尔与杰克见面，并对杰克说：“杰克，这位就是著名的费希尔·博迪家族的劳伦斯·费希尔。介绍你们认识，就是要让你知道团结一心的兄弟能够取得什么样的成功。”一次，在杰克和小乔争吵时，杰克的朋友试图帮助杰克，结果不仅遭到了拒绝，而且还惹来杰克的不快，他冲朋友吼道：“我在跟哥哥说话，不是跟你，少管闲事！”

3 与学校对抗的糟糕学生

KENNEDY

杰克在人生第一个10年里，印象最深的就是外祖父菲茨杰拉德带着他和小乔参加波士顿州长竞选和观看红袜队的比赛。杰克患有先天性脊柱软弱、哮喘，并且患过恶性猩红热、水痘、耳部感染等多种儿童疾病，这些都迫使他不得不长期卧床休息，或者只能在室内活动，因为他需要大量的时间恢复健康。在休息的这段时间里，杰克渐渐养成了读书的习惯。据罗丝回忆说："杰克喜欢读一些探险故事、人物传记和历史类的书，《亚瑟王与圆桌武士》他读了一遍又一遍。"

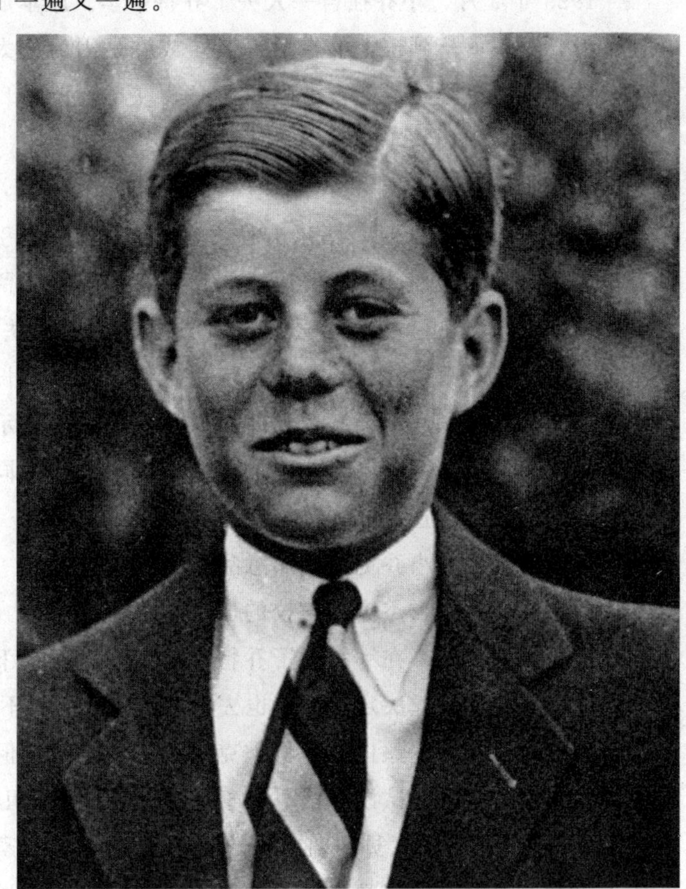
10岁的约翰·F. 肯尼迪

杰克在4岁时被送进爱德华奉献学校学前班学习，但由于疾病，本应有34周的到校记录，最后仅有10周。1924年，7岁的杰克和9岁的小乔进入德克斯特私立学校学习。1927年的时候，乔的电影事业发展逐渐壮大，他经常穿梭于纽约和洛杉矶之间，为了工作的方便，他们全家搬到了曼哈顿郊外的布朗克斯区。1929年，他们又搬到弗代尔的布朗克斯维尔地区一处占地36亩的庄园，小乔和杰克在当地的一家私立学校安顿下来。

1929年，乔为了使孩子们获得超强的生活能力，进而跻身上流社会，将小乔送到康涅狄格州沃灵福德的乔特寄宿学校学习，并且决定在适当的时候将杰克也送入乔特中学。

小乔的转学使原来那家私立学校的教师们颇感不快，在他们眼里，小乔作风正派、成绩优秀，是老师们最喜欢的那一类学生；校长弗兰克·哈克特给乔特中学的沃德尔·圣约翰的信中这样说："小乔天资聪颖，高于平均水平，是我们学校最优秀的学生之一，是我们共同需要的那一类孩子。"

1929 年 9 月，小乔独自一人去了乔特中学。原本成绩优秀的他成绩迅速下滑，很快就落到班上的最后一名。或许是因为他太想家，而父母又总不来看他，所以导致成绩下滑吧！于是，在 10 月 31 日这天，校长写信给乔，邀请乔来学校与小乔共度父亲节。

但此时的乔分身无术。

1929 年 10 月 29 日，华尔街股票骗局突然败露，引起股票暴跌。虽然乔早已将自己的大部分投资转出股票市场，但仍然要留下来收拾残局；同时，他还准备将自己的电影公司卖掉。显然，他无法与小乔共度父亲节了。于是，罗丝只好代乔给校长回了一封信，感谢校长如实报告了小乔的成绩，对小乔在学习上没有达到他应该达到的水准表示遗憾，并向校长承诺将尽快写信给小乔，催促他更加用功地学习。与此同时，罗丝将学校的各种通知都转给了正在加利福尼亚的乔。

母亲的警告使小乔更加心烦意乱。

就在同一时期，杰克在学校的成绩也大幅度下滑。原本四、五年级时成绩遥遥领先的他，在小乔去了乔特学校后，开始走下坡路。也许是由于这个原因，乔和罗丝决定让杰克也去寄宿学校读书。不过不是乔特中学。

其实，一开始罗丝也准备将杰克送入乔特中学，但她对杰克是否能通过乔特中学的入学考试没有信心，于是这件事拖了好几个月。直到 1930 年 6 月，杰克才在有关人员的监督下，在海恩尼斯港的家中进行了乔特中学的入学考试。但罗丝却又改变了主意，她决定将杰克送去康涅狄格州新米尔福德的坎特伯雷学校，因为她一直对乔特中学的新教偏见很不喜欢。

坎特伯雷学校位于新英格兰小镇新米尔福德地区，坐落在一座陡峭而寒冷的山丘上。它是一座纯天主教学校，由一位罗马天主教神甫任校长，14 名天主教老师执教，所有的学生几乎都是来自天主教家庭。尽管学生只有 92 人，但在 1930 年报考大学的 21 名毕业生中，就有 1 人进了哈佛，7

人进了普林斯顿，7 人进了耶鲁。

1930 年 9 月 24 日，13 岁的杰克独自来到坎特伯雷学校，成为 32 名新生之一。他并不喜欢被送到离家这么远的地方。以前虽然很少见到父亲，但起码还能常和母亲见面，现在连母亲也不容易见到了，更别说繁忙的父亲。杰克给一个亲戚写信说："这个地方还不错，虽然足球队看上去很差，但游泳池还是很棒的！在这里，我们要参加所有宗教活动，而每天早、晚的礼拜是绝对不可能缺少的。星期二我们要听宗教讲座，星期三学习天主教教义，时间非常紧张，学习很艰苦。"他似乎没有发现坎特伯雷有什么值得炫耀的地方。在另一封家信中，杰克坦言他非常想家。

进入坎特伯雷学校后，杰克的英语、历史、数学成绩还不错，但科学和拉丁文的成绩却不怎么理想，使他的平均成绩被拉到 77 分，而校长则认为"他的平均成绩应该在 80 分以上"。乔对杰克进行了严肃的批评。杰克给母亲的信中说："我有点儿担心自己的学习，校长说我成绩开头很好，接着就开始下滑，这个问题一直困扰着我。"其实，杰克这时最感兴趣的是时事和体育。他积极地参加各种运动，比如滑冰、滑雪、橄榄球、曲棍球和足球。在曲棍球和足球场上，杰克伤痕累累，"我现在的样子看上去非常滑稽，鼻子、胳膊、腿以及身体其他部位挂满了伤痕。"杰克的每一封家信都表现出了他的活跃和幽默，这或许是继承了他那活力四射的外祖父菲茨杰拉德的性格吧！"请给我寄一些《文摘》杂志，市场大萧条这么久了，我才刚刚知道，或者寄份报纸来也可以。"杰克给父亲的信中写道。在天主教学校与世隔绝的状态中，杰克更加渴望掌握世界的动态。

随着时间的推移，杰克逐渐适应了坎特伯雷的生活，但他还是非常想家。乔作为一个商人在赚钱时是冷酷无情的，但面对儿子的思家愁绪，却极为体贴。他决定让杰克转入乔特学校，和小乔在一起。他写信给乔特学校的校长沃德尔·圣约翰，希望杰克能在圣诞节后转入乔特中学。这个提议遭到了圣约翰校长的婉言拒绝，他提议让杰克在坎特伯雷学校读完这学年再转入乔特中学。乔接受了校长的建议。

杰克继续孤独地待在坎特伯雷，他将注意力全部集中在学习上。但是，体弱多病的他还是没有读完在坎特伯雷最后几个月的课程。他经常感到"头晕、虚弱"，在听课时还晕倒过两次。一天早晨做弥撒时，一个传教士来学校讲有关印度的问题，在杰克看来是："我听过的最有意思的讲话之一，但是听到中途的时候，我眼前发黑，所有东西都开始变得昏暗。我几乎要晕倒了，于是便向外走，结果没走几步就倒下了，休姆校长扶住了我……不过，我现在已经没事了。”但是，他真的没事了吗？杰克的身体越来越糟，体重开始下降，在1930年10—12月的时间里，他掉了将近3公斤肉，而且注意力也不容易集中，感觉“相当疲劳”。

父亲担心杰克的健康和精神状况，于是安排他去棕榈滩休养，并在那里过复活节。为了表示对父亲的感谢，杰克向父亲保证“一定会努力学习，提高成绩”。然而，他却没有机会履行承诺，因为他一回到坎特伯雷就又因剧烈的腹痛倒下了。经诊断这次杰克得了盲肠炎，医生决定给他切除阑尾，并在附近的丹伯里医院实施了紧急手术。考虑到杰克伤口恢复比较缓慢，乔决定让杰克待在家里康复。结果，等杰克完全复原后，已经是6月份，学校也该放暑假了。为了不落下功课，乔请家庭教师给杰克辅导，在家里完成了全年的学业，并顺利地通过了那一学年的学校考试。

乔再次写信给乔特中学，要求杰克入学，于是试卷又一次寄到海恩尼斯港的家中。这一次入学考试中，杰克的智商考试119分，英语和代数也都获得了高分，只是拉丁语没有及格，但这并不影响他进入乔特中学，因为校方同意杰克经过夏天的辅导后进行补考。于是整个暑假，杰克不得不在贝尔莫尔辅导站苦攻拉丁语。在1931年10月2日的补考中，杰克满足了拉丁语课程的要求，直接进入乔特中学三年级。

尽管乔特中学有新教的偏见，杰克还是很快就在学校找到了自己的位置，与其他同学打成一片。大家都很喜欢这个满头金发、说话幽默的“爱尔兰少年”。

在学习上，由于三年级不教杰克喜欢的历史课，而他对占用大部分课时的拉丁语和法语又缺乏兴趣，成绩自然无法让校长感到满意。校长在给乔的信中说道：“杰克的成绩没有达到我们给他规定的标准……他学习总是不够专心。”乔给校长的回信中说：“我以极大的兴趣阅读了您的来信，您对杰克第一个月成绩的评论我完全同意。杰克的天赋很高，可是他却不能很好地利用。我认为应该对他进行严格的监督，否则可能对他的成长不利。”

进入乔特后，杰克的身体问题变得更加明显。刚入学不久，他又病倒了。在1931年11月份的时候，一次“中度感冒”让他在医院待了两夜。

当他回家过感恩节时，他瘦弱的样子使家人感到吃惊。乔对儿子的状况很不满意，给乔特校长圣约翰的信中，乔抱怨道："杰克看上去有点瘦，或许他还是挑食，只吃自己爱吃的东西。"罗丝也不断地给校长夫人克拉拉·圣约翰写信，要求让杰克有规律地服用鱼肝油。1932 年 1 月份，杰克再次因为"感冒"住院，虽然病情没有恶化，但他咳嗽得非常厉害，因此又在学校医务室住了一个多星期。4 月份时，只有 106 斤的杰克又一次因为感冒、扁桃体发炎和尿样检查不正常而回到医院。

课程的压力、服从校规的压力、健康状况的困扰，使杰克不堪忍受，这也促使他越来越多地往医务室跑。但是，杰克并没有因此从家里得到多少安慰。罗丝后来回忆说："以前我和乔常常担心他的身体。然而到那时，我们早已习惯杰克隔三岔五地住院休养。我想我们更关心的是他是否缺乏刻苦学习的精神，或者也可以这样说，他是否缺乏把他不感兴趣的课程学好的'战斗精神'。在乔特中学这样高度有组织的体制中，小乔毫无问题能够适应它，这符合他的性格。但杰克却不能或不愿意遵守，他想学的都学得很好，而他不想学的，他是不会努力的。"

结果杰克又拿到了令人沮丧的成绩报告单。圣约翰校长在给乔的信中说："除英语外，杰克的问题依然如故。其实杰克对自己的成绩也很苦恼，他也很想学好。只是他现在注意力还是不够集中，缺乏稳定性。但是，以他的能力，完全可以做得更好。"在圣约翰校长的督促下，杰克的舍监莱恩巴克先生为杰克规划好了每一学科的进度。他要求杰克每天晚饭后向他背一篇拉丁语和法语单词，每天参加他学得不好的课程辅导。莱恩巴克先生甚至每天与杰克一起做代数作业。莱恩巴克先生后来回忆道："该做的几乎都做了。杰克的关键问题是不能有效地集中注意力。有的时候很想训他，可是一见到他笑嘻嘻的样子，就再也生不起气来了。杰克真是个讨人喜欢的孩子，该拿他怎么办呢？……杰克做事最明显的特征就是冲动，他并没有恶意，只是青春期的冲动。但这种冲动使他的学习积极性忽高忽低，成绩欠佳……杰克的脑子里总有许多未成形的想法，因此他的注意力总是很分散。可能对杰克来说最难的事就是集中注意力了吧！"

法语老师戴维斯先生给校长的一张条子上写着："除了体罚外，各种方法都尝试过了，但杰克还是那样！他的作业做得乱七八糟，而且他还丢三落四，常常不是忘了带书或纸，就是忘了带铅笔。"

尽管老师们作了种种努力，杰克还是未能通过学年末的拉丁语和法语考试，因此他不得不留在乔特接受暑期辅导，把“在正常学年里没有完成的学业在暑期补上”。

另外，杰克邋遢的习惯使得他无法适应学校的制度，这也直接影响了他的学习成绩。杰克的舍监回忆说：“校规里明确规定，孩子们要遵守时间、要整洁。而杰克几乎就是所有组织工作方面杂乱无章的一个典型人物，他不注重修饰，约会时总迟到，不好好学习，也没有什么物质价值的概念，甚至不带一分钱到外面去旅行，经常找不到自己的东西放在哪儿。尤其是在整洁的问题上……太让人头疼了。”

杰克的暑假梦就这样破灭了，他原本打算在暑期去科德角驾驶帆船游海的。杰克发誓他决不会再发生不及格的事情，但他也决不改变他的方式，依然我行我素，拒绝随波逐流。他经常对朋友说：“世界上有三件事是真实的——上帝的存在、人类的愚蠢和令人好笑的事情。前两者我们无法理解，所以我们应该好好利用第三者大做文章。”玩笑——像在他今后的生活中一样——很快成了杰克生活中的主旋律。

就在乔帮助罗斯福竞选总统的同时，杰克也开始了他在乔特中学的第二个学年。他在学校的行为越来越肆无忌惮，恶作剧一个接着一个，老师们都抱怨他有“败坏风气的倾向”。

一次，为了吓唬打扫卫生的清洁女工，杰克从沃灵福德电影院偷回一张性感女影星梅·韦斯特的纸板，这张纸板与真人一样大，第二天早晨，杰克把纸板藏在被窝里，结果将女工吓得喊来了校警。还有一次，杰克因为与楼管员发生争执，而唆使其他同学将楼管员锁在屋内，并且还把钥匙扔进垃圾桶。当然，杰克也为他荒唐的行为付出了代价——受到父亲的严厉批评。

但学校还没来得及对杰克严加管教，他又病倒了。1933 年 1 月和 2 月，“类似流感的症状”缠住了他，他在校医务室的时间越来越长。他的膝盖很痛，罗丝认为是由于杰克穿劣质橡胶底鞋造成的，而经过 X 光检查，医生认为是发育疼痛，建议杰克加强身体锻炼。一篇关于杰克在乔特中学就读 50 周年的文章中回忆道：“杰克的冬季学期记录听起来就像是一份医院病历，他的眼睛、耳朵、牙齿、膝盖、脊椎、足踝，从头到脚都需要照料。”

1933年，美国废除了禁酒令，乔利用与总统儿子吉米·罗斯福的关系，搞到了很多烈性酒，又狠狠地赚了一笔。此时心情舒畅的乔，居然去乔特中学访问。然而，当他在乔特中学看到杰克时，他的兴致完全没有了：16岁的儿子衣着邋遢，正与一群伙伴打闹、追逐，完全没有小乔身上那种自律和坚定的态度。

1933年11月，乔写信给圣约翰校长："我无法向你形容我见到杰克并与他谈话后那种难过的心情。我很失望。他似乎根本没有责任感。他那种放荡不羁以及满不在乎的态度，对他的未来发展前景不是好的兆头。"乔对杰克目前的状况很担心，他怕杰克最终因为游荡的少年时期而一事无成，因此他还特地写信给远在伦敦的大儿子，敦促他竭尽全力鼓励杰克认真对待学习。

圣约翰校长并不完全同意乔的看法，他的回信中写道：

> 因为有你的允许，昨天我给杰克看了你的来信，我们在一起聊了很久。对于杰克，我并不感到严重的不安或担心。事实上，与他在一起的时间越长，就对他越有信心。希望我对杰克的信任不会打扰到你，同时也希望你不会认为这是一种轻率的信任。
>
> 与小乔相比，杰克拥有一个更加坚强、更加难以驾驭的头脑，很多时候连他自己都无法驾驭。但是，一旦他学会驾驭，学会如何使用他观察事物的独特方法，学会正确地使用幽默，这将是一笔财富，对他日后发展大有裨益。当然，目前对他更有好处的是传统的想法以及比较稳重的观点。亲爱的肯尼迪先生，像杰克这样的孩子我们必须要有耐心，给他一个调整的时间。我愿意打赌，不出两年杰克会像小乔一样让你感到骄傲。
>
> 就杰克现在的学习情况而言，他肯定不属于出色的一类，要达到我们的期望他还需要付出更多的努力。毫无疑问，在历史和英语的学习上杰克很轻松，但是法语、拉丁语和几何，尤其是几何是困难的。
>
> 杰克对我说，你来这里的时候，你们并没有深谈。你与他的一些老师交谈了很长一段时间后，再与他谈话时，自然"相当恼火"。

到了1934年1月和2月，杰克的健康急剧恶化。尤其是1月底的时候，他病得非常严重，被救护车紧急送到了纽黑文医院观察，但病因一直没弄清楚。由于杰克的体重减轻，而且又得了严重的荨麻疹，医生们都很担心他患了可怕的白血病，便开始进行血常规检查。据杰克的好友比林斯后来透露，“杰克差点儿一命呜呼”。而杰克却无所谓，“如果这事发生在50年前，医生们一定会告诉我：‘嗯，你得的是荨麻疹，不用担心，很快就会好的。’而现在他们却不得不隔一会儿就为我做血常规检查，估计没有达到正常标准前，医生们是不会放我出去的。”他对校长夫人克拉拉·圣约翰说道。

除了身体疾病以外，杰克还不得不生活在取得巨大成就的哥哥的阴影下。

1931年夏天，小乔在科德角出尽了风头。创造当时最长的不着陆飞行纪录的著名飞行英雄拉塞尔·博德曼在科德角的海恩尼斯机场降落，16岁的小乔驾驶着劳斯莱斯轿车，带领着6支管乐队、1支军乐队和60辆花车，去机场迎接这位英雄，并载着英雄和他的副驾驶员在街上游行。

小乔是乔特中学的风云人物，杰克还没来的时候，他已经建立了自己的地位，用校长夫人的话说，小乔是乔特中学“最值得信赖的‘优秀学生’”。1933年，小乔在毕业时获得了令人垂涎的哈佛奖杯，这是只有学习与体育兼优的学生才能获得的荣誉。哥哥的这些成就令杰克望尘莫及，他内心更加确定，父母以及其他人对哥哥的那种认可程度是他永远都不可能获得的。

尽管长期处于哥哥的阴影之下，但杰克并没有放弃。他想找到一种属于自己的个性，既不是哥哥的影子，也不是按母亲的价值观而塑造起来的个性。

“杰克非常可爱，是个招人喜欢的男孩。我想在任何一个学校，他都可能违反校规，但一定能逃脱惩罚，单凭他的微笑就能做到。”圣约翰校长在给乔的信中写道。显然，杰克的机智和风趣的名声正在确立起来，连周围的成人也受影响。在同龄伙伴中，杰克的人缘更不用说，学校里大多数男孩都很喜欢他。在一次全校性的投票中，同学们一致选他为“最有可能获得成功的学生”。

在乔特中学的那些年里，杰克对时事的兴趣大于对课堂的兴趣。好友比林斯回忆说：“他对历史非常感兴趣，读了大量书籍，我想他终身都是如此。那时的他已经是《纽约时报》的定期订户，而且养成了每天必读的习惯。他对世界上正在发生的事兴趣浓厚，但却对大萧条方面的知识有限，可能他对经济问题不是十分有兴趣。另外，他开始对温斯顿·丘吉尔的著作着迷，而且终身沉迷其中。”圣约翰校长也承认：“杰克虽然不在课本上下功夫，但他却是那年信息掌握得最好的男孩。”在谈到这一点时，杰克的同班同学里普·霍顿记得，当时电台流行一个竞猜节目叫《请给信息》，“杰克竟然能够答对 50%—60%的题目，而我却只能答对 10%左右。”

在乔特的最后一年，杰克在违反校规方面到了校方忍无可忍的地步。

圣约翰校长经常告诫学生，要遵守校规，维护学校传统，履行对学校的义务，以后要做个负责的公民，他把不遵守或不履行这些规定的人描述为“没教养的人”——乔特中学不要的东西。这倒给杰克带来了灵感，在他的领导下，他和几个朋友组织了一个“没教养俱乐部”，由杰克出任俱乐部主席，会员最终确定为 13 个人。为了规范组织，他们用黄金给会员们各自铸造了一个可以佩带的铲形徽章。

对杰克来说，成立这个俱乐部只不过代表一种小小的反抗，就是为了“以我们自己的小方法更加有效地对抗学校的制度”。但是这一行为却在高年级学生中引起了一股反对学校“独裁”的浪潮，一时间又冒出了许多俱乐部。杰克的做法似乎带有“政治目的”，他的“没教养俱乐部”的规模不断扩大，大有凭借其人多势众而取代校学生会之势，在学校里简直就是一个实力庞大的在野“反对党”。

在这样一座环境封闭的私立学校，发生这种反抗事件的意义是非常重大的，并且已经严重影响了学校的正常秩序。圣约翰校长暴跳如雷，立即给这 13 名俱乐部成员的家长拍电报，他决定将这些孩子开除出学校，并指名道姓地谴责他们败坏学校的风气，自私自利，专门与学校里勤奋扎实的老师和学生作对。但同时，圣约翰校长也表示，如果他们中有谁愿意老老实实地遵守学校的规章制度，他还是愿意改变决定的。

一听到自己要被开除的决定，13 个“没教养俱乐部”的成员傻眼了。他们个个垂头丧气，不管怎么说，被学校开除都将是他们未来的一个污点，也关系到能否进入大学，特别是那些需要校长推荐函和在校操行的特别证明才能进入的学校，比如哈佛大学、耶鲁大学、普林斯顿等名校。更让他们烦恼的是，该如何向父母交代呢？

得知这一消息的13个孩子的家长包括约瑟夫·肯尼迪全都赶到学校，再加上学校老师们的求情，圣约翰校长才同意让这13个孩子留下来，给他们一个“重新做人”的机会，条件是解散“没教养俱乐部”，保证以后严格遵守校规。另外，这13个孩子还必须接受推迟过复活节的处罚。尽管发生了令圣约翰校长极为恼怒的“没教养俱乐部”事件，但他在给乔的最后一封信中仍然对杰克表示了肯定，他预言，“杰克有能力成为人类的伟大领袖”。

1935年2月发生“没教养俱乐部”事件时，乔和杰克在乔特会面，这次会面被罗丝称为“杰克生活的转折点”，是“他们父子关系上一个重要的时刻”。事实上，通过这件事，父子俩做了充分的沟通，而这次沟通则奠定了父子俩今后的和睦关系。尽管不稳定，但还是一直延续到杰克的终身。

经过这次事件，杰克改变了他的学习态度。在行将毕业之际，他不顾伤痛的折磨（4月份时擦伤膝盖，数周未愈合），开始全力冲刺，最终以英语75分、物理74分和英国历史77分的成绩结束了他在乔特的最后一个学年。毕业的时候，在110人的班里杰克排名第65，这对于一个经常生病、平时不打开课本，而且在3个月前差点被开除的学生来说，的确是个了不起的进步。

18岁的杰克，终于要步入大学校园了。他应该选择哪一所大学呢？是众多好友准备去的普林斯顿大学，还是父亲一直希望他进的哈佛大学？

杰克最终选择了普林斯顿大学。在入学申请书上，杰克写道：“许多理由促使我希望上普林斯顿大学。从开始上学到现在，进入普林斯顿大学一直是我的梦想。与其他大学相比，它能让我得到真正开明的教育，而且它良好的环境也必然对我产生积极的影响。另外，能被称为‘普林斯顿人’也是让我骄傲的！”事实上，杰克之所以选择去普林斯顿，最直接的原因是不愿意再次直接处于小乔的阴影之下。

对于杰克的决定，乔难免有些失望。但是作为对儿子独立性的一种接受和鼓励，乔还是接受了杰克的选择。

4 花花公子

KENNEDY

不管怎么说，杰克考上大学都是一件令人开心的事，乔决定带他到英国度假，并打算让杰克像他哥哥一样，在进入大学前先去伦敦经济学院的拉斯基教授门下学习一年。这次英国之行是杰克第一次出国，由于不满父亲的安排，一路上杰克的心情并不愉快。

在他们乘坐的“诺曼底号”的船舱里，杰克给普林斯顿的比林斯写信说道：

亲爱的勒姆：

这是我们出发后的第四天，天气他妈的开始坏起来。我现在状况还不错，每天练一个小时的拳击。就是饮食里助长青春痘的成分太多，惹得老爸对我的脸很有意见，真他妈的太尴尬了。我刚吃了一份甜食，他就挖苦我，说再吃下去我的脸就会变得跟你一样了——他可真是一语中的！

到达伦敦一周后，杰克又给比林斯写了信：

可恶的风暴将我们吹到了法国的一个港湾，要不我们在星期天下午3点就抵达普利茅斯了……现在正是佛尔海峡一年中天气最糟糕的时候，上船后不久，人们就开始哇哇大吐。还好，我胃里什么东西都没有。在舞会上我认识了一位姑娘，当我给她唱《高空秋千上的男人》这首歌的合唱部分，就是“哦哦哎……”时，站在我身后的一位女士忽然大喊一声：“天啊，我受不了啦！”接着，我便感觉到了一股热流，你能想象我从头到脚淋了一身热乎乎的呕吐物的滋味吗？

从给比林斯的这些信中，不难看出杰克对船上生活的厌倦，以及他糟糕的心情。

进入伦敦经济学院的第一个晚上，杰克参加了一个别开生面的“新生交谊会”。各种肤色的男男女女搂在一起拥抱、接吻，“这是我见过的最奇特的场景。”杰克说。尽管杰克故意对伦敦经济学院的姑娘们装出一副不屑一顾的样子，但伦敦的社会环境对这位花花公子来说还是具有很强的吸引力。总体看来，杰克对伦敦经济学院的印象并不好，他不想做什么名教授的门下，只想自由自在。杰克对结交朋友和享受伦敦社会生活的兴趣比在伦敦经济学院学习更有兴趣。

这时欧洲的上空战云密布。1935 年 3 月，先是希特勒置《凡尔赛和约》于不顾，公然宣布修改征兵法，并将军队开进萨尔非军事区。同时，意大利也已经增兵，号称拥兵百万。7 月，英国决定将空军兵力扩大三倍，同时宣布废弃一战后与各国签订的《主战舰艇吨位限制条约》。同年 9 月 30 日，意大利军队开进非洲，为墨索里尼入侵埃塞俄比亚做最后的准备。欧洲军备竞赛进入白热化，整个局势异常紧张，和平前景十分黯淡。这种局势对于杰克而言，与其说是历史上的一个重要时刻，倒不如说是回家的理由。伦敦的局势越来越紧张，再加上 10 月份杰克的又一次疾病发作，乔最终同意杰克回国。

回国后，杰克请求插班学习普林斯顿大学秋季课程，但遭到拒绝；后来他找到了该校的一位著名的毕业生，通过他的关系才于 11 月初入学。然而好景不长，进入普林斯顿大学不到一个月，杰克又病了。杰克那削瘦的身体、黄里带黑的脸色令校医雷伊克罗夫特先生非常担心，他给杰克的一封信中写道："先等等看，如果到感恩节的时候病情仍不见好转，我们或许就该讨论一下是否应该先休学一年，把身体调养好。作为医生，我只考虑你的健康。大学生活是其乐无穷的，我不希望你因为身体的原因而无法享受大学生活的愉悦。一年固然重要，但是如果因为一年而耽误一生的话，那也太不划算了。"

乔也对外声称："杰克的身体令我很担心。以后的半年中，我将集中精力帮助他恢复健康，政治和生意上的事就没有多少时间来关心了。"其实，乔这样说只不过是为自己目前的尴尬处境开脱罢了，因为直到现在罗斯福总统也没有给他一个新职位。

好不容易才与好友团聚，杰克当然不愿意休学。他与同宿舍的两位好友几乎形影不离，周末时他们经常乘一个半小时的火车到纽约，尽情地享受夜生活的乐趣。进入大学后，杰克的心思根本就没放在学习上，即使自己擅长的课程也是如此，成绩简直可以用"糟透了"来形容。当时学校将成绩分为 6 个等级，而杰克在普林斯顿的第一次考试中，历史 4 等，英语 5 等，军事科学 3 等，数学竟然 7 等（最低是 6 等），被同学们一时传为笑谈。"我都不知道还能打 7 等！"杰克的一位同学吃惊地回忆道。这使得杰克感到迷茫，以他这样的成绩，将来能否毕业都会成为问题。

1935 年的圣诞节前后，杰克又病倒了，被送进波士顿的医院。在医生的建议下，乔经过一番深思熟虑后决定让杰克退学。至此，杰克在普林斯顿生活了仅 6 个星期，从此他再未回过普林斯顿大学。

杰克又开始了他在医院里的难熬时光。不过他也有自己的消遣方式——给好友写信。于是杰克的信源源不断地从彼得·班·布莱根医院寄出。杰克的信写得生动活泼，机智诙谐，尽管错字连篇，乱扯一气，但完全体现了他那种无拘无束、天马行空的性格。

杰克给比林斯的信中写道："他们给我做了瓦色曼氏反应试验，还好，我得的不是梅毒，真是谢天谢地！……今天上午的白细胞是 3 500，而我刚来这里的时候是 6 000，足足降了 2 500，医生说再降 2 000 就没命了。他们都叫我'还有 2 000 可降的肯尼迪'。说不定他们这会儿已经在盘算我棺材的大小了。抓紧时间快活一把吧，说不定明天或下周你们就得参加我的葬礼了。虽然医生们到现在还没有发现我得了什么病，不过我想，洛克菲勒研究所会研究我的病例。"

尽管杰克的病情始终反复，总是不停地做各种检查和测试，但是只要有时间，他就纵情穿梭于舞会和美女之间，寻欢作乐。

在波士顿的彼得·班·布莱根医院住了两个月，杰克回到了佛罗里达棕榈滩的家中休养。和全家一起度了寒假之后，杰克接受了父亲的建议，即从 4 月份起到亚利桑那州塔克森的农场去休养。那里温暖的气候和松弛的节奏对杰克的身体大有裨益，他身体恢复得很快。在他 19 岁生日那天，作为生日礼物，父亲乔将一名好莱坞佳丽送给他，以帮助他进行"康复疗养"。6 月他回到海恩尼斯港的时候，已经完全康复了。

在尽情领略了阳光、美女和新鲜空气后，杰克决定重新开始他的大学生活，这实际上也代表了他青春期的结束。

经过这段时间的考虑，杰克决定还是去哈佛读书。一方面，普林斯顿的封闭环境以及新教的气氛令他感到十分压抑；另一方面，他即使回到普林斯顿大学也得留一级，而不能与好友比林斯他们念同一级了。与其这样，还不如不回普林斯顿。1936 年 7 月 6 日，杰克向哈佛大学提交了入学申请书，3 天后就收到了录取书，并通知他 9 月份到学校报到。

进入哈佛大学后，杰克又认识了很多新朋友。在功课上，他不愿意被同伴落下，甚至打算在 3 年内修完 4 年的课程，但后来不得不放弃了。在哈佛的第一学年里，杰克的课程是英语、经济学、历史和法语——其中两门课程必须在这一学年修完。

一年前杰克无法参加体育活动，现在既然身体条件已经允许，他就不能再做一名旁观者了。一进哈佛，他就和100多名新生一起参加了秋天的橄榄球选拔赛。尽管他“瘦得令人担心”，但是在比赛中与许多赫赫有名的、中学时就当过橄榄球队长的人对阵时，杰克仍然显得身手敏捷，给大伙儿留下了深刻的印象。在比赛中，他还和队友麦克唐纳成为朋友，就像他与比林斯的友谊一样是终生不渝的。“杰克体重顶多不过150—160磅，从身材上看，他根本不够格。打橄榄球关键是要有胆识，而杰克正好就具备了这点。”麦克唐纳后来回忆说，“他是一把进攻的好手，能很机敏地突破防线……他浑身总有使不完的力气，整天沉浸在橄榄球场的激烈争夺中。我们可以一起玩恶作剧，反抗一些规则。用杰克的话说就是‘一切都好’。”10月中旬，杰克给比林斯的信中写道：“我被降到了二队，不过不用担心，我可能还会东山再起的。与埃克塞特的两次比赛中，都以7∶14输掉了比赛，但我们这个队还是很不错的……”

杰克还报名参加了拳击队和游泳队。他在哈佛的前两年，注意力完全放在了比书本知识更有趣的课外活动和社会活动上，生活充满了橄榄球、游泳和高尔夫球以及年度表演委员会和《猩红报》编辑部的活动。

体育竞赛使杰克有一种痛快淋漓的感觉，只要是他自己挑选的活动，都会争取成功。杰克的橄榄球教练回忆说：“他是个强硬的竞争者，从来不半途而废。”大学一年级时的100米仰泳测试中，杰克将哈佛的前游泳冠军远远地抛在了身后；当时以他为主力的年级游泳队也是所向披靡，成为哈佛有史以来最为出色的新生游泳队。杰克还代表哈佛新生队参加了与耶鲁的高尔夫球赛。

另外，杰克还当选为新生联谊会组委会主席，由他负责组织的新生联谊会成为哈佛有史以来最成功的舞会之一。好友吉米·鲁斯马尼埃后来回忆说：“‘新生联谊会’组织得相当成功。1 000名一年级的学生，不论学什么专业，也不论信仰哪个教派，几乎全都加入了这个组织，这是杰克大学生生活的第一个顶峰，而这只不过是个开始罢了……这是杰克首次在政治上取得的成功。这时，他已经出名了。”

5月，杰克又被提名为1937—1938年学生会成员。作为新生的他已经非常出色了。“对于你在过去这一年的变化，我感到非常高兴。杰克，我向来都认为你是可造之材，这一点你是知道的，我想现在你正在向众人证明这一点。”乔给杰克的信中写道。与此同时，乔终于盼来了他的新职位——美国海事委员会主席。

在哈佛的头两年，杰克最大的成功就是赢得了朋友。他给几乎每个认识他的人都留下了好的印象。“任何时候和杰克在一起，你都会感到愉快。他是那么幽默、那么聪明，每时每刻都会激起笑声。”文斯洛普馆总监回忆说，杰克是“人缘最好的学生之一”，也是班里“最受欢迎”的学生之一。“他喜欢各种娱乐，对社交活动有浓厚的兴趣，对女性温柔多情。”杰克的一位老师回忆说。

而在与女孩子们的交往中，杰克不尊重女性也渐渐出了名。他总是为了自尊去征服女人，在杰克的眼里，女人只是床上的玩物，是一种象征罢了。因此，他在女人面前肆无忌惮。

一次，杰克邀请纽约的一位模特参加哈佛的周末舞会。后来杰克因为有事就让好友弗兰西斯代他去接站。接回来好久还不见杰克的踪影，弗兰西斯心急如焚，只好打电话问小乔，小乔大叫：“天啊！千万别再发生这样的事了!”没办法，小乔只好带着这位模特去参加舞会。而此时的杰克正与另一位美女花天酒地呢!

还有一次，杰克硬拉着弗兰西斯到纽约与一位女演员一起骑马。女演员身穿马裤，脚蹬马靴，而他俩却穿着普通的衣服。“你们这副打扮，我可不想跟你们一起去。”女演员对他们说道。“那好，我们走，不用浪费时间了。”杰克说完就头也不回地走了。

杰克发现自己似乎具有一种独特的魅力，一种能让女孩着迷的魅力。他向比林斯炫耀道：“我也没有办法，这可能不仅仅是因为我长得帅，肯定跟我的个性也有关。”而比林斯却反驳他，说是因为他父亲有权有势才使得他在女人中如鱼得水。杰克为了证明自己，提议和比林斯交换身份新约女孩。“那天晚上，他当比林斯，我当杰克。为了更逼真，他甚至帮我借来了他父亲的劳斯莱斯。我们俩谁都想表现得更好，竞争相当激烈。我想，他对最后的结果应该非常满意。”

杰克拥有的女人数不胜数，有关他的风流韵事也不计其数。“嘿，小姐。”这是他招呼女孩的一种方式——在忘记了她们的名字的时候。在一次社交聚会上，杰克问艺术家威廉·沃尔顿参加宴会的名流中跟他上过床的女人有多少，当他得到一个数字后，立刻说：“我真羡慕你呀，我要奋起直追了！”“像墨索里尼一样冲动”是一个女性朋友对杰克的形容。

在给比林斯的信中，杰克也表示他很害怕染上性病，或造成女孩怀孕。“有个家伙怀疑自己染上性病了，还去看过医生，而我自己也没有丝毫安全的感觉。”杰克给比林斯写信说。但尽管如此，他依然一如既往地寻花问柳，侥幸和犯规让他的生活更有乐趣。杰克在10月份写给比林斯的信中说：“在这里真是快活极了。我现在是个出名的花花公子。”

在哈佛的头两年，杰克还是一直生活在哥哥的阴影下。小乔无论是在校园政治还是体育上都非常成功，他是学生会的班代表、班级日的迎宾员、文斯洛普馆委员会的主席。“等我当了总统后，我会带着你跟我一起进白宫。”这是小乔经常说的一句话。小乔对公共事务和政治的热情让所有人都确信，政治将是伴随他一生的事业。尽管杰克一直都想走一条不同于哥哥的路，但他对公共事务也有着同样浓厚的兴趣。杰克的大学一年级导师发现，“杰克可能打算在政界工作。”他对当前国际和政治历史的书籍很感兴趣。第一学年结束前，法语课程教授要求他就法国国王法兰西斯一世的生平及时代写一篇10页的论文。在杰克的文章中，法兰西斯一世是法国“毋庸置疑的、无可争议的专制君王”，是法国文艺复兴运动的推动者，但由于“他对运动肤浅的理解”而最终倒台。另外，他还写了有关启蒙哲学家卢梭的文章，在杰克看来，卢梭撰写的著作是“1789年法国大革命爆发的种子”。此外，他还潜心研究政治领导风范以及具有影响力的人们是如何改变世界的。

过多的放纵使得杰克的成绩直线下滑，一个B，三个C。对此，杰克毫不在乎。他在一篇关于卢梭的论文中宣称：教育的意义是培养人的个性、独立思考的能力，而不是让我们人云亦云。虽然他的观点无法得到一些教授的认同，但他依然我行我素，全力以赴地追求自己渐渐明晰的目标——政治。

5 欧洲之行

KENNEDY

1937年的暑期，杰克原打算在海恩尼斯港度过。但乔认为，应该让杰克去看看欧洲文艺复兴和启蒙运动的遗迹，让他亲身体验到正在西班牙、法国、意大利和德国酝酿的20世纪的革命，亲眼看看佛朗哥、墨索里尼、希特勒的“魅力”究竟在哪里？对于父亲的安排，杰克惊喜万分，接下来的欧洲之行将是他青年时代一次意义十分重大的实践活动。

最初杰克计划与朋友斯莫基一同去欧洲旅行，但当杰克计划好一切的时候，斯莫基却告诉杰克他去不了了。于是杰克决定与比林斯同往，由于比林斯负担不起旅费，乔先承担了比林斯这次欧洲之行的费用，等到比林斯毕业后再还他这次旅行费的一半。于是斯莫基换成了比林斯。这次旅行不仅是年轻人的一种义务，而且也是对他们在美国最优秀大学中受到教育的拓展，比林斯刚在普林斯顿大学学过建筑学，杰克也刚刚学过欧洲历史。对这两个年轻人来说，这次欧洲之行也是他们获得上层社会地位的一个前提。然而，最重要的是，旅行加深了杰克对国际事务的兴趣。

临行前，杰克以抑制不住的兴奋心情给在华盛顿的父亲写信，要求父亲帮忙让他们“作为记者或红十字会成员”进入正在进行内战的西班牙，并待上三个星期，因为这会“令我们的计划大为增色”。从信中可以看出，他对父亲的能量是充满信心的。

1937年7月1日，两位年轻人登上了驶往欧洲的“华盛顿号”轮船。除了简单的生活用品外，杰克还带上了他的车。

妹妹凯瑟琳送给杰克一个皮面笔记本，扉页上写着“我的国外之行”，上面还有一艘轮船的图案。在这个笔记本的开篇，杰克以自己特有的风格记录道：“一切顺利，只是头几天显得有些沉闷，后来经过一番调查发现了几个姑娘还不错，尤其是安·里德。可我最感兴趣的是希尔将军那有几分姿色的神秘女儿。希尔将军是议员，他女儿可能什么都干过。”

登陆欧洲后，他们最先到达爱尔兰，这也是杰克第一次看到自己的故乡，但他们并没有停留。第二天上午，“华盛顿号”在法国勒阿弗尔靠岸。汽车刚一卸下，他们就驾车驶过海滩，通过诺曼底森林，到达鲁昂，最后在达博韦找了一家名叫“拉科特里”的小旅馆住下。可以说，两人现在是省吃俭用，每到一地，住的都是最便宜的旅馆。比林斯经济上并不宽裕，这次旅行他必须尽可能地节省开支，而杰克则处处配合好友，他很乐意与好友同甘共苦。“四处寻找，终于找到了一家便宜的旅馆，每晚35法郎。”

杰克在他的日记中写道。然而，这并没有影响到旅行的乐趣。

整个7月份的时间，杰克开着用“华盛顿号”轮船横跨大西洋运来的旅行车四处游览，走遍了第一次世界大战中所有“伤痕累累的战场”。

杰克在7月8日的日记中写道：“中午12点起床。写信、吃午饭，取钱并给比林斯买胃药。然后我们参观了第一次世界大战重要的战场之一——舍曼代姆岭。然后我们参观了遭轰炸的教堂，在夜里1点我们来到皇家饭店，订了一间双人房。我的法语有了进步，比林斯也能来几句了。感觉应该不会再来一场战争。”

第二天他们参观了“战争中最惨烈的战场之一”庞波奈尔城堡。杰克不断地跟法国人谈论当前事件，“总的印象仍然是近期不会有战争，法国已经做好了对付德国的准备。德国和意大利之间联盟关系的持久性也令人怀疑。”杰克在7月9日的日记中写道。

随后，他们到了巴黎。“先是去参观了巴黎圣母院，然后逛了逛街景，在红磨房和艺术家咖啡馆还遇到了几位法国著名的艺术家。”杰克在日记中记录道。

在美国，包括肯尼迪家族在内的天主教徒属于少数，而现在杰克有生以来第一次置身于天主教徒占多数的国家，这里天主教的历史历历可辨，这令杰克感到莫大的宽慰和激动，在每个礼拜天他都去做弥撒。

“巴士底日”的庆祝活动使杰克想到了1789年的法国大革命，以及法国现在的处境。他在7月15日的日记中写道：“我想我应该读一读约翰·根舍的《欧洲内幕》。”之后他们又去了凡尔赛、沙特尔、奥尔良、昂布瓦斯、昂古莱姆、圣让—德吕兹、卢尔德、图卢兹、卡尔卡松、戛纳、比亚里茨和马赛。比林斯后来回忆说：“我们用了大量的时间来参观教堂和博物馆，以及第一次世界大战的遗址，并且用儿童式的法语同法国人交谈。我们想知道他们是否担心纳粹德国和法西斯意大利的行为会引起欧洲战争……对马其诺防线法国人信心十足。”关于法国人对罗斯福新政下的美国的看法，杰克得出的结论是：“他们都喜欢罗斯福，但是罗斯福管理国家的方式不会适合法国，这个国家似乎缺乏全面看待问题的能力。另外，莱昂·布罗姆总理把法国人的钱交给别人，让法国人感到十分厌恶，自然不会喜欢他。”

眼看7月即将过去，两位年轻人都急于去意大利看看。1937年7月27

日，他们前往马赛，途中顺便去卢尔德看了看。离开卢尔德之后，比林斯病倒了，高烧至39度，于是他们决定在图卢兹先住一晚。杰克在当天的日记中写道："对于佛朗哥能否胜利的问题，重点在于德国、意大利和俄国在多大程度上能保证自己支持的一方获胜，以及不干涉委员会的认真严肃程序如何？……西班牙内战是英国、法国、意大利、德国和苏联之间民族争斗的一个集中表现。英国不希望地中海成为一条'法西斯湖'。但是，谁也无法预测各国为了自己的利益会走多远。在利益冲突中，欧洲很可能再次爆发一场战争。"

杰克现在对国际形势更感兴趣，更喜欢思考，并且他把自己的所见所闻以及想法都记录了下来。

第二天一早他们就离开了图卢兹，前往戛纳，并在戛纳一直待到比林斯康复。1937年8月1日下午，他们进入意大利境内，在那里，20岁的杰克·肯尼迪第一次目睹了欧洲的法西斯主义。"意大利的街道比法国更热闹，更富有活力，意大利的人民也更有魅力。法西斯主义对他们很适合。"尽管杰克对法西斯没有什么好感，但是当他置身于意大利境内时，他被那里的气氛震惊了。为了能有进一步的了解，他们来到了米兰，在那儿，他们发现法西斯主义深受意大利人民的欢迎，到处都是墨索里尼的画像。

在皮亚琴察，杰克读完了《欧洲内幕》，得出了这样的结论："法西斯主义是适合德国和意大利的，共产主义是适合俄国的，而民主政治是适合美国和英国的。"至于法国适合什么样的体制，杰克在这里没有提到。杰克认为根舍的书虽然非常有趣，但似乎更偏向共产主义，而极端仇视法西斯主义。"共产主义比法西斯主义好在什么地方呢？"带着这样的疑问杰克继续着他的旅行。

8月5日，他们到达了有"不朽之城"之称的罗马。

在梵蒂冈，他们通行无阻，受到了非常好的接待，因为这里有乔的好友、天主教会的最高修士加莱齐公爵和帕切利红衣主教。"我们谁也没学过绘画或雕塑，对当时看到的东西也无法完全理解，但我们谁也没觉得厌烦。"比林斯后来回忆说。他们走遍了梵蒂冈，每一处重要的博物馆都去了。8月7日，他们乘坐加莱齐公爵的车，来到了教皇的夏宫。在这里，杰克先是单独会见了帕切利红衣主教，主教询问了他父母的情况。"他确实很了不起，就是英语有点儿差。"杰克在他8月7日的日记中写道，"随后，我们来到一间彩绘的大屋子里，那里有近千人等着谒见教皇。教皇是坐着轿子进来的，看起来有点虚弱，但却做了很长时间的讲话。”

返回罗马后，杰克与加莱奇公爵一起共进晚餐。“公爵向我讲述了法西斯主义的种种优点以及合作制的进步性，似乎很有道理。”

对欧洲强权政治的好奇心促使他找到了长驻罗马的《纽约时报》记者阿诺尔多·科特西先生。此人非常风趣，他与杰克谈到了一些很有价值的观点。杰克在日记中记录道：“科特西认为，和1914年的形势相比，欧洲现在的战争准备要充分得多。但没有人真的愿意打仗，否则早就找出大量的借口了。他很赞成墨索里尼的合作体制，觉得工人从中得到了很多好处。在科特西看来，法西斯主义是地地道道的社会主义。他还认为，战争的最大危险在于有人逼迫意大利和德国摊牌，这样德国的处境尤为危险，因为德国没有后顾之忧，而意大利还得先消化下埃塞俄比亚。”在日记的最后，他给自己提出了一系列问题：“如果佛朗哥获得了胜利，墨索里尼控制的范围将是如何？希特勒呢？德国和意大利的联盟能否保持多久，它们之间是否有太多的利益冲突？英国的军事力量是否抑制了爆发战争的可能性？像意大利这样的国家，当经济上的危机严重时是不是就会发动战争？法西斯主义会给一个国家带来像美国那样的经济增长和财富分配吗？法西斯主义的本质到底是什么？是像根舍所说的，是资本主义周期最后的那种痉挛性痛苦，是共产主义的前奏？还是像帕切利所说的，是一种独裁式天主教的世俗翻版？还是科特西所说的，是地地道道的社会主义？”

带着这些疑问，他们来到了德国。途中，杰克的车上搭载了几名德国士兵。在和这些士兵的一个多星期的接触中，杰克得出结论：“我们认为，他们总体而言是支持希特勒的。”

到慕尼黑的第一个晚上，他们就让一名黑衫军人耍弄了一通。“当时在啤酒屋的顶层，我们遇到一名黑衫军人，他说一口牛津英语，我们一起喝酒，非常友好。离开时我们想象所有旅游者一样把大酒杯拿走，这位德国朋友便给了我们一些指点，开始他的指点还管用，但是当我们按照他指的门出去时，招待员立刻走过来把酒杯没收了，显然招待员早就发现了我们的计划，而这时那个‘友好’的德国人正冲着我们笑。”这让杰克很生气。

“他们非常傲慢无理，整个德意志民族都是如此。他们认为他们比别的民族优越，而且一点儿都不掩饰。这让我们感到很反感。”比林斯后来回忆说。

杰克发现，“这些独裁者在国内比在国外更受欢迎，他们的宣传活动很成功。”虽然希特勒在德国大受欢迎，但美国人不喜欢他，尤其是像杰克和比林斯这样不肯循规蹈矩的人。

他们一路逛到了伦敦，杰克突然病倒了，得了荨麻疹。“他突然生出许多疹子，脸也肿起来”，再加上“可怕的哮喘病”，到了住处已经病得很厉害了。比林斯和杰克都认为，哮喘病是因为杰克对他们在纽伦堡买的狗产生的过敏反应。

于是这次旅行就此结束，杰克在伦敦休养一星期后他们便起程回国。

这次欧洲之行成了杰克·肯尼迪生命中的里程碑，就像300年前培根爵士写的：“在年轻时，旅行是教育的一部分；在年老时，旅行是经验的一部分。”在领略了欧洲各国旖旎风光的同时，他们也深深感受到了正处于动荡变化之中的欧洲形势。对欧洲各国的观察以及对法西斯主义的思考，使杰克对政治有了更深刻的理解，也使他对国际关系和欧洲问题更加着迷。在广袤的欧洲大地上，他们得到了真正的满足。使他不仅找到了人生的方向，也完成了他一生中思想的蜕变。

1937年9月返回哈佛之后，杰克选修了《欧洲艺术史》，带着他的种种疑问到教授们那里去寻求答案。在大一时还是花花公子的他，在接下来的日子里将逐渐成为一个德才兼备的好学生。

6 哈佛大学的社交家

KENNEDY

杰克在1937年夏赴欧洲旅行前不久，进入了哥哥所在的“文斯洛普馆”。除了因为哥哥在那里以外，更吸引他的是在一年级时结交的好友：吉米·鲁斯马尼埃、托伯特·麦克唐纳和比尔·科尔曼。“我们4人都向文斯洛普馆递交了申请，但后来因为没有4人居住的套间，我们最后被分为两对，毗邻而居。”鲁斯马尼埃后来回忆说。杰克和麦克唐纳共同住进了大楼14层的一间套房。

回到学校后，杰克便开始忙于“终极俱乐部”的选举。

哈佛有8个“终极俱乐部”，每个俱乐部在一届学生中只挑选10至15名会员。大学二年级学生入选俱乐部的时间是每年10月份。当初，杰克的父亲乔和哥哥小乔都曾先后入选作为迈入“终极俱乐部”台阶的哈佛戏剧俱乐部，但最终还是因信仰不同而告失败。

不过，杰克是幸运的。他打算加入的施佩俱乐部的主席是小乔的同学，一方面出于对杰克的欣赏，一方面他认为：“在加入哈佛一个俱乐部这样的简单问题上，出现信仰偏见是件耻辱的事。”他表示愿意接受杰克加入施佩俱乐部。就这样，在1937年12月2日夜，俱乐部为新挑选的成员举行了入会仪式，杰克正式成为施佩俱乐部的会员。

此后，他一直对俱乐部及其会员怀着一种感激之情。杰克的父母虽然有钱，也有一定的势力，却因为他们的爱尔兰血统和天主教徒的身份而遭人鄙视，无法得到美国上流社会的认可；现在他们的儿子终于冲破障碍，赢得了胜利，这意味着肯尼迪家族闯入了新教的圣殿，社会地位得到了提高，“说明肯尼迪家族终于够资格了”。对于杰克来说，这是父亲和小乔都没有赢得的荣誉。

更令杰克感到欣喜的是，在1937年12月，父亲乔被任命为美国驻英大使，这是美国最有地位的外交职位。这项任命带给乔和他的家族一种不同寻常的显赫声望。乔创造了历史，成为担任大使职务的第一位爱尔兰裔美国人和第一位罗马天主教徒。肯尼迪家族真正进入了美国的上层社会。

这个职位正是乔一直努力想得到的。当罗斯福总统试图让他担任商务部部长时，他对罗斯福的儿子詹姆斯说：“伦敦才是我唯一想去的地方。”据罗丝后来回忆，“大使的任命刚刚提出，乔就立刻接受了，这一刻他已经盼望多年。”虽然乔费了很大的劲儿，等了很久才获得这个职位，但他对自己的任职期限并不抱任何幻想，他对一个随行的助手说：“不要购买太多的行李。肯尼迪家登上《社会名人录》后目的就达到了，我们很快就会回来。”

乔出任驻英大使，为肯尼迪家的子女们提供了更多的机会去接触美国和英国的诸多政要。尤其对杰克而言，这正是他研究国际问题的良机。

1938年7月，在杰克大学二年级结束的时候，他到了伦敦，为他的父亲做秘书和密使之类的事情。在英国，他得到了英国贵族的热情欢迎，繁忙的社交应酬让杰克感到其乐无穷。8月底，欧洲在捷克斯洛伐克问题上正在形成危机，希特勒挑衅布拉格，让其放弃苏台德的领土。8月底，杰克回到了美国，开始他在哈佛第三年的学习。

对欧洲事务已经深深着迷的杰克下决心要回到欧洲大陆。于是，他向导师提出申请，要求在1939年的夏天请假一学期。导师提出条件，要求杰克必须在1938年10月至1939年7月期间获得6门而不是4门课程的学分，另外还要求他在国外期间收集一些国际法、外交关系史方面的材料，为大学四年级的论文做准备，当然，这也正是他特别感兴趣的领域。

杰克在大学三年级的变化令他的老师和同学感到惊奇，他以令人惊讶的热情投入学习之中。

当时，担任政治学基础课的是阿瑟·霍尔库姆教授，着重讲解国家政治，具体讲解国会机制。他宣称要把政治学研究当做一门科学，认为"政治学的授课方式应该和教授自然科学的方式一模一样"。他要求每个学生都必须研究一名国会议员，对议员的运作方式以及他的政绩做一系列的评估。分配给杰克的研究对象是一名共和党人，他代表着纽约州北部电力集团的利益。杰克的调查工作非常出色，霍尔库姆教授对他的评价是："该生的评估报告更多地依赖事实，而不是个人的观点，简直是一部杰作。"对于霍尔库姆教授这种自命不凡而且不喜欢称赞他人的人来说，这种评价是极为难得的。可以说，他是哈佛第一个认识到杰克·肯尼迪的政治天赋的人。霍尔库姆教授后来回忆说："杰克是一名令人惊讶的好学生，在学业上具有公平和客观的天性。"

杰克给教授美国州政府课的切斯特·汉福德教授也留下了深刻的印象。"这门课不怎么涉及个人，着重讲解州组织的发展、州立法、行政组织、联邦与州之间的关系这类问题，也涉及一点州政治。"汉福德回忆说，"他有点内向但很讨人喜欢，一脸坦诚，经常带着好奇的神色。在课堂上，他总是积极地参加讨论……令人惊奇的是，菲茨的这位外孙对美国各州地位的变化、州组织结构的发展以及联邦与州的关系这类问题兴趣浓厚，而对颇有分量的州政治却兴趣索然。"

秋季学期结束时，杰克的成绩由C级进步到了B级，政府课程成绩名列前茅。

终于，在1939年2月24日，杰克带着一只装满衣服和书籍的大箱子登上了一艘驶往英国的轮船。

当时，乔的公众形象已经在走下坡路。他在特拉尔加战役纪念日演说中，公开宣称赞成英国首相张伯伦在慕尼黑对纳粹德国的绥靖政策，坚决维护张伯伦的投降主义。他认为英国和法国都没有准备为捷克斯洛伐克而与德国作战，并且建议罗斯福不要卷入欧洲危机。他公开声明，战争只会带来“民主的毁灭”和“资本主义的崩溃”，“美国没有理由参战”。他的“绥靖政策”和孤立主义立场立刻引来了美国国内铺天盖地的批评声，即使是他多年来极力讨好或维系的支持者们也都开始掉转头来反对他，更不用说对德国仇犹情绪感到惊恐的美国犹太人。

《纽约邮报》抗议说：“真是不可思议！民主、自由一直以来都是美国人十分珍惜的信仰，而我们的肯尼迪大使竟然建议美国同一个声称要摧毁我们这一信仰的人交朋友！”当时最高法院院长费力克斯·法兰克福特也批评说：“我不知道乔·肯尼迪作为一名美国大使，他是否知道公开讲话的意义。对独裁政府的公开赞成，即使是部分赞成，也会使其气焰更加嚣张。”《华盛顿邮报》更是不遗余力地谴责美国驻伦敦的官方代表，居然将美国的外交政策变成绥靖政策。

许多方面都要求中止肯尼迪的外交职务。然而对罗斯福总统来说，与其让乔回国，让他在国内不受限制地大放厥词，还不如让他继续留在伦敦，这样更容易限制住他。为了平衡各方关系，罗斯福在一篇广播讲话中含蓄地指责了乔作为大使的不当言论。而乔却将此举称为“在背后被人捅了一刀”。

对于杰克来说，父亲的坏名声并没有让他感到不快。在给父母的信中，杰克写道：“特拉法尔加战役演说，好像不太受犹太人的欢迎，但任何一个不是特别仇恨法西斯的人都觉得它很好。”为了将父母的注意力从满天飞的抨击声中转移开来，杰克还特意向父母讲述了他在纽约看的一部新剧《交给我办》，剧中多次提到肯尼迪家族，让杰克感到非常有趣，“这出戏非常有趣，那些关于我们家的笑话赢得了最响亮的笑声，至于那笑声意味着什么无所谓。”杰克在同一封信中写道。

到了伦敦之后，乔给儿子的任务是，到各个国家去考察，接触各个阶层的人，把掌握的信息向他报告。

这段时间，杰克过得非常开心。他向比林斯吹嘘道：“我过得快活极了，每天都在工作，还和父亲一起赴宴。今天早晨我在利维宫廷见到了英国国王，后来还见到了女王玛丽，并和王妃伊丽莎白一起喝茶。星期四晚上，我准备穿着我的新短裤去宫廷，短裤剪裁得体，使我看上去更迷人。星期五，我们要去罗马，因为3月12日在罗马将举行教皇加冕典礼，父亲被委派代表罗斯福参加加冕仪式。”

3月底，杰克从罗马回来。他写信告诉比林斯，“我们在那儿过得痛快极了……爱德华从新教皇那里领受了第一份圣餐，要知道，这可是过去两百年里教皇第一次这么做。在一次单独的弥撒里，教皇给父亲、我还有妹妹尤妮丝发了圣餐，那种场面实在太让人激动了……他们还打算授予父亲世袭的公爵头衔，可以传给子孙后代，那样我就会成为约翰公爵。到那时，如果你经常围着我奉承讨好的话，或许我可以封你为爵士。不过，父亲并不打算接受公爵这一头衔。”

1939年3月15日晚，布拉格被纳粹德军占领，希特勒的军队全面入侵捷克斯洛伐克。美国命令还在罗马的大使乔立刻回到岗位，乔所奉行的绥靖政策彻底破产。后来，乔对“在罗马多待两天”的解释是，他不想错过爱德华从教皇那里领受第一份圣餐的感人场面。

杰克离开罗马之后，先是去了法国巴黎，接着在波兰逗留了两三个星期，在那里与波兰的官员、记者以及一些民间人士交谈，以便掌握有关波德两国关系的更多资料。当时，波德两国正在为但泽的归属问题争论不休，双方敌意不断加深。就这一问题，杰克认为，波兰人无论从哪方面考虑，都是反对因但泽问题而与德国开战。“这是我感受到的最强烈的印象。”他给父亲的考察报告中写道。

杰克不断地从国外给父亲寄来自己的考察报告，虽然有的观点还不十分成熟，但已经开始对世界局势有了全面的判断了。

随后，杰克来到了苏联，访问了列宁格勒、莫斯科和克里米亚。之后，他又去了伊斯坦布尔、巴勒斯坦和埃及。在谈到巴勒斯坦的未来划分时，杰克从耶路撒冷寄给父亲的信中写道：“在第一次世界大战期间，英国政府既希望得到犹太人的支持，又希望得到阿拉伯人的支持，于是，分别通过麦克马洪宣言和鲍尔弗宣言向双方做出承诺……目前，无法客观地说哪一方的要求更加合理。当务之急是要找到一项行之有效的解决方案，而不是把时间浪费在对这两种相互矛盾的承诺的解决方案上。我认为，应该将这个国家分两个自治区，让阿拉伯人和犹太人各自成立自己独立的政府，互不干涉。至于耶路撒冷，因为它自身的背景比较独特，它的行政地位应该是一个独立的单位。这样一来，英国的利益也得到了保证。尽管这项解决方案实行起来非常困难，但这却是目前唯一可行的解决方案。”

在返回伦敦的途中，杰克又访问了被德军占领的布拉格和维也纳。这一次欧洲之旅，使杰克对国际政治形势有了更深刻的认识，为他成为总统后处理国际事务奠定了基础。

1939 年 9 月 1 日，纳粹德国大举入侵波兰。9 月 3 日，与波兰定有安全防卫条约的英国和法国正式对德宣战，第二次世界大战全面爆发。在帮助父亲安排好侨民回国后，杰克于 9 月 21 日回到纽约。

由于英法两国的绥靖政策，以及德国与苏联的《互不侵犯条约》使波兰无路可退，9 月 27 日，波兰政府宣布无条件投降。在波兰抵御德国侵略的 4 个星期内，据估计有 6 万名波兰士兵阵亡，10 万人左右受伤。杰克在几个星期之前刚去过波兰，至少应对波兰的境况表示同情，然而他并没有任何表示，这显然是受了父亲失败主义的影响。“美国第一”在很长一段时间内决定了他对待欧洲战争的态度，他觉得美国没有必要卷入一场基本上在欧洲进行的战争。

1939 年 10 月，杰克在哈佛的《猩红报》上发表了一篇社论，标题为《我们时代的和平》。总的来说这篇文章的论调比较悲观，某些思想甚至比签署慕尼黑协定期间张伯伦的观点更为怯懦。他呼吁哈佛的学子们不要理会波兰的战争。杰克认为，在德国和英国首次交锋以后，双方都会感到痛苦，肯定希望战争能早日结束；但双方可能碍于颜面，谁都不愿先提出和平倡议，这时就需要有第三方出面来促使他们接触，并进行适当的调解，而完成这一项任务的最佳人选就是美国总统。杰克声称：“尽其一切所能促成和平，是做总统应尽的义务。”杰克进一步表示，总统最初的行动可能需要通过秘密外交渠道进行，也就是通过美国驻英国大使乔来进行。

他还预言，如果战争继续下去，英法极有可能战败，无论是经济上还是政治上都是奇耻大辱。如果要恢复和平，就必须对希特勒作出更大的让步。也就是说，除了牺牲波兰外，纳粹还将在东欧拥有巨大的经济特权，以及海外殖民地的一部分利益。不过，只要能使德国停止战争，重新恢复和平，这样做也是值得的，英法将保持完整，欧洲将恢复和平，我们的时代也就拥有了和平。

对于几次远游欧洲的杰克来说，他居然相信希特勒能放下武器，停止侵略，实在是让人难以理解。很明显，杰克的观点受父亲的失败主义论调影响很大。还好，这篇社论没有署名。

其实，在发表这篇社论之前，杰克曾在“基督教女青年会”上发表了一个小时的演讲，也表达了同样的思想。

对于罗斯福总统取消《美国中立法案》一事，杰克持反对态度。“杰克·肯尼迪先生突然打断了我们的谈话，他说英国没有足够的货币资金来购买美国货物，因此即使美国取消《中立法案》对英国也不会有太大的帮助。”伦敦外交部一位英国外交官在日记中记录道。

尽管对取消《美国中立法案》社会各界的意见不一，但该法案还是在1939年10月被罗斯福总统成功地取消了。罗斯福向美国人民清楚地表明：只有欧洲民主国家恢复正常运转，战争才不会蔓延到美国大陆。通过“现金购买、运输自理”的方式支援欧洲民主国家，对美国的中立地位不仅没有威胁，而且还能起到加强的作用。

10月底的时候，杰克在《猩红报》的商业版谋得了一个职位。此时的杰克非常得意，因为他的那篇社论发表后，《纽约时报》发表了一些要求美国发起召开第二次慕尼黑会议的文章。李普曼和布朗也发表了几篇倾向于赞成达成和平协议的文章。对此，杰克认为：“这可能是《猩红报》上的那篇社论所开创的先河。”

这期间，哈佛大学里也是议论纷纷。11月10日哈佛学生会进行的民意测试统计数据显示，参加投票的1 800名学生中，有95%的人反对美国立即介入这场战争；就算英法战败，也有78%的人反对美国参战；还有一部分人赞成与希特勒立即举行和平谈判。在哈佛反战委员会召开的和平集会上，35名学生宣读了“不支持美国可能进行的任何战争”的宣言。当然，哈佛学生当中也有一部分是支持美国参战的。在那段日子里，各种主张和运动一波接一波，席卷了整个校园。持不同观点的学生为此争论不休。

哈佛的老师们也没有保持沉默。哈佛校长詹姆士·B. 科南特从一开始就公开支持美国援助英国和法国。在一封“致反对派领袖”阿尔夫·莱顿的信中，他说道：“如果欧洲这些民主国家被打败，那么在人类现代文明基础上建立自由制度的希望就会受到严重威胁……与我们的历史相背离，并因此使我们的盟友蒙受打击，是不道德的，也是不理智的做法。”

“美国不可能在这场战争中完全保持中立，美国必须作出一个决定，到底对哪一方面施加影响。”阿瑟·霍尔库姆教授在哈佛学生会发表的一次演讲中表示。

在《猩红报》的和平主义者栏目中，佩森·怀尔德教授公开谴责《美国中立法案》已经陈旧过时。他认为，只有英法“挺住了”，美国才能够置身于战争之外。

布鲁斯·霍伯教授认为，目前停战，将会巩固意大利和德国在欧洲的地位，而这对美国来说是灾难性的，对欧洲民主国家的危害更大。

埃里奥特教授对日本建立“亚洲新秩序”的梦想表示了关注。埃里奥特教授认为，对于美国来说，保持远东地区势力均衡是极为重要的，而日本海军在太平洋上可能采取的行动将破坏这一均衡的状态。

7 哈佛的优秀毕业生

KENNEDY

随着战争在欧洲的全面爆发，杰克对国际政治局势的关注也日益加深。他几次游历欧洲，亲临现场的经历以及接触的各种人，给了他很大的帮助，获得了许多第一手资料。

在仔细听取教授们的观点后，杰克开始对自己以前的观点产生了怀疑。当初在《猩红报》上发表的观点，他感到很后悔。杰克悄然地离开了反战的队伍。到 11 月 4 日，杰克的名字已经在《猩红报》的商业版消失了。杰克在给父亲的一封信中半开玩笑地写道：“今年我一直在忙，虽然课程繁重，但还算有趣。我选了弗莱德里奇教授的一门课，他很有水平，而且风趣幽默。我现在还没有向他表明自己的身份，不过我准备走上前去，跟他握手，与他讨论他那些文章发表后会给您造成多大影响。”

这就是杰克的幽默感。

不过此时杰克的政治信念并不坚定。他出生于民主党家庭，所以他注定要成为民主党人，至于他是否真的偏爱民主党则很难说。在杰克以后从政的岁月中，他的助手们一直致力于把他包装成一名崇尚自由的民主党人。

杰克没有哥哥的那种“使命感”，也缺乏哥哥身上的那种坚定的信念和勃勃的雄心，所以在哈佛的那些日子里，没有谁预料到杰克会当选美国总统。霍尔库姆教授后来回忆说：“他对事业不感兴趣。连他的党派信仰也都是别人安排好了的……那时的他对自己将来要做什么并不是很清楚。杰克兴趣广泛，但没有明确的方向。不过，无论什么事情，只要他感兴趣，都能做得非常出色。”

1939 年秋天的这个学期，杰克所学的四门政府课程是他哈佛学习生涯中最具挑战性的几门课——《现代资本主义》、《比较政治学：官僚政治、立宪政体与独裁政权》、《政治学原理》、《国际法原理》。在霍尔库姆、霍伯、埃里奥特、怀尔德、弗莱德里奇、爱默生等哈佛名师的教诲下，杰克逐渐对现代史有了较深的了解。另外，在导师们的激励下，他的思路也更加开阔了。

在培养杰克理性能力方面，佩森·怀尔德教授起了直接作用。“他经常当着我的面，故意刺激杰克，责问他为什么不能像他哥哥那样专心学业。显然，他对杰克的心理非常了解。正是在怀尔德教授这样有意的激励下，才促使杰克走上能充分发挥才智的道路。”托比·麦克唐纳后来回忆说。

在学习怀尔德教授的国际法个案分析过程中，杰克在欧洲旅行时的所见所闻使他对国际政治现实有了更多的考虑，明显地展示出了他不断增长的才智。在怀尔德教授的课上，杰克就有关战争时期公海中立权的问题进行了十分机智而又准确的论述，对他这篇还包括广播和航空问题在内的论文，怀尔德教授给了杰克“B+”的成绩。

鉴于杰克在学习《国际法》课程中的优秀表现，怀尔德教授认为杰克毕业后可选择再上法学院深造。怀尔德教授断言，杰克拥有的“从理论方面进行深入思考的能力”将来必定能使他在政府机构中担任要职。尽管怀尔德教授一度钟爱小乔，但相比之下，怀尔德教授还是觉得小乔做事容易冲动，不会花很多时间来看书，也没有杰克对问题追根究底的精神。

确实，对于杰克来说，只要他感兴趣的事情，都会非常努力地去做，直到完全吸收并掌握那个主题为止。

1939 年秋天的这个学期中，杰克针对国际法方面的一些问题作了大量笔记，显示了他对国际法的浓厚兴趣。

在12月12日的笔记中，杰克记录道："国际会议上，各个国家的座位安排，都是按照'法语字母排序'来确定的。为了让自己座位比较靠前，美国（The United States）将它的大使馆名字改为了美利坚大使馆（American Embassy）。"杰克除了对这类国际惯例着迷外，对国际社会中法律的重要性也表现出了极大的兴趣。"和平条约在国际法中是否具有约束力？诸如《凡尔赛条约》这类被胁迫签订的条约是否被国际法承认？如果参与签约的国家对其中的条款不满意，而别的国家又不同意修改，那么除了诉诸战争外，还有别的途径来解决吗？而且战争一旦开始，它便是合法的，它所造成的任何结果都受到国际法的认可。也就是说，这场战争结束后所签订的条约也是有效与合法的。"在这篇笔记的最后，杰克讽刺道："虽然你不能偷马，但如果你真的偷了，那这匹马便归你了，而且完全是合法的。"

在一篇长达35页的有关国联的论文中，杰克在追溯1919年到1938年英国保守派和自由派观点之争时，对两次世界大战中英国的理想主义和现实主义的差别进行了比较。文章以希特勒吞并奥地利时英国没有对其说"不"，以及在慕尼黑协定中张伯伦的懦弱表现，作为文章的高潮部分。杰克认为，英国政府的危险地区局部化的政策源于孤立主义。这表明，杰克开始深入探讨孤立主义的根源。

在论文的最后，杰克总结说，英国的保守党之所以对希特勒的威胁不够重视，是因为他们属于"有产阶级"。俄国爆发社会主义革命后，英国保守党对俄国的同情心已荡然无存，因为他们担心共产主义思想的入侵。这对英、俄两国在国际事务中的合作设立了诸多障碍。以英国驻华盛顿大使罗瑟安爵士为代表的英国上层阶级竟然荒谬地认为：德国早一日统一欧洲，希特勒就有可能早日垮台，欧洲也就可以早日获得安定。从国家短期利益来看，英国对待国际联盟的政策有一定的道理；但从英国一直以来宣称自己将维护国际新秩序来看，它对待国际联盟的政策对弱小国家有失公正，尤其是对捷克人和波兰人。本来他们在第一次世界大战后已依稀看见了民主的曙光，而现在却又陷入纳粹德国的魔掌之中。

从这里我们可以看出，杰克对欧洲这场战争的态度与他父亲的孤立主义越来越远。在导师们的引导下，杰克对这场席卷欧洲和世界的强权势力有了更加深刻的认识和理解。

这段时期，可能是杰克平生学习最专心的时期。文斯洛普馆看门人的妻子约瑟芬·富尔顿后来回忆说，当时的杰克在学业上非常刻苦，“我总是看见他手里捧着书独自走在街上。天很冷，还下着雪，杰克穿着大衣，除了帽子以外其他的防寒衣物一应俱全。我问他：‘杰克，你的帽子呢？’他回答说：‘我必须时刻保持头脑清醒，所以不能戴帽子。’在春天，有时我们都睡觉了，他才回到宿舍。当四周一片寂静时，他的房间里还不断地传出‘嘀嗒’的打字声。”

杰克的辛苦没有白费，在这学期结束的时候，他获得了“B+”的好成绩。“小乔毕业后，杰克开始绽放光芒，随着成绩的明显进步，他对自己越来越有信心，在大学四年级的时候，他的平均成绩已经升到B+，这代表着他已经有撰写优等生毕业论文的资格了。作为他的导师，我和他的《国际关系学》副教授布鲁斯·霍伯为他取得这样的好成绩感到欣慰。”佩森·怀尔德教授回忆说。

杰克在与导师霍伯商量后，最终决定以《英国1931年以来的外交政策》作为他优等生论文的题目。在当时，学政治学的学生很少有人愿意写有关英国话题的论文，而杰克对论文题材的选择说明了他对英国政坛的兴趣有多么强烈！

霍伯教授对杰克的工作给予了很大的帮助，在每周的导师辅导课上，霍伯经常是杰克论文的“第一位读者”。对杰克的论文，他的意见是：一定要以“完整的史料为依据”，并且要有自己的观点。杰克也确实是这样做的。

1939年底，杰克开始为他的优等生毕业论文收集资料。在棕榈滩度圣诞假期期间，杰克见到了正在他家里做客的英国大使洛西恩勋爵。此时正值杰克收集材料、准备深入研究英国绥靖政策之际，洛西恩大使的出现对于他来说简直是天赐良机。在与杰克交谈后，大使表示，愿意为杰克进一步提供帮助，并邀请杰克在方便的时候拜访英国大使馆。

1940年1月初，杰克应邀来到了华盛顿的英国大使馆，拜会了洛西恩勋爵。洛西恩尽心竭力地为杰克描述了带来惨痛教训的英国绥靖政策。这次谈话，正如杰克后来给他写信时所说的，“开始了我的工作”。

带着洛西恩勋爵对20世纪30年代英国主要人物的看法，杰克开始了他的论文写作。他将通过这篇论文向世人说明，这个被誉为“日不落帝国”的大英帝国，为何在短短的数十年间就沦落到了连生存都困难的境地。

1月11日，杰克给他父亲在伦敦的新闻秘书詹姆士·西摩拍了封电报，要求他火速将保守党、工党、自由党及反战组织的资料寄到学校，以备自己研究英国的绥靖主义。他还向詹姆士·西摩建议，最好先“征询拉斯基的意见。我现在已有《泰晤士报》、《曼彻斯特卫报》、《英国议会纪事录》等资料”。

尽管当时英国已经参战，伦敦也已经开始实行灯火管制，但西摩接到电报后还是马上行动起来。他马上给在肯辛顿的拉斯基拍了电报：“大使儿子有事相求，请方便时速来电话。美国使馆负责人 4111。”

当时，美国的支援对英国来说是至关重要的，这使得英国人急于讨好西摩这位美国驻英大使的官方代表，因此不管是个人还是团体，对于西摩的要求都会尽全力满足。

在接到杰克电报的当天，西摩就给杰克回信说：“你父亲曾嘱咐我帮你收集资料。我已经与英国保守党、工党、自由党联系过了，他们愿意提供你所需要的资料。工党还透露，纽约公共图书馆里有他们全部刊物的卷宗。阿瑟·格林伍德即将出版的一本书中，大概有一章左右专门论述‘绥靖’问题，我将尽快给你寄去。”

拉斯基向杰克推荐了 E·H. 卡尔所著的一本有关英国外交政策的书。据拉斯基介绍，这本书涵盖了最近 10 年内发生的事情，参考和选材价值很高，“这本书我已帮你订购。明天还会拿到另外两本或许也有参考价值的书。”

与此同时，西摩还在查塔姆出版社、牛津大学出版社和大英博物馆阅览室搜寻有关这个主题的书籍和文章，这还是第一次有人对英国绥靖行为的根源及其进程进行如此详尽的调查。一周之后，拉斯基又推荐了两本书，“我认为在‘反绥靖实例’的陈述上，戈兰茨所著的《对和平的裁决》和《通向战争之路》中的资料很不错”。

西摩的工作是认真而富于成效的，而拉斯基的帮助也很大。2 月 8 日，6 个鼓鼓囊囊的大邮包从伦敦通过外交邮袋送到了美国国务院，然后转到乔在纽约的私人办公室，再从那里被转寄到哈佛的杰克手中。

可是杰克对西摩的成果并不满足。2 月 9 日，杰克又给西摩发电报，要求他尽快把牛津、剑桥的学生会报告、议长言论纪要，以及所有党派有关外交政策的报告等资料寄给他。西摩回信说："亲爱的杰克，你需要的资料越来越难弄到手了。"不过到了 2 月底，杰克还是收到了 22 份反战宣传手册和书籍。

杰克成天泡在施佩俱乐部的图书馆里赶写他的论文，因为他必须在 4 月 1 日之前完成。

自从开始论文写作以来，杰克一点儿都没受父兄的影响，他希望能以一名历史学家的身份，对历史现象的必然性进行客观论述。这篇论文中所包含的基本上都是杰克自己的观点，他认为 30 年代英国的外交政策一直犹豫不决不能完全归咎于领导人的判断失误，它更源于第一次世界大战以来在英国公众中已扎根的反战主义情绪。当时，英国的政治领袖们为了保住自己的位置，被迫"迎合人民最为强烈的情感——反对战争"。而在今天，美国的政治领袖们也面临同样的压力。

杰克的导师们对他的这篇论文影响也不大。当时哈佛的老师们正在为教授职称的评定而争执不休，而杰克正好"利用这一绝妙良机独自忙他的论文"。尽管如此，杰克的历史学和政治学教授还是对杰克的论文表示了关注。"他常常把完成的那些章节拿给我看。在我的记忆中，除了些小疏漏外，似乎没有什么大的问题。"佩森教授回忆说，"但是，在某些问题上他抠得过细，为此我和霍伯都说过他，让他不必把每一点都阐述得那么透彻。"

杰克在论文中阐述了自己眼中的真理，他没有支持父亲的绥靖主义观点，而是希望能以历史学家的专业态度论述这种观点出现的必然性。对于一位年仅 22 岁的青年来说，这真是难能可贵。

经过两个月的紧张工作，杰克终于在 3 月 15 日完成了长达 147 页的毕业论文。论文标题为《慕尼黑的绥靖政策》，副标题是《英国民主政府从裁军政策向重整军备政策转变过程中动作缓慢所导致的必然结果》。在文中，杰克引用了 50 多册英美书籍，其中有一半以上是近两年内才出版的新书。对于一位大学生来说，在如此短的时间内完成难度系数这么大的论文，确实是项令人惊讶的成就。

在序言中，杰克阐明了撰写这篇论文的目的："'慕尼黑谈判'被视为民主国家与法西斯政权斗争过程中具有决定性意义的事件。但是，由于各种先入为主的偏见，那些奠定慕尼黑谈判的政治事实和判断一直被蒙蔽。这份协议签订以后，尤其在美国，似乎赞成《慕尼黑协定》的就是绥靖主义者，就是亲希特勒派，反对《慕尼黑协定》就是支持自由和民主……随着 1939 年 9 月欧洲战争的爆发，围绕慕尼黑这个主题的争论已经有所减少，但它的威力并没有消减。直到现在，还没有其他主题能像它这样引起如此广泛的争议。但是，由于许多文件和报告目前仍属机密，所以我们无法了解它的全貌。而本文的目的就是尽量地去了解它。”

对于英国政府从裁军政策向重整军备政策的转变过程，杰克进行了历史的和冷静的分析。他认为，这种转变对于一战以后一直奉行“孤立主义”的英国人来说，是一次“思想革命”。像英国这样一个热爱和平的民主国家，很难与德国那样一个被公认为战败国的中欧国家展开军备竞赛。因此，将英国对战争的准备不足归咎于慕尼黑协定或张伯伦的前任史丹利·鲍德温都是有失公正的。

杰克引述了英国前首相史丹利·鲍德温 1936 年在国会发表的那篇著名的自责讲话：“英国到处弥漫着反战情绪，如果我在 1933 年举行大选时说，德国正在重整军备，我们也必须重整军备，会有人响应我的号召吗？我想，如果当时我真这么说了，那场大选很可能就会输掉。”具有讽刺意味的是，这篇自责讲话在很大程度上也反映了 1940 年的罗斯福和美国所面临的情况。

杰克对这篇讲话进行了分析：“在这里，我既不是要对鲍德温进行谴责，也不是要为他辩护。我只想弄清楚他的真实意图，对我们来说，这才是最重要的……在读过他的一些相关资料后，我认为，鲍德温无疑是位精通政治的策略家。在 1933 年的大选中，他用事实证明了一点：想要在深受孤立主义、反战情绪支配的英国获得任何有利于重整军备的支持，都是不可能的。我认为，鲍德温的这种说法本身没有错误，发表后招致各方猛烈抨击的原因是由于他的措辞不当而引起的……我之所以要在这里对此进行分析，是因为它是这篇论文中非常重要的一点。”

力求以客观的方式，在核实事实论据的基础上进行历史性评论，是杰克这篇论文自始至终坚持的原则，这充分体现了杰克不偏不倚的政治现实主义。

通过英国国会及民间的各种辩论，杰克用了将近100页的篇幅详尽地描绘了英国人民迈向1936年重整军备进程中激烈的思想斗争。杰克在论文中指出，鲍德温的确犯有过错，但英国重整军备行动缓慢，对战争准备不足，主要原因还是由于英国公众思想转变缓慢所导致，因此把过错完全归咎于鲍德温是有失公道的。“如果人们把一个人‘想赢得一次选举’作为英国重整军备失败的理由，那么这次事件给予我们的教育意义就完全丧失了。”

杰克在最后谈到英国的历史教训时说，美国需要从英国的前车之鉴中吸取教训。民主国家现在已濒临瓦解，“我们应该意识到世界局势的不利局面”。或许，民主制度曾是国家发展的最佳形式，但在它的背后也许隐藏着危险。也就是说，我们必须弄清楚民主体制好在什么地方，哪些地方存在缺陷？如果我们确信民主制是政府体制中最佳形式，那么我们就得准备为维持这种体制做出巨大的牺牲。

在论文的最后，杰克用这样的一段话结束了全文：

> 我们的目的是要看清事实的真相。不要将慕尼黑协定和英国重整军备缓慢的责任推脱给个人，认为是领导人的胆小懦弱或判断失误。我们应该看到，英国多年以来反战思潮必然会导致这样的结果，这是他们为自己行为必须付出的代价。
>
> 英国是幸运的，在慕尼黑协定之后他们还有一段时间备战；我们也是幸运的，因为我们有一个宽阔的大洋作为天然屏障。或许，我们能凭借自然资源和地理位置避免强权统治。但我们也必须有所准备，只有备战才能保证安全。如果独裁者们赢得了目前的这场战争，那么我们也将不得不为了挽救民主制度而做出必要的牺牲。
>
> 民主制度能够让人得到充分的个人发展，但这只是表明它或许是种适合人性的伟大政体，并不意味着就是最好的政府体系，它还有诸多需要改进的地方。如果我们希望能继续维护这种制度，就必须以更为实事求是的态度对待当前的形势。我们决不能再犯慕尼黑和谈上所犯的错误，否则便会输得一败涂地。我们必须尽量做出正确的判断，但即使这样，依然任重而道远。

这是杰克首次公开自己的政治信仰，但可惜的是这篇论文出版成书时，把上述这段结束语删掉了。

尽管杰克在文中犯了不少拼写、语法及句法错误，思想也有一些不太成熟的地方，但它仍不失为一篇结构严谨、观点明确、具有相当学术水准的论文。

论文完成以后，必须先清晰地打印出来才能上交给导师。“杰克在5位速记打字工的协助下，终于在最后一天完了稿。文章中的一些观点很有见地，整体看来这篇论文非常棒。”小乔给父亲的信中写道。

杰克把完成好的论文寄给了父亲一份，并附信向父亲解释：“这篇论文本来准备控制在70页左右（优等生论文的长度一般为60页左右），但最后却将近150页。”同时，杰克还向父亲身边工作人员对他的大力支持表示了感谢。他还对父亲说：“这是我迄今为止最重要的一项成绩，所以我非常想知道您对这篇论文的看法。”乔只是简单给他回了一封电报。杰克又给父亲回信说，它将把这封电报的内容写进文章中。

杰克对于这篇论文的认真和专注遭到了朋友们的嘲笑，“当时，杰克整天捧着他那篇了不起的论文，像查理国王的头一样宝贵。到最后我们都听得倒了胃口，他只好闭嘴了。”

有很多人，包括他父亲在内，都认为这篇文章是杰克在为鲍德温、张伯伦和绥靖主义者辩解，甚至有人把那篇论文当成是对乔的批评者的答复，卡尔·弗里德里克说，那篇论文的标题完全应该是“当父亲沉睡的时候”。但杰克的本意确是要从一个处于强权政治时代的民主政权的核心吸取深刻的教训：与独裁政体相比，民主政体的防御力是软弱的。这也是杰克终生都将恪守的一则信条。

这篇论文体现了杰克对外交事务的兴趣和认识发展的痕迹，在他成为美国总统后，这篇论文成了大家纷纷研究和讨论的对象。

8 英国何以沉睡

KENNEDY

在佛罗里达享受了两星期的快乐时光后，杰克回到哈佛打听他的论文成绩，结果让他非常失望：他引以为荣的毕业论文只得了最低的评价——优丙等。

当时，哈佛的优等生毕业论文成绩分三个级别：优甲等、优乙等、优丙等。杰克的这篇论文经过了校方 4 位教师的审阅。布鲁斯·霍伯和佩森·怀尔德教授对他的论文质量比较认可；亨利·约曼斯教授虽然觉得论文“写得很差劲”，但同时认为文章“就一个困难问题进行了认真、有趣而颇有见地的探讨”，评定为优乙等；卡尔·弗莱德里奇教授在评价他的论文时认为：“未分析基本前提。文章冗词赘句，打印错误较多，遣词造句颇有瑕疵。文献目录引人注目，但华而不实，标题应为《慕尼黑前的英国军备政策》。关于慕尼黑和谈的论述缺乏说服力。”于是，杰克的论文成绩降到了优丙等。杰克两个多月的辛勤工作颇有些徒劳无功的味道。

不过这篇论文却引起了《纽约时报》专栏作家阿瑟·克罗克的兴趣。4 月 4 日，克罗克给在伦敦的乔写了一封信，信上说：“我在棕榈滩斯图尔德·麦克唐纳家过复活节时，见到了罗丝和你那几个可爱的孩子，他们一切都很好。我还看了杰克的毕业论文，写得非常出色。唯一令我感到遗憾的是，杰克竟会如此怀疑民主政体的有效性……文中杰克在表达自己观点时缺乏技巧，措词显得有些草率。但在此类题材中，杰克的这篇论文的水准明显高出其他大多数作品。我认为这是一个极好的素材，只要将文章的部分内容加以修改，使其更完整、更具有趣味性，便可出版成书。我想它一定会成为一本受欢迎并且很有用的书。”

克罗克还表示，如果杰克和乔同意出版的话，他愿意为杰克联系出版商。

有关克罗克的建议，杰克在给父亲的信中写道：“他认为我应该把这篇论文出版成书，还建议给它取一个更好的名字《英国何以沉睡》，以便能与丘吉尔的《英国沉睡之际》遥相呼应。克罗克认为这本书能在今年 5 月或 6 月问世。不过，这还得取决于：第一，您什么时候辞职；第二，您认为修改之后它是否有出版的价值；第三，如果您在职，是否能在您任职期间出版。另外，由于文中的结论主要是为论文评分而写的，所以有些地方需要修改或重写，这样可以使文章读起来更完整，趣味性更强，对读者的吸引力更大，但基本的观点我仍然会保留。在我开始修改的时候，西摩或许能帮我给文章润色。请您尽快告诉我您对这篇论文的看法，以及它是否值得出版，是否能在您任期内出版。克罗克给我推荐了一个出版商，现在我正打算将它拿到那儿听听出版商是什么意见。”

克罗克为什么在这件事上如此热情？不外乎两个原因：第一，作为一名记者，在这方面他有着灵敏的嗅觉，能够发现好的素材，而且在选题这方面他的确颇有天分；第二，克罗克还怀着不可告人的目的。自从1932年第一次遇到乔以来，克罗克便看出，这个波士顿爱尔兰裔银行家将来必定会有大的发展，所以他要抓住肯尼迪家族。

1940年4月9日，德国开始入侵丹麦和挪威，5月10日，德国开始进攻荷兰、比利时和卢森堡三个国家。杰克意识到，如果这篇论文不尽快出版，那么它所论述的问题将过时。他在给父亲的信中除了表达了自己想要出版论文的愿望外，还颇具外交家风度地请教父亲："丘吉尔是否会介意书名《英国何以沉睡》?"另外，在选择出版商的问题，他也需要父亲帮他拿个主意，"使用克罗克推荐的人，还是由您另行为我确定一个?"

这段时间，杰克一直在乔治敦市阿瑟·克罗克家的书房中审阅自己的稿子，准备进行修改。乔从伦敦给他寄来了一些英国著名人士对这篇论文的评论，其中包括哈罗德·尼科尔森。根据这些评论，杰克对文中的许多错误进行了纠正，而且还极不情愿地将原稿最后那段结束语删除了，因为尼科尔森等人认为，杰克替鲍德温和张伯伦辩护，对英国公众批评过于严厉。当时正值英国远征军丢下他们的武器，弃盟友于不顾，退往敦刻尔克亟待撤退之际，所以文章的结尾转而插入了美国人民迫切希望了解的敦刻尔克大撤退的消息。

与此同时，克罗克也在抓紧时间寻找出版商。他先找到了代理商格特鲁德·阿尔加斯小姐。5月20日，阿尔加斯小姐带着原稿来到了哈珀兄弟出版社。阿尔加斯小姐大力推荐此书稿，并提到哈罗德·尼克尔森将为此书稿作序，阿瑟·克罗克将为它写封面简介。为了更具诱惑力，阿尔加斯还提到，杰克的哥哥小乔也将写一本有关他在西班牙个人经历的书，而且其中有很多第一次公开的材料，甚至提到可能某天乔·肯尼迪大使也会写一本自传。尽管阿尔加斯小姐如此推崇，哈珀兄弟出版社还是拒绝出版此书稿。他们认为，书稿内容已经落后于当前形势，并且此前有一本类似的书已经出版。

在等待出版的这段时间里，杰克并没有闲着。6月9日，杰克在《猩红报》通信栏中，撰文对那些仍反对美国重整军备的人提出了抗议："5月31日刊登的一篇攻击哈佛校长科南特讲话的社论中，你们这些反对重整军备的人宣称：'现在正在进行的扩军备战是一条走向战争、走向灭亡之路。'当你们提出这些观点的时候，是否想过英国在过去10年的经历中所接受的教训？军备是战争的根源这种观点在英国根深蒂固，曾令多少国家自叹不如。'正是由于欧洲军备的急剧增长，才使得不安全感和恐惧感越来越强，最终战争难以避免。'格雷勋爵在1914年发表的这段讲话，被那些反对英国重整军备的人士一遍又一遍地反复引用。在1938年投票表决海军拨款法案时，持反对票的参议员博拉表达了美国人这种类似的观点：'当一个国家出台一项方案时，另一个国家就会立即出台一项应对方案。这样，早晚会爆发战争。'正是对待军备的这种态度，才导致英国对这场战争的准备如此不足。'五月调查'中，美国的防务状况如此令人悚然，你们不担心吗？英国的裁军政策并没有让它避免战争，反而使它为战争付出更大的代价。那么，我们美国是否应该对这一教训不以为然呢？"

一年前，杰克还在倡导"我们时代的和平"，发表国际裁军的文章，而现在他却发表了这样的言论，可见在这一年中他身上所发生的转变是多么巨大。

6月中旬，杰克将修改后的稿子交给了阿尔加斯小姐。6月20日，阿尔加斯小姐将书稿送到另一个出版商——哈考特·布雷斯手中。尽管阿尔加斯小姐竭尽全力对布雷斯进行了游说，但还是遭到了拒绝。布雷斯先生尽管也认为杰克的这篇论文"比一般水平高出很多"，但他依然认为此书的销售前景不乐观，"事态发展得太快"，很难在美国引起多大兴趣。

在这两家有影响的出版社碰壁后，阿尔加斯小姐开始把目光放在小型出版社上。这次，她把书稿寄给了纽约的一家小型出版社，出版社老板威尔弗雷德·芬克对书稿大加赞赏，很快便决定将它出版成书。再加上肯尼迪大使找到亨利·R. 卢斯先生为此书作序，更坚定了芬克先生出版此书的决心。

亨利·R. 卢斯是《时代》与《生活》杂志发行人。乔打电话请他帮忙为杰克这本书作序时，刚开始他的反应比较谨慎，卢斯后来回忆说："接到肯尼迪大使的越洋电话……我说：'好吧，我得先看一下稿子。'当我看了杰克的书稿后，更确切地说看了校样后，就被它深深地吸引住了。这本书以对英国议会多年来的政治活动进行比较回顾为基础，它的学术性给我留下了深刻的印象。现在慕尼黑和谈已成为历史，英国正处于孤立无援的境地。同时大众舆论几乎将矛头都指向绥靖主义者，认为是他们的过错。而该书却认为，应当由英国各界共同来承担这个过错，就连工党也有推卸不了的责任。该书特别对30年代关于国防拨款的辩论进行了剖析，从这上面看，工党与保守党一样都缺乏主见。”

卢斯还特别提到，该书有两点十分难得：首先，杰克对有关这场欧洲危机的事实资料进行了非常翔实的查询，比如各党派之间的辩论、投票表决纪录；其次，在欧洲危机日趋白热化的年代，杰克还能保持如此严谨的学术态度和研究方式，实在难能可贵；而文中所呈现出的参与公共事务的精神和责任心，更是让人赞叹。

在序言的开始，卢斯写道：“在我的记忆中，我上大学的那个时代，很少有人能在大学四年就如此重大的课题写出如此高水准的作品。”称赞了年轻的作者后，卢斯将矛头指向了富兰克林·罗斯福和共和党总统候选人温代尔·威尔基，这大大出乎了乔和杰克的预料。序言中写道：

> 除非意识到战争已迫在眉睫，否则美国绝不会对任何战争做好应战准备。一年以后不会，2年以后不会，3年以后不会，即使20年以后也不会。在这期间，美国会输掉许多战争，其中包括所有她不想打的战争，以及这场她以为自己不会打的战争。即使美国在战争中赢得了最后的胜利，那也将是用鲜血、金钱以及美国的现代文明换来的，这是多么昂贵的代价啊！如果美国想要在战争中取胜，就该意识到战争已经迫在眉睫了。
>
> 这场战争所带来的考验不仅仅是针对领袖们的，更重要的是对困守于最后堡垒中的民主政体的考验。或许，这两位总统候选人在这场战争中都不会对美国人民说实话。对此，我们拭目以待。难道每年高达100亿美元的国防开支，连一句勇敢的话都不敢说吗？我不相信，民主政体的尝试就这样耻辱地从地球上消失！

对于亨利·卢斯这篇充满战斗气息的序言，乔·肯尼迪这位美国最出名的绥靖主义者居然没有反对，这让他身边的那些人感到十分不解。

经过一番周折，杰克的《英国何以沉睡》终于出版了。

格特鲁德·阿尔加斯 7 月 12 日高兴地向克罗克报喜说："自从在《出版人周刊》上刊登出即将发行这本书的通告和广告以来，现在已经预售出 1 000 册。至于书店上架后这种火爆的场面是否会继续，现在还不能安下结论。不过，达到发行人预计的 3 000 到 5 000 册销量现在看来是轻而易举就能实现的。"

第一批书印出后，杰克立即寄给远在伦敦的父亲。这位大使将儿子的这部著作发给身边的每位要人，从英国国王乔治六世到首相温斯顿·丘吉尔，几乎是人手一册。这位美国最出名的孤立主义者、绥靖主义者，在此时却公开称颂他儿子那本披露英国绥靖政策的书，而且上面还有卢斯那篇好战的序言。或许，他这么做是为了讨好丘吉尔和其他一些公开蔑视他的英国领导人，但更大的可能是为他这个出色的儿子感到自豪。

乔给杰克的信中，对这本书赞不绝口，"这本书非常不错，我想它的销量肯定会很好。不管你能否从中挣到一分钱，它都会给你带来莫大的好处。如果能在公众中引起轰动就更好了，因为这代表你已经具有一定的名声，而这种名声对你来说具有永恒的价值。"乔还提出，他将把这本书推荐给拉斯基，请他再推荐一些人写些吹捧杰克的文章，并且准备在英国寻找合适的出版商出版这本书。

1940 年 7 月底，《英国何以沉睡》开始在美国书店内出售。这在美国公众之间引起了轰动，人们对此书褒贬不一。

正如杰克的哈佛教授们一样，哈罗德·拉斯基对这本书的评价也不高。对于乔提出在英国出版此书的提议他表示反对，甚至对乔同意杰克在美国出版此书都感到非常遗憾。在给乔的信中，拉斯基写道："尽管这是一个有思想的青年所完成的佳作，但它还很不成熟，没有结构可言，而且一切几乎都只是停留在事物的表面，没有去挖掘更深层次的东西。在任何一所优秀的大学里，都会有许多毕业生写这样的东西，这并不是什么稀罕的事情。那么，他们为什么没有将自己的论文出版成书？因为他们更看重的是自己从写论文的过程中得到了什么。老实说，如果杰克不是你的儿子，如果你不是大使，我想任何一个出版商都不会正眼看他的书。"

的确，正是因为乔的大使身份，纽约的出版商才看杰克的稿子；但是，他们采纳了这部稿子，却跟乔的大使身份毫无关系，而完全是因为这部稿子本身的价值使然。杰克对国际形势的分析迎合了数百万美国人的心理，美国人渴望对欧洲战争做出明智的反应，这才是此书得以出版的关键。

更多的人对此书持肯定和褒扬的态度。哥伦比亚大学一位经济学教授给杰克写信，向杰克表达了诚挚的敬意。他认为，杰克在法西斯侵略的紧要关头，对导致民主政体疲软的真正原因所进行的出色分析，是对美国政治思想的一项重大贡献。

乔特中学的校长圣约翰也写信来对杰克和他的作品进行赞扬："此书结构严谨、学术性强，具有说服力……每位有责任心的美国人都应该向你表示感谢——对英国身陷囹圄的原因进行的精辟分析和论述，美国应该从中吸取教训。"

杰克的中学老师罗伯茨夫人也对杰克表示了祝贺："你的确是当代美国青年的杰出典范。我坚信，你一定会有大展宏图的那一天。"

金融家比尔邦德的妻子写信说，她丈夫在读完这本书的当天"至少把它寄给 6 名顽固的孤立主义者，这本书会使他们受益匪浅"。

纽约大学历史学教授杰弗里·布朗的信中除了对这本书大力赞扬外，还提出愿意为杰克效力，为杰克的下一部著作寻找一家更大更具有影响力的出版商。

罗斯福总统以"我亲爱的杰克"开头，也写信向杰克表示祝贺。

至于普通读者，更是对此书兴趣浓厚，甚至连威尔弗雷德·芬克都很惊讶公众居然会对这样的一本书反应如此热烈。

这本书的出版似乎已触动了处于极权主义时代的民主政体的中枢神经。

随着书店的订单接踵而来的还有各杂志社的约稿。《当代历史》杂志的编辑希望能与杰克在纽约见面，并想请他写一篇 2 500 字的评论。

1940 年 8 月 5 日，杰克接受了《波士顿先驱报》的采访。在采访中杰克表示，他很高兴这本书能博得众多读者的喜爱，在上市短短两天内售出 3 500 册。杰克还驳斥了关于本书并非他个人成果的传言。对于有人讥讽他是乔·肯尼迪大使的代言人这一点，杰克说这令他感到很苦恼，因为"我已经有半年没与父亲见面了，而且我与父亲以及某些英国政治家的观点也不尽相同"。

短短两个月后，即9月，《英国何以沉睡》便以4万册的销量出现在《纽约时代》和华盛顿《时代先驱报》的畅销书排行榜上，《出版人周刊》将此书列为“有望入围全国畅销书排行榜的书籍”。

大量邀请信和约稿函不断涌入杰克的信箱。

正当杰克为此书的宣传和销售忙得不可开交之际，他收到了导师霍伯在9月5日寄给他的一封信。这封信对于少年成名的杰克来说具有非常重要的意义，可能是他年青时代收到的最重要的忠告之一，“这本书写得非常出色，但对我来说，并不完全是个意外！我知道，此刻你的信箱里一定塞满了各种邀请函、褒奖的评论。对这一切你要淡然处之，不要因为公众的喝彩而昏了头，必须冷静下来，放眼向前看……我对你取得的成绩表示祝贺，并祝你永远顺利！你已经起航了，杰克，不过在你出海之前，你的船上还需要备妥所有需要的装备。相信我，当你的一切装备齐全后，你将拥有一艘足以抵挡任何风暴的舰船，加油吧，我的勇士！”

9 驻英大使

KENNEDY

毫无疑问，此时杰克对战争的态度与其父的态度越来越背道而驰。

1939年12月7日，驻英大使乔·肯尼迪请长假回到了美国。离开伦敦之前，乔受到了英国国王乔治六世的召见并共进午餐，那时苏联还没有入侵芬兰。席间自然免不了谈论当前的战争和美国对此所持的态度。

当乔表示反对美国派兵时，皇后很不高兴：“我就知道你会这样说。”之后，国王夫妇向乔表达了英国人民将战斗到底的决心。为了表示英国皇室的决心，国王在第二天又特意给乔·肯尼迪大使写了封信：“在我看来，美国、法国和大英帝国是世界上三个真正自由的国家，而其中的两个国家正在为我们所追求的自由而进行战斗。不管结局怎样，我们大英帝国的决心已定。而我也很乐意如此。”

乔·肯尼迪大使对此的回应是：“美国人民与大英帝国的人民一样厌恶战争。除非我们的切身利益受到威胁，处于生死存亡的关头，否则我们应保持和平。相信大英帝国的人民也与美国人民有着同样的想法。对于上次世界大战的惨痛教训，美国人民仍铭记于心，反对美国参战是美国人民必然的选择。”

动身之前，这位美国驻英大使又到海军部拜访温斯顿·丘吉尔。丘吉尔给他的临别赠言是：“决定世界未来的是英国、美国、俄国和日本。”对此，乔不以为然地表示：“或许你说得很对，但这并不是目前的阵容组合。”

在回国的途中，乔一直都在考虑是否参加总统提名的竞选。

一回到华盛顿，他就立刻被一大群记者围住了。记者们除了询问乔对欧洲局势的评价外，他们对乔是否会支持罗斯福第三次连任以及他个人的政治计划也颇感兴趣。对此，乔只能口是心非地表示自己将支持罗斯福第三次竞选连任，尽量敷衍记者们的提问。他现在还无法确定罗斯福总统是否会谋求连任，也不清楚民主党总统候选人提名的计划。

第二天早上9点，乔被罗斯福总统召到了白宫。

首先，乔向罗斯福总统汇报了目前欧洲的局势，以及根据他的经历和观察对这场战争的看法。罗斯福总统表示，形势的确像乔所说的“不容乐观”。

接着，乔就把话题扯到这次总统竞选的事情上。乔表示，他支持罗斯福第三次连任，但罗斯福却回答说：“不，乔，我不能这样做，这个问题还是留到日后再谈吧！”显然，乔已经得到了他想要的答案，只要罗斯福不参加竞选，他就有希望了。

然而，还会有谁出来竞选呢？乔又立刻赶到国务院去试探国务卿赫尔。赫尔并没有对参加竞选作明确地表示，但给乔的印象是“他也准备参加总统大选的角逐”。为了得到更准确的消息，乔再次来到白宫，再次追问罗斯福对这次竞选有何打算？他还口是心非地说：“总统先生，您必须参加竞选！”而罗斯福却回答说：“不行，我太累了，已经受不了了。除非我们参战，否则我不会竞选第三任。”随后，罗斯福总统又补充了一句：“当然，那时我也不会派部队过去，只是在物资上向他们提供援助。”

然而，乔还是不满足。其他人的情况如何呢？

乔问罗斯福，赫尔作为总统候选人的可能性有多大？罗斯福回答说，赫尔做事拖泥带水，不予考虑。那么，赫尔不行，谁合适呢？罗斯福提了很多人，有卡莫迪、麦克纳特、哈瑞·霍普金斯、弗兰克·墨菲、鲍勃·杰克森、比尔·道格兰斯，最后，总统终于提到了乔的名字。这正是乔一直在寻求的认可，他满意极了。

接着，乔又询问了总统与丘吉尔私下联系的事。对此，罗斯福并没有正面回答，而是对丘吉尔进行了一番评论：“自从我 1918 年开始出访英国以来，我一直都不喜欢他。在一次宴会中，他的表现更让人厌恶了，总是想压过我们。后来布肯海德出面制止了他，让他收敛了些，否则不知道他会做出什么过分的事来。我现在之所以关注他，是因为他很可能成为英国首相。我得有所准备。尽管我很愿意帮助英国，但我可不愿意被他们玩弄。相信我，所有这些努力都会获得回报的。”

罗斯福总统的这一席话引起了乔的警觉，这绝非一个打算退休的人所说的话。另外，如果正如总统所言，丘吉尔将成为英国首相的话，那么他上台后一定会尽其所能说服美国加入战争，这也令乔非常不安。乔后来承认，当他得知罗斯福和丘吉尔背着他私下联络的事情后，他曾在日记中写过这样一段话：“为了使美国加入战争，他（丘吉尔）什么都干得出来。他甚至可能做出这种事：自己派人炸掉美国大使馆，然后谎称是德国人干的。”

离开白宫后，乔直奔波士顿。在那里，他见到了小乔和杰克，并告诉他们，如果罗斯福真的拒绝总统竞选的话，他将参加总统的竞选。随后，乔便着手准备竞选的首次演讲。

不久以后，乔·肯尼迪大使在东波士顿的一所教堂中作了一次即席演讲。演讲中，他仍然坚持自己一贯的立场——孤立主义。“美国公正的天性使他的人民很自然地倾向于憎恶一切不道德、不公平的事情，但这并不是我们参战的理由。这不是美国的战争，我们没有任何经济、政治或社会的理由加入到这场战争中。请相信，即使我们参战了，也不会使局势有所好转，只会比现在更糟糕。更何况，我们在这场战争中也捞不到什么好处。”

作为美国政府派驻英国的官方代表，此番言论的分量自然很重。然而，如此重量级的言论，乔却没有事先征求国务院的意见，便擅自发表了自己的看法。这既是他的一贯作风，也是他用来试探当时政治空气的一颗烟幕弹。

乔·肯尼迪大使在波士顿的讲话引起了英国新闻界的震惊。当时在英国的外交界和社交圈充斥着各种各样的传言：美国大使预言希特勒的铁甲军队将会把英国打得落花流水；美国大使已恳求罗斯福总统，希望能重新考虑与希特勒举行和谈。面对当时的这种情况，伦敦外交部负责美国事务的一位顾问记录道："肯尼迪大使是位非常讨厌的怪人。除了赚钱外，他对其他任何事情都漠不关心。像他这样的失败主义者，应该在这场战争中全部消失。我认为，他应该回到他的老家去。只有这样，才能体现他的真正价值。"

然而，乔是否回伦敦还要取决于罗斯福的意见。

为了个人的政治计划，乔并没有按时回到英国。为了拖延归期，他花钱从波士顿的家庭医生莱希那里弄到一张病假条，上面建议"至少应该休息 2 个月才能返回英国"。有了医生的一纸证明，乔便名正言顺地留在了国内。这个冬天，在棕榈滩的家里，乔的身边围满了顾问、谋士、孤立主义者以及他的老朋友，包括比尔·道格拉斯、罗瑟恩勋爵、萨莫纳·威尔士以及阿瑟·克罗克等。

这时，民主党内部关于总统候选人提名的竞争已经全面展开。野心勃勃的邮政部长詹姆·法利极力鼓动人们反对罗斯福的第三次连任，企图挑起民众的反罗斯福情绪，然而此时罗斯福总统还没有明确表示是否参加竞选。2 月初，法利参加了马萨诸塞州的初选。由于罗斯福总统犹豫不决的态度，使公众以及新闻界将注意力转向了民主党内其他有望问鼎总统宝座的人选上。于是开始有人呼吁乔参加竞选。但是在罗斯福没有明确态度前，老练的乔是不会轻易出来竞选的。乔再次赶到华盛顿去见罗斯福，想试探一下。令乔意想不到的是，罗斯福总统竟然先劝说起他来："乔，你为什么不参加马萨诸塞州的初选呢？那可是你的老家，你的地盘，打败法利是轻而易举的事。"这令乔感到左右为难。一方面，他想参加竞选；另一方面，如果他要与罗斯福公开对抗的话，在民主党内他的处境就会变得非常困难，甚至可能使他所有的政治追求都成为泡影；再说，假如真的要与法利兵戎相见的话，他的胜率并不是很大。现在的一切都取决于罗斯福是否参加大选。显然，罗斯福也在犹豫不决。乔迅速权衡利弊后告诉罗斯福，他无意参加竞选。在 2 月 13 日下午举行的新闻发布会上，乔极不情愿地宣布，他本人放弃竞选总统候选人的提名，将尽快返回伦敦工作。

1940 年 2 月 24 日，乔乘坐"曼哈顿号"返回伦敦。当欧洲战争愈演愈烈之时，这位美国驻英大使竟然离开工作岗位长达 3 个月之久，而且在美期间又公开发表对英国极为不利的言论，英国公众将会以什么样的态度迎接这位大使呢？

乔回到伦敦后，受到了以前任何一任美国大使都不曾受到过的尖刻攻击。

《观察报》的文章这样写道："毫无疑问，他将会受到广泛的'欢迎'：银行家、孤立主义者会欢迎他，骑士和男爵们会欢迎他，伦敦上流社会那些胆小的女流之辈会欢迎他，白厅内那些怕事之徒会欢迎他，求和联盟、基督教反战人士以及布克曼博士的信徒们更会欢迎他。另外，欢迎他的人还包括冯·里宾特洛甫、纽伦堡党徒、慕尼黑党徒、塔维斯托克勋爵及前亲纳粹组织的余孽……几乎没有任何一任大使会像他一样，在回到自己工作岗位时，会面对如此多的令人尴尬的迎接者。"

贝弗里·巴克斯特在《星期日画报》上指责乔·肯尼迪大使没有向美国公众宣传英国在这场战争中的目标。英国工党的休·多尔顿更是不留余地地痛斥乔："我一向认为他是失败主义者和恶棍。"乔自己也明显感觉到英国现在对他很不欢迎，"无论是官方人士还是非官方人士，他们对我的冷漠情绪在与日俱增"。

1940 年 5 月，德国侵略荷兰和比利时，张伯伦辞去首相职务，丘吉尔临危受命，组织新政府。5 月 13 日，丘吉尔就职。随着张伯伦的倒台，绥靖政策彻底破产，乔在英国公众中越来越不受欢迎。更糟糕的是，美国总统罗斯福和英国首相丘吉尔都不信任他。

阿瑟·克罗克得知乔在伦敦过得不顺心，便劝这位大使干脆辞职回国算了，这样他还可以通过演讲和著书来宣扬自己的观点。乔表示他也想辞职回国，因为他已经厌倦了驻英大使这一职务。杰克得知父亲这一想法后，极力劝说父亲不要在此时辞职。杰克在信中写道："现在美国大选在即，如果您在此时辞职，那您极可能成为众矢之的，对您七年来的公职生涯来说无疑是个污点，美国公众会认为您弃国家的利益于不顾，英国公众会认为您懦弱。"杰克的一番话让乔打消了辞职的念头。他给克罗克写了封信，信中除了转述杰克的意见外，还重申了他孤立主义的观点。

然而，随着法国沦陷，德国对英国城市轰炸的进一步升级，伦敦已逐渐成为一个危险的城市，乔不仅不允许自己的家人到伦敦来，而且他自己也避开了市区，在离伦敦 25 英里的乡村租下了一间别墅。在他担任驻英大使的最后一段时期内，他经常置工作和同事于不顾，跑到乡村的别墅里避难。这种做法引起了公众的蔑视，成为乔一生中最恶劣的表现。截至 9 月 15 日，英国连续被轰炸 10 天，这位大使“已下决心赶快回国”。

KENNEDY

第二章

二战的洗礼

杰克这个原本不应该参战的人，一夜之间成了美国的英雄，只身为肯尼迪家族赢得了荣誉。但是，杰克对自己的美国英雄形象却是一种苦笑加谦虚的态度。当后来有个年轻人问他是如何成为英雄的，杰克回答："这很容易，他们把我的鱼雷艇切成了两半。"

大使终于回家了

KENNEDY

1940年的夏天，杰克除了推销他的书以外，还面临着一次重大的选择，他对自己是否从事法律事业犹豫不定。由于身体原因，杰克最后决定先在斯坦福商学院读一年书，然后再到耶鲁法学院上二年级，这意味着他又要面临和哥哥小乔的竞争，同时也意味着要放弃比林斯所说的学术兴趣。

斯坦福大学地处旧金山以南30英里处，半隐半现于太平洋与旧金山湾之间的山脊上，气候温暖而干燥。校园内部主要由浅黄色的沙石建筑构成，兼有罗马式和加州风格，由著名设计师奥姆斯特德和库里奇设计，堪称美国最佳校园设计。

在这所大学里，男女同校，学校半数学生拥有汽车，有的甚至拥有飞机，橄榄球场可容纳8.9万观众。正如《时代》杂志所说："斯坦福拥有太平洋海岸边最好的高尔夫球场、两个湖、两个体育馆和一个马球场。"

所有的这些都深深地吸引着杰克。1940年9月23日，杰克决定留在斯坦福。靠《英国何以沉睡》一书的收入，杰克买了一辆绿色别克敞篷车。

因为身体原因，杰克最终未能注册成为斯坦福的一名全日制学生，他成了西奥多·克雷普斯教授的旁听生，因此在斯坦福的学习生活相当轻松。"每天晚上10点上床睡觉，白天去商学院上几节课，这真是一个养生之所。"在给比林斯的信中，杰克写道。

杰克从未认真地参加商学院的学习，而是把时间都花在了政治系的学科上。克里普斯教授曾多次开玩笑说："我实在没有办法让这位学生对商业提起兴趣。"在斯坦福，令杰克着迷的仍然是有关当前世界形势等方面的政治问题。凑巧的是，当时政治学系的高级教授汤姆·巴克利与杰克成为邻居，同住在麦菲尔德路。他们经常见面，渐渐地熟悉起来，彼此都很谈得来。据巴克利后来回忆说："杰克总是坚持来听我的课，尽管没有学分，他还是听了很多，尤其是有关当代世界问题的课。"

在斯坦福，大部分教职员认为自己是共和党人，学生中三分之二的人支持1940年的共和党总统候选人温德尔·威尔基，可以说，与哈佛比起来，斯坦福的政治氛围对民主党非常不利。如果杰克在这里高谈阔论，发表有利于民主党的言论，必然会招来很多责骂。但是，杰克还是给斯坦福校园带来了新的信息：美国迟早要参加战争。尽管这时候欧洲战争正在进行，已经打了整整一年，但斯坦福的大多数学生还是不相信美国会参战。杰克告诉他们，美国是一定会参战的，只是时间的问题。

很快，杰克的观点得到了证实。斯坦福设立了国家紧急委员会，负责与征兵委员会进行联系。1940年10月16日，杰克与其他1700万美国人一样，完成了美国有史以来第一个非战时征兵任务登记，等待入伍。

1940年10月29日，东部标准时间下午12时18分，陆军部长亨利·史汀生在华盛顿“眼睛蒙上布条”站在摄像机前，将手伸进一个玻璃碗中进行了征兵抽签。其中第18个蓝色小袋子序号为“2748”。“帕罗奥托区的2748号代表的就是美国驻英国大使约瑟夫·P.肯尼迪的儿子，斯坦福商学院的学生，畅销书《英国何以沉睡》的年轻作者杰克·肯尼迪。”10月30日，《斯坦福日报》的头版头条对此事做了报道，旁边还附了一张杰克的照片。

“杰克，你竟然被征召了！我发誓，这是我一生中唯一好笑的事情，我真的快要笑死了。主啊，全世界有那么多的小伙子，为什么偏偏会挑上你?”一想到成天生病、外表邋遢的杰克竟然要穿上军装，麦克唐纳就禁不住狂笑不止。这的确是一件让人啼笑皆非的事情，不久前因为身体原因而不得不推迟上学的杰克·肯尼迪现在竟然要应征入伍了。

然而，杰克本人对中签入伍所引起的轰动并不觉得可笑。“征兵的事情让我有点担心，”他向比林斯承认，“他们绝不会让我参军的，可是如果我不去的话，事情就会更糟糕。”

事实上，从1938年开始，杰克就感到他的右骶髂关节处偶尔有些疼痛，但这种症状时而严重时而又症状全无。1940年下半年，“这种情况显然严重了”，打网球时杰克突然感到一阵疼痛，“好像有什么东西脱落了”。在莱西诊所，医生给杰克的后背安上了一个支架。从那时起，杰克的脊背问题越来越严重，并伴随了他一生。另外，他还患有致命的肾上腺炎，还有溃疡性结肠炎。这些疾病已经让他在正常的生活中痛苦不堪，更何况军事化的生活!

可是杰克想参军。一方面，如果他无法参军，他的健康问题就会成为大家关注的焦点，再加上“他的父亲正巧又是一个极力反对美国参战的孤立主义者”，势必会引起公众的批评声。另一方面，杰克对自己的事业道路仍然没有明确的主意。作为斯坦福的学生，他眼下完全可以延迟到本学年结束时再入伍，但是，对他来说，与在学校读书相比，去军队服役更具有挑战性，更主要的是，杰克不想在即将成为海军飞行员的小乔面前黯然失色。

10月26日，即杰克被陆军部长抽到应召入伍的前三天，美国驻英大使乔搭乘航班抵达纽约。事实上，早在9月份，这位驻英大使就一再向国务卿科德尔·赫尔发电，要求尽快离开英国。他威胁赫尔说，如果国务院再不批准他回国，他将采取行动，辞职不干了。

但是罗斯福根本就不理他这一套。在罗斯福看来，乔如果获准回国，他的失败主义论调极有可能影响大批领导人，从而导致美国的外交政策因悲观消极和恐惧而瘫痪一半，所以罗斯福一再敦促乔留在伦敦，因为乔在伦敦比回到纽约的危害要小得多。

但乔却不愿意继续被流放，他真的开始采取行动了。1940年10月10日，英国驻华盛顿大使收到哈里法克斯勋爵的一封加急电报，电报中说，美国驻英大使乔寄了一篇控诉罗斯福政府的文章回美国，他本人如因意外无法回国，这篇文章将在总统选举前五天即11月1日见报，电报中一再强调此举非同小可。后来经阿瑟·克洛克证实确有此事。克罗克说：“乔的确草拟了一份对罗斯福政府的控诉书，并把它交给了助手爱德华·摩尔。他指示摩尔，如果罗斯福不让他离开英国回家，就把这份控诉书在大选之前公之于众。”与此同时，英国外交部通过秘密途径了解到，乔很有可能与罗斯福大选中的对手威尔基合作。

在这种节骨眼上，罗斯福除了妥协，别无选择。

1940年10月11日，乔·肯尼迪大使接到回国通知。10月22日，乔从南安普敦启程，途经里斯本，再从百慕大转机到纽约。途中，乔分别接到罗斯福总统的3个密令，内容都是一样，敦促他回国后不要停留立刻去见他。10月26日下午2点30分，乔刚抵达纽约，就收到了总统给他的第四道密令，内容依然是立即前往华盛顿拜见总统。

此刻的罗斯福一点儿也不敢疏忽，生怕乔一踏上美国国土后立刻发表对他不利的言论，看来乔的确有足够的能量挫败罗斯福的连任竞选。然而，乔现在依然举棋不定。在与家人见面并就此事交换意见后，乔决定："是否表明立场，我还需要慎重考虑。"

当天下午5点，乔和罗丝乘坐航班赶往华盛顿。到达华盛顿后，"白宫的车到机场迎接了我们，并直接将我们送到了白宫。"乔后来回忆说。

在白宫的椭圆形办公室里，乔将张伯伦写的一封信交给了罗斯福，并向罗斯福汇报了英国目前的困难处境。然而，罗斯福却只字不提他和乔之间的任何事情，因为在座的还有参议员吉米·伯恩斯和他的夫人。这正是罗斯福的精明之处，有了这两人在场乔就不会轻易向他摊牌。

接着，他们在二楼餐厅共进晚餐。吃到一半时，伯恩斯突然想到了一个好主意，让乔在星期二晚上在电台发表讲话，并且说这件事对于罗斯福连任竞选的意义十分重大。他和总统都认为有此必要。"在整个宴会上，伯恩斯极力向我推销他的主意，但我既没有表示赞成，也没有表示反对。因为我想跟总统单独谈一次，之后再作决定。"乔后来对克罗克说。

宴会结束后，他们来到罗斯福总统的书房。乔感觉伯恩斯夫妇仍然没有让他与总统单独相处的意思。于是，乔说："看来我与总统单独相处的可能性不大，那么我只好当着大家的面说出我的心里话。"听到这句话时，伯恩斯惊呆了，罗斯福的脸变了颜色。乔声称，他一直是罗斯福的忠实支持者，没有在公开场合说过任何不利于罗斯福的话，然而他却得到罗斯福如此粗劣的回报：罗斯福曾使用他无法解析的海军密码以及外交邮袋中的密封邮件与丘吉尔秘密联络，美国政府经常越过他这位驻英大使，直接与英国政府联系，很多事他要么不知道，要么知道得比英国政府还晚。乔认为，"所有这一切就是政府为了消弱我在英国的影响"。

对此，罗斯福总统完全可以这样来解释：因为你是个绥靖主义者、孤立主义者和失败主义者。然而，总统并没有这样做，他立即否认了一切，"总统说他一无所知，从而将责任推卸得一干二净，并抗议说这伤害了友谊"。

根据最近的民意测试结果，威尔基获胜的希望十分渺茫。对于乔这样现实的人来说，为自己谋取最大的利益才是最重要的，于是他说："在我做任何决定之前，我希望我们先把目前的形势讲清楚。我的确有责任和义务来发表一篇讲话，这篇演讲稿不会涉及任何人，只写我内心的真实感受。”乔的这番话实际上是为了达到两个目的：第一，摆脱英国；第二，迫使罗斯福在国内给他另找一个职位。

当天晚上，罗斯福总统极力挽留肯尼迪夫妇留宿白宫，建议第二天乔和他一起乘火车去纽约召开新闻发布会。这是在拉拢乔。对于这一莫大的荣誉，乔拒绝了。晚上，乔将罗丝独自一人留在白宫，自己悄悄地溜了出去。他对记者们说，他明天将在纽约召开新闻发布会。

如果乔听取杰克的意见，在英国再呆上两个星期，然后在大选前按照惯例辞去大使职务，那么他将会作为一名英雄回国。然而乔却等不及了，他做出了他政治生涯中最错误的判断，他通过要挟手段强行闯回来，而且孩子气地拒绝与罗斯福同行，并在晚上溜出白宫，希望这样可以迫使罗斯福在大选前给他一个承诺。

后来，乔取消了原定的记者招待会，与自己的助手们一起商讨中途改变支持对象的利弊。与此同时，他也在等待罗斯福的承诺。令乔失望的是，他不仅没有等到罗斯福的承诺，连威尔基也没有任何表示。乔彻底失望了！1940 年 10 月 29 日，离大选还有 6 天的时候，乔通过哥伦比亚广播公司向全国发表讲话，表示自己将一如既往地支持罗斯福总统竞选第三届连任，并反驳了“美国总统企图将美国引入世界大战”的论调。罗斯福终于可以松一口气了。

听完乔的讲话，罗斯福当即亲自给他拍了一个电报，他感激地说：“我刚刚听到了一篇了不起的讲话，谢谢你！”

当天晚上，罗斯福总统带着菲茨和小乔乘坐他的豪华轿车来到波士顿花园。在一大堆选民前，总统公开宣扬道，他对“能够欢迎那位受到波士顿和其他许多地方的人爱戴的波士顿的儿子、我们驻英大使乔·肯尼迪回到美国”感到很高兴。这些举动无疑是为了稳住他的要挟者。

在波士顿花园，罗斯福还向美国的“母亲们和父亲们”保证：“你们的儿子不会被送到国外去打仗！”

1940 年 11 月 5 日，罗斯福以 449 票对 82 票的绝对优势再次当选美国总统，成为美国历史上第一个连续三次入主白宫的总统。

11 月 6 日，乔·肯尼迪来到白宫，向总统递交了辞呈，但遭到了罗斯福的回绝。罗斯福说，在他没有找到替代乔的人之前，他是不会接受乔的辞职的。

在罗斯福再次当选总统后的第三天，乔又做出了一件极蠢的事情。11月8日下午，乔在波士顿的里兹·卡尔顿饭店接受几个新闻记者的采访。他仍然死抱他的孤立主义观点不放，而且讲话的内容大大违反了作为一名外交官素来信奉的谨慎原则。他说，他愿意尽最大努力使美国远离这场在他看来毫无意义的战争，即使让他失去目前的一切也愿意。他还说，英国的民主体制已经完蛋了，现在的英国已经没有一处地方没被轰炸过，希特勒控制了欧洲所有的港口，英国海上货运损失非常惨重。乔说："英国还能支撑多久？如果她很快就会垮掉，那何必还要继续支撑呢！美国给予英国的援助将没有任何意义！"接下来，乔评论起英国女王和美国第一夫人，他说："英国女王比内阁更有头脑；总统夫人也是一个了不起的女人，她总是寄短笺给我，让我邀请一些无名之辈到大使馆喝茶。"

第二天，几乎所有的美国报纸都刊登了这篇具有争议的讲话，立刻引起轩然大波。一个不相信乔会说出这些话的记者把报道读给乔时，乔好久都没出声，最后说："记者一个字也没漏掉。"这时，乔已经意识到自己的政治前途走到了尽头。成千上万的人给白宫写信，要求这位大使立即辞职。对于乔耸人听闻的讲话，无论是美国还是英国，新闻界都表示十分愤慨。一心想引起外界注意，尤其是引起总统及新闻界注意的乔，如今引火烧身，被一片斥责声所包围。为了挽回影响，乔宣称，这次采访的内容报道"失真"，他关于战争的评论被记者们错误地引用了。除此之外，乔还发动他新闻界的朋友为他写文章辩护。

小乔认为父亲推行孤立主义政策是值得赞扬的，他坚决支持父亲。在哈佛法学院，小乔积极活动，企图掀起大学生反对美国参战的运动。然而，这一切已经无法挽回乔的政治前途了。

而杰克却认为，为自由理想而战，是美国不可推卸的责任。他父亲那充满丑闻的采访让他在斯坦福感到极为尴尬。当时，几乎所有人都知道乔·肯尼迪大使是一个极端的失败主义者，而且曾经怯懦地从英国逃走。这使得他儿子杰克的《英国何以沉睡》越发显得不同寻常——如此怯懦的父亲，却有一个如此勇敢的儿子！当时，这本书已在英国出版，获得好评，英国当时最负盛名的思想家、政治家和作家们都给杰克写来了赞扬信。11月13日，杰克自豪地告诉比林斯，英国的发行商预计《英国何以沉睡》将会售出近6万册。

这时，乔准备以私人身份会见美国当时的三大出版商和与好莱坞的制片商。不过在这之前，他要先飞到旧金山去看杰克，这是自1939年以来乔第一次如此急迫地想见他的二儿子。在旧金山机场，记者们将乔团团围住，他仍然不知悔悟地坚持他的绥靖主义论调。乔向记者们表示："我所主张的观点只是为了保证美国置身于战争之外，如果你们认为这就是绥靖的话，那么美国现在最需要的就是这种政策。只要我活着一天，就会为这个目标奋斗一天。"

杰克开车到旧金山机场接到父亲后，二人便一起前往温顿区的威廉·兰道夫·赫斯特牧场。路上，乔告诉杰克，罗斯福已经答应他，只要一找到继任者，便立刻接受他的辞职，他再也不回英国了。乔还说，他打算在辞去大使职务之后立即发表一篇关于绥靖主义的文章，希望杰克能代拟一个提纲。这一请求令杰克感到十分为难。因为杰克早已认定美国应该向英国提供援助，并为战争做好准备，对于父亲的观点他是持反对态度的。但杰克还是同意了父亲的要求。

乔与出版商和好莱坞制片商会晤后，便独自赶回纽约过感恩节。杰克则和他在斯坦福的好友亨利·詹姆斯赶往好莱坞。作为一本畅销书的作者，又有一个有权有势的父亲，再加上自身的魅力，杰克在好莱坞很快成了众人瞩目的焦点，"或许你已经听说了，我现在是好莱坞的风云人物。我有很多得意的事情要告诉你。在好莱坞我见到了拉娜·泰勒，并与斯潘塞一起聊天……我感到十分快乐"。杰克给比林斯的信中写道。

杰克在斯坦福大学的生活很快就要结束了，他并没有像原先打算的那样在斯坦福待上一年。他对商务专业怎么也提不起兴趣，他很怀念他在东部的社交生活。另外，父亲干的那些蠢事也让他感到很焦虑，为了避免日后难于回到东部，现在回去可能更好。

就在杰克即将出发时，他收到了父亲的一封电报。电报中，乔说他马上就要公开辞职了，那篇关于绥靖政策的文章写得怎么样了？

在父亲的催促下，杰克不得不赶在他留在斯坦福的最后一天，以最快的速度完成了这篇有关绥靖政策的讲话稿。在文章的前面，杰克向父亲声明："我并不是很清楚你在一些问题上的立场。"他还向父亲解释说，自己并不打算将它写成一篇完整的文章。另外，他还建议父亲，应该在文中加入一些驻英期间的经历，这样可以增加文章的真实性，读起来趣味性更强。

2 病号从军
KENNEDY

战争的发展使得日本的势力范围扩大到东南亚在内的西太平洋广大地区，这严重影响了美国的利益。美国政府与日本政府谈判失败后，罗斯福总统毅然宣布美国进入“紧急状态”。1941年6月22日，欧洲传来了令人震惊的消息，希特勒的军队悍然入侵苏联。美国国内的参战呼声越来越高。

然而，对于杰克来说，更吃惊的是有关哥哥小乔的消息。小乔曾是希特勒的崇拜者，一个坚定的孤立主义者，一直宣扬通过和谈来消弭战争；并且他还是“哈佛反对军事干涉联合会”的发起人之一；这样一个人，竟然在听到上述欧洲局势后，毅然放弃了在哈佛法学院的学习，报名参军，并且很快被派往斯宽特木海军飞行学校受训，成为了一名飞行员。

杰克自然不甘落后。刚刚度过24岁生日的他立刻报名参加陆军候补军官学校。但他没有哥哥那样幸运，由于背伤而没有通过体检。他又申请加入海军，却又以同样的理由被拒绝。在接下来的3个月里，杰克开始做各种健美操和矫形运动，为再次体检做准备。9月份，他再次申请加入海军。但这次，他决定用一种新途径加入海军，通过父亲与艾伦·柯克上校的关系，他就能确保参军。艾伦·柯克上校曾是他父亲在美国驻英大使馆里的海军武官，现在刚刚提升为海军情报部部长。

1941年8月，乔给艾伦·柯克写信：“明天我让杰克去找你在波士顿的一个朋友进行体检，我希望他能到你的海军情报部里去协助你的工作。”在艾伦·柯克部长的关照下，杰克只是象征性地接受了体检。一个月以后，体检处奇迹般地给了杰克一张干干净净的健康单。海军医学委员会的医生们甚至没有找到杰克以前的病例，看过他的体检报告的人都会认为杰克在过去的24年当中从来没出现过严重的身体问题。对于“过去疾病或受伤”的问题，医生们只是罗列了一些“儿童时期的常见疾病，1931年切除阑尾，曾被限制饮食，禁食油炸食品和粗粮”，医生们还声称杰克“没有得过溃疡”。就这样，疾病不断的杰克顺利通过了海军医学委员会的身体检查。当然，没有他父亲的帮助，是绝对不可能做到这一点的。

按照美国海军的规定，通过体检后，还需要在波士顿北方工业大楼办理各种手续，联邦调查局和警察局还要逐一对入伍者的个人表现调查核实。1941 年 8 月 28 日，J·A. 约翰逊少校和卡尔·斯特恩费尔特上尉在波士顿对杰克进行了面试，并填了一张调查表。9 月 10 日，海军情报部办公室的 E·M. 梅杰中校总结了约翰逊少校和斯特恩费尔特上尉的报告后，作出以下决定：根据杰克·肯尼迪的文化水平、能力、个人素质以及社会及家庭背景，完全有资格担任海军预备役少尉一职，海军情报部 09—16F 部门的工作完全适合此人。就这样，海军情报部欣喜地接受了这位“出奇聪明，具有非同寻常的素质，无论从事什么工作都有杰出成就”的学生。

1941 年 9 月 15 日，在美国海军第一军区司令的正式推荐下，杰克被任命为“美国海军预备役少尉”，在海军情报部门工作。就这样，杰克·肯尼迪参加了美国海军，不需要经过军官学校培训，就被直接录取为少尉。

1941 年 10 月 27 日，杰克到海军情报部报到，正式开了现役生涯。作为一名情报资料传递人员，杰克主要负责将国外情报站收回的最新情报和密码电报整理、核对、总结后，提供给海军情报部办公室每日和每周的新闻公报用。在一间简陋的房间里，杰克和其他 6 名军官整天面对打字机“编写、缩写、编辑”国际事务进展消息，这项工作让杰克感到非常枯燥。

与海军的工作相比，杰克在华盛顿的社交生活极其丰富。他妹妹凯瑟琳在 1941 年 9 月进入华盛顿保守的《先驱时报》当记者，她在社交和幽默方面一点儿都不次于杰克，因此在杰克 10 月底抵达华盛顿时，她已经为她那著名的花花公子哥哥布置好了完美的社交圈。也就是这时候，杰克认识了英加·玛丽·阿尔瓦德，这个散发着性感，被描写为“十全十美的斯堪的那维亚美女典型”的丹麦女郎。与以往不同的是，这次杰克真的动了情，毫不夸张地说，这是他第一次如此认真、如此投入地去爱一个女性。

1913 年 10 月 6 日，英加·玛丽·阿尔瓦德在哥本哈根出生。父亲是一名丹麦地主的儿子，母亲曾在英国学医。英加的父母是在没有得到各自家长许可的情况下结的婚，婚后他们只好私奔到南非。英加 4 岁时，他的父亲染上疟疾病故。之后，英加的母亲带着英加来到英国。英加在英国读了几年书，11 岁时，被母亲送进哥本哈根的皇家剧院学习舞蹈，后来因为在训练期间受伤，转而跟马克斯·吕特学习钢琴。16岁时，英加在选美中当选丹麦皇后，第二年参加了巴黎举行的欧洲小姐竞选。在这之后，英加被弗里贝热尔公司高薪聘请。17岁时，英加与一位埃及外交官卡迈勒·阿布戴尔·纳比结婚（没有经过家长同意），不到20岁时又结束了这段婚姻。

1941年，肯尼迪加入美国海军

英加在21岁时与她的第二任丈夫、39岁的电影导演保尔·费乔斯相识。

保尔·费乔斯，在第一次世界大战中当过匈牙利步兵军官和飞行员，在此期间取得医学学士学位，战后进入匈牙利戏剧界成为一名导演，之后应邀到好莱坞拍电影，于1929年成为美国公民。在为米高梅公司拍片时，英加成为费乔斯片子中的女主角。在挪威湾拍片的6个月中，女主角与导演经常因为意见不和而发生争吵。之后，费乔斯去了马达加斯加，而英加则在1935年4月去了柏林，担任哥本哈根最大的报纸《贝林时报》驻柏林特派记者。

令英加意想不到的是，正是在柏林当记者的这段生涯成了她永远无法摆脱的噩梦。在1935年4月到1936年1月这段时间里，作为《贝林时报》驻柏林特派记者，英加经常出入德国，采访政坛风云人物。在这期间，她有机会结识到了纳粹的高级首脑。据英加回忆，她曾采访过格林和戈培尔，通过戈培尔还两度采访希特勒。在其中一次采访中，英加与希特勒在一起谈了两个多小时，而这在以前是极为少见的。采访结束后，希特勒邀请英加常来采访。

1936年1月，英加离开《贝林时报》与费乔斯结婚。英加最后一次去德国是在1940年，当时希特勒曾邀请英加在德国的宣传机构工作，但被英加一口回绝。1941年6月，英加与阿瑟·克罗克在百老汇相识。当英加请克罗克帮她在华盛顿报界找份工作时，被英加的美貌迷得神魂颠倒的克罗克满口答应。随即，克罗克就把英加推荐给《先驱时报》的老板锡西·帕特森夫人。

在《先驱时报》，英加的主要工作是为一个人物访谈专栏撰写文章。“她根本不会写长篇的东西，但她在描写人物方面具有很好的本能。”《先驱时报》的副主编弗兰克·沃尔德罗普后来回忆说。英加用她的个性和新鲜的主题吸引了一群忠实的读者。

与此同时，英加与同在《先驱时报》的记者佩奇·维多科普尔以及杰克的妹妹凯瑟琳成了好朋友。在她们走马灯似的交际活动中，凯瑟琳把英加介绍给了杰克。后来，在英加为杰克做了一次专访后，他们走到了一起。

事实上，英加在第一次见到杰克时，就被杰克的独特魅力深深地吸引住了。英加告诉一位同事，她喜欢他，觉得他“别有韵味”。而杰克也完全被这位金发碧眼，懂四种语言，才华横溢的丹麦女郎迷住了。很快两人便坠入爱河。当时，英加还在和他的第二任丈夫费乔斯分居，所以从一开始，杰克和英加都很明白，他们之间的关系不过是一时性的而已，他们俩谁都没有打算让这段罗曼蒂克演变成一种认真的关系。英加后来回忆说：“很显然，我不会把他作为一个长期伴侣来信任。他在这个问题上也很坦然。我们谁都没有假装要让这种关系长久维持下去。”然而，渐渐的杰克发现自己迷上了英加，而她也还之以脉脉温情。

1941年12月7日，日本偷袭了美国珍珠港。12月8日，罗斯福总统在国会发表讲话，宣布美国和日本军国主义之间进入战争状态。12月9日，日本入侵马来西亚、香港以及菲律宾的吕宋岛。12月11日，阿道夫·希特勒宣布，根据《三国轴心协议》，德国将与日本一样视美国为敌国。

随着美国加入第二次世界大战，伴随英加的麻烦也跟着出现了。

12月12日这天，凯瑟琳告诉英加，她的前室友佩奇·维多科普尔在资料室里发现了英加的一张照片，是在柏林奥运会期间拍摄的，照片里英加正在希特勒的包间里，因此维多科普尔怀疑英加是德国间谍。这令英加感到非常气愤，“在奥运期间各国大使都应邀坐到包间里，但这并不代表他们都和纳粹的关系可疑，更何况我从未在希特勒的包间里拍过照片，即使拍过，也不是什么特别的事情，并不能说明我与希特勒有什么关系。”她反驳道。

早在日本偷袭珍珠港之前，一向支持孤立主义的《先驱时报》的内部气氛就已经十分诡谲，在美国参战后，情况就更加严重。而对外，报社与政府之间的关系也非常微妙，如果在这种关键时刻再闹出间谍案，肯定会有人落井下石，还可能遭到政府的报复。因此，英加的老板帕特森夫人认为，英加应及早主动到联邦调查局去把这件事说清楚，澄清别人对自己的怀疑。

于是，在发生这件事情的当天，沃尔德罗普主编带着英加和指责她的那位姑娘维多科普尔，来到了联邦调查局华盛顿办事处。“我们三个在街上走着，沃尔德罗普主编一手挽着维多科普尔，一手挽着我，我们穿过马路，走进了联邦调查局华盛顿办事处一个办事员的办公室。他分别对我和维多科普尔进行了询问。”英加后来说，“我主动坦白了我在柏林期间曾采访纳粹高层的事，包括格林、戈培尔、希特勒。当他对我询问完之后，我问他，如果调查出来我没有任何问题，是否能给我一纸文书，证明我的清白。因为我很清楚，他们肯定调查不出什么，我本来就没有任何问题，这只不过是谣言罢了。”然而，听到英加的这个要求时，那个办事员像是受到了过度惊吓，愣住了。结果，英加得到的答复是：“很抱歉，对于您的这一要求我们无法做到！即使您今天不是间谍，也很难保证您今后不会是。放心吧，夫人，只要您没有被逮捕，就说明没事。”

在回家的路上，英加越来越缺乏安全感，总觉得好像联邦调查局的特工正在跟踪她，“毕竟，在那段时间我听说有很多人无辜入狱”。

当天下午，联邦调查局局长J. 艾德加·胡佛就收到标题为“保尔·费乔斯夫人，又名英加·阿尔瓦德”的报告书。原以为说清楚了就能摆脱此事的英加，没想到反而使自己的麻烦更大，就如英加所说“这是我犯的第一个错误”。的确，一旦被联邦调查局盯上，想摆脱他们就很困难了。在接下来的几年里，英加一直被联邦调查局骚扰监听、跟踪、私闯住宅，直至最终毁了她的记者事业。

由于杰克在海军情报局的工作性质，更让联邦调查局怀疑她与杰克的关系。海军情报局也开始担心起来，觉得杰克是海军安全的一个潜在的薄弱环节，杰克因此被上司多次警告。但对此杰克毫不在乎。

杰克周游过欧洲、俄国、中东和南美，遇见过各式各样的美女，但在杰克眼里，英加无疑是最有风情的女人。28 岁的英加集美貌才智于一身，她见多识广，成熟世故，风情万种。当时凯瑟琳的男朋友约翰·怀特评价英加说：“她简直太聪明了，当个间谍绝对绰绰有余……她女人味十足，让人如痴如醉。”24 岁的杰克在英加这里找到了从小就渴望的母爱。不难理解，为什么杰克对这位丹麦美人如此着迷，不顾一切地要和她在一起。而对于英加来说，“他有一种魅力，能让人情不自禁。他一走进房间，你就会自然而然地注意他，但不会让人感到有压力，没有盛气凌人，却散发着动物般的吸引力。”

他们的这种危险关系，很快成为一些花边新闻栏目炒作的对象。为避免谣言的骚扰，杰克和英加约会时经常约上凯瑟琳和凯瑟琳当时的男友约翰·怀特，以此来掩盖他们的情人关系，凯瑟琳和怀特只是在每晚开始和结束时露一下面而已。尽管作了这样的努力，这桩风流韵事仍然是个公开的秘密。

根据英加的记载，费乔斯 12 月从纽约回来时，就已经发现了她和杰克的暧昧关系。费乔斯虽然妒忌得发疯，但是他并没有指责英加的不忠，因为他知道，这样只会让他彻底失去英加。很明显，费乔斯依然深爱着英加，想留住她，“他求她放弃华盛顿的工作，搬来纽约和他同住。他承诺要给她买一栋漂亮的大房子，因为他知道英加渴望安定下来。”只要能使英加留下来，费乔斯愿意做最大的努力。然而，当英加向他承认，自己真的爱上了杰克的时候，费乔斯意识到让英加回心转意似乎不可能了。但他还是不甘心，他威胁英加说：“你们的关系足以毁了杰克的前程。如果他将来从政的话，他和你的这段恋情自然会成为对手攻击的重点，别忘了你可是有夫之妇，这足以使他身败名裂。”英加被丈夫这种含蓄的威胁“吓坏了”。英加决定不和费乔斯硬碰硬，于是她写信跟费乔斯说，杰克还没有完全下定决心，她要先稳住他，然后再一点点抽身。面对英加的让步，费乔斯领悟到，或许可以利用英加对杰克的爱来迫使她回到自己的身边。

1942年1月11日，费乔斯在纽约与杰克的父亲交谈此事后，再次写信警告英加：“有关你和杰克之间的关系，是否想过可能遭到他父亲和家人的反对?”随后，英加又收到母亲的告诫信，让她不要再执迷不悟，尽快结束和杰克之间的关系。

让人感到措手不及的是，1月12日，英加和杰克的恋情被专栏作家沃尔特·温切尔披露了出来：“华盛顿某女专栏作家与前大使肯尼迪之子感情甚笃。这位夫人已经准备与其探险家丈夫分手，并已经找律师谈有关离婚事宜。然而，这件事却让肯尼迪老爹很不高兴。”这一文章很快就被全国数百家报纸转载，人们对于这种事的反应总是迅速而强烈的。

令英加难过的是，即使她现在收手，这件事所造成的损失也已经无法挽回。在温切尔的专栏文章发表的第二天，杰克接到调令，海军将他调到了南卡罗莱纳州的查尔斯顿海军造船厂干文职工作。正如杰克后来对一位记者说的那样：“因为我跟一个斯堪的那维亚的金发碧眼女子交往，他们就把我流放到了南卡罗莱纳州，原因很简单，因为他们认为那个女子是名间谍。”

事实上，在英加去联邦调查局主动澄清之日起，她就被盯上了。在1941年和1942年头几个星期里，联邦调查局一直在窃听英加的电话，并开始对英加本人以及与她来往密切的人进行监视，甚至还入室检查了一次。毫无疑问，杰克也早已纳入他们监视的范围内。

“我可能要到晚上11点30分才能抵达华盛顿了，因为航班停飞，我只能坐火车回来。你不用等我了，先睡觉吧。如果你真的很想来接我的话，就替我买个热水瓶，再给我做碗热乎乎的汤。在这个时候，除了你还会有谁来照顾我呢？——爱你的杰克”

这是1942年1月1日被联邦调查局截获的杰克从纽约发给英加的一封电报，但当时联邦调查局并没有查出这个代号为“杰克”的到底是何许人也。

3 与英加的隐秘恋情

KENNEDY

随时掌握着孩子们一切动向的乔当然也非常清楚这件事。他并不反对杰克与结过两次婚的女人交往，在他看来，年轻男女在生活作风上随便一点并没有什么大不了的，但是绝对不能发展到谈婚论嫁的地步。对于乔和罗丝来说，像英加这样一个非天主教信仰的、离过婚的女人，是配不上他们任何一个儿子的。在这段恋情刚开始的时候，乔并没有太在意；随着杰克与英加的关系不断升温，而且乔亲自与英加的现任丈夫费乔斯面谈后，乔着急了，他意识到儿子已经陷进去了。

乔决定出面阻止他们的关系继续发展下去。但是乔知道，如果采用在杰克面前贬低英加的方法，很可能会事与愿违，更何况除了已婚之外，英加也没有什么把柄。因此，乔决定采用比较柔和的方式处理此事，“这个周末回家来看看我们吧，到时候你的弟弟妹妹们也会回来。你们可以小聚一番，而我们也趁机好好谈谈这个问题”。当杰克告诉父亲，请假可能有些困难时，乔则说他可以替杰克活动一下。正是“活动”这个词，让杰克突然联想到，他调离华盛顿是不是也跟父亲的“活动”有关。

1942 年 1 月 19 日，赶在去查尔斯顿报到之前，杰克飞往佛罗里达与家人团聚。

刚分开一天，英加就已经无法控制对杰克的想念，她在 1 月 20 日晚上给杰克的信中写道：“你们那里是不是天气晴朗，阳光明媚，家人对你百般宠爱？我希望我最亲爱的杰克永远都是最快乐的。至于为什么，我也不知道。只是觉得，事情本来就应该是这样的，没有任何原因，这就是你应该拥有的生活。在飞机起飞的那一刹那，我在心里默念‘愿上帝保佑他一路平安’，星期天在教堂里做祷告时我也是这样祈求的。亲爱的杰克，上帝会照顾你的，正如临走前你自己所说的那样。”

杰克离开后的第二天，英加对杰克的思念更为迫切：“我想起了第一次别人夸我漂亮，我想起了拿到第一笔薪水时的兴奋……我想起了所有我爱过的人和爱过我的人，还有所有我讨厌的人。我想起了在华盛顿参加的唯一一次鸡尾酒会，就是在那里我遇见了一个小伙子，蓝色的眼睛，浓密蓬松的头发，看起来自然、专注、热情，而且总是在笑。在接下来的很多晚上，我们总是共进晚餐，食谱总是同样的：牛排、豌豆、胡萝卜和冰淇淋。1942年1月19日，这一天我真正尝到了思念的滋味。这是我平生第一次这样思念一个人，我感到很孤单、很寂寞，似乎偌大一个华盛顿就只有自己一个人。我知道，这就是所谓的爱情，我已经无法自拔。此时的我，只有完全的快乐和幸福，再无其他感觉。我终于明白英加是因为什么而有生气。"

1月24日，就在杰克到查尔斯顿报到的当天，英加也赶到了查尔斯顿，并与杰克共度周末。1月26日，刚刚回到华盛顿，英加就给杰克写信："火车缓缓地开动了，越开越远，我望着站台上你的身影越来越模糊。在一起的那些快乐时光又浮上心头，心如刀割，是时空的距离将我们隔得如此遥远，不知不觉泪流满面……中午时分，我到达华盛顿。同样是这个联合车站，然而此时的我，和彼时的我，是那样的不同。还记得吗？那时的我快乐得像只小鸟，完全沉浸在爱情中，似乎忘记了这个世上还有烦恼、忧愁……不论我在哪里，都希望你能来看看我。我想我永远知道什么是适合你的事情。为什么我如此自信？不是因为我是一个有头脑、成熟的女人，也不是因为我有知识的缘故，而是因为我对你的爱。亲爱的，我经常对自己说：'我爱杰克胜过爱这世上任何事或任何人。'"

杰克对英加也是日思夜想。自从被"流放"到查尔斯顿后，他感到很是不快。造船厂的文职工作让他感到厌烦，没有工作的吸引，杰克很容易把心思用在英加身上。他们交换着情书，互通电话，经常一起度周末。尽管他们的信件、电话以及行踪全都在联邦调查局的监控中，但他们依然继续着他们的爱情。与此同时，这段恋情引起了更多政府部门的注意。

1942年1月29日，在没有查到任何证据证明英加有间谍嫌疑的情况下，胡佛给司法部部长写了一封信，称英加"可能以某种隐秘的方式在美国进行间谍活动"。一位专门负责调查此案的探警声称，这是他从警多年来遇到过的最为复杂的案子。胡佛与其助手的这种不负责任的评论，使原本不那么复杂的案子变得迷雾重重。1942年2月4日，司法部敌侨控制局局长要求胡佛提供一份英加·费乔斯夫人的详细材料，以便决定是否申请总统签发逮捕令对英加实施逮捕。然而，胡佛可不愿意这么早就逮捕英加。一方面，逮捕英加就意味着中止他现在名正言顺的调查；另一方面，他目前掌握的情况根本不足以证明英加有罪，甚至连英加是间谍的迹象都看不出来。因此，胡佛没有申请签发逮捕令，而是下令扩大了监视的范围。

此时，让英加心烦的除了联邦调查局的监视外，还有杰克父亲的阻挠。凯瑟琳告诉英加说，乔要求杰克立即结束这场恋爱。面对目前的处境，英加非常苦恼。在迟迟收不到杰克的信之后，英加给杰克写了封十分感伤的信："真是太可笑了，你竟然不信任我，不是吗？原以为你很忙没有时间给我写信，今天姬克收到你的一封信，我才明白你为什么不给我写信。你居然怕我，尽管不是怕我本人，而是害怕我会带给你麻烦。这种感觉很奇怪，要知道你是我在这世上最爱的人。我很清楚你为什么要这样做，我很不高兴。跟你说这些，并不是企图改变你，因为我根本无法改变你，因为你父亲比我有本事。自从你离开华盛顿以来，我一直忧心忡忡，不知道做些什么好。自己一个人出去，会觉得很无聊，但又不愿意跟别人出去。真是糟透了！"

在沉寂一周后，英加终于收到了杰克的信。杰克将这封信称之为"杰克反诉英加的控诉书"，信中杰克略带愤怒地问英加："你当时是怎么想的？为什么要写那种话？什么我怕你，怕你会带给我麻烦？你还有什么想法？还担心什么？我没给你写信是因为我离开时给你留的那些书你一点儿都没动，难道你忘了当初答应我一定会读完那些书的承诺了吗？想想看，当你出去会朋友时，当他们谈到 1937 年英国的所作所为时，你能说些什么？你肯定一无所知。"但很快杰克的语气就缓和下来，他跟英加开玩笑说："通过写信的方式起诉比打电话便宜多了，所以我现在才给你写信。"很快，杰克又给英加打来电话说，他要在下周来华盛顿看望英加。对此，英加提议说，不如她飞往查尔斯顿去看他。但杰克不忍心英加总是跑来跑去，后来，两人商定在华盛顿和查尔斯顿之间的一个地方见面。

2 月 6 日，也就是星期五，英加化名芭芭拉·怀特住进萨姆特堡旅馆。下午 5 点 35 分，杰克开着他的黑色敞篷"别克"车来到萨姆特堡旅馆，下车之后他径直走进英加的房间。这对情侣一直在房间里面，只是在吃晚饭时出来了一会儿。星期六这天，两人还是在旅馆的房间里待着，还是只在吃晚饭时出来了一会儿。

杰克和英加的这些活动让正在跟踪他们的特工感到很纳闷，感觉自己似乎是替人捉奸的私人侦探，但他们仍然详细地记录了两人的所有活动。实际上，从一开始，英加和杰克这次见面就完全处在联邦调查局特工的监视之下，就连海军情报部门也派来特工参加了这次监视行动。

星期日，杰克和英加来到博德大街天主教大教堂做弥撒。在卧室做爱之后，再到教堂忏悔，这种行为让负责跟踪他们的特工更加惊奇，这可不像是典型的间谍活动。这对情侣又去了国王大街的欣德勒古玩店。整个周日下午他们是在查尔斯顿郊外几英里远的一家私人俱乐部度过的。之后，他们又返回爱巢，直到 2 月 9 日星期一的凌晨，英加乘火车返回华盛顿，而杰克则在旅馆的房间里一直睡到太阳高照才离去。

从 2 月 6 日到 2 月 9 日，特工们对他们在房间外的活动记录是：在他们离开旅馆的时间里，没有观察到与任何人进行联络。

在英加住的旅馆的房间里，海军保卫局的特工安装了窃听器，但他们窃听到的内容只能证明英加在通奸，杰克在道德方面具有过错。“非常清楚的是，费乔斯夫人住在萨姆特堡旅馆 132 号房间的这段时间里，数次与杰克·肯尼迪发生性关系。而且很明显的是，费乔斯夫人对婚姻的兴趣明显大于对海军情报的兴趣。”一位特工总结说。根据特工的记录，在他们相处的 3 天里，唯一涉及海军内容的谈话是：再过四五天，杰克可能要去弗吉尼亚州诺福克去学习火力控制，需要在那里待 3 个星期左右。而对于这唯一可能开展间谍活动的谈话，英加却没有追问下去，只是说她将回华盛顿上班，并且正认真地考虑要与丈夫离婚，嫁给杰克。毫无疑问，这些很难跟间谍活动扯到一起。

然而，杰克真的会娶英加吗？早在温切尔的那篇专栏文章登报之初，乔就问过杰克：“你不会跟她结婚吧？”当时杰克只是含糊地回答：“爸爸，说句老实话，我不知道，她是个好姑娘。”可能到目前为止，杰克还是不清楚自己到底想不想与英加结婚。根据他们在旅馆客房里的监听记录显示，他们俩在婚姻这件事上的分歧很大。“当我说起自己有结束目前婚姻的可能性时，杰克对这个话题几乎没有发表任何评论。”英加后来说。

事实上，杰克每次一想到与英加的关系时，他就会感到心神不安。毫无疑问，杰克需要英加。对于杰克来说，英加令人着迷的性感和形体的魅力使他神魂颠倒，英加还给予了他从小缺乏的母爱，而且这份爱是如此深厚，以至令杰克一生中与其他女人的交往都显得那么微不足道和矫揉造作。在认识英加之前，在杰克看来，与女人之间的关系只是虚荣与征服的游戏。然而和英加在一起后，深藏在杰克心底的爱被唤起了。因此，他们无视宗教信仰上的差异、无视年龄的差异、无视联邦调查局的监视、无视家人的反对、无视舆论的谴责，勇敢地结合在了一起。英加已结过两次婚，第一任丈夫是埃及人，第二任丈夫即现任丈夫是匈牙利人，如果她同现任丈夫离婚并嫁给杰克的话，那么她不仅可以摆脱间谍的谣言，而且还能摆脱经济上的依赖性。但这样一来，杰克的前途就会受到极大的不良影响，而他的父亲绝对不会允许这样的事情发生。

偏偏在这个时候，杰克和英加之间又出现了一个“第三者”。此人是英加的老相识——丹麦男友尼尔斯·布罗克，住在纽约。2月11日，布罗克来到华盛顿，下午4点30分到英加家里后整个晚上都和英加待在小房里。对此，杰克一无所知。

1942年情人节这天，英加给杰克写了一封情书，信中写道：“我知道，你很快就要走了。几个月之前我就已经知道你申请到国外执勤的事了。我想，在这种时候大多数女人都会骄傲地说：‘去保卫你的国家吧。’当然，我也会这么说。但是，亲爱的，我更希望你能平安地回来，不仅带回你那完整、漂亮的身躯，更重要的是要带回成为一名白宫主人的强烈愿望以及得到西部某个大牧场的愿望。上个星期六你曾对我说：‘你太了解我了，所以和你在一起我不必作假。’是的，正因为我了解你，所以我知道你的弱点在哪里，那正是我喜欢的。每个人身上都有弱点，如果一个相信自身没有弱点，是完美的，那么他就像是一块由不成熟的工匠切割出来的钻石。我个人认为，你最大最严重的错误是你太注重理智而不是感情。但，理智是成功的必备条件；感情不会为你带来名誉，更不会带来金钱。亲爱的，答应我好吗？不管发生什么事，在你上岸的第一天，让我们一起吃午饭吧？当然，前提是你还没有结婚，否则你可能会有麻烦。但是，如果你还是单身一人，心中无所牵挂的话……”

英加在这里一本正经地提到杰克想成为美国总统的梦想。尽管杰克那帮朋友常常嘲笑他的这个念头，但英加却没有取笑他。因为她绝对相信他，只要是杰克认准的事，他最终一定会成功，更重要的是杰克的确具备成为总统的条件。

在查尔斯顿的这段时间里，杰克很不高兴。比斯林后来回忆说：“他在查尔斯顿很不高兴，很烦躁，他不喜欢自己的工作……他非常想离开那儿。他想服现役。”当时杰克已经申请调动工作，他想去珍珠港任职，或者到一艘战列舰上任职，但暂时还没有消息，现在看来两者都不大可能了，他还要“被困在这里一段时间”。

眼看着比林斯马上就要到埃及去了，而杰克的请调报告却杳无音讯。

然而，不管他与英加的关系有多么复杂，令他多么烦恼，也不论查尔斯顿的生活有多么乏味，杰克从未放弃认清世界舞台上每个强权角色的决心，他仍然以他同龄人无法比拟的热情关心着当前的国际形势。

在到达查尔斯顿 4 天后，杰克记录了他与英国驻美大使哈利法克斯勋爵（张伯伦的前外交大臣）在棕榈滩的一次谈话。哈利法克斯曾是一个非常重要的绥靖主义者，同时也是张伯伦最中意的接班人。杰克与哈利法克斯就慕尼黑及其背景进行了一次长谈。

对于这次长谈，杰克回忆道：“他对我一直坚持的观点表示了肯定。哈利法克斯勋爵也认为，美国人批评的目标应该是英国军备状况——而不是慕尼黑事件本身——它使慕尼黑和谈成为不可避免的事情。他认为，如果英国在 1938 年对德宣战，情况会更糟，那时候英国根本就没有还击之力，会立刻被打败。为了证明这一点，他向我讲述了他同英国总参谋长约翰·迪尔的一次谈话。他问迪尔，是愿意 1938 年开战还是 1939 年开战？迪尔说，他更愿意 1940 年开战。他还对我说，鲍德温为了避免在 1934 年选举中失败，而将数额巨大的国防拨款案束之高阁，否则英国可能提前一年重整军备。”

另外，他们还谈到了张伯伦和温斯顿·丘吉尔。

“哈利法克斯认为，张伯伦是被公众舆论引入歧途而导致失败的，实际上张伯伦本人对这些言论并不真的相信。他们从慕尼黑返回英国时，看着街上所有疯狂的庆典，张伯伦预言说：‘两个星期后，这里的一切欢乐都会烟消云散。’在驱车返回唐宁街的途中，哈利法克斯向张伯伦提议应该让丘吉尔入阁，但张伯伦只是敷衍他说‘到时候再说’。显然，张伯伦根本就没有采纳他这一建议的意思，一方面张伯伦担心这一举动让希特勒不高兴，另一方面完全是因为他本人不喜欢丘吉尔。”

杰克强烈地感受到：个人的好恶，就像《慕尼黑协议》一样，也是历史的一部分。

更让杰克感兴趣的是：希特勒入侵西方的消息传到伦敦后，哈利法克斯亲历了张伯伦辞职的全过程。尽管这段历史他曾从父亲那里知道一些，但并不是很全面，而现在，他可以直接从哈利法克斯勋爵那里听到更多的内情。

哈利法克斯说，在张伯伦辞职的那天上午，张伯伦曾找到他，希望他继任首相，但他婉言拒绝了。哈利法克斯向张伯伦解释说，这样不太好，战争时期的首相从下院产生更合适。于是，张伯伦召集大卫·马杰森（张伯伦的首席秘书）、哈利法克斯和丘吉尔开了会。会上，张伯伦再次提出让哈利法克斯继任首相，而哈利法克斯以同样的理由拒绝了这一提议。马杰森认为，哈利法克斯如果担任首相的话，就不可能再留在上院。丘吉尔则表示，他很赞成哈利法克斯的意见。经过商议，最后决定由丘吉尔继任首相。

在与哈利法克斯勋爵谈话的过程中，杰克开始思考一个问题：在民主国家里，一个政治家面对历史的裁判，如何才能使自己立于不败之地？在分析鲍德温 1934 年的竞选和罗斯福总统 1941 年的竞选（为了顺应民意，罗斯福曾保证不会把美国的青年送上战场）后，杰克得出这样一个结论，当国家处于生死存亡的关头，领导者的决策不应受公众舆论的影响。

杰克向哈利法克斯提出，如果 1938 年英国与苏联联盟，历史进程会不会因此而改变？哈利法克斯认为，当时苏联在对德打仗的准备上并不比英国强多少，更主要的是那个时候波兰和罗马尼亚不允许斯大林的军队从他们的边境通过。对于目前战事的发展，哈利法克斯勋爵对英国是否能坚守新加坡表示怀疑，他说如果能再派 50 架“飓风”战斗机去，可能还有守住新加坡的希望，但目前看来这个可能性不大。

当杰克在查尔斯顿郁郁不得志之际，比林斯却在乔的推荐下加入美国野战救护队，准备上非洲战场攻打隆美尔了。临行前，比林斯参加了哥哥的婚礼。杰克听说此事后，更加烦恼了，因为这让他想到英加。但他们的感情似乎已经走到了尽头。

2 月 14 日，凯瑟琳回到棕榈滩的时候，将杰克与英加交往的情况告诉了他们的父亲。乔大动肝火。他早就警告杰克，这会毁掉自己的事业，伤害到整个家族。可如今，杰克仍然与英加频频约会，而且沉迷其中，执迷不悟。乔气坏了，他可不能眼睁睁看着自己在儿子们身上所花的心血白费，让一个女人断送了儿子的前程。乔下定决心要了断这种不正当的恋爱关系。其实，凯瑟琳早就劝过哥哥，即使英加与费乔斯离了婚，他们的父亲也决不会允许杰克娶英加的。

凯瑟琳的小报告偏偏和一个更坏的消息一起到来。联邦调查局的一位工作人员秘密地告诉乔，英加可能是德国间谍，她的住所被监视，家里所有电话都被监听，所有与她有关的人员都将被调查，而乔这位前大使也被列入了调查之列。这个消息令乔更为震怒。自从去年辞去大使职务时作了那个讲话以来，他对媒体一直保持沉默，主要原因就是怕给孩子们的政治前途带来不良影响。他已经为他的两个儿子设计好了一条从政之路，但他的设计里可没有英加的位置，这个女人只会断送儿子的政治生命。

于是，乔立即找到杰克，极其严肃地和杰克谈了此事的利害关系，并严令杰克立即和英加断绝往来。当杰克必须在事业和英加之间选择一个的时候，杰克选择了事业。他下决心结束这段恋情。

原本和英加约好在下个周末，即 3 月 6 日在查尔斯顿会面，但杰克却在 2 月 28 日下午得到上级特许后，立即飞往华盛顿去见英加。与英加度过了最后一个晚上之后，第二天早上，杰克便返回了查尔斯顿。至于他们在这天晚上谈了些什么，发生了些什么事，我们不得而知，联邦调查局也没有录音，因为联邦调查局得知英加知道了他们安装窃听器的事后，就及早地把英加住所里的窃听器拿走了。直到第二天，他们窃听了英加打给费乔斯的电话，才知道真相。据窃听电话的特工人员称，英加在电话里告诉丈夫说，她结束了与杰克·肯尼迪的交往。

到这里，应该说震惊华盛顿的这件特大风流韵事已经结束了。

然而，这件事真的就这么结束了吗?

整整一个星期没有与英加有任何联系，杰克坚持不住了，他再也无法忍受分离的痛苦。1942 年 3 月 6 日这一天，他给英加打电话了，当然这次通话也被联邦调查局全程录音。

“接到我的电话很惊讶吧?”杰克问道。

“有点儿。”英加含糊其辞地回答。

“那你怎么不给我打电话?”杰克抱怨说。

“凯瑟琳每天都跟我说你会打电话给我。”英加不满地说道。

“我的背伤又复发了，这些天以来我一直在床上休息。”杰克解释说。

英加告诉杰克，这个星期发生了令她非常不愉快的事情，她的公寓被盗，损失了700美元的支票和2只钻戒、1只金手镯。接下来，英加还告诉杰克她已经取消了他们分手前她预定的飞往查尔斯顿的机票。对此，杰克很不高兴："你为什么不来？"英加反问道："难道你忘记我们上星期天谈过的事情吗？你不认为我们应该遵守协定吗？"的确，是杰克提出要与她分手的，这不能怪她。

杰克回答："在我下次见到你之后，我会遵守承诺的。我这样不太好，对吧？"

杰克的软弱使英加的心软了，她很快就让步了："怎么会呢？亲爱的，你是完美的。我们还会见面的。"

杰克连忙追问，"你的意思是，你下个星期会来对吗？"

"我不知道，我想我不会来。"

接下来，杰克问英加是否已经决定到内华达州的里诺去离婚，还有没有什么顾虑。英加告诉他，她没有任何顾虑，会继续坚持下去，只是目前围绕她和阿克塞尔·温纳·格伦（被列入黑名单的纳粹同情者）的流言蜚语让她很担心。杰克对这些传言的评价是"一派胡言"，根本不用理睬。而英加却说："我个人认为这些流言都来自迈阿密海滩，也就是从你父亲那儿传播出来的，是用来专门吓唬你的。"

杰克知道自己再也无法隐瞒下去了，只好向英加承认了上星期日他与父亲的谈话。杰克告诉英加，那天他和父亲谈了他们之间的关系，以及联邦调查局的报告。

一提到联邦调查局，英加显得有些气愤，她一本正经地告诉杰克，她想去见见联邦调查局局长，问问他为什么没完没了地缠着她不放？

杰克问："那你见到他准备怎么跟他说呢？"

"我就说'喂，听着，埃德加·J. 胡佛，我可不喜欢每个人都听我的电话！'你知道我的电话总是被人窃听。"

"你怎么知道有人在听你的电话？"

"难道你没注意到吗？我们通话时电话老是断，或者有很大的杂音。"

"如果真是这样的话，他们一定是没什么事干了。这个星期他们肯定过得很无聊。"杰克开玩笑地说。

"如果他们一定要听我们的谈话，那么，好吧，我准备告诉他，我既然是这出戏里的女主角，就一定要知道有关这件事的内幕，因为到现在为止，除了一大堆的谣言，我都不知道到底怎么回事。另外，我还要对他说，他们这么干会毁了我的前程。”英加天真地说。

在他们谈话的最后，杰克又一次央求英加这个周末到查尔斯顿来，英加拒绝了。英加告诉杰克：“尽管我还是一如既往地爱着你，并且会永远爱你。但是，不管怎么样，我们的爱情已经走到了尽头，你已不在我的计划之内了。”

不久，英加给杰克写了一封信，这可能是她写给杰克的最后一封情书了。

真想立刻收拾行李去查尔斯顿。我这么做，并不是想听你的甜言蜜语，只是想在你生病的时候，在你身边照顾你，陪伴你。我们都很清楚，当你一帆风顺的时候，每个人都围着你转，想跟你在一起。然而，当我们遇到挫折时情况就变得完全不同。亲爱的，如果我能为你做些什么事，能对你有所帮助，那么一切犹豫都会抛置脑后，星期六你就会见到我。但是，亲爱的，还有一个“但是”：待在华盛顿可能是最明智的。

有一件事是我不想做的，那就是伤害你。你百分之百属于肯尼迪家族，而我永远不希望你因为我的缘故跟你父亲发生争执。就像我以前跟你说的那样，如果我才18岁，为了得到你、留住你，我会像母老虎保护自己的孩子那样拼命争夺。今天，我不会那么傻。我必须承认的是，自打那个难忘的星期天以来，我心已死。

“不管什么时候，只要你需要我，杰克，给我打电话。”这是我曾经对你说过的，现在仍然有效。这绝不是一时头脑发热随随便便说出的话，那是用心血写出来的。

杰克，只要我能对你有所帮助，能减轻你的痛苦，不管是生理上的，还是精神上，来找我，或者我到你那儿去。这可不是自尊心、面子的事，跟这些无关，这纯粹是为了我们的友谊。自尊心确实不错，但不要让它毁了自己和他人的生活，更不要让它毁了我们刚刚建立起来的友谊，我的意思是说，我希望不要因为你

> 太容易得到我而毁了这种友谊。
>
> 生命是苦涩的，对于那些有希望、有理想、有真正所爱的人更是如此。真滑稽，我们两人那么般配，难道仅仅因为我曾经做过一些愚蠢的事，就必须放弃吗？刚开始，我对自己说“不”。但最后，我意识到这是真的，我们要为生活中的一切付出代价。

在寄出这封信之后，英加就前往里诺办理离婚手续去了。而杰克则开始过着没有英加的生活。

英加痛快地默许与杰克分手，引起了外界的很多猜测。有传言说，乔可能给了英加钱，因为乔曾经就为自己做过这种安排。但不管怎么说，他们结束了。不过在之后很长一段时间里，他们还保持着友谊，还经常互通书信。

失意的大使

KENNEDY

可以说，这段时间杰克真是处处不顺心，无论是事业还是感情方面。这时战场上又传来盟国对抗德国和日本战绩不佳的消息，这更让他大为苦恼。偏偏就在这个时候，家里又传来父亲在总统面前彻底失宠的消息。

日本人偷袭珍珠港的那天，正好是乔辞去大使职务一周年的时候，乔给罗斯福发了一封表示效忠的电报：“亲爱的总统先生：现在正是国家危难之时，全体美国人民与你在同一条战线上。我愿听从你的派遣，随时准备奔赴你指定的战斗位置。”

一连几个月过去了，白宫却没有任何回音，这令乔焦躁不安。令人意外的是，这位前驻英大使在迟迟没等到罗斯福的任命后，竟赌气给英国发了封电报，主动提出为英国比佛布鲁克勋爵效劳。显然，乔还没有真正意识到，由于他的孤立主义，华盛顿和伦敦都不喜欢他。事实上，不论是和平时期，还是战时，罗斯福总统都不会再用他了。英国政府当然也不会理睬他。乔此时的心情一点儿都不亚于他在查尔斯顿的儿子，只是在心烦意乱与灰心丧气之外，多了一份失落感和孤独感。

尽管乔的心情得到了朋友们的理解，但他们也有些担心乔沮丧的心情会给孩子们带来负面影响，尤其是杰克。于是，乔的老朋友克莱尔·布斯·卢斯女士给乔写了一封略带责备但言辞恳切的信：“杰克是一个讨人喜欢的孩子。他具有一个男人在世界上获得成功所必需的一切因素。使我感到欣慰的是，像杰克这样的孩子，无论身处何种恶劣的环境都不会被击倒。毫无疑问，在美国还有许多像杰克一样的孩子，因此，我们是有救的。你的悲观情绪已经或多或少影响到杰克，他似乎有点不高兴。因为这种作风不像他的父亲，这使他感到吃惊，让他气馁。我个人认为，杰克和像杰克一样的孩子身上已经背负了很重的负担，我们谁都没有权力再给这些孩子增加疑惑的负担了。我们和我们这个时代的人所犯的错误最终却得杰克和其他孩子承受，都由他们从这里带走。而且，执行罗斯福先生的外交政策还得完全靠这些孩子。让我感到可悲而又现实的是，这些孩子只是命令的执行者而已……我们不应该让他们感到这些命令太狂太虚。”

卢斯夫人的这封信不仅仅是对美国当前所面临的政治形势的总结，也是她作为一名战地记者前往英国和中东前夕向美国人民发出的“振作起来”的一个号召。很明显，如果日本成功了，美国在全球经济中的中心地位就结束了。卢斯认为，任何疑虑现在都应该抛在一边，美国人必须开始战斗。

看了卢斯夫人的信，乔大为震惊。他立即抄了一份，并附了一封简短的说明信，寄给了在查尔斯顿的杰克。他给杰克的信中写道：“天知道，我有多么不希望因为我的悲观情绪而对你造成影响。然而，我现在却无法向你说明我的想法，除非我全盘托出。查尔斯顿的工作对你来说将是一段很好的经历，你可以体验不同的工作，更重要的是它会使你坚信，在任何行业里的任何人都会有许多出人头地的机会，尤其是在政府机构里，所以你一定要充分利用好这段时间。”

父亲的鼓励让杰克非常感动。他仔细阅读了卢斯夫人的那封信，对于处在如此敏感时期的杰克来说，这封信对他产生的影响是无法估量的。毫不夸张地说，它标志着杰克早期职业生涯的一个转折点。

一直以来，杰克很想写一篇他对孤立主义和干涉主义所获取的知识的一个总结，但由于父亲宣称“让美国离开战争”是他终生的使命，所以杰克迟迟没敢动笔起草这篇文章，但现在他决定要写出来，这将是杰克政治军事生涯中的重要一步。他在文章的开始写道：

美国目前所面临的形势是极为严峻的。美国人民必须清醒地认识到这场战争的现实性和规模性，意识到这场战争是一场必须要打而且必须由军队来打的一场认真而长期的战争。这不是一场对战争潜力和可能的生产极限的一次争论，也不是一场政治战，更不是一场靠想象将来有一天天空布满轰炸机的蓝图来打赢的战争。要想让纳粹分子的妄想成为泡影，我们必须站出来，将军们必须负责任。

……

日本攻占新加坡及荷属东印度群岛后，紧接着可能穿过印度洋，并将其占领，那时印度洋将成为日本的一个湖。这样一来东亚及东南亚乃至澳大利亚都将成为日本的控制区域，日本的地位将近乎无懈可击。这时日本将会同占领了土耳其的希特勒的军队相呼应，这将导致：北面，俄国人将遭到挤压；东面，堵塞英国人增援印度的任何机会；西面，像匕首一样插入面临隆美尔压力的英国人的背后。

如果日本成功拿下新加坡、东印度群岛和印度，德国人成功通过土耳其，那么英国将彻底陷入绝境，俄国面临德日的夹击也会很快灭亡。此时，作为强硬派的丘吉尔将被他的政敌比弗布鲁克所取代。毫无疑问，绥靖力量将在英国抬头，因为比弗布鲁克向来认为英国在媾和中有更大的机会。随着英国的出局，印度又被日本拿下，整个亚洲将组成一个以日本为首的巨大的经济与军事集团。而在西方，俄国被德国人打得晕头转向，背后又面临西伯利亚的攻击，俄国自然会加入到日本所牵头的泛亚洲主义运动中。那么，最终他们会掉过头来对付美国，美国的国土上将出现日本侵略者。面对这种严峻的形势，美国只有两条路可以选择：要么讲和，过着屈辱的和平生活；要么选择战争，用鲜血、汗水和泪水捍卫自己的国家，这是包括从白宫的决策人到平民百姓在内都无法想象的一场伤亡惨重、耗费巨大、旷日持久的战争。如果我们真的被击败了，作为民选总统的罗斯福就必须退休，如果他拒绝退休的话，将被军界实力人物逼着隐退，成为一个摆设，从而美国将会不可避免地走向法西斯的道路，民主将不复存在。

我们必须要有战斗到底的意志和决心。

我们所面临的一切会越来越艰巨，我们行动得越慢，危险就越大。目前看来，我们似乎是正在为《大西洋宪章》中不明确的原则和“四个自由”而战。但是，最终当我们身处困境时，意识到我们是为了自我生存而战时，而且只有在那时，我们才会感受到胜利的曙光。

尽管杰克对时局的这些预言是如此的大胆和令人震惊，但是，从日后战局的发展来看，这些话并没有危言耸听，也没有夸大其词。不管是文章的开始还是最后，杰克都强调了一点：美国必须参战，只有竭尽全力打败德、日，才能避免法西斯集权称霸世界的可怕局面。

一个无忧无虑、喜欢寻欢作乐、性格温和的年轻人的表面下，是一个早熟、有着想当总统的政治野心的年轻人，他对全球舞台上的政治较量深深着迷。杰克对政治斗争的理解，有别于他的父兄，完全是他个人独立思考的结果。

此时，杰克的好友们一个个都将走上战场，乔治·米德作为海军陆战队的一员，很快就要到海外执行任务；吉米·鲁斯马尼埃正在乔治·S. 巴顿将军手下进行训练；查克·斯波尔丁作为一名海军战斗机飞行员正在进行训练，他哥哥小乔在杰克逊维尔的巡逻机飞行员的训练也即将结束；比林斯已经奔赴印度战场，而杰克自己却被“困”在查尔斯顿整天无所事事。

查尔斯顿安静得令人窒息。没有爱情的滋润，整天都是枯燥的文职工作，申请国外执勤的调令迟迟没有消息，这些都让杰克感到很苦恼，所以他只好把大量时间投入到对国际时局的观察，然后在办公室里写长信，同一些陌生人或比较陌生的人讨论当前局势。

这时候，乔依然死抱着他的失败主义观点不放，常常发布一些失败主义的闲言碎语，这使得他在美国更受排挤。他向在查尔斯顿的杰克发去他收到的每一份反战、反丘吉尔、反罗斯福的剪报或秘闻。

杰克一直努力帮助他的父亲。他鼓励父亲像当初改变对《租借法案》的观点一样，改变方向，放弃以前的孤立主义。

1942 年 3 月 4 日，在杰克的鼓励下，乔决定写信给总统，在政府里谋求一个职位。乔的信里写道：“尽管我不愿被人看成是一个为了谋得一官半职而四处钻营的人，但是在目前这种关键时刻，我希望能在某些职位上为国效力，毕竟我还是有些经验的。更何况，小乔和杰克现在都在军中服役。”

此时，乔的好友克罗克也特地安排一家报纸为乔重返政坛摇旗呐喊。

然而，当乔即将重返政坛，并且总统有意要在政府里给他安排一个职位的消息一传出，白宫就收到大量的反对信件。可想而知，乔当时在全国的窘境。可能是迫于舆论压力，罗斯福只给乔安排了一个很低下的职位，为造船工业做顾问。乔淡然拒绝了。其实，在国会和政府中有很多人曾是绥靖主义者和孤立主义者，但他们都在珍珠港事件那天夜里就改变了自己的立场。现在国难当头，他们又重新聚集在国旗下，为国效力。如果乔接受了那个职位，那么他的这次入阁，经过战争的洗礼后，也会逐渐赢得总统和公众的好感。可惜他放弃了这个机会。

现在看来，肯尼迪家族的振兴只有靠小乔和杰克了。

5 进入鱼雷艇部队
KENNEDY

眼睁睁看着伙伴们一个个奔赴战场，自己却整天无所事事，这对于一个年轻的海军少尉来说是极为郁闷的。在查尔斯顿期间，杰克已经完成了有关海军条令和海上经验方面的强制性函授课程。为了保证随时都能投身战场，杰克努力通过背部练习课来改善身体健康状况。正如他父亲告诉小乔的：“我很理解他现在的处境，他的很多同伴都在服现役，特别是他在舰队服役，让他觉得自己应该做点什么，更何况他对他的文案工作已经烦透了。然而，他的背伤和肠胃是他真正的阻碍。现在，我们得想想办法，看能不能帮帮他。”

1942 年 3 月下旬，杰克的背部疼痛加剧，事实上，从 1940 年在莱西诊所治疗背疼以来，杰克一直遭受着类似的阶段性发作，并且在他加入海军后，一次发作比一次更加严重。另外，他还得忍受胃痛的折磨。杰克的健康状况是不容乐观的。于是，杰克请了 10 天的无薪假到波士顿去看他的专家医生。

杰克分别去了明尼苏达的梅奥诊所和波士顿的莱西诊所，两家诊所一致认为，如果他想继续服役，就得先接受一次脊椎手术。

1942年4月9日，杰克正式要求休假6个月，以便动手术和康复。杰克的顶头上司普莱尔上校建议批准这一请求，在给杰克的鉴定报告中，普莱尔写道："他长期遭受着下脊椎的疼痛，需要进行长期的外科治疗。"但海军军区的司令没有批准这一请求，他们认为需要先做进一步的检查才能决定是否批准杰克进行手术。于是，杰克受命到南卡罗莱纳州美国海军医院接受检查，以便进一步确定身体状况。

1942年4月13日，杰克住进查尔斯顿海军医院，在那里进行了一连串的化验、X光透视和各种检查，海军医生的诊断是右骶髂关节慢性、反复错位，导致"脊背虚弱"。由于杰克的病情没有变化，5月18日，杰克获准转入波士顿切尔西海军医院。在此后的一个月里，杰克还是没有进行背部手术，又进行了很多新的化验、X光透视以及生理上的检查。切尔西的海军医生们认为杰克背痛是由于腰肌劳损造成的，而不是椎间盘突出，没有进行手术的必要，建议的治疗方法不过是按摩和运动。经过两个多月的住院诊治，杰克最终还是没有进行手术。

1942年6月24日，杰克返回南卡罗莱纳州的查尔斯顿工作岗位。返回途中路过华盛顿时，他请求执行海上职务。当时，由于有许多与杰克类似的海军军官要求到海上执勤，所以，海军部在芝加哥成立了一个海军军官训练班。按照程序，杰克被要求填写一张申请表。

回到查尔斯顿后，在等待申请通过的漫长时间中，杰克整天无所事事，感到查尔斯顿比以往更沉闷。

这个时候，作为对他父母强迫他放弃英加的报复，杰克考虑退出天主教。他故意写信告诉罗丝，海军要求他每隔一周主持一次读经班——杰克认为此举可以看成是"违背天主教"的行为。他给母亲的信中说："你不是说这违背天主教的规定吗？可是，善举难道不是来自我们对天主教的义务吗？我们并不是一个完全仪式性的、形式性的宗教统治机构。真理必须只能来自最上层的等级结构，一个不允许有任何个人解释的机构，不是吗？"

过了一段时间，杰克的申请表被上级军官退了回来，理由是在查尔斯顿找不到接替他的人。值得庆幸的是，由于芝加哥的训练班办得很好，海军部决定开办第二期速成训练班，又发出了招生通知。这一次，杰克的上司普莱尔上校改变了想法，通过了杰克的申请。接下来，只要人事部的调令一到，杰克就可以马上离开这个让他郁闷的地方。

1942 年 7 月 22 日，杰克所在的查尔斯顿第六海军军区的司令官收到海军人事部门的电报："约翰·F. 肯尼迪海军预备役少尉，自即日起解除现职，前往伊利诺斯州芝加哥市，到西北大学艾伯特大楼的海军军官训练班报道。临时职务待指示。"

接到调令，杰克欣喜若狂，他终于成为一名战士。这也是他进入职业生涯中第一个辉煌的阶段。但是，不久之后他就会发现，前线生活并不是他摆脱父母和宗教限制的庇护所。

1942 年 7 月 27 日，杰克来到艾伯特大楼报到，他被分配到托尔训练班接受为期两个月的航海训练，人称"60 天速成奇迹"。

受训的课程进度对于过了几个月清闲日子的杰克来说，格外严酷，更何况他还有背伤。训练条件非常艰苦，伙食和住宿的条件也很差，这时的杰克更瘦了。让杰克失望的是，作为培养出海作战舰艇军官的训练课程，并不是很令人信服。给比林斯的信中，杰克抱怨道："跟这里相比，乔特简直就像天堂一样。但是我一定会坚持下去的，就像罗斯福所说，这是一个全球性的战事，比你、比我都要大。"不过令人欣慰的是，杰克在这里结交了许多新朋友。

就在这时，传来了英加结婚的消息，这对杰克造成了很大的心理震动。7 月底，英加辞去了华盛顿《时代先驱报》的工作，搬去纽约与尼尔斯·布罗克一起居住，布罗克已经向她求婚。毫无疑问，英加的变心对杰克是一个沉重的打击，尽管训练班的课程很紧张，但在感情上杰克依然很心痛。给比林斯的信中，杰克伤感地写道："你或许还不知道，英加结婚了，但不是嫁给我，而是嫁给了她认识多年的那个家伙，我想她并不爱他。不管怎么样，她都离我而去了，留下的只有美好的回忆。"

在训练的同时，杰克还报名志愿加入巴尔克少将领导的鱼雷艇培训班。如果届时能通过测验，他就可以指挥一艘鱼雷艇，并被派往前线。鱼雷艇训练班对体能要求非常严格，但不管怎么说，对于立功心切的杰克来说，是值得试试的。

自从美日两国开战以来，美国海军在菲律宾作战的数量有限的鱼雷艇突然受到公众的普遍关注。这主要是由于约翰·巴尔克利上尉在3月份指挥一艘鱼雷艇将道格拉斯·麦克阿瑟将军从酣战中的菲律宾巴丹岛解救出来，并通过日军控制的560海里水域，最后安全到达澳大利亚。巴尔克利5月份从菲律宾返回华盛顿，罗斯福不仅在白宫为他颁发了国会荣誉勋章，还在当晚专门为他设宴接风。该功绩使得鱼雷艇部队名声大震，巴尔克利一夜之间也成了美国家喻户晓的英雄人物，获得了不朽的荣誉，还有人专门为他写了一本名为《他们随时准备牺牲》的畅销书，并在《读者文摘》上连载。为此，美国海军在大西洋沿岸罗德岛的梅尔维尔新建了一所鱼雷艇学校，每期学员训期为两个月，由巴尔克利出任训练长官。

为了充实自己的队伍，巴尔克利打算再招募一些年轻人加入这支充满危险的部队。在芝加哥的托尔大楼里，巴尔克利向杰克所在的班级大肆鼓吹鱼雷艇的优越性："鱼雷艇是一种了不起的武器，敌人还没赢过一场与鱼雷艇的战斗。我们小小的一个中队就击沉了日本三艘船：一艘巡洋舰、一艘飞机补给船、一艘满载补给的运输船，还击落四架飞机，重创另一艘巡洋舰，致使一艘油轮起火，而我们自己却无一伤亡……我已向总统建议，用500艘鱼雷艇就可以使我们夺取整个太平洋的制海权，完全可以阻断任何类型的陆上入侵行动。"

事实上，巴尔克利中队发射的鱼雷中只有一枚击中了一艘日本巡洋舰，但既没有击沉，也没有致使油轮起火，更没有爆炸。当时日本海军记录中根本就找不到一艘舰船受过打击的记载，更不用说被美国鱼雷艇击沉的记录。而且，在罗斯福的私下会见中，巴尔克利向总统请求向太平洋输送的鱼雷艇是200艘，而不是这里所说的500艘。

毫无疑问，巴尔克利的这种断言简直就是痴人说梦。假如当年麦克阿瑟通过其他途径撤出菲律宾，约翰·巴尔克利这个名字就永远不会被人们知道。在众多军官看来，巴尔克利只不过是茶余饭后的笑料而已。

实际上，在巴尔克利在全美国制造鱼雷艇神话之际，美国对日的海战主要依靠飞机、战舰，尤其是潜艇已经发挥明显的优势。不过，从某种角度上看，巴尔克利上尉更像是激励人心的斗士和颇具煽动性的演说家。

陪同巴尔克利前往芝加哥招募志愿者的哈尔利坦言，鱼雷艇的性能其实不太好，"它的航速仅为每小时28节，而敌军的舰船航速都在28节以上，因此只有靠敌舰足够近时，才能发射鱼雷，否则要想击中敌舰简直就是白日做梦。所以，只有非常勇敢的人员才能加入鱼雷艇部队，只有他们才有胆量在敌人枪林弹雨之下靠得那么近；另外，行动只能在夜间进行，因为在白天，即使你离得再远也会被敌人击沉而葬身鱼腹”。

巴尔克利的战术就是，让鱼雷艇在夜间进入敌舰 500 码的范围之内，然后发射鱼雷，这是在雷达出现之前可接近的最小距离，但即便是在夜间，要悄然驶入离敌舰 500 码的距离，这项任务的危险性也不言而喻。

然而，巴尔克利的话仍然使得众多的青年军官群情激昂，不顾危险，争先恐后报名加入鱼雷艇部队服役。9 月 5 日，纽约《美国先驱报》刊登了一篇消息，标题为“巴尔克利招募 50 名志愿者，却有 1024 名海军少尉前来报名”。

杰克打算参加鱼雷艇部队的决定，令所有人大吃一惊。他的一些朋友认为这是一个疯狂的决定，因为到目前为止，鱼雷艇部队人员在战争过程中的死亡率为 1/10。但是，鱼雷艇的荣耀、自己掌握指挥权以及拥有相对的独立性，而且还能逃脱枯燥乏味的办公室工作，使得这项危险的职务变得魅力十足，杰克就是一心想去梅尔维尔。

巴尔克利原本打算通过对报名者逐个进行面试的方式，来圈定 50 名“最为骁勇善战”、最具攻击性和最富激情的志愿者，但是面对 1024 名志愿者这根本就是一件不可能的事情。最后，经各方商议，决定先从 1024 名志愿者中筛选 240 人，然后从这 240 人当中挑选 50 名志愿者。录取的程序是，翻阅学校提供的大量信息资料和个人简历，由巴尔克利和哈尔利分别进行面试，然后对谈话记录进行比较，两方都认可的人选就被录取了，成为鱼雷艇部队的一员。

面对如此激烈的竞争，而杰克的脊背问题又是明摆着的，因此连他自己都没有信心被巴尔克利接受。但令他意想不到的是，自己竟然被选中了。这对于海军系统来说无疑是一件丑闻。对于一个因背伤在海军医院住了两个月院，并且两个诊所都认为需要进行背部手术的人，竟然成为一名对体能有着极为严格要求的鱼雷艇成员。真是太不可思议了！巴尔克利后来宣称：“我不知道肯尼迪患有任何背疾，但即使我知道，我还是会选择他的，我是在寻找愿意作战的人。”哈尔利后来对此的解释是，他也并不知道杰克患有背疾，而且大多数背疾是无法在正常的体检中检查出来的。

他看重的是，杰克率直的自信和加入鱼雷艇部队的决心，以及拥有数年的驾驶海上小型船只的经验。在哈尔利看来，杰克还具备一名优秀的鱼雷艇艇长的精神和自信心。

事实上，乔为了确保儿子能顺利进入鱼雷艇部队做了很多幕后活动。这与很多人利用政治影响使子女逃避战争相比——比如美国副总统丹·奎尔——还是值得称道的。而巴尔克利和哈尔利考虑更多的是，将前任大使的儿子置于自己的指挥之下，可能会产生积极的宣传效果，而且杰克在面试中的确给两位面试官留下了非常积极的印象。

然而，杰克是否能熬得住上船作战所要求的体能训练呢？据专家介绍，鱼雷艇在全速前进时，时速超过 40 节，船上的人会感觉到巨大的颠簸。

1942 年 9 月 29 日，杰克前往梅尔维尔鱼雷艇学校报到，途中经过海恩尼斯港时去看望了他的父母。乔给他的大儿子写信说："杰克回家了。告诉你一个秘密，他的背部问题非常严重……真不知道他如何能在颠簸无比的鱼雷艇上撑上一个星期。现在最应该做的就是让杰克尽快进行手术，学校方面由我出面处理，这样他就能在好一些的时候回到鱼雷艇上去。"

然而，杰克已在梅尔维尔开始了训练。他不打算做手术，因为手术有可能结束他的海军生涯，而他很想趁在鱼雷艇上服役来检验一下自己的忍耐极限。早期的鱼雷艇号称速度惊人，最高时速可达 55 节，拥有船身平浅的设计；但是硬件设施相当落后，颇具木制船的特征，在很多方面酷似古时的战马。鱼雷艇的主体结构是用胶合板建成的，几乎没有任何实质性防护装甲。艇上没有安装雷达，就连携带的鱼雷也是劣质品。鱼雷艇以易燃的飞机辛烷燃料为动力，这大大增加了发生爆炸的危险性。

在梅尔维尔，杰克又过上了花花公子式的生活。无论是在芝加哥的埃尔摩洛哥，还是在梅尔维尔的铁皮房子里，杰克依然是一幅吊儿郎当、机智聪敏的模样。他还经常在战友面前摆出一副见多识广的神气。一群女歌星和女模特填补了杰克失去英加后的空虚，其中《魔力》杂志的女模特安吉拉·格林显得尤为突出。但是，这并不代表杰克已经忘记英加。事实上，杰克从来都没有停止对英加的思念，他内心确实为英加的离去而痛心，并真切地希望英加有一天能为她的变心而后悔。

有时，杰克也会疏于伪装自己的内心世界。一次，杰克在梅尔维尔的铁皮房里大发议论，指责犹太人贪生怕死，为了避免上前线作战，大多数都“钻进了陆军军需部队”。这时，他的战友，身为犹太人的弗雷德·罗森受不了侮辱，便与杰克争论起来。当罗森最后以事实证明杰克对犹太人的看法有失公正时，杰克向罗森认错，并道歉。罗森接受了杰克的道歉，并对杰克勇于承认错误的精神十分赞赏。经历这件事之后，罗森对杰克更加敬佩。罗森认为，杰克未经思考的反犹太情绪完全是由于受他的父亲的影响。的确，乔从小就向他的孩子们灌输波士顿爱尔兰人的反犹太情绪，所以这种根深蒂固的种族偏见会在杰克身上自然地流露出来。

在梅尔维尔的铁皮房子里，杰克与来自美国各州的军官们朝夕相处，他的朴实、豁达、不拘小节博得了战友们的爱戴。对于杰克患有背疾的事情，他的战友们心知肚明，但没有一个人会出卖他。“他患有严重的背疾。一天，为了给他的睡床找一块木板垫在下面，我们在镇上转了好几圈才搞了一张胶合板。”罗森后来回忆说。和杰克同居一室的一个同伴说：“他疼得非常厉害，每天都得睡在那张该死的胶合板上。我不记得他什么时候没有处于疼痛之中。但是，我从来未曾听过他对此怨天尤人，事实上，我从未听过他对任何事进行过抱怨……背疾给杰克带来了很大的麻烦。当别人对战斗唯恐避之不及的时候，他却千方百计地想得到这份战斗职业。”

杰克喜欢枪炮，喜欢驾驶船只。他给比林斯的信中写道：“在鱼雷艇上的工作的确是海军里的大场面。在自己的鱼雷艇上，你就是你的老板，就像当年在科德角驾驶帆船远航一样。”

在梅尔维尔的生活，对于杰克·肯尼迪的政治生涯来说，或许是一个重要的、极为关键的阶段。正如罗丝给其他孩子们的信中写的那样：“杰克在梅尔维尔的日子已经改变了他对待战争的整体态度。杰克说，为了阻止日本和德国称王称霸，他已经作好了为国献身的准备。另外他还觉得，如果他献身了，对小乔的政治事业是一件好事。”尽管乔和罗丝很骄傲他们的儿子进入部队最危险的部门，但同时他们也“感到非常焦虑”。

然而，梅尔维尔鱼雷艇学校所进行的训练是否符合战争的要求，还得进一步研究。罗森后来抱怨说：“我从未向敌人发射过一枚鱼雷，即使在梅尔维尔的鱼雷训练课上，我也从来没有发射过一枚鱼雷。作为鱼雷艇部队的主要作战武器的鱼雷，我们只是看到军官格林发射过一枚。”当时负责射击训练课程的军官阿尔文·克拉斯特承认说：“从实战的角度看，梅尔维尔的训练内容是完全不符合这场战争要求的，主要的课题是教学员们如何驾驶、停靠鱼雷艇，怎么保养发动机，以及有关鱼雷、无线电等理论知识。并且，很多从未出过海的学员毕业后，就要立即执行海上作战任务。”

1942 年 11 月，为期 8 周的鱼雷艇训练课终于接近尾声。军官们开始申请自己选中的中队，杰克要和他的伙伴们在一起，一同加入第 14 中队。然而，能否得到批准还不一定。

令杰克失望的是，自己被选中留在梅尔维尔的训练中队担任教官。一得到留任的消息，杰克立刻找到哈尔利上尉，坚持要求派自己到海外的作战中队去任职。那段时间正值鱼雷艇在所罗门群岛与敌人酣战之际，杰克更觉得自己应该加入到战斗中去。但是哈尔利坚持要杰克留下来。

1942 年 12 月 3 日，约翰·F. 肯尼迪中尉开始了他在鱼雷艇学校的教官工作。通常，只有训练中最好的几个学员才能留任教官，而在杰克最近的述职报告中，施佩希特上校指出，杰克“自觉、积极、勤奋可靠，具有优秀的个人性格和军事素质。但是在鱼雷艇船只操作方面相对缺乏经验，需要有更多的经验，才能成为能力极佳的军官”。为什么让杰克这样一个缺乏经验的人担任训练教官呢？这是让人很难理解的，杰克不由得怀疑是不是父亲对此事进行了干预。

事实上，自己要求去国外任职被哈尔利上尉拒绝后，杰克便采取行动来改变给他的命令。由于他不相信父亲会在此事上帮忙，所以他找到了外祖父菲茨，在外祖父的帮助下，杰克于 1942 年 11 月 29 日悄悄地拜访了马萨诸塞州参议员、海军事务委员会主席戴维·I. 沃尔什。杰克对军事战略和国际局势的理解给沃尔什议员留下了极为深刻的印象，沃尔什答应尽量帮助杰克调到战区，并送给杰克一本书，名为《新世界的地平线》。“我想，你一定会对它感兴趣的，它能使你对战事的发展有一个更清晰的了解。”沃尔什给杰克的信中写道。

尽管杰克在鱼雷艇操作方面缺乏经验，但他却尽职尽责，非常认真，学员们对他的评价很高。在梅尔维尔担任教官期间，杰克结识了巴尔尼·罗斯少尉、保罗·费伊，并在以后的日子中成为患难与共的伙伴。

几乎每天不断的海上训练给杰克的脊背增添了紧张感，使得他背痛的毛病日益加重。然而，除了忍受背痛外，杰克还有更烦心的事——对教官生活越来越感到失望。

在当了 5 个星期的教官之后，1943 年 1 月 8 日，杰克终于得到命令，要他带着 4 艘鱼雷艇前往佛罗里达的杰克逊维尔，准备接受新的任务。

6 奔赴战场

KENNEDY

1943 年 1 月 8 日，杰克带着训练中队，指挥着 4 艘鱼雷艇浩浩荡荡地出发了。他们从寒冷的新英格兰海域出发，到温暖的佛罗里达州的杰克逊维尔，1 600 海里的航行，需要历时 5 天。杰克在船上给弟弟鲍勃写信说，自己正在上战场的途中，但还没有进入战争。

为了免受大西洋险恶的风浪之苦，杰克带领的小舰队沿纽约海岸线行进着。前两天一切还算顺利，但是到了第三天麻烦便出现了。

1 月 11 日，一艘鱼雷艇触礁搁浅。在抛拖锁的时候，一不小心，杰克自己的舰也搁浅了。杰克不顾海水的冰冷，纵身跳进海里，费了好大的劲才将缠绕的绳索解开，4 艘小艇得以继续行进。第二天，当他们赶到莫尔黑德市后，杰克便病倒了。莫尔黑德海军基地的医生们诊断为某种“肠胃炎”。值得庆幸的是，杰克的病情在 3 天之内便出现了好转。刚开始，杰克还以为是他的结肠炎发作，现在看来很可能是感染了肠道病毒或者食物中毒，这让他大松一口气。但是，这说明他的身体状况并不是很稳定，还说明他是个伤兵。为了不耽误行程，小舰队继续前往目的地，杰克留在莫尔黑德市的海军医院进行治疗。3 天后杰克痊愈，并与小舰队在杰克逊维尔会合。

在杰克逊维尔待命之际，杰克获准休假 7 天。他把鱼雷艇留在海军造船厂里进行检修与补给，自己前往棕榈滩与家人团聚。短暂的假期结束后，杰克得到的新命令是在巴拿马运河执行巡逻任务。但是，保卫巴拿马运河之类的任务并不是杰克当初加入鱼雷艇部队时心中所期望的。当时，哈尔利上尉刚刚获得了 12 艘新艇，成立了第 12 中队，并计划前往南太平洋执行任务，让杰克感到难堪的是，托比·麦克唐纳将担任其中一艘鱼雷艇的副艇长。

在接到调遣命令的第三天，杰克便向华盛顿海军人事局局长提出任务变动的申请，他要求把自己调到正在南太平洋作战的某个鱼雷艇中队。由于担心海军官僚机构办事效率低下，从而给父亲留下干预的时间，杰克又打电话向沃尔什议员求助。沃尔什议员毫不推托，立即敦促海军的人事部门加紧运作。

尽管等了好几天才等到正式的调职命令，但仍然让杰克欣喜若狂。调职命令中写道："约翰·F. 肯尼迪海军中尉，自即日起解除现职，另有任用。你立即通过政府或民用航空飞机前往太平洋指挥部所属的服务部队报到，之后立刻乘首班飞机，前往第二鱼雷艇中队所在港，向该中队指挥官报到。"

1943 年 2 月 22 日，杰克兴高采烈地将手上的工作移交给他的副手沙利文少尉。2 月 23 日，杰克拿到了他所在中队指挥官约翰逊少校签署的离职令。约翰·F. 肯尼迪终于实现了他的愿望，开始出发上战场了。杰克得意地对比林斯说："在美国海军中，重要的不是你有多少学问，脊背是不是健康，重要的是你认识谁。"

1943 年 3 月 6 日下午 5 点，杰克从旧金山港乘坐"罗尚博号"运兵船前往澳大利亚东北部的赫布里底，踏上了前往所罗门群岛的征程，当时日本和美国正在那里激烈交战。

在旧金山逗留时，杰克给比林斯的母亲写了封信，并附寄上一封给比林斯的信，要她将信转给远在非洲的比林斯。在给比林斯母亲的信中，杰克写道："这或许是我给他的最后一封信了，或许很长时间里我都没法写信给他。"可见杰克已经对自己投入战争做好了充分的思想准备。

杰克给比林斯的信中写道："一两天之内我就要出发了，很高兴终于能上战场了。当然，现在的南太平洋不是一个享受的季节，那里应该有的似乎是燥热、雨水和痢疾，另外还有冷豆子罐头。你知道，所有的这一切都需要你有一个好胃。这里的兵员总是不断轮换，我可能会在秋季之前返回。前段时间，凯瑟琳写信说，她打算随同国际红十字会到英格兰去。泽克·科尔曼因为高血压，上周被海岸警卫队开除了，现在他正努力进入美国野战勤务部队。以前总在一起的人，大部分都离开了。如果你那里的任务还不错，就待到秋天再回国吧，或许冬天也不错。如果你觉得那里的工作没多大意思，就往别处请调。"最后，杰克以命令的口气，要求比林斯"给我回信"。在信中，杰克绝口不提自己可能有战死的危险。

在太平洋彼岸数千英里之外的地方，杰克终于可以置身于父亲的掌握范围之外，独立为命运而战了。他要造就一番英雄壮举，就像他心目中的英雄温斯顿·丘吉尔、劳伦斯一样。或许可以说，此后几个月在西南太平洋发生的事情造就了杰克·肯尼迪。

就在“罗尚博号”运兵船将奔赴战场的军官和给养物资运往赫布里底群岛之际，太平洋战场的形势也发生了变化。美国海军陆战队和澳大利亚步兵团联手，成功地夺回了瓜达尔卡纳尔岛。但是，美军却无法堵截从瓜达尔卡纳尔岛上撤退的日军，主要原因是：美军的鱼雷艇故障频出，再加上木质结构和易燃的特性，在与日军钢壳的驱逐舰狭路相逢时，总是不堪一击，因此日军轻而易举地在三个夜间把近1.2万名驻军完好无损地转移。美军的鱼雷艇不仅没能击沉任何一艘日舰，反而伤亡惨重，损失了很多艘鱼雷艇。就连美军自己也不得不承认，这是美军海战史上的耻辱。杰克此次调往西南太平洋第二鱼雷艇中队，就是去替补那些在瓜达尔卡纳尔岛战役中伤亡的军官。然而，从第二鱼雷艇中队的几次战绩来看，鱼雷艇能否在附近水域发挥作用还值得商榷。

此时，在盟军内部出现了不同意见，有人主张把战略重点放在西南太平洋，有人主张应该更靠近日本本土。1943年1月，在卡萨布兰卡会议上，罗斯福总统与丘吉尔经过一番激烈的争论，最后制定了“优先击败德国”的决定。这个作战计划一出炉，立即在华盛顿引发了一场新的争议，争论的焦点集中在：太平洋战区统帅权的归属，以及盟军是否还需要在远东对日军发动小规模的攻势。

马歇尔将军主张把太平洋战区的所有部队划归一位陆军将军道格拉斯·麦克阿瑟统率；而海军上将金则主张由海军上将切斯特·尼米兹统帅太平洋战区。与此同时，太平洋战区的各军种指挥官也纷纷向华盛顿提出自己的意见。

当时，麦克阿瑟认识到，要想成功地战胜日军，不能仅仅依靠海军，尤其是不能依靠号称最具战斗力的鱼雷艇部队。因此，他要求增派更多的兵力和战斗机，但人们却认为这是他在捞取政治资本。麦克阿瑟所要求的战斗机必须由空军调派，而当时的空军根本不愿意实施小规模的战术行动，懒得去支援西南太平洋上的盟军地面部队，空军方面只想对日本实施战略轰炸战役。因此，麦克阿瑟的作战计划不仅遭到自己麾下空军将领们的反对，而且还引来几个海军上将的不满。最终，麦克阿瑟的作战计划被大打折扣，而尼米兹上将的中太平洋战略得以全部通过。

1943年4月1日，当杰克抵达新赫布里底群岛的圣埃斯皮力图岛时，该岛已成为美军战略行动的后方，杰克发现自己已经难以进入战场的第一线。当时杰克并不知道美国的战略方向已发生变化。当他走下运兵船时，圣埃斯皮力图岛港湾内林立的美国军舰令他难以忘怀。宽广的港口，停泊着"萨拉托加号"航空母舰，准备降落的战斗机从他们头顶上呼啸而下。杰克惊呼："真是太壮观了！"

杰克从"罗尚博号"下船后，于1943年4月4日上午11时乘坐449号运输登陆舰前往瓜达尔卡纳尔岛的图拉吉。1943年4月7日，当杰克他们的登陆舰已驶进瓜达尔卡纳尔岛北岸时，他们遇到了日军的空袭，这一次杰克总算和战争进行了零接触，面临了战场上的第一次生死较量。

当时，日军从拉包尔（日本在西南太平洋主要的军事基地）出动了170架战斗机，对亨德森机场和图拉吉港进行突然袭击。据称这是自瓜达尔卡纳尔岛浴血战役停歇之后日军发动的最大规模的空袭。运油船"卡纳瓦号"和驱逐舰"阿伦沃德号"在日军的狂轰滥炸中沉入海底。杰克所乘的舰上满载燃油和高爆弹药，如果被日本炸弹击中的话，那么杰克·肯尼迪的人生就将在此时此地结束。所幸的是，始终没有一枚炸弹直接击中杰克他们的登陆舰。唯一的小插曲是，一枚炸弹在他们登陆舰附近爆炸，舰长的脖子受了点儿轻伤。

杰克后来给远在非洲的比林斯的信中讲到了这次战斗："我到达的那天，日本鬼子对我们进行了大规模的空袭。当时，我乘坐的登陆舰是一艘老船，船上装满了燃油和炸药。我原以为我们会先撤退，然而舰长却不这么想，他仍要求继续前进。日军飞机向我们一阵狂轰滥炸，我们旁边的一艘驱逐舰被击沉了。不过，我们还没有什么。当日军轰炸暂时告一段落的时候，有个日本鬼子跳伞落到了我们附近的水面，于是我们将船开过去打算把他捞起来。然而，让我们意想不到的是，当我们的船离他还有20码的时候，他忽然丢掉救生衣，拔出一把左轮手枪，朝我们开了两枪。当时我有点愣住了，他一个落水之人，竟然敢跟一艘军舰较量。可能因为刚刚的空袭使我们有点惊恐过度，我们立即手忙脚乱地端枪射击，打得他身边的海水都沸腾起来，还没射中他。最后，我身后的一个老兵端起他的步枪，对准日本鬼子的脑袋就是一枪，他的头顶盖被掀掉了。现在你能了解我们所面对的是什么样的敌人了吧！这仅仅是一个非常有意思的开始。经历了这件事后，我感觉这场战争或许还需要很长时间才能结束。”

杰克原想，现在应该是美军全面进攻打胜仗的时候，但亲眼目睹的这个场面之后，他发现与他的期望不太一样。

由于担心日军再次空袭，449号登陆舰掉头向皮埃斯皮里图岛方向走了几天。后来又奉命转向，先是到达瓜达尔卡纳尔的隆加罗兹，后又向北越过佛罗里达岛。1943年4月14日，杰克下船后乘小艇前往太平洋鱼雷艇部队的母基地——西萨皮。

在西萨皮，杰克开始了他的鱼雷艇战斗生活。

到达西萨皮后，杰克立即向鱼雷艇中队指挥官阿尔·哈尔希报到。随后，杰克被派到47号鱼雷艇，暂任乔治·赖特中尉的副艇长。

开始，肯尼迪对这里的生活多少有点不适应。他们所有人都住在一座临时的大营房里，里面只有一些帐篷和土茅棚。他们每隔一个晚上出海巡逻一次，由于每天下午都闲着没事，大家就聚在一起海阔天空地闲聊。

除了生活环境的不适应外，英加已经很长时间没给杰克写信了，这让杰克感到很郁闷。于是，杰克给英加写了一封长达6页的信。他在信中写道：“亲爱的英加，自从你为北美报业联盟工作后，就不曾给我写过只言片语。而我就绝对不会这么做。如果说看在我们过去的友情的份上都不足以让你动心给我来封信的话，那么，我只好说，就当是为这场战争出点力，请写封信来吧，这比什么都好……”

接下来，杰克向英加提到了自己对这场战争的最新感受。杰克说，他感觉离祖国越远，对胜利的信心就越足，虽然从现在来看胜利还很渺茫，但是他相信美国正在赢得这场战争的胜利。他觉得，这场战争最有趣的事情之一是，每个待在国内的人都想上阵杀敌，而已经出来的人却想回国。这些前线战士们谈论最多的，一个是何时能回家，一个是回家以后如何享受生活，然而却对战争，就连自己所在海域的战事也闭口不谈。至于杰克自己，他说：“这一切都是我主动要求的，我所要求的东西已经到手了。”与此同时，杰克也承认，到手的东西与他当初所想象的还有一定的距离。这些鱼雷艇身为木质结构，引擎毛病百出，超高频无线电总是出故障，由于用航空汽油来驱动，只要中弹就会起火燃烧，成了漂浮在水面上的地狱，而且也没有达到当初预期的速度。由于鱼雷艇必须保持较轻的重量，艇上不安装武器，因此无法抵御飞机的攻击。而鱼雷艇的主要作战武器鱼雷，用的又是第一次世界大战时的老式鱼雷，航速缓慢，命中率又低。鱼雷艇白天不能出海作战，而又只有少部分鱼雷艇装有雷达，因此夜间行动收效甚微。因此，在这里的大部分时间的行动只是例行公事，每两晚巡逻一次……

此时，南太平洋的战局已经发生了很大的变化。日军已被迫撤出了瓜达尔卡纳尔岛和拉塞尔岛，美军占据着空中优势，在海军方面，驱逐舰和巡洋舰也占据着优势。整体情况比之前好了很多。

1943 年 4 月 25 日，由于艇长人选短缺，杰克在抵达图拉吉 11 天之后就升任为 109 号鱼雷艇的艇长。109 号鱼雷艇是条 80 英尺的“埃尔科”级快艇，是条名副其实的老船，艇上三个 1 350 马力的大型航空发动机已经靠不住了，有时鱼雷艇甚至都驶不出港口。原 109 号鱼雷艇的人员除了副艇长伦尼・汤姆留任原职外，其他人不是调到别的单位，就是卸任后等待调离回国。杰克在信中向父母报告了自己的情况：

> 这里的环境平时还不算坏，但是到了雨季，每天都要持续不断地下四五个小时的大雨，几乎没有一件东西是干的。我蓝制服上的青苔估计能有四分之一英寸厚。目前我已经拥有了自己的鱼雷艇，我们每隔一夜出海巡逻一次。白天大多数时候在睡觉，每天下午 5 点 45 分起床，6 点 30 分开始实施灯火管制。
>
> 基地刚刚开设了一个军官俱乐部，设在一个大帐篷里，我们戏称它为“皇家棕榈俱乐部”。每天晚上 7 点 30 分左右，帐篷里便人满为患。我们是鱼雷艇部队，所以我们特意调制了一种与之匹配的含有酒精的饮料，我们称它为“鱼雷汁”，就是用鱼雷管将各类含有酒精的饮料混合在一起。它是本岛最可以“牺牲”的东西（借此讽刺《他们随时准备牺牲》一书），它的烈性是其他任何自制私酒都无法相比的。你经常会看到这样的情景，忽然从帐篷里冲出四五个人，在外面一阵狂吐，直到把肚子里的晚餐全吐出来，然后摇摇晃晃地跌倒在床铺上。不过，我想，只要不多喝，应该不会对身体造成太大的伤害。

自从杰克升任艇长后，他逐渐将心思集中到他自己的船员身上，恶劣的自然环境、难吃的食物所造成的缺憾逐渐被患难与共的战斗情谊所弥补。

中队指挥官艾伦·哈利斯在对杰克5月份的鉴定报告中，“船务操作”一项上，给杰克打了满分4分，“指挥能力”打了3.9分，最后给杰克的评价是：“该军官技术过硬，有胆有识，值得信赖，能圆满完成所交给的各项任务，是一个能为海军争光的出色军官。”这简直是一份近乎完美的评价。的确，自从杰克升任艇长以来，信心就越来越足，干起事来也格外卖力。然而，在5月底，哈利斯少校被调往另一个中队，接替他的是阿尔文·克拉斯特，这是一个刚从海军学校毕业的24岁的小伙子。

阿尔文·克拉斯特的父亲是一个职业共和党人，他自己也是共和党人，因此克拉斯特对罗斯福和罗斯福手下的人没有半点敬意。一天晚上，大伙儿坐在一起聊天，克拉斯特开始抨击起罗斯福的外交策略，说罗斯福总爱派遣有钱的人出国当大使。突然，伦尼·汤姆过来拍拍克拉斯特的肩膀说：“你还不知道吧？杰克·肯尼迪的父亲就是前驻英大使。”据克拉斯特后来回忆说：“当听到汤姆的话时，我大叫一声‘哦，天啊’。从此以后，这件事就成了一个笑柄，被杰克取笑了我这个共和党人大半辈子。”

此时，杰克已搬出了临时营房，住进了自己开发的一间旧茅屋。当时与杰克同居一室的约翰尼·艾尔斯后来回忆说：

> 当时杰克在营房后面找到了一间废弃的旧茅屋，他过来对我说：“嗨，约翰尼，我们去把它清理干净，再搬进去住。”后来伦纳德·汤姆，吉恩·冯坎农也搬了进来。我们的小茅屋里总是聚满了人，因为杰克太有魅力了，他的幽默和机智以及对权力的态度颇受同僚们的喜欢。
>
> 我认为杰克是一个真正的好军官。虽然当时他只有25岁，但却老成稳重，和他相比，我们只能说是一群孩子。他指挥的鱼雷艇组织良好，纪律严明。
>
> 平时，我们常坐在一起，一边聊天，一边喝酒，而他自己则坐在那里写信。天啊，他可真能写，真不知道他到底写了多少封信，给朋友的、家人的、参议员的、国会议员的。他有机会接触

一些高层权力人物，并与他们通信，清楚地阐述自己的观念。显然，他的血液里流淌着政治，生来就是搞政治的人。毫无疑问，他一定能成为大人物。因为他具备这种素质，你能从人们喜欢与他相处和交谈上感觉到这点。以前，我与乔·阿特金森还常常拿他开玩笑，我说："杰克，等战争结束后，我一定玩命地干，帮你拿下路易斯安纳州的选票。"

在闲暇的时候，他们这些美国大兵们也读一些书。杰克几乎把能找到的有关美国总统的书全读了一遍，温斯顿·丘吉尔的著作他也通览无遗。但是，杰克最喜欢的一本书是巴肯的《天路历程》。这本书描写的是在英国维多利亚时代末期，一位天资聪颖的苏格兰少年自我奋斗、出人头地的故事。在书中，巴肯对他敬慕的牛津大学同窗、英国自由党领袖的儿子雷蒙德·阿斯奎斯之死的描写，宛如一曲动人的挽歌，在杰克·肯尼迪遇刺后，这一段文字常常被他的朋友引用，借以表达对逝友的哀思。

当时在他们驻军附近有许多土著人，其中一个土著人对他们讲述了自己上一次吃人的情景，最后还评价说，日本人的肉比澳大利亚人的肉好吃。杰克还将一个名叫兰尼的土著小男孩带进营房同他一起居住。兰尼非常机灵，也很可爱，他告诉杰克他们是食人族。兰尼平时睡在杰克的旁边，可他的眼睛却喜欢盯着伦纳德·汤姆身上的"腱子肉"。伦纳德·汤姆，身高6.2英尺，体重近210磅，在服役之前是一名职业橄榄球运动员，他结实的肌肉让兰尼垂涎欲滴。最后，兰尼被新西兰当局的人带走了。通过这个名叫兰尼的土著小男孩，杰克学会了一点点蹩脚的土著语，这点本事却碰巧在他以后遇险时成了救命稻草。

1943年5月底，南太平洋的战事已由短暂的平静逐渐转入激烈。

当时，丘吉尔拟定在南欧实施"打击软腹"的战略计划，这一战略计划引起了美国海军参谋长金上将的担心，因为这很可能会把太平洋战区的美军部队调往其他战区。因此，金上将下令麦克阿瑟立即采取行动，对所罗门群岛的日军展开攻击。就这样，为了刁难英国人，美军在所罗门群岛展开了"逐点零敲碎打"的作战策略。

面对麦克阿瑟的两栖进攻，日军转入了防御作战。

随着战局的转变，鱼雷艇部队也迎来了新的作战任务——负责海岸巡逻。一时间，大量的鱼雷艇潮水般涌入南太平洋区域，不仅在瓜达尔卡纳尔、拉萨尔岛设有鱼雷艇基地，其他地方也渐渐开始设立基地。当时美国空军占有空中优势，日军只有在夜间才能调动部队，所以在夜间阻截日军的兵员和物资运输的任务就落在了鱼雷艇部队的身上。

令人担忧的是，这些木质鱼雷艇的结构以及所配备的武器装备完全不适合新的作战要求。日军的“大发号”驳船吃水浅、钢板船体，并配备火炮，而美军的鱼雷艇木质结构，舰上的火炮性能比步枪好不了多少。当美军鱼雷艇与日军驳船相遇时，鱼雷艇部队不仅不能打败敌人，反倒使自己身处险境之中。不过，对鱼雷艇部队来说，最大的危险是日军的水上飞机。这些飞机与美军的鱼雷艇部队一样，也是在夜间出动。虽然日军飞行员无法看见鱼雷艇本身，但能从空中清楚地看到鱼雷艇划过水面时在艇后形成的闪闪发亮的 V 形尾波。因此，日军飞机只要向尾波顶端投掷炸弹，就能将鱼雷艇摧毁。正如杰克给妹妹凯瑟琳的信中所说：“驾驶鱼雷艇并不是什么有趣的事情，并不像《他们随时准备牺牲》一书中描写的那样不着边际。它只是每天夜里在颠簸起伏的水域低速巡逻而已。不过，我们总是花大量的时间去研究怎么样才能使鱼雷艇开得更快一点，因为鱼雷艇的速度越快，越容易避开日军的飞机，有时候这种差事有点像帆船比赛。”

对于争强好胜的杰克来说，不仅要避开日军的袭击，还要在与其他鱼雷艇的竞争中战胜自己的战友。每次巡逻结束后，谁先回到基地，谁就可以先加油，先回宿舍睡觉。

一天黎明时分，刚刚巡逻结束的杰克指挥着他的 109 号鱼雷艇返回基地。杰克的艇先是跟在另一艘艇后面奔驰，在即将进入港口时，杰克的艇赶了上去。两艘鱼雷艇并肩疾驰，比起速度来，谁先在进港口时减速谁就会输。最后，杰克赢了。但是，在他随后命令轮机官倒车时，三台发动机却同时熄了火，想要让它尽快停住已经不可能了。正如鲍勃·多诺万的《109 号鱼雷艇》中描述的那样：“109 号鱼雷艇犹如一枚 80 英尺长的导弹，直直冲向码头。”当时正在码头干活的工人们，看着一艘鱼雷艇向他们冲过来，全都吓得目瞪口呆，等他们回过神来时，杰克的鱼雷艇已经撞进码头的一角。杰克和他手下的艇员也都不知所措，大伙儿被吓坏了。据说，从那时起，码头上的人们只要一看到 109 号鱼雷艇进港，就立即跑向海滩。

杰克原以为这次事故会招致军法处置，然而幸运的是，当时还有一艘艇因缆绳松脱而造成了毁船事故，上级的注意力都转移到了毁船事故上，才使得杰克免遭处罚。当得知自己不会受处罚后，杰克对部下讲了这么一句话："没有谁能挡住我们109号艇！"

然而，这件事只是一系列事故的开始。

一天晚上，克拉斯特以中队长的身份乘坐由戴维·利维指挥的48号鱼雷艇出海巡逻，途中因撞上珊瑚礁而搁浅。当天晚上，风大浪急，48号鱼雷艇进了很多水。为了防止鱼雷艇下沉，克拉斯特命令发射鱼雷来减轻船的重量，并下令加速前进，试图让鱼雷艇像水上飞机一样漂浮在海面上。然而，情况并没有像克拉斯特判断的那样，几个浪头打到艇上，船内又进满了水。最后，他们只好用无线电向杰克发出求救信号。杰克接到求救信号后，立刻赶到48号艇搁浅的位置，还从附近的军舰上借了一台水泵抽水。然而，这一措施也无济于事。最后，他们决定将这艘撞礁的鱼雷艇留在附近的布鲁库岛进行维修，48号艇的船员全部搭乘109号鱼雷艇返回基地。

然而，在返回的途中又出现了麻烦。克拉斯特回忆说："在返回的航程中，因为我从未开过80英尺长的鱼雷艇，所以我很不好意思地问杰克能否让我掌舵，杰克同意了。刚开始我开得相当不错，但后来由于我的错误判断，撞上了一个浪头，鱼雷艇猛烈地晃动而导致一枚鱼雷有些松脱，随时有滑落出去的危险。索姆忽然想起《他们随时准备牺牲》一书中提到，用塞卫生纸的方法可以防止鱼雷发射。于是，索姆就赶紧照书上的方法，用卫生纸塞住了鱼雷的引信管。但是，那枚该死的鱼雷还是滑落出去，而且还将一枚深水炸弹撞到了甲板上。当时，刚好一个船员在甲板上，准备检查水泵，结果就被这枚深水炸弹撞破了鼻子。在这次事故中，颇为幸运的是杰克。刚开始杰克在他下面的舱铺上，后来风浪越来越大，他便走了出来，而深水炸弹正是砸穿了他所待的舱位才掉进海里的。"

在这次事故中，48号鱼雷艇上报废了4枚鱼雷，109号鱼雷艇上报废了一枚鱼雷和一枚深水炸弹。当此事上报到海军上将福特那里时，福特勃然大怒："一群废物！当初我担任'南达科塔号'战列舰舰长时，我就常常想不明白，鱼雷艇部队怎么会发射那么多的鱼雷呢？现在我知道是什么原因了！在发射5枚鱼雷和1枚深水炸弹后，你们都还没有见到敌人的影子！真是让人难以置信！"

不过，与第九鱼雷艇中队和166号鱼雷艇同自己人大打出手相比，杰克所在的第二中队所演出的这场闹剧实在是不值一提。

在所罗门群岛的一次行动中，第九中队发现前方有条军舰，中队指挥官罗伯特·凯利不顾军舰上打出己方军舰的识别信号，仍然下令实施攻击。最后，这艘美方的“麦考利号”旗舰被6艘鱼雷艇包围，最终沉入大海。后来凯利解释说，他以为那是日本人搞的诡计。由于炸沉了特纳上将的旗舰，凯利被撤去了中队长职务。但第九中队似乎意犹未尽，很快他们又有两艘鱼雷艇触礁搁浅，致使被弃用和炸毁。

166号鱼雷艇所造成的损失似乎比第九中队小一点儿，只是击毁了一架B-25轰炸机。事情是这样的：当时，166号鱼雷艇为了援救一艘出了故障的友艇，一直在海上待到天亮。早晨，一些B-25轰炸机误以为他们是日军，便对他们进行了攻击，于是双方就打了起来。结果，166号鱼雷艇将一架B-25轰炸机击沉，同时自己也中弹沉入海底。

鱼雷艇部队在那些开大型军舰的老海军看来，根本就毫无用处，是一个好笑的部队，他们还戏称鱼雷艇部队为“混混海军”。据官方历史记录，在所罗门群岛4个月的战斗中，所有鱼雷艇中队加在一起只击沉了一艘日本潜艇和一艘驱逐舰。但这已经是鱼雷艇部队辉煌的顶点了。事实上，在当时的海军内部，“鱼雷艇”这个称谓已经变成了某种耻辱的代名词，在整个战争期间，没有一位鱼雷艇部队的军官晋升到将军级。一位鱼雷艇的指挥官后来评价道：“说句老实话，鱼雷艇实在不是什么好东西。常常还没有靠近敌人，就已经暴露。鱼雷艇的高层们是有史以来最大的骗子，他们得到了他们想得到的一切，但是却没干出什么有意义的事情。只有一件事干得还算漂亮，那就是募集战争债券。”

后来，海军指挥部决定减少鱼雷艇的巡逻频率，以此来减少因失误而造成的伤亡。

7 站在第一线

KENNEDY

1943年4月、5月，杰克刚到所罗门群岛服役的时候，看到的军事行动非常有限，他看见的唯一的敌人只是尾随其鱼雷艇的日军水上飞机而已。当时，美国已经占领了瓜达尔卡纳尔岛，但各个岛屿上与日本的战役却远远没有结束。6月，美国发动战役准备夺取新乔治亚群岛，将日本人彻底赶出新几内亚群岛。

盟军在最初的登陆作战上取得了一些成功，但接下来的行动却遇到了巨大的挫折。日军从布干维尔岛与肖特兰群岛上的基地派出一支代号“东京快车”的增援船队，他们在夜间迅速地将人员与弹药卸在新乔治亚西面的一个美军未能攻克的小岛上，用来加强蒙达的防御，然后将替换下来的人员运过狭窄的库拉海峡。

美军的第四十三步兵师与第九陆战营虽然对蒙达进行了一波又一波猛烈的进攻，但均未成功。几个营长因指挥不力被就地撤职，士兵们因为过度恐惧与过度劳累而患病。据统计，仅在新乔治亚的美军突击部队中，就有2 500人被诊断患有“恐战精神病”。在蒙达岬战役后，有的美军官兵开始出现用刀子相互砍、互相投掷手榴弹的反常行为。7月15日，负责进攻新乔治亚的指挥官也被撤职。美军的进攻不得不停下来。

杰克的鱼雷艇在6月底换上新式的引擎，进行全面的整修后，被派往新乔治亚东南的拉塞尔群岛执行隔夜巡逻任务。7月15日，也就是新乔治亚战役最艰难之际，杰克接到调令，率领109号鱼雷艇前往伦多瓦进行增援。伦多瓦号称最先进的鱼雷艇基地，基地的指挥官是托马斯·G. 沃费尔德。

托马斯·G. 沃费尔德在珍珠港事件之前是海军学院的一名枪炮教官，曾担任鱼雷艇部队第十中队指挥官，后调任伦多瓦鱼雷艇基地担任指挥官。他奉行在地堡里进行指挥的方式，从未驾艇出过海，也没有学过当时的战术，是一个令鱼雷艇员厌恶的指挥官。

对杰克来说，调到沃费尔德手下简直是一场噩梦。

杰克调来后不久，沃费尔德便派杰克的109号艇和其他两艘鱼雷艇组成小分队，到科隆邦阿拉岛西海岸进行巡逻，指挥官是一名完全没有经验的中尉。在巡逻中，美方另一艘巡逻艇报告说，他们看见一颗青绿色照明弹（表明这一海域有己方部队）。但这位中尉自恃艇上装有雷达，不仅对报告不予理睬，反而下令实施攻击。结果造成的局面是，为了躲避鱼雷艇的攻击，海面上的美军驱逐舰不得不暂停对蒙达附近的美军地面部队的火力支援，并以猛烈的炮火还击鱼雷艇，以求自保。值得庆幸的是，这次双方没有伤亡。

没过几天，这种自己人打自己人的事件再次发生。接二连三的事故并没有促使沃费尔德吸取教训，他既没有调整战术，也没有整训官兵，而是继续坚持他以多欺少的战术，把希望寄托在新型大功率雷达上。由于沃费尔德的指挥错误，美军鱼雷艇部队非但没有切断日军的补给，也无法拦住护送增援部队的日本驱逐舰，反而还成了日本水上飞机的活靶子。“在太平洋上再也找不出比沃费尔德更蠢的人了。他根本不了解鱼雷艇，也从未驾驶过鱼雷艇，由于他的无知导致很多无辜的人付出了生命的代价。”一个鱼雷艇员在后来评价沃费尔德时气愤地说。当多艘鱼雷艇一起出航时，沃费尔德下令，除紧急情况外，无线电一律保持静默状态，而这么做的后果是，一旦发生情况，首艇就不能及时地告诉后面的艇应该采取什么行动，第二艘艇只能跟着首艇的行动做出反应，但这中间肯定会有一个时间差，那么越往后时间差就会越大，最后的艇总有掉队的危险。

对杰克来说，这是他战争生涯中极为艰难的一段时光。

7 月 19 日，情报说“东京快车”在夜间会有行动，而杰克的巡逻小分队在巡逻区不但没有发现目标，反而在巡逻途中两次被日本水上飞机发现。当时，巡逻小分队由三艘鱼雷艇组成。日机投下了照明弹，看清目标后，以杰克的艇作为主要攻击目标进行轰炸。杰克虽然以高速的“之”字形运动来躲避，并施放了烟雾，但还是受到了两枚炸弹的夹击，致使两名艇员受伤。

7 月 23 日，109 艇与他的巡逻小分队穿过科隆邦阿拉以西的布拉凯特海峡，前往一个名叫吉佐的岛巡逻。据情报显示，日军正在对那里的要塞进行增援，然而巡逻队并没有发现目标。7 月 24 日，109 艇随中队再次出巡，他们又遭到日军水上飞机的轰炸。105 艇副艇长被当场炸死，109 艇与 106 艇险些被炸弹击中。然而，这场噩梦并没有结束。返回途中，他们再次被发现，日机投下了一颗巨大的 500 磅炸弹，正好紧贴着 161 艇艉部爆炸，几乎把这艘小艇掀出了水面。7 月 27 日，109 艇与其他 4 艘艇又再次围绕吉佐岛作了一次巡逻，深入敌后 100 英里，途中又被日机发现，但却成功地避开了日机的轰炸。7 月 29 日，109 舰再次随中队出巡科隆邦阿拉以西的布拉凯特海峡。途中，109 艇因故障被迫返回基地。后来杰克听说，在他返回基地后，其他艇在巡逻途中遇到了一艘日本驳船，并用火炮将日本驳船击沉。

杰克给父亲写信报告他在伦多瓦的战况："我的艇好几次受到攻击，手下的几名弟兄受伤了。不过，我很幸运，好几次侥幸脱险。放心吧，我一切都很好。当我听到某些人说什么数十亿美元和数百万士兵造成数千人死亡之类的鼓噪，真是感到乏味之极。如果说这些话的人知道我眼前的这10个人是如此渴望活着的话，我想他们应当非常小心自己的用词。我已经见到了自己想见识的东西，现在很希望能回家。"

自从听说鱼雷艇用火炮将日本驳船击沉的事情后，杰克立即决定要在自己的109号舰上安装一门大口径火炮，用来增加鱼雷艇的防御能力。在109号艇接受修理期间，杰克到伦多瓦岛的陆军基地要了一门37毫米反坦克炮。1943年8月1日清晨，杰克和109艇的船员们一起完成了反坦克炮的安装。此时的109艇除了鱼雷外，也勉强算得上是一艘炮艇了。虽然活干得不够精细，但这毕竟反映出杰克的智慧和与众不同的思维方式。

就在这时候，日军的飞机突然对杰克所在的隆巴里岛的鱼雷艇基地进行了空袭。这次空袭行动在1943年8月1日的下午达到了高潮。

166艇艇长巴尼尔·罗斯后来回忆这次空袭时说："当时我们听到了空袭警报，但没有理会它，这个小岛从来没有受到过空袭，我们也从来没有想过他们会对我们进行空袭，毕竟这里离伦多瓦的鱼雷艇主基地有些隔绝。但很快，大家就发现情况有些不对，帐篷里的人都开始动了起来，朝着帐篷边的堑壕跑去。"这次空袭造成两艘鱼雷艇被击毁，一些士兵阵亡或受伤。令人难以理解的是，在这次日军空袭行动前沃费尔德就曾得到准确的消息，日军将出动飞机对付美军的鱼雷艇，那么沃费尔德为什么提前没有采取防范措施或者疏散鱼雷艇呢？这真是一个不可思议的谜！

沃费尔德根据这次空袭判断，既然日军对隆巴里的鱼雷艇基地如此在意，那说明"东京快车"将走科隆邦阿拉岛的南部，穿过该岛与吉佐岛之间的布拉凯特海峡，而这也是隆巴里的鱼雷艇经常活动的海域。应该说，沃费尔德的判断还是有一定的道理，日军这次针对隆巴里的空袭主要就是为了在当天夜里"东京快车"开往科隆邦阿拉之前打乱美军鱼雷艇部队的行动。

于是，沃费尔德决定"出动最大数量的鱼雷艇"进行一次大规模的"猎杀"行动。由于白天的空袭，整个基地只剩15艘鱼雷艇可以使用，其中只有4艘装有雷达。沃费尔德以4艘装有雷达的鱼雷艇为中心，将他们分为4个分队，部署在海峡两侧，以逸待劳，这是所罗门战役截至当时最大的一次集结。各分队完全独立行动，采取“打了就跑”的鱼雷攻击战术，以减少自身的损失，同时也不会妨碍同伴的行动。不过，在过去19个月的战斗中，这种战术已经被证明一无是处。为了避免行动走漏风声，沃费尔德还下令各舰长们除紧急情况外，必须严格遵守无线电静默的规定。

就在他们即将出发的时候，杰克碰巧遇到了罗斯少尉，他因自己的鱼雷艇被击沉，正待在码头上无所事事。杰克的艇上正缺人手，于是罗斯便成为109号艇上的炮手兼前方观察哨。

这次行动中，统管整个科隆邦阿拉岛南岸作战的指挥官是汉克·布兰廷汉姆上尉。布兰廷汉姆上尉是一名职业军官，曾参加过将麦克阿瑟救出菲律宾的行动，当时他是巴尔克利的副艇长，因此他完全算得上是鱼雷艇上的老手了。

1943年8月1日黄昏时分，15艘鱼雷艇按4个小分队前往科隆邦阿拉岛，这样它们就能在天完全黑下来的时正好到达作战区域，而且还不容易被岸上的敌军发现。他们此行的任务是拦截4艘日本驱逐舰——“天雾”、“秋风”、“岚”和“时雨”。

此时，日本海军派出的这4艘驱逐舰已通过克隆邦阿拉岛，向布拉凯特海峡挺进。“天雾”号负责警戒和护航，由34岁的毕业于海军军官学校的花见弘平担任舰长。另外3艘驱逐舰运有900名士兵和70吨补给物资。

在沃费尔德的鱼雷艇还没有出发之前，司令官阿雷·伯克就已经接到命令，带领一支驱逐舰部队驶向科隆邦阿拉岛北部，这样一来，即使日军的“东京快车”在抵达目的地前绕过该岛的东北岸，美军也能成功地将其拦截。然而，出人意料的是，“东京快车”整整提前一个小时到达了布拉凯特海峡，这样就避开了在北线阿雷·伯克的驱逐舰伏击部队。

第一分队的旗艇是由施佩索达诺上尉指挥的159艇，也是第一分队唯一装有雷达的艇，布兰廷汉姆上尉也在这艘艇上。

布兰廷汉姆上尉完全没有料到“东京快车”会来得如此之早。当雷达屏幕上清晰地显现出4个白点时，他以为这是日军的驳船，便立即跑到甲板上观察。不巧的是，这天晚上没有月亮，漆黑的海面伸手不见五指，他什么都没有看到。在这里，我们不得不产生疑问：在这种漆黑的夜晚，他连对方的船只都看不见，那么他的舰队在没有雷达、又不能用无线电联络的情况下，如何能紧跟旗舰并及时地发现目标呢？这种战术完全违背了海上鱼雷艇作战的一般常识。

在离他们认为的日军驳船不到 2 000 码的时候，布兰廷汉姆向对方发射了鱼雷。在对方炮弹的火光中，布兰廷汉姆上尉终于看清了那是日军的驱逐舰。布兰廷汉姆发射的鱼雷不仅没有一枚命中，而且艇上的鱼雷发射管着了火，就像一个灯塔一样，给日本驱逐舰提供了绝好的靶子。为了不让敌舰将布兰廷汉姆所在的 159 艇当靶子，157 艇艇长威廉·立伯诺驾驶着 157 艇在 159 艇和敌舰之间来回行驶并施放烟雾。与此同时，利伯诺也在时机恰当的时候向敌舰发射了两枚鱼雷，但也都没有命中。后来，在日本驱逐舰的猛攻下，159 艇和 157 艇只好一边施放烟雾一边以“之”字形行驶撤出作战海域。然而，在他们与整个日本舰队擦肩而过之后，他们竟然没有停下来，而是朝一个错误的方向逃去，最后到了吉佐海峡。即使到这里，无论是利伯诺还是布兰廷汉姆都没有用无线电与分队其他两艘艇联系的意思，难道这不算是紧急情况吗？与此同时，布兰廷汉姆还作了一个错误的决定，自己回基地，让利伯诺回到布兰凯特海峡。后来，布兰廷汉姆对他这一决定的解释是：“沃费尔德曾下令所有发射完鱼雷的艇都必须返回基地。而当时利伯诺艇上还剩两枚鱼雷，所以他还不能和我一起返回基地。”布兰廷汉姆似乎忘记了，他这一走带走了分队中唯一的一部雷达，其他分队等于失去了眼睛。

直到这时，109 艇上的杰克还不知道 159 艇和 157 艇已经返回基地。在杰克看来，一切进展正常。大约 11 点，他们突然暴露在探照灯下，并遭到重炮的攻击。当时，109 艇唯一能做的就是赶紧逃出探照灯的光柱。杰克下令打开所有的发动机，在海面上来回兜圈子。很快，探照灯便熄灭了。当时，由于没有领队艇的通报，杰克他们并不知道探照灯是从日军的驱逐舰上射来的，他们还以为是海岸炮兵的探照灯。

与此同时，几乎同样的命运也落到了第二分队的头上。第二分队由 171（领队艇，装有雷达）、169、172、163 四艘鱼雷艇组成。当 171 号领队艇发现敌舰后，立即向敌舰发射了所有鱼雷，但没有一枚鱼雷命中目标，然后它便掉头驶回基地。其他三艘艇完全暴露在敌舰的炮火下，值得庆幸的是他们都没有被击中，特别是 163 艇在那天晚上的行动中尤为幸运。

当时，受到攻击的163、169和172艇都极力想跟着领队艇驶出海峡，但是在这种危急时刻，163艇的第2与第3台发动机却足足有10分钟发动不起来，163艇只能单独浮在那里。不过，163艇反而因为停在漆黑的海面上，没有被日军的水上飞机发现。而169艇和172艇不仅没有跟上领队艇驶出海峡，反而因为闪着磷光的尾迹被至少4架日军水上飞机发现，并遭到攻击，幸好无一命中。

第三分队、第四分队也遇到了和第一、第二分队类似的情况。

杰克的一个艇员查尔斯·哈利斯后来叙述这次行动时说："那天夜里，我们一点儿都不知道'东京快车'已经到了布拉凯特海峡。我们还以为是海岸炮兵在开火。布兰廷汉姆凭着他的雷达发现了目标，但是他却没有通知我们。他们向敌舰发射完鱼雷就撇下我们自己跑了，而那时我们还什么都不知道。那些炮弹在离我们很近的地方落下，我们只好采取规避战术。当我们知道这事的经过时，都有点气疯了。"

第四分队的105艇艇长克雷西后来回忆说："那天夜里天非常黑，没有月亮。整个科隆邦阿拉岛是一座非常大的山，因此当一艘船靠岛很近的话，你从外面根本看不到它，除非你能看到它的轮廓。最初看到炮火的火光时，我也以为是日军海岸炮的炮火。突然，我的分队长掉头从我的艇边向着另一个方向驶去，我不明白这个家伙为什么离开，另一艘艇也掉头跟着他。由于我没有得到任何命令，只好继续朝前驶去。我感觉目标肯定在我前方某处，在这种情况下，我打开电台尽力呼叫分队长：'目标在哪里?'当时，分队长的艇已经距我艇艉部有500码的距离。就在这时，日军的水上飞机发现了它的尾迹，投下了炸弹，但并没有命中。这时我听见他通过电台向基地报告他遭到一艘驱逐舰的攻击。于是我打开电台问道，驱逐舰在哪里？他这才意识到我根本就没有跟上他，于是命令我赶快离开那里，说那是一个陷阱。就在这时，我的枪炮军士长发现了这艘驱逐舰，于是我们向它发射了两枚鱼雷，但是没有命中。当我想再次向该舰攻击时，却受到了该舰与日军水上飞机的双重攻击。此时，基地也传来命令，也是让我赶紧离开那儿。"

面对日本的优势战斗力，美军鱼雷艇之间由于缺乏联络，造成杂乱无章的徒然行动。据统计，8月1日晚的行动，只有一半船只发射了鱼雷，总共60枚鱼雷只发射了32枚，而且没有对敌舰造成任何损伤。

这一切在隆巴里基地里的沃菲尔德少校并不知道。当他听到敌舰顺利突破防线的报告时，简直被气疯了："你们都在干什么？冲上去打啊！"沃菲尔德在电台里气急败坏地大骂各分队的艇长们，他把失败的责任归咎于他们。但各艇长对沃菲尔德躲在基地里指手画脚、没有一起出击更加气愤。根据海军官方历史记载，这次行动是"鱼雷艇历史上最混乱、效果最差的一次行动"。

在接到返回基地的命令后，105 艇长克雷西便掉头去找分队长，但在漆黑的海面上找到的可能性并不是很大。于是，在查看海图后，克雷西决定返回科隆邦阿拉岛，他确信日军肯定在科隆邦阿拉岛与新乔治亚岛之间的布拉凯特海峡有个基地，他想碰碰运气看能不能找到一艘正在卸货的船。不久，克雷西的枪炮军士长便发现了一艘船的影子，但是当他在大约 30 秒后准备攻击时，那艘日军的驱逐舰也发现了他们，开始全速逃离。105 艇在追击的过程中，被日军的水上飞机发现，但克雷西仍然冒着敌人的炮火发射了剩下的两枚鱼雷，但还是没有命中，接着 105 艇也驶回基地。

4 个分队长都在返回隆巴里的途中，他们带走了此次行动队里所有的雷达。在被指挥船只抛弃、又被禁用无线电的情况下，剩下的 11 艘艇只能依靠目视，而在这样漆黑的夜里想要看清敌舰都很困难，更不要说去伏击敌舰了。

此时，杰克驾驶着 109 艇与劳力的 162 艇还待在布拉凯特海峡巡逻。而沃菲尔德竟忘了向各艇长提供最新情况，使得大家都不知道到底是出了什么事，杰克他们甚至不敢确定"东京快车"是否已经冲过防线。难怪在 1976 年的一篇权威评述中，琼·布莱尔和小克莱·布莱尔称这次行动是沃菲尔德的"一场个人和职业的灾难"。

109 艇和 162 艇继续在海面上游弋。到第二天早上，也就是 8 月 2 日凌晨 2 点，他们遇到了第二分队里走失的 169 艇，艇长是菲尔·波特。三位艇长通过无线电互通信息后，判断"东京快车"已经越过他们的防线，但它很可能还按原路返回。于是他们决定由这三艘艇组成一支新的分队，在"东京快车"返回时予以截击。

就这样，109、162、169 三艘鱼雷艇组成了"东京快车"撤离路线上唯一的一道拦截线，而且他们没有雷达。由于对战况并不是十分了解，所以他们只能在科隆邦阿拉岛与吉佐岛之间来回巡逻。为了躲避日军水上飞机的干扰，这三艘艇都只开 1 台发动机，低速航行。在漆黑的夜晚，对他们来说最困难的是与同伴保持队形。一方面，为了使覆盖的巡逻防范更广，各艇之间的相互距离不能太近，但同时又必须能目视观察到对方，因此距离又不能太远。在这样的情况下，艇上的观察哨要花更多的时间相互观察，而不是观察敌舰，但即使这样他们还是经常失去目视联络。

此时，4 艘日本驱逐舰已经在返航的途中，“天雾”号仍然担任警卫。他们以 30 节的速度原路返回，又来到布拉凯特海峡。

大约在凌晨 2 点到 2 点 30 分左右，169 艇正在掉头打算横穿布拉凯特海峡，突然他发现一艘驱逐舰的尾迹奔杰克的 109 艇而去，于是他立即用电台通知杰克，但没有得到任何回答，就连离 109 艇最近的 162 艇也没有任何反应。

为什么杰克没有收到波特的通知呢？当时，无线电员马圭尔并不在他的工作岗位上，而是在和手握方向盘的杰克聊天，毛亚在一旁听他们聊，副艇长汤姆和另外三名艇员因没有值班，正躺在甲板上睡觉，罗斯则守在火炮旁，但他又患有夜盲症。所有的这一切说明，当时 109 艇的警戒是非常松散的！等站在炮台上的机枪手罗德·马尼大叫“不好！两点方位有敌船”的时候，一切都已经晚了！“天雾”号的庞大身躯以泰山压顶之势直逼 109 艇，杰克本能地操纵鱼雷艇想避开，但为时已晚，只听“砰”的一声巨响，“天雾”号那钢铁制成的船头，已经切入了 109 艇右舷的艇长座，109 艇被一分为二。据 109 艇上幸存的艇员们事后计算，从看到驱逐舰到撞击总共才有“10 到 15 秒”。

杰克手握的方向盘被撞得四分五裂，巨大的撞击力将杰克弹了起来，狠狠地撞击在鱼雷艇的铁栏杆上，布吉·哈利斯和帕特·麦克马洪也落入水中。面对着突如其来的打击，杰克并没有惊慌失措，他顾不得疼痛，飞快地爬起来，往四周望去，只见自己所在的鱼雷艇前半部还未下沉，毛亚和马圭尔仍在艇上，附近海面上已漂满了汽油，正逐渐起火燃烧，汽油槽随时都有爆炸的可能。“你们两个赶快跳水逃命，那儿太危险了！”杰克使尽全力大叫道。

杰克与毛亚、马圭尔三人费了好大的劲才游到了比较安全的地方。此时，109 艇的周围已是一片火海，艇的前半身还有一点点漂浮在海面上，而后半身早已不见踪影，沉入海底。过了一段时间，火势渐渐地弱了下去，杰克估计不会再发生爆炸，便招呼两个同伴往回游，寻找别的战友。

毛亚与马圭尔抓住还浮在水面上的半只鱼雷艇，不停地打着讯号灯。杰克则游到旁边进行搜寻。

杰克一边游，一边喊，先后找到了哈利斯和身受重伤的麦克马洪。当时，麦克马洪被严重烧伤，已经游不动了。杰克只好一只手抓着麦克马洪的救生衣，一只手用来划水，抵御强劲的水流。哈利斯只是受了点轻伤，不过体力也透支得很厉害。在半途中，哈利斯好几次累得躺在海面上，任水漂流，杰克则在旁边不停地鼓励他。历经千辛万苦，他们总算回到了剩下的半只鱼雷艇上。这时，坏艇旁已经聚集了 7 名艇员，还有 3 名艇员下落不明。于是，大伙儿放开嗓子大声呼喊失踪艇员的名字。过了好一会儿，遥远的海面上总算传来了嘶哑的呼救声。杰克不顾众人的劝阻，再次跳入水中，将这位幸存的艇员带了回来。但失踪的另外两人却再也没有找到，很显然是在撞击当时就送了命，而这也成为杰克一生都难以释怀的愧疚。

天渐渐地亮了，东方泛出了鱼肚白，11 名幸存者攀附在船壳上，在布拉凯特海峡中随波逐流。大伙儿都乐观地认为，如果没有鱼雷艇来救援的话，至少美军的飞机已经出来搜寻他们了。然而几个小时过去了，海面上依然静悄悄的。他们渐渐失望了。此时，他们的处境十分危险：水中有鲨鱼、空中有敌机、陆上有敌兵。

“如果敌人来了，我们怎么办?”

“无论如何，我绝不投降!”受伤最重的麦克马洪口气强硬地说道。

杰克也坚持武力反抗的观点，并得到了大家的支持。这时，他们所有的武器就是一支三八式步枪、一挺机枪和几把手枪，外加一把信号枪。

“难道 109 艇被撞沉，就没有人知道？当时海面上一片火海，就没有一艘友艇看到?”一位艇员气愤地说道，而这也正是大伙儿心底共同的疑问。

事实上，169 艇和 162 艇上的艇员们都看到了 109 艇受到日舰撞击的一幕。169 艇艇长波特后来回忆说：“我眼睁睁地看着小艇被驱逐舰碾过后爆炸……我离它很近。后来我向日军驱逐舰发射了两枚鱼雷，但都没有命中。与此同时，敌舰也向我发射了炮弹。考虑到对手是一艘驱逐舰，而且附近还有三艘，我便一边施放烟雾一边向左掉头加速驶向吉佐岛。在吉佐岛兜了几个圈子后，我又来到发生撞击的水域，希望能找到艇上的幸存者或者鱼雷艇的残骸。然而，在搜寻了大约半个小时到45五分钟左右，还是一无所获。我敢肯定的是，在我发射那两枚鱼雷后施放烟幕时，我向沃费尔德报告了109号艇被撞的事，但他没有发出战斗警报，只是让我去找幸存者。在凌晨3点30分到4点钟左右，我们什么都没有找到，只好动身返回基地。”

劳力指挥的162艇在109艇被撞后，连最起码的救援努力都没有做，而是直接返回基地。对此，162艇艇长劳力的解释是，在109艇爆炸并起火燃烧后，他们以为109艇上的人全部遇难。

由于敏捷的鱼雷艇具有足够的速度躲避大型驱逐舰的冲撞，再加上杰克的109艇是这次执行任务的15艘鱼雷艇中唯一被撞的艇，因此有些人对杰克在这次任务中的表现提出了质疑。在沃费尔德看来，109艇未能发现并避开日本军舰是绝对不能原谅的，由此他断言“杰克不是一个十分出色的艇长”，他的艇员“有些懒散”。其他鱼雷艇船长们批评杰克不该在处于海峡中间的时候只用一个发动机，这样在驱逐舰撞过来的时候就会大大降低船只迅速逃脱的几率。但是，他们完全忽略了杰克只开一个发动机的原因——减少尾迹，以便减少被日军水上飞机发现和轰炸的可能性；而且因为噪音降低，他可以更清楚地听到敌舰的声音。从未参加过类似行动的第十中队的指挥官，沃费尔德的继任者J·E. 吉布森，对杰克上尉更是横加指责，他认为，导致109艇被撞的主要原因是由于杰克对艇员的管理不善，这是一个“愚蠢的错误”。

事实上，我们说109艇的被撞是一次突如其来的事故更恰当。没有雷达，三个发动机只有一个在工作，从发现敌舰到被撞只有10到15秒的时间，这么短的时间内根本不可能调转船头避开敌舰的撞击。

8 肯尼迪失踪了

KENNEDY

1943年8月2日，参加阻截“东京快车”行动的鱼雷艇都陆续返回了基地，那时才有人发现杰克指挥的109艇还没有回来。大家打算折回去找他，然而，当时目睹109艇出事的162艇艇长劳力却说：“算了吧，109艇早被大火烧光了。”另一名鱼雷艇艇长威廉·巴特尔给自己的鱼雷艇加满油后准备去出事地点搜索一次，但却接到指挥官沃费尔德禁止任何人前往出事地点的命令。由于杰克是被借调到伦多瓦基地，他的编制仍然是在第二中队，因此听到他出事的消息后，第二中队的指挥官克拉斯特立即赶到伦多瓦。在弄清了此事的细节之后，克拉斯特也觉得 109 艇艇员生还的可能性不大，但他仍然请求进行一次空中搜索活动。这个请求遭到了伦多瓦基地指挥官沃费尔德的拒绝，沃费尔德认为，从现场爆炸起火的严重性来看，109 艇艇员已经全部阵亡，所有的救援行动都是徒劳的。事后，据沃费尔德的联络官伍兹上尉透露说，在 109 艇出事后，赫西将军曾亲自下令要求进行搜索，但沃费尔德仍公然放弃了救援行动。澳大利亚皇家海军支援后备役部队的伊万斯上尉也曾向鱼雷艇基地报告说，在 109 艇出事水域附近，曾看到过一艘鱼雷艇的残骸在吉佐岛的南部海域漂浮。但沃费尔德依然深信 109 艇的艇员们已全部阵亡，拒绝派出任何救援组。就这样，109 艇连同艇长约翰·F. 肯尼迪，还有艇上的 12 名官兵，被沃费尔德草草地从任务表上勾掉了。

然而，奇迹总是发生在幸运的人身上。

8 月 2 日下午 2 点，攀在船壳上 9 个小时以后，艇身已经没在水中，只有船头露出水面，艇已经快要下沉了。是继续随波逐流，还是弃船去寻找无人居住的小岛？他们必须马上作出决定。大伙儿商量之后，决定弃艇，最终他们选了一个不可能有日军把守的小岛。

从他们现在的位置来看，距离小岛大约有 5 公里远。如果是在平时，大家身体好、精神足的话，或许还能游得过去，但现在，他们中的多数人已精疲力竭，麦克马洪还身受重伤。如何能顺利登陆呢？于是，杰克决定，自己负责带着身负重伤的麦克马洪，其他九个人将艇上固定大炮用的木头拆下来，抓着木板向前游，这样不至于落下任何一个人。

这是一次史诗般的壮举。杰克一马当先游在前面，他俯卧在水上，用牙咬住麦克马洪救生衣的带子往前游，而麦克马洪则仰面朝天在水上漂。其余 9 个人中的 8 个人分别在两侧紧紧抓着那块厚木板，汤姆则在木板后面，负责推动木板前进。

在宽阔的海面上游了大约 4 个小时后，他们总算来到了渺无人烟的普兰布丁岛。杰克带着麦克马洪率先登上岛，一踏上陆地，他便一头栽倒在沙滩上。5 分钟之后，大家也都陆续爬上了岸。

普兰布丁岛是一座长约 100 英尺、宽约 70 英尺的圆形小岛。岛上有许多枝叶繁茂的乔木和灌木丛。大家刚在灌木丛中坐下，正准备大睡一觉的时候，听见海上传来了汽船声，他们赶紧躲到树丛中，不敢出声。原来是一艘日军的驳船从小岛附近路过，船上有三四个日本兵。日军驳船很快就不见了踪影，这时，惊魂稍定的他们才想到，如果晚上岛五六分钟的话，那后果真是不堪设想。

“感谢上帝！看来我们的死期还没到！”有人感慨地说。

太阳快要落山的时候，天空中终于出现了一架盟军的巡逻机，但飞得太快，没等杰克他们发出任何信号，飞机就没影了。马圭尔不胜遗憾地说：“太可惜了！我们错过了这唯一的机会。”

普兰布丁岛位于弗格森水道的南部，是鱼雷艇进入布拉凯特海峡的南部通道，因此，杰克作出一个似乎鲁莽的决定：他要游进弗格森水道，以便打信号拦一艘鱼雷艇。

杰克的计划遭到了其他人的反对。麦克马洪认为，杰克在夜晚一手执灯，一手划水，这里毕竟离水道有几公里的距离，以杰克现在的体力是否能安全游到那儿？更何况一旦船只发现灯光，肯定会毫不留情地将它打灭，实在太危险了。汤姆和罗斯也认为杰克的这一举动太冒险，因为杰克已经 36 个小时没有合眼，精疲力竭还要面对凶险的水流。

然而，杰克态度很坚决，因为只有出海，才有机会。他这种不甘心被击败的精神，赢得了大家的钦佩和敬意。他脱下了上衣和长裤，穿上救生衣和鞋子，以防脚被珊瑚礁划伤。为了避免找不到回来的路，杰克让几个艇员举着战备灯，站在岸边的礁石上等他。一切准备妥当后，杰克手提油灯，脖子上挂着枪，纵身跳进水中。

杰克从一个珊瑚礁到另一个珊瑚礁，浅的地方走过去，深的地方就只能游过去，就这样走走游游，大约一个小时后，他终于来到了弗格森水道。杰克提着点亮的油灯站在海峡的中央，盼望着己方鱼雷艇的出现。过了好久，杰克累极了，但还是没有一艘船只出现。事实上，自从 8 月 1 日晚 109 艇出事后，沃费尔德便将巡逻路线安排到了东北方向的费拉湾，从而避开了弗格森水道。

由于担心被敌人发现，除麦克马洪外艇员们大部分时间都是在灌木丛中度过的。麦克马洪躺在水中，盐水对他的伤口有益，因此他的伤势尽管严重但并未恶化，这令大家感到很欣慰。出于本能，麦克马洪还不断地活动手指，以免丧失双手的功能。天渐渐地黑了，杰克一直杳无音讯，岛上的艇员们沮丧万分，以为艇长已经遇难了。

第二天中午时分，杰克在一阵阵晕眩中挣扎着游到了小岛的岸边。大家喜出望外，连忙把他拉上岸。不出所料，杰克一无所获。但他仍然不甘心，他在昏昏欲睡之前对罗斯说："巴尼，今晚你再去试试吧！"8月3日晚，罗斯极不情愿地挂着枪，举着战备灯向弗格森水道游去。勉强出海的罗斯不仅没有圆满完成任务，他还把仅有的一盏战备灯给弄丢了，这令杰克非常生气。

连续两天未见鱼雷艇，早日获救的希望越来越渺茫。由于普兰布丁岛上没有吃的，也没有喝的，8月4日下午，他们决定转移到一个有椰子树的岛上。还是像上次一样，杰克仍然咬着麦克马洪的救生衣带子拖他过海，其他9个人还是抓着那块厚木板渡海。大家向西游了近一英里，才到达一个面积稍大一点儿、长满椰树的海岛上。

在这个名叫欧拉萨纳的小岛上，大家饿了抓鱼吃，渴了喝椰汁，真正成了荒岛上的落难者。尽管生存没有问题，但是获救的希望却越来越小。白天，鱼雷艇肯定不敢到这里来，美军飞机偶尔出现在空中也只是路过，根本来不及打信号，倒是经常有日军运往前线的补给船从这里路过。大家的思想开始变得混乱，一方面为参加海军感到后悔，一方面对沃费尔德和其他鱼雷艇员弃他们于不顾的行为义愤填膺，对沃费尔德更是痛恨之极。一名艇员甚至失去了理智，吵着要向日本人投降。

只有杰克与众不同，他随时都在思索如何才能获救。在此后的几天里，杰克这种不可抗拒的求生欲望不仅支持着他自己，也支持着另外10个人，正是这种意志帮他们熬过了这段最艰苦的日子。

杰克留意到，2日晚他游到弗格森水道时曾看到欧拉萨纳岛以南的水域有炮火，他判断那里可能会有鱼雷艇出没，于是，杰克决定要去勘探一下南边的岛屿。尽管希望很渺茫，但总比坐以待毙强！

5日，杰克和罗斯一起游到距离弗格森水道更近些的克罗斯岛。他们悄悄地潜入岛屿东部的灌木丛中，发现了一只一面印有日文的长方形箱子，里面装有三四十包饼干和一些糖果。在海岸的另一边，他们还发现了一幢土著人的房子，以及一只独木舟和一桶清水。与此同时，他们还看到了两个土著人，土著人也发现了他们，“当我们试图跟他们打招呼时，他们划着小船飞似的向西北方向逃去。”罗斯后来回忆说。

好几个小时过去了，在欧拉萨纳岛上焦急等待杰克和罗斯归来的艇员们忐忑不安地望着海面。

突然，有人惊叫起来：“看，有人来了!”

独木舟上的两个土著人见岛上有人，惊恐万分，立刻掉转独木舟，准备逃跑。这时，汤姆上尉一边向岸边跑，一边冲着土著人大喊：“美国人，我是美国人！不是日本人。”听到汤姆的叫喊，土著人把舟停了下来，脸上仍然是一幅怀疑的表情。汤姆伸出胳膊，对土著人说：“看，我的皮肤是白的，日本人的皮肤是黄的。”但土著人仍然不相信，他们还是很害怕。

为什么他们会如此害怕日本人呢？这两个土著人一个叫比库，一个叫埃罗尼，他们都是为盟军服务的海岸警戒员。在过去的一周里，盟军对这一带日本人经常活动的岛屿多次实施轰炸，如果他们被日本人俘虏的话，肯定没有活命的机会。

“美军飞机上有什么标志?”比库问，他决定考考这个白人。

“白色星星。”汤姆回答道。

这时，汤姆忽然想到当地为盟军海岸警戒部队工作的另一个土著警戒员约翰·卡里。于是，汤姆问道：“你们认识一个叫约翰·卡里的土著人吗？他曾在伦多瓦岛上帮过我们。”“当然认识，我们来自同一个村庄。”比库大喊。幸亏汤姆及时地提到卡里的名字，否则他们又将错过这次绝好的机会。

两个土著人上岸后，艇员们激动地一边喊，一边跑过来跟他们握手，就连被烧得遍体鳞伤的麦克马洪也挣扎着站起来，激动得热泪盈眶。这下子，总算看到希望了！比库告诉艇员们，他们刚才在克罗斯岛上看见了两名日本人。艇员们刚刚放下的心又立刻提了上来，杰克和罗斯会不会被日本人抓去呢？经过分析比库的描述，大家认为他嘴里说的日本人应该是艇长和罗斯。真是虚惊一场！

下午5点钟左右，汤姆要求比库把他送到伦多瓦岛的基地去。于是，埃罗尼留在岛上，汤姆和比库穿上救生衣，乘着小舟出发了。然而，在狂风肆虐的海面上划着小舟行驶40英里谈何容易啊！汤姆和比库还未到达弗格森水道，就已经无法前行，只好返回岛上。

此时，杰克和罗斯正守候在弗格森水道上等待鱼雷艇的出现，然而直到晚上 9 点也没看到一艘鱼雷艇。于是，他们摸着黑回到了克罗斯岛上。杰克决定，让罗斯先留在克罗斯岛上，自己赶回欧拉萨纳岛，把发现的食物和水交给艇员们，然后再返回克罗斯岛与罗斯会合，等到第二天晚上再去一次弗格森水道。

午夜时分，杰克划着日军弃用的小破船回到了欧拉萨纳岛。杰克惊讶地发现，白天在克罗斯岛上被吓跑的那两个土著人正与他的艇员们坐在一起。

原来，比库和埃罗尼在克罗斯岛附近寻找日军船只的残骸时，被突然出现的杰克他们吓了一跳，还以为自己遇到了日本人。在他们返回基地的途中，比库渴得要命，正好路过盛产椰子的欧拉萨纳岛，于是他们决定到岛上歇一会儿，摘个椰子吃。然后就发生了刚开始与汤姆对话的那一幕。

刚刚与艇员们团聚的杰克，仍然在考虑如何拦截一艘鱼雷艇。他决定马上动身，重返克罗斯岛。比库提议，他们划船送杰克过去。到了克罗斯岛，在比库的指点下，杰克他们找到了一只土著人用的可以乘坐双人的独木舟。

这时，杰克对比库和埃罗德提出了一个请求：“我和我的艇员们给你们添麻烦了，但我还是想请你们划船到伦多瓦岛去求救。”比库他们同意了，并告诉杰克，如果一切正常的话，明天晚上就能返回。杰克还请比库他们在出发之前跟其他艇员说一声，增强艇员们的信心。但是，伦多瓦岛的美军会相信这些土著人的话吗？杰克觉得自己应该写张字条什么的，但又没有纸笔。后来，还是比库想出了一个办法，用小刀在椰壳里刻上信息，即使被日本人发现，还可以用小刀将信息刮掉，扔掉椰壳。

于是，杰克就按照比库的提议，在绿色的椰壳上刻下了言简意赅的几个字：“11 人幸存，需小船，克罗斯岛土著人知道位置，可领航。”

两个土著人带着椰壳离开了克罗斯岛。他们先去了欧拉萨纳岛，把他们肩负的重任告诉给艇员们，然后在早上 8 点离开欧拉萨纳岛，向伦多瓦岛驶去。

比库和埃罗尼并没有直接将船划进通向伦多瓦岛的航道，那段航线既长又不安全，他们选择了弗格森水道，经过科隆邦阿拉岛南部的瓦纳—瓦纳岛前往伦多瓦岛。当天晚上，也就是 8 月 6 日、星期五，比库他们到达了瓦纳—瓦纳岛，正好遇到了伊万斯手下的海岸警戒员本杰明·科辅。科辅立刻将此事上报给伊万斯上尉。伊万斯立即给比库和埃罗尼安排了一艘较大的独木舟，帮助他们前往30海里以外的伦多瓦岛。

而此时，杰克一直在担心：土著人能否将信送到？还需要几天才能送到？在这期间他的艇员们是否能撑住？8月6日的晚上，杰克决定与罗斯再去一次弗格森水道。这天晚上，狂风卷着恶浪，波浪滔天。杰克他们乘着那叶小舟，向怒吼的大海冲去。小舟行驶不到5分钟，突然，一个海浪劈头盖脸地直冲过来，将独木舟和人一起打到了珊瑚礁上。两人都被撞得鼻青脸肿，浑身疼痛，罗斯的右臂和右肩擦伤。两人耳边如雷轰鸣，眼前天旋地转，一派天崩地裂的景象。无奈，他们只好放弃这次弗格森水道之行，返回克罗斯岛。涉水走回克罗斯岛的途中，罗斯的双脚疼痛难忍，杰克只好把用来做船桨的两片木板绑在罗斯的脚底。一上岸，精疲力竭的他们便一头倒在地上，沉沉地睡着了。

后来杰克才知道，这天晚上，美军的船只就在弗格森水道附近。

原来，自从美军上次的鱼雷艇大规模行动失败后，日本东京方面又派出一支新的舰队向科隆邦阿拉岛的基地运输补给和援兵。这一次，美国海军指挥部决定用装有雷达的驱逐舰来拦截日军的舰队，而且专门下令禁止一切鱼雷艇在该地区行动。这次海战，美军在未损一兵一将的情况下，击沉了4艘日本驱逐舰中的3艘。对美国海军来说，这是一次非常辉煌的胜利，同时也促使他们下定决心停止在太平洋战争中使用鱼雷艇。

8月7日，星期六的早晨，杰克和罗斯醒来后不久，便看到一艘大独木舟驶上了岸。8名土著人从船上走下来，为首的是本杰明·科辅。他给杰克带来了伊万斯上尉的亲笔信：

致克罗斯岛长官：

星期五晚11时，从两名土著人那里获悉你们在克罗斯岛，两名土著人现已在去往伦多瓦岛的路上。我强烈建议你们跟这些土著人一起乘船来我这里。抵达后，我将与伦多瓦当局取得联系，共同就此事制订出下一步营救方案。

澳大利亚皇家海军志愿后备役部队 A. R. 伊万斯上尉

杰克和罗斯欣喜若狂。他们带着土著人一起来到欧拉萨纳岛，把这一激动人心的消息告诉了其他艇员们。土著人给这11名落难者带来了大米、马铃薯、肉片、淡水，还有一只火炉。在过去6天里，这些幸存者一直靠着树叶上的水分、椰子汁和杰克从克罗斯岛带回来的250升淡水、饼干、糖果维持生命。现在，他们总算能坐下来吃一顿像样的饭了。在吃饱喝足后，大家还在土著人的帮助下给受伤的麦克马洪搭了一间椰树叶盖成的小屋子。

下午，杰克与土著人一起去见伊万斯上尉。8月7日晚上6点，他们顺利抵达伊万斯在科穆岛的军营。整整6天的落难生活，使杰克满脸憔悴、疲惫不堪。他的头发已成一堆乱草，满脸胡须，光着脚板，只穿了一件内衣，胳膊、腿上和脚上布满了被珊瑚礁划伤的口子。伊万斯上尉热情地握住杰克的手，告诉他，今天晚上将有3艘鱼雷艇前往欧拉萨纳岛营救其他幸存的艇员。

事实上，早在8月7日上午9点20分，伊万斯上尉就向鱼雷艇基地发报说，他们已在克罗斯岛找到鱼雷艇的11名幸存者，建议鱼雷艇的指挥官速来科穆岛。然而，沃费尔德在接到伊万斯的电报之后，仍然不相信109艇上还有幸存者，他怀疑这是日本人设的一个圈套。于是，他将第二中队的指挥官克拉斯特少校从拉塞尔群岛召来商量此事。

就在克拉斯特少校赶往隆巴里的途中，比库和埃罗尼于上午11点30分抵达了新乔治亚群岛附近的罗斯纳岛。到达罗维纳岛之后，他们并没有去伦多瓦基地，而是直接找到了在岛上驻扎的美国海军陆战队。炮兵勤务连的鲁滨逊上尉将比库和埃罗尼带到了岛上的指挥部，并向指挥官希尔上校报告了两个土著人的来意以及椰壳上的信息。希尔马上将此事通报了情报部门。

多年以后，希尔在给杰克的一封信中回忆说：“自从那两名土著人进入指挥部的帐篷后，他们一直盯着我的一举一动。我给他们送去的食物并未引起他们的兴趣，他们只是不断地问我：‘船在哪里？什么时候能去？人都病了！’由于当时我还没有得到进一步的消息，所以我只好借故拖延时间。终于，比库和埃罗尼急了，开始向我挥舞他们的弯刀，大喊大叫，认为我没及时采取行动组织救援。”

在奋不顾身划了20多个小时的船后，却遭到如此冷漠的反应，难怪比库和埃罗尼失去理智，表现得如此愤怒！在等了一个多小时以后，比库和埃罗尼决定去鱼雷艇司令部。

在看到土著人带来的椰子壳后，沃费尔德终于相信杰克和艇员们还活着。他决定组建一支救援队直接去营救109艇的艇员们。下午1点51分，沃费尔德致电伊万斯："预计今晚10点左右，3艘鱼雷艇和1艘救生艇到达欧拉萨纳岛。"

得知沃费尔德的救援计划后，杰克坚决反对。他生怕在救援过程中，沃费尔德那个"杂种"又出别的什么差错。杰克拒绝留在科穆岛休息，坚持让沃费尔德的救援小组带着他一起前往欧拉萨纳岛。杰克认为，作为109艇的指挥官，他有责任亲自将自己的艇员们安全带回，在这点上，杰克显示出了他的领袖风范。晚上6点，伊万斯致电沃费尔德约定，在晚上10点，杰克在帕特帕兰岛附近等待救援的鱼雷艇，双方以4声枪响作为信号。对此，沃费尔德别无选择，只好同意。此时救援小组已经开始行动了。

救援小组刚开始由6艘鱼雷艇组成，不巧的是，当天晚上美国海军将在韦拉拉韦拉岛附近水域执行作战任务，中途调走了4艘鱼雷艇。剩下的两艘鱼雷艇，分别是利本诺的157号鱼雷艇和伯恩斯坦的171号鱼雷艇。171艇上都是正式艇员，而157艇则搭载了1名医生、3名土著人（比库、埃罗尼和约翰·卡里）、两名战地记者（合众国际社的弗兰克·休利特和美联社的利夫·埃里克森），还有指挥救援任务的高级军官汉克·布兰廷海姆、杰克中队的指挥官阿尔·克拉斯特。他们做了分工，157艇负责到浅水区执行救援任务，171艇则利用雷达承担警戒，以防日舰的攻击。

根据沃费尔德发出的更改计划，这两艘鱼雷艇只好中途改道先去科穆岛，因此当他们到达杰克所在的帕特帕兰岛附近时，已经比计划晚了一个多小时。

根据事先的约定，两艘鱼雷艇到达预定位置后，先放了4枪。很快，从不远处也传来4声枪响，然而随着第4声枪响的还有水花飞溅的声音。紧接着，艇上的人便听到杰克在水中大声呼救的声音，他们立即驾船赶往枪响的地点。原来，杰克带的那支短管左轮手枪只剩下3颗子弹，第4枪是他用日本步枪发射的。体力不支的他，被步枪的后坐力一下子推入水中。等艇上的人放下梯子把杰克拉上艇时，杰克大骂："你们他妈的都躲到哪里去了?"杰克如此愤怒并不只是为他自己，更是为了欧拉萨纳岛上那些落难的弟兄。在杰克看来，109 艇出事后无人救援，而得到他们仍然活着的消息后，救援行动又是如此的缓慢，这完全是对落难的全体艇员的漠视！

但是，来营救他们的鱼雷艇官兵并不了解杰克此时的心情。“杰克的这句话刺伤了艇上很多人的心。要知道这是战争年代，大家的巡逻任务都很重，而且时刻面临伤亡的危险。今天晚上我们是挤时间过来营救他们，而他却对我们恶语相向，真是太让人伤心了！”171 艇艇长伯恩斯坦上尉说。

不过，这种不和谐的气氛很快便消失了。接下来艇上一阵喧闹。大家一起坐在舱内，开怀畅饮。已经整整一个星期没吃什么东西的杰克，竟然连喝了两瓶白兰地（药用小瓶白兰地），这下他可过足了瘾。

在荒岛上艰难地度过 6 天之后，8 月 7 日深夜时分，杰克的艇员们终于得到了救援。当幸存者们一个个被接上艇后，到处都是互相握手、拥抱、嬉戏打闹的欢乐场面，就连奄奄一息的麦克马洪也忍不住参加到这一狂欢之中。医生给他们递过来大瓶的果汁和药用白兰地，很快，整个舱内一片载歌载舞的热闹景象。在离开欧拉萨纳岛时，大家禁不住高歌：

> 耶稣爱我，我深知，
>
> 因为《圣经》如是说，
>
> ……
>
> 是的，耶稣爱我。

1943 年 8 月 8 日早上 7 点，157 号鱼雷艇载着获救的艇员们驶入伦多瓦岛的隆巴里港。早已等候在码头上的战友们高兴地围拢上来，许多人激动得热泪盈眶。当杰克与战友们团聚的同时，比库和埃罗尼却要离开了。杰克紧紧握着这两位土著人的手，告诉他们说，他还想再要一艘鱼雷艇继续作战；战后如果他还活着，就一定会到所罗门群岛来找他们。临别时，杰克送给比库和埃罗尼一枚古老的金质纪念章。这枚纪念章是他在完成海军军校全部课程后，克莱尔·B. 露丝女士作为“幸运符”赠送给他的。

战后，埃罗尼为他新生的儿子取名为“约翰·肯尼迪”。多年以后，杰克成为了美国总统，但他一直念念不忘当年对比库和埃罗尼的承诺。苦于不知道这两个土著人的全名，杰克只好向澳大利亚政府求助。费尽周折之后，杰克终于找到了他们，并邀请他们到白宫做客。但这一计划在比库和埃罗尼乘飞机准备飞往华盛顿的前几分钟取消了。

后来，埃罗尼从收音机里听到了肯尼迪去世的消息。“当时我正在花园里，听到这一消息后，我跑到屋子里，捧着他的照片独自落泪。我想，他一定是有什么预感，才会取消让我们到白宫做客的计划。不管怎么说，我再也见不到他了，但我仍然深深地怀念着他。”

9 重返战场
KENNEDY

在157艇驶往伦多瓦基地的途中，随船的两名战地记者埃里克森和休利特忙得不亦乐乎，他们在幸存者中穿梭往来，记录着这些天他们的经历。其实，刚开始他们对这次营救并不是很感兴趣，不准备报道，但得知109艇艇长杰克·肯尼迪是前驻英大使的儿子时，他们立即改变了主意。

采访中，艇员们把他们的艇长杰克·肯尼迪“捧上了天”。在艇员们眼里，杰克是个英雄，是伟大的，是独一无二的。如果没有杰克，他们或许早已离开这个世界。哈里斯在采访中满怀感激地对记者说：“我敢说，在当时那种对周遭情况一无所知的情况下，没有几个人敢像杰克那样独自游出去寻找救援。我想，那是需要极大勇气的，就是给我100万美元我也不敢。是他救了我们，我欠他一条命。”

在伦多瓦岛稍作停留后，杰克和他的艇员们被送到了图拉吉岛的鱼雷艇基地进行伤病检查和传染病检查。杰克并无大碍，只是身体比较虚弱，全身尤其是足部多处深度擦伤及撕裂。医生建议他卧床休息，服用复合维生素，食用高热量食品补充营养，在伤处施用酒精和甘油，并用绷带包扎。由于属于轻伤，杰克留在了图拉吉岛的临时诊所疗养。

与此同时，埃里克森和休利特有关鱼雷艇沉没及艇员获救的新闻经过海军当局的层层审查后，终于在8月19日通过审核。

8月20日，埃里克森在《纽约时报》的头版以“勇敢的英雄”为标题，报道了杰克的事迹。这一新闻立即成为全美国报纸的头版头条。很快，其他报纸也分别以“肯尼迪之子在太平洋上勇救十人”、“太平洋上的英雄——肯尼迪之子”等为标题报道109号鱼雷艇事件。

就连曾评价杰克“不是一个十分出色的艇长”的沃费尔德也对杰克在事故发生后所表现出的勇气和领导才能大加赞赏：“我认为，他出色地把握了自己。当时恶劣的处境并没有让他放弃求生的信念。他几乎每天晚上都游出去，不管这种行为明智与否，那也总比坐以待毙强。作为艇长，杰克为他的下属倾尽全力做了他能做的一切，他应该受到高度赞扬。”

就这样，杰克这个原本不应该参战的人，一夜之间成了美国的英雄，只身为肯尼迪家族赢得了荣誉。但是，杰克对自己的美国英雄形象却是一种苦笑加谦虚的态度。后来有个年轻人问他是如何成为英雄的，杰克回答：“这很容易，他们把我的鱼雷艇切成了两半。”

一时间，人们都陶醉在109艇幸存者归来的喜悦中，而忘记了追究指挥者轻易放弃救援109艇所应负的责任。但是杰克没有忘，这件事对他刺激太强烈了。杰克所在中队的指挥官阿尔·克拉斯特后来回忆说：“我和杰克坐在屋外的一张行军小床上，泪水顺着他的脸颊一颗颗落下。他对我说：‘如果当时有人来帮帮我们，那两名牺牲的战友或许还有活下来的机会，但遗憾的是，居然没有人做出任何营救的努力。’无法用言语来形容杰克当时是怎样一种心情，那是一种外人无法体会的感受。至少有一艘鱼雷艇知道他们出了事，但却没有做最起码的救援工作。他对此耿耿于怀。”

尽管杰克已逐渐收敛起自己的满腔怒火，但这种情绪仍时不时地爆发出来。

约翰尼·艾尔斯回忆起在图拉吉岛见到杰克时的情形：“他瘦骨嶙峋，看起来很虚弱，可能是脚伤的原因，走起路来一瘸一拐。我热情地跑过去跟他打招呼，无意间我提到了天主教牧师为他作弥撒的事。杰克忽然怒不可遏：‘我还没想到去死呢，你们他妈的怎么不来救我们?’这让我倍感尴尬。”

8月16日，在杰克获救一个星期后，他回到了工作岗位上，军医说他“恢复良好”。

根据美国海军的惯例，如果你的鱼雷艇被击沉，你就应该回到美国本土等待新的任命。但是让众人惊讶的是，杰克坚决拒绝轮调回国，他要求重返战场。对于他来说，在过去的半个月里，不仅没能击沉一艘日本驱逐舰，自己的艇反而被日军撞沉，而且还痛失两名战友，这口气是无论如何也咽不下的。他要与日本人决一死战，为他和他死去的弟兄报仇，所以他必须留在战场。克拉斯特后来回忆说："他想对日本人以牙还牙。他为自己船只的沉没而感到羞辱，我想他是要重新树立自己的尊严。"

随着战事的发展，美国空军、驱逐舰、潜水艇在所罗门群岛的优势逐渐加强，日军减少了驱逐舰的活动，运输完全依赖海岸驳船的夜间行动。这给鱼雷艇部队提供了最后一个体现价值的机会：截击日本驳船。

然而，这个任务再次由于沃费尔德的错误指挥而惨遭失败。

这一次，沃费尔德竟然命令鱼雷艇部队在大白天实施正面进攻，而且是在日占水域。这样一来，白白给了日军半小时的时间来做抗击美军的准备。在 8 月 22 日黎明之后，沃费尔德的鱼雷艇小分队进入弗格森水道，头一两艘鱼雷艇刚刚进入作战区域时，便遭到日军炮弹的猛烈袭击，鱼雷艇小分队只好一边释放烟雾一边火速撤离。尽管如此，美军还是死了 3 人，重伤 5 人。据参加这次任务的伊万斯上尉的推测，如果日军的炮弹精确度高的话，这次行动将有半数的鱼雷艇被击沉。这简直就是草菅人命，参加这次行动的鱼雷艇艇长及艇员们称这次行动是沃费尔德交给他们的"自杀任务"。

鉴于鱼雷艇部队在所罗门群岛海域的糟糕表现，军方早就有人提出把所有的鱼雷艇从该地区撤出的建议。但是，此时该地区已经有 60 艘鱼雷艇和 600 多名艇员，如果就这样退出战斗，无疑会造成大量的人力、物力的浪费。而这些装备简陋的木壳鱼雷艇确实能力有限，连攻击驳船和有防护的停泊地都无法胜任，这让美国海军指挥部门左右为难。

最后，海军上层同意将其中的一部分鱼雷艇改装成配备更多弹药的炮艇。这样做，一方面是为了增加鱼雷艇自身的战斗力，另一方面是由于日本驳船太浅，鱼雷无法攻击。虽然美军也曾试图利用"黑猫"夜间巡逻机来攻击日本驳船，但收效甚微，这样一来炮艇就成了对付日军驳船的最佳武器。

杰克的中队指挥官克拉斯特上尉率先将自己手下的 59、60 及 61 号鱼雷艇改装成炮艇，组成了所罗门群岛第一支炮艇分队。

然而，整个改装过程极其耗时。光是把鱼雷发射管舱和深水炸弹舱拆掉，再安装上新火炮和装甲板，就用了他们一个多月的时间。他们在艇的两侧各安装了 5 挺机枪，在艇艏和艇艉上各安装了一门 40 毫米的大炮。安装后的炮艇活像一只刺猬，整个艇身竖满了黑洞洞的炮管和枪管。复仇心切的杰克如愿以偿地成为59号炮艇的艇长，60号炮艇由他的前任副艇长伦尼·汤姆担任，61号炮艇艇长由约翰尼·艾尔斯担任。

炮艇队需要招募新的艇员。原109号鱼雷艇的5名艇员主动要求到杰克的炮艇上工作，其中一位艇员马圭尔在后来回忆成为59号炮艇艇员的那一幕时说："当时，我和莫尔来到码头，杰克正在改装他的新炮艇。'你们来这里干什么？'杰克问我们。我们说，'太不够意思了吧，有了新艇，也不知道找我们来当艇员？'听到这句话，杰克顿时泪流满面，半天说不出话来。"

第一艘炮艇（59号艇）即将改装完毕时，杰克的艇员已经增加到18名，其中16名士兵，3名军官。杰克的新任副艇长由罗兹担任，格伦·克里斯琴森被任命为军士长。艇上人员配备齐后，杰克将艇员分为两组，一组执勤时，另一组留在岸上休整，保持充沛的体力。艇长杰克、副艇长罗兹以及军士长克里斯琴森三人是常驻艇上人员。

9月15日，肯尼迪写信给远在地中海的莱姆·比林斯：

很长一段时间都没有收到你的来信了，你是否平安无恙？一切都好？打算什么时候回国？鲍勃说你还要在那儿呆上半年，这样算来我们应该都是在12月或1月回国。到时候，我们可得好好玩玩，要么到加拿大滑雪，要么去太平洋海滨游泳，离那些什么船啊艇啊的越远越好，我可真是烦透这些鬼东西了。过去的两个月里，我们的日子过得相当艰苦，一个月前，我的艇被日军的驱逐舰切成了两段，还失去了两个弟兄。在荒岛上的那些日子，真是艰难极了。不过，不管怎么说，我们还是被救了回来。现在我又拥有一艘新艇了。

告诉你一个天大的秘密，我已经有7个月没见到一个姑娘了，整整7个月，不管是黑人、白人还是黄种人。如果能抽时间回去一次的话，我打算找几个姑娘玩玩。

在这封信中，杰克描述他一生中最为艰难的处境时，居然寥寥数语，没有写自己如何一次次冒险求援，也没有慷慨激昂地痛陈基地救援工作不力带给他们的灾难，而更多的是说一些鸡毛蒜皮的小事。对杰克而言，在与疾病不断斗争的20多年里，早就磨炼出了常人无法想象的坚强意志。即使是面对死亡，他也能做到镇定自若：当年在梅奥诊所被误诊为白血病时，他做到了；在109艇被撞沉之后，他也做到了。在信的最后，杰克向比林斯承认，英加的离开让他感到心碎，“与那些歌舞女郎的厮混，只不过填补了英加离我而去所留下的空白”。

每当提到这个话题，杰克就会不由得想到英加。自从上次给英加写了那封长达6页的信之后，英加一直没有回音，但杰克对她的思念并没有因为紧张的战争生活而减少。在给比林斯写完信后，杰克立即给英加写了一封爱怨交织的情书：

英加·宾加（对英加的昵称）：

到底是怎么了？我给你写了一封长达6页的信，却没有得到你的回信，哪怕是一张回绝的纸条都没有。或许，你认为那是一堆垃圾，这我也承认，但无论如何写这封信也是我付出汗水，用打字机一字一句打出来的，而且手指还在修打字机时被划伤了。真想知道你究竟在想些什么？难道又是你的丈夫从中作梗吗？我专门叮嘱亨利·詹姆斯亲手把信交给你，难道信落到你丈夫的手里了吗？詹姆斯真是个长舌妇，他告诉我说你的确很迷人，但你的心已经属于尼尔斯了。

最近，我有一种不好的感觉，总觉得我们会永远分开。不管怎么说，战争让我们相识，又把我们分开，但我总会回来的。到时候，我们就像当初约定的那样一起共进早餐。我将告诉你，我的爱心是如何被你无情地摧毁的。

上次凯瑟琳把你的那张照片寄给我了，就是照得很漂亮的那张。但不巧的是，在我沉船时它也掉进水里了。再送我一张可以吗？

但愿这封信会让你有所触动！

永远爱你的

小肯尼迪

1943年9月26日，杰克终于等到了英加的回信。杰克上次写给英加的那封长信的确是由亨利·詹姆士亲手交给英加的。事实上，英加根本没有与布洛克结婚，而且已经离开布洛克，离开了纽约，当初她是为了刺激杰克才故意那样说的。英加还告诉肯尼迪，她现在已经取得了为《洛杉矶时报》撰稿的资格，并且将家搬到了加利福尼亚。

收到英加的信后，杰克立即用中队的打字机给英加写了回信：

我一直在为你杳无音讯而耿耿于怀，今天终于收到了你的回信。你知道的，一直以来你都拥有一种魅力，无论是与你谈话，还是看你写的信，都会让我感到非常开心。上星期我给你写了封信，已经托詹姆士带给你了，他从来都不把你的地址告诉我。很抱歉，上封信糟糕透了。当时，我的情绪非常低落。现在，我已经得到了一艘新船，又要上前线了。

接下来，杰克又谈到了这场战争：

这儿的战争进展得非常缓慢。日本人修筑了坚固的工事，他们非常擅长丛林作战。日本人对裕仁天皇的耿耿忠心，使他们对死亡毫不畏惧，他们心甘情愿为蒙达这种地方而战死。而我们却不愿意这样白白送死，我们很想杀敌，但更怕被敌所杀。中国、俄国和英国的人民都是因为自己的国家遭到不同程度的侵略而奋起作战的，因此他们在战斗中无所畏惧也是理所当然的事，但我们却在为属于英国公司的岛屿而战，这对我们的斗志影响很大。

今天，我收到了麦克马洪的太太写给我的一封信。她在信中一再感谢我对麦克马洪所做的一切，事实上，我只是帮了一点儿小忙。

麦克马洪是幸运的，他撑住了！但是，又有多少人永远留在了战场上，包括我的那两个手下。所有这些付出将会得到什么样的结果呢？现在我厌倦了这里的一切，很希望能暂时离开这个鬼地方。

英加·宾加，非常期待再次与你见面。老实说，认识你是我这26年来最快乐的一件事。我休假时，如果你还在洛杉矶，我会去那儿找你。

请尽快回信。

深爱你的

杰克

经过一个多月的紧张工作，1943年9月底，59号艇终于改装完毕。

在炮艇改装完毕后，罗兹副艇长对艇上的装甲板进行了测试，测试结果让大家大失所望。大家费了好大劲从赫西后勤部弄来的钢板还是不堪一击，枪弹一击即穿，比改装前的木壳艇好不了多少。杰克并未因此感到失望，他决心已定，要利用现在的炮艇找日本人报仇雪耻，而现在机会已经来了。

9月底，新乔治亚群岛的战争步伐逐渐加快。美军在占据优势的情况下，竟然让日本人从科隆邦阿拉岛上成功撤走12 000人，这让美国海军颜面扫地。面对日本人的成功撤兵，美国海军各部门之间开始相互指责，鱼雷艇部队理所当然地再次成为众矢之的。为什么日本人能成功撤兵？为什么鱼雷艇部队不采取行动？此时，美军指挥部门彻底明白了，鱼雷艇根本不能阻止日军的撤退。

于是，一夜之间，阿尔·克拉斯特那3艘刚刚改装完毕的炮艇，成为其他中队垂涎的目标。克拉斯特气愤地说："我原本打算亲自率领这3艘炮艇出海，炮轰日本驳船。但在我刚刚改装完毕，还没来得及试试它的威力时，就有两艘被别人弄走了。"结果，杰克也不能与伦尼·汤姆以及约翰尼·艾尔斯并肩作战了。

10月18日，杰克被派往韦拉拉韦拉岛的新鱼雷艇基地隆巴—隆巴。他的任务是：在盟军登陆舒瓦瑟尔岛和布干维尔岛期间，协助盟军拦截日本的驳船。

为了寻找日本驳船，炮艇每天晚上都在日本控制的水域巡逻。但即使这样，也很难发现驳船，而且日本水上飞机没完没了地跟踪他们。10月26日，日本的水上飞机终于忍不住了，对杰克的这艘炮艇实施攻击，他们差点被击中。

重回战场之后，杰克真切地意识到，复仇绝非易事。

战场上的大多数美国士兵跟日本人之间并没有什么私人恩怨，只是在做战争中分内的事，但杰克不同，在经历了109艇沉船事件后，他便把日本人视为复仇的对象。在10月7日那天发生的另一件事更加深了他对日本人的仇视：当天，一位109艇的幸存者在另外一艘鱼雷艇上执行任务，当时艇上搭载了一些日军战俘，因为这些战俘已经在海上漂流了整整一晚。出于好心，这位艇员上去给他们送水。令人意想不到的是，一个日本人突然向前一跃，抢走了他手里的冲锋枪，向他连开4枪。这位年轻的艇员曾经从109艇海难中存活下来，在绝望中死里逃生，可现在却偏偏难逃此劫。“对那些日本人根本不能有什么恻隐之心！”杰克在家信中写道。

对于现在的杰克来说，他最迫切的希望就是打胜仗。1943年11月5日夜里，这个机会终于来临。

10 炮艇艇长
KENNEDY

1943年11月2日晚，刚刚巡逻了一个晚上的1号炮艇回到基地加油时，又接到新的任务，去舒瓦瑟尔岛帮助被困的海军陆战队员撤回。这些海军陆战队员在奇袭舒瓦瑟尔岛的过程中迷了路，并被日军包围。冒着敌人猛烈的炮火攻击，3艘美军登陆舰将被困的队员救了出来，但其中一艘登陆舰因触礁沉没。这时，杰克的1号炮艇及时赶到，从水里救起10人，其中有3名陆战队员伤势非常严重。返回基地时，一名重伤的下士死在了杰克的铺位上。凌晨3点，只加了三分之一油的1号炮艇燃料耗尽，不得不让另外两艘担任巡逻任务的鱼雷艇拖着走。眼看着天越来越亮，三艘艇浩浩荡荡地行驶在海面上，无疑会成为日军水上飞机的活靶子。杰克通过无线电要求空中掩护，在付出4架澳大利亚P-40型巡逻机的代价后，他们终于平安地回到了基地。

11月3日晚，1号炮艇又接到任务，去接回被困在沃扎的海军陆战队员。

11月5日晚，1号炮艇再次出海，奉命对舒瓦瑟尔海湾南部进行巡逻。然而，经过一个晚上的等待还是没有发现敌舰。眼看天快要亮了，杰克仍下令继续巡逻，他不甘心无功而返。凌晨5点30分，杰克和他的艇员们终于发现了3艘日军驳船，正停在莫利岛的岸边。杰克指挥他的炮艇一阵炮轰，将其全部摧毁。此时，他的艇员们除了胜利的喜悦之外，还有一丝担心他们的艇长是不是过于鲁莽了。沃费尔德的情报官、绰号“智多星”的怀特好几次乘杰克的炮艇出海，他不认为杰克鲁莽：“在和他接触了几次之后，我对他有了一定的了解。从他指挥炮艇就可以看出，他绝顶聪明，即使是在炮火的攻击下依然能保持沉着、冷静。”6日、8日两晚，1号炮艇都再次出海。11月11日，杰克的炮艇成功地堵截了两艘从沃力尔河出海的驳船。

11月13日晚，1号炮艇取得了一次更大的胜利：成功地轰击了舒瓦瑟尔海湾入口处的西帕萨岛和古彼岛。第二天，“东京玫瑰”广播报道说，舒瓦瑟尔港外日军的军事设施遭到美军一艘轻型巡洋舰的炮轰。

连续几次得手使杰克的胆子越来越大了，他提议在白天逆沃里尔河而上，攻击岸上日军的军事设施。杰克的这一计划立即遭到了他的军事长以及其他一些艇员的反对。军事长克里斯琴森认为，既然要打仗，就一定要有50%的胜率；如果想打得敌人措手不及，获胜的几率就要超过50%；而根据目前的情况来看，他们没有任何情报，也根本不了解河上的情况，贸然采取这样的行动势必会造成伤亡。

杰克的中队指挥官克拉斯特最终做出决定，不允许杰克实施这种攻击。这使杰克感到很失落。他认为，这艘炮艇既然配备了最先进的设施，就应该投入到战斗中，去打一个漂亮仗。在此之前，他们虽然与日军有过零星的交战，但并未真正地歼灭过敌人。

后来，克拉斯特回忆此事时说：“尽管我否决了他白天进攻的计划，但我并不认为他求战心切是为了获得奖章或荣誉。事实上，他的这种战斗精神，是一个年轻人逐渐成熟的表现。尽管我不愿用‘成熟’一词，但我还是得说，那段时间在他身边发生的重大事件使他成熟了：他原来的一位艇员被日军战俘开枪打死；到舒瓦瑟尔岛营救实施奇袭而受伤的海军陆战队员，一名陆战队员在他的炮艇床上死去。正是这些经历使杰克身上发生了一种严肃的转变，同时也使他的心理日渐成熟。”

经过战争的磨炼，杰克终于成长为一名男子汉。

随着战事的发展，杰克对日本人的仇恨渐渐淡化。盟军一路西进，已越过舒瓦瑟尔岛和布干维尔岛水域，韦拉拉韦拉岛越来越成为后方，这使得补给品越来越不容易到位。有一次，敌军将运送补给的船击沉，导致韦拉拉韦拉岛上的士兵大约有三个星期没有一粒粮食，靠泡菜和乳酪为生。而且韦拉拉韦拉岛上的环境非常恶劣，酷热、空气湿度大，像蒸笼一样。条件虽然艰苦，但同事之间的手足情谊却使大家坚持了下来。

11月19日，经过层层选拔，杰克当选为中队的副中队长，地位仅次于克拉斯特上尉。但杰克并不是很高兴，因为这样一来他回国的前景就更加渺茫了。这段时间，杰克的许多军官朋友相继离开，不是回国就是得到新的任命。11月15日，1号炮艇上的克里斯琴森和其他两名艇员也被调回国内。

激起杰克回家欲望的除了对战争的厌倦外，更重要的是他的健康问题。杰克的健康每况愈下，背部和胃部的持续疼痛常常让他难以忍受，即使是同事情谊也无法减轻他的痛苦。事实上，早在109艇沉没之前，杰克的健康状况就已经很糟糕了。“杰克装作自己很好，拒绝请病假休息，可是他的脊背问题……他总是在强迫自己工作。”伦尼·汤姆回忆说。

克里斯特回忆杰克当时的情况时说：“我不记得他什么时候不处于疼痛之中，我真的无法想象他是如何忍受这一切的。这里的丛林气候很糟糕，睡起觉来极不舒服，如果你想好好睡上一觉，最好的方法就是醉得不省人事。在我的记忆中，杰克并不怎么饮酒。他虽然有定量的威士忌供应，但他总是拿回来分给大家喝。我想，他的睡眠一定很差。他看起来面黄肌瘦，皮包骨头。不过大家都是这样，因为每个人都患了痢疾。”

“如果他病了，肯定不会让我们知道。有几次出海，一路上他一句玩笑话都不说，这就表明他的背疾又复发了。”克里斯琴森说。杰克在给弟弟罗伯特的信中，也坦言自己的身体快要垮掉了。

然而，具有讽刺意味的是，杰克竟然顺利通过了10月20日的例行体检，军医在他的体检报告中写道：“完全可以在岸上或海上的任何地方服现役。”在给比林斯的信中，杰克对医生的报告大加嘲讽：“这简直太离谱了！我面黄肌瘦、憔悴不堪、总是咳嗽着，连呼吸都不顺畅；我甚至在医生为我检查疝气时故意将小便尿在了他手上，以表明我失去了控制，但统统无济于事。我照样顺利通过了体检，他们说我完全适合服现役。在这里，医生判断一个人是否适合留在战场的唯一标准就是，你是否还能喘气。”

当时，医生需要做的就是证明那些优秀军官身体健康，他们根本不管军官的实际身体状况，因为鱼雷艇部队实在太缺乏像杰克这样的优秀军官了。

11月18日，在执行完当晚的巡逻任务后，杰克“腹疾复发”，医生不得不命令他离开炮艇，而这正中杰克下怀。于是，杰克离开了隆巴岛，飞往图拉吉，他当初的出发地。

至此，杰克在鱼雷艇部队的时光彻底结束。

自从 1943 年 4 月担任 109 号鱼雷艇艇长以来，在同级鱼雷艇军官中，杰克是最优秀的军官之一。鉴于杰克在 109 号鱼雷艇沉没后的出色表现，阿尔·克拉斯特已经推荐杰克为银星奖章候选人，并深信他一定会得奖。在 11 月的考绩报告单上，“整体表现”和“领导能力”的两项上，克拉斯特给了杰克满分 4.0 分，并作评语说：“该军官在炮火下沉着、冷静、果敢，具有良好的心理素质和顽强的意志。”

在鱼雷艇部队里，杰克几乎成了一名具有传奇色彩的人物。但直到此时，也没有谁会想到这个身体瘦弱的年轻人将来会进入政界，登上总统的宝座。他待人真诚，毫不虚伪，能够不带任何偏见地跟不同背景的人交往，或许正是因为这些，周围的人才认为杰克不可能从政。“我认为，杰克当选总统简直比登月还难。他身体瘦弱，又缺乏主见。”沃费尔德的联络官伍兹上尉坦言。阿尔·克拉斯特也认为杰克绝对不可能从政：“当时我们曾一起讨论过战后做些什么。我是一名职业军人，打算死心塌地在海军里干下去。而杰克说，他想成为一名作家，所有认识他的人都知道他的这个想法。”

在大家眼里，如果肯尼迪家有人要从政的话，杰克的哥哥小乔是第一人选，也是最适合的人选。

事实上，杰克的政治野心正在日益膨胀，除了对英加、比林斯这样的挚友稍有流露外，对外人他很少透露。在图拉吉岛上，大伙儿平时聚在一起谈论的话题无外乎政治和女人。杰克也跟大家一样，不过他只是在百般无聊时才谈论女人。在与杰克的谈论中，大家能清楚地感觉到他的父亲对他的影响有多么大。只要是有关家庭方面的话题，杰克谈论的总是他的父亲，对于乔在第一次世界大战期间拒绝服役这一事实以及后来当驻英大使期间的言论，杰克感到很惭愧。

也许杰克最不同凡响的地方是，他能够使人人都喜欢他。他与不同的人谈论不同的内容，从书籍、宗教到百老汇以及划船等等无所不包。在杰克展示自己广博的知识的同时，还显示出自己谦逊的一面。杰克总是拥有一种领导意识，在谈话中也不例外，他通常是控制交谈的一方，他总是通过很巧妙的方法尽可能多地让交谈者将自己的优点体现出来。

在图拉吉岛，杰克还遇到了在梅尔维尔结识的莱德·费伊。费伊的167号鱼雷艇在一次海战中被一枚鱼雷击穿了船头，当时正在图拉吉岛进行修理。费伊与杰克有着许多共同之处，两人都来自爱尔兰裔天主教家庭，家里都有很多兄弟姐妹，并且都有一个有权有势的父亲，而且两人都生性直率、喜欢玩乐，这些使得他们很快成为无话不谈的知己。在图拉吉岛的这段时间里，两人几乎每天都在一起。白天，两人在杰克的帐篷里看书。他们什么文章都看，然后就某一个主题进行讨论。费伊后来回忆说，在与杰克一起的那些日子里，“他让我们所有人都非常清楚一个事实，就是我们应该多了解时事，关心一下我们究竟为什么来这里，知道这场战争是为了什么而战，进而更清楚地认识到，作为美国公民，我们应该为国家做点什么，应该怎样参与到这个过程中去。当然，杰克在严肃之余并不缺乏幽默感，同样一个故事或笑话，从他口中讲出来总是别有一番韵味，令众人捧腹大笑”。

杰克的另外一个伙伴记得，在杰克回国之前，自己“有很多时间实际上是每天跟他在一起……他让我们所有人都非常清楚一个事实，就是说我们最好关心一下我们究竟为什么来这里，或者说这种冲突的目的是什么；既然你已经出国到这里来战斗，就应该想办法让那些把我们弄到这里来的家伙再把我们弄回去……他使我们所有人都清醒地意识到自己作为美国公民的义务，应该做些什么，应该怎样参与到这个过程中去”。

在图拉吉的海军医院，杰克接受了仔细的检查。11月23日，医生在诊断书上写道：“X光显示‘一块明显溃疡性蚀损’，很可能是早期十二指肠溃疡。”医生在他背部做了X光透视后，又发现了“下脊椎慢性椎间盘疾病”。在医生眼里，杰克能活下来简直就是个奇迹，仅就他的胃部和背部的疾病而言，能够挺过艰苦的鱼雷艇生活已属不易，而且这中间还经受了109号艇沉没带给他的考验。终于，医生建议将杰克调回美国，并得到了权威医疗机构的批准。

然而，杰克调回美国的手续在美军西南太平洋总部办理时，差点搁浅。幸亏阿尔·克拉斯特及时出面，以梅尔维尔急需鱼雷艇艇长为由，最终将此事解决。

1943年12月15日，星期三，杰克终于收到了期盼已久的回国令：“根据1943年12月14日南太平洋司令部发来的一份急电，从即日起，你在鱼雷艇第二中队的职务已解除。根据第四优先权，你可以尽早乘运输机返回美国。”

12 月 21 日，鱼雷艇基地军官 D. 阿格纽正式签署了这一命令。杰克立即赶往圣埃斯皮力图，他将从这里登上一艘名为“布莱顿”的美国快速航空母舰回国。

1944 年 1 月 7 日，美国“布莱顿号”抵达旧金山湾的南码头。杰克在此下了船。

经过了血与火、生与死的考验之后，杰克终于载誉而归。

11 英雄归来

KENNEDY

一回到美国的土地上，杰克首先赶到洛杉矶看望英加，这一刻他已盼望太久了。此时英加已接替希拉·格雷厄撰写报纸专栏，如今是小有名气的新闻记者。

英加在回忆杰克刚从战场走下来的情况时说：

> 杰克的状况绝对不好，他看起来骨瘦如柴，憔悴不堪，显然累垮了。刚刚走下战场的他，谈到 109 号鱼雷艇事件时，仍然神情恍惚，意志消沉。他说，在 109 艇沉没事件上，上级要么将他开除，要么就得授予他奖章，只有这两个选择……
>
> 我们被迫分手，杰克被派往海外，虽然他成了大英雄，还救了几个人，但是他却为此付出了自己的健康，而健康是永远无法恢复的。这一系列灾难正是埃德加·J. 胡佛、约瑟夫·P. 肯尼迪以及我的前任丈夫一手炮制而成。不管怎么说，往日的温馨浪漫已一去不返，我们在一起甚至没有什么可聊的。
>
> 战争在他身上打上了明显的烙印。

此时此刻的杰克是一肚子怨气。他痛恨胡佛，痛恨战争的残酷，他的许多幻想在现实的冲击下已经灰飞烟灭，而这其中首当其冲的、最重要的就是对英加的幻想，她那种母性的吸引力已荡然无存。

此时，英加已经有了新的情人——出色的犹太裔海军军医——威廉·

卡恩。如果是在过去，英加肯定会想方设法不让自己的两个情人碰面，而这次她却做出了一个令人意外的决定：安排杰克和卡恩见面。两人在英加的寓所见了面。刚开始，他们谈论足球、哈佛、演出（当时卡恩正在好莱坞参加影片《迅速胜利》的拍摄）等话题，但没过多久，杰克和卡恩都意识到，只能有一个人留下来。“最终，杰克先起身告辞了，这让我大松一口气。”卡恩后来回忆说。

杰克心力交瘁，他的情况已经不允许他与别人争夺英加了。当年，他凭借着他的幽默感、“性魅力”、他的博学多才以及对入主白宫的向往，将英加吸引了过来，如今杰克的这些特性并没有改变，只是被残酷的战争无情地烙上了印迹，而且是永远挥之不去的。

在离开洛杉矶之前，杰克履行了对前方战友的诺言，给他们家里都逐一去了电话。在109艇出事后被严重烧伤的轮机官帕特·麦克马洪的太太当时就住在洛杉矶，她强烈要求与杰克见上一面，当面感谢他对丈夫的救命之恩。于是，她赶到了英加的寓所。在与麦克马洪太太的交谈中，英加被她的话深深地打动了，麦克马洪太太噙着泪水，用颤抖的声音说：“我丈夫在信中说，肯尼迪上尉非常勇敢，是他救了大家的命。基地的每个人都对他敬佩不已。”

1944年1月11日，《波士顿环球报》的头版刊登了英加·阿尔瓦德对杰克的专访，标题为《鱼雷艇的壮歌：肯尼迪赞扬麾下勇士，漠视英雄称号》，在标题下是杰克的一张大幅照片，所占版面甚至比丘吉尔和艾森豪威尔的照片还要大。在英加采访的过程中，杰克一直拒绝“英雄”的称号：“别把我写成英雄，那些英雄行径都不属于我，真正的英雄不是回来的人们，而是血洒在战场上的人，包括我的两个人。”英加的采访结束后，杰克便乘飞机赶往明尼苏达州的梅奥诊所。

乔也特地赶到罗切斯特来看杰克，并与梅奥诊所的医生们一起讨论了杰克的健康问题。“我觉得他的状况还算不错，但医生们却不同意我的判断。”乔给阿尔·克拉斯特的信中写道。针对杰克脊背下部持续性的疼痛，医生们建议他考虑做手术。但杰克并不急于动手术，他坚持要再回部队。1月14日，乔飞回波士顿，而杰克则赶往佛罗里达棕榈滩冬季别墅去看望他的母亲。

棕榈滩依旧，而杰克呢？“他还是那个样子，吃饭仍然迟到，穿着最旧的衣服，还是经常不带钱就出门，就像他小时候的习惯一样。”罗丝给杰克的兄弟姐妹写信说。而杰克的朋友查克·斯波尔丁则明显地注意到了战争在杰克身上留下的印记：“一下飞机，杰克就直奔棕榈滩大戏院对面的那家夜总会，过去他常去那儿玩。但对于杰克来说，这是一个很难度过的夜晚，从战争的紧张气氛迅速转到棕榈滩的欢乐气氛中，这中间的反差实在太大了。在夜总会，他把那里的一切狠狠地挖苦一番。这是我唯一一次看到他表现得像个真正的军人。”

2月5日，杰克离开棕榈滩，飞往纽约。在那儿他结识了新情人弗洛·普里切特以及约翰·赫西夫妇。一次，四人坐在斯托克俱乐部喝酒聊天，闲聊时杰克给大伙儿讲了些他从荒岛上逃生的事情。杰克的故事立刻引起了赫西的浓厚兴趣。赫西是一名作家兼战地记者，他后来回忆说：“肯尼迪讲述的故事中，最吸引我的，不是他的英雄行径，而是他一遍又一遍游出去，寻找救援，他的求生欲望。这一人类生存的主题令我非常着迷。听完他的讲述，我立即问他，能否将此事写出来？肯尼迪说，他需要考虑一下。”

第二天，杰克给父亲打电话征询他对此事的意见。毫无疑问，乔非常赞成赫西的建议。事实上，早在去年8月份，美联社和合众社发表杰克在所罗门群岛的故事时，乔就问过《读者文摘》是否有兴趣为杰克写一篇文章，但没有得到答复。如果这次能在拥有上千万读者群的《生活》杂志上发表，那绝对会引起轰动。

于是，杰克同意了这次采访，但他坚持让赫西先去梅尔维尔鱼雷艇基地，采访那些刚从战场上返回的艇员们，听听他们的说法。另外，杰克还告诉赫西，他在一周之内不能接受他的采访，因为他要赶回波士顿参加外公81岁的生日庆宴。

2月11日，老约翰·F. 菲茨杰拉德81岁生日宴会在波士顿的派克豪斯酒店举行，共有300名宾客参加宴会。老菲茨精神焕发，神采饱满地出现在众人面前。在午宴开始之前，菲茨杰拉德针对目前波士顿人把“风险资本投到新企业”而造成的失败进行了抨击，可以看出，老菲茨虽已至耄耋之年，但对波士顿的感情不减当年。

正在老菲茨向记者们讲述他对波士顿的未来的担心时，波士顿学校委员会的克拉姆·诺顿走进会场，他告诉菲茨，杰克所乘坐的飞机遇雪可能晚些时候才能到达，但一定会出席他的生日宴会。菲茨杰拉德马上神采飞扬地告诉记者："这简直是上演了一出'复活的拉撒路'，而且是圣经中最精彩的那一节。当时，我们得到他失踪的消息时还以为他已经遇难，再也见不到他了，而现在他已经平安回国了。"

杰克终于来到了会场。菲茨杰拉德一把搂住自己的外孙，满含热泪地说："我一年多都没见到我的宝贝外孙了，这一年以来，他经历了许多考验，一定成熟了许多。"

2 月 12 日是林肯诞辰纪念日，这一天，波士顿市举行了战时公债发售大会，约翰·F. 肯尼迪上尉应邀成为这次发售大会的主要发言人。"来吧，大家都来买公债吧。在为国家尽一份力的同时，还可以听到前波士顿市长的外孙、前驻英大使的儿子约翰·F. 肯尼迪的演说。《波士顿环球报》的詹姆斯·摩根评论说，肯尼迪上尉在 109 号鱼雷艇沉没后所表现的机智、勇敢，是这次战争中最伟大的英雄主义篇章之一。"某报纸广告说。这一消息吸引了大量的听众前来，大家都争相目睹这次战争中伟大英雄的风采。

这次演讲是杰克第一次在如此重要的公开场合、面对着上千名听众讲话。杰克讲道："回国后，从各种报纸上的消息得知，战争局势似乎在以很快的速度发展。然而，当我回想了我们从瓜达尔卡纳尔岛到布干维尔岛用的时间后，我意识到，这场战争似乎还需要相当长的时间才能结束。"

在杰克这次演讲之后，杰克的表叔乔·凯恩给老约瑟夫写了一份有关小乔和杰克参加竞选的可行性报告。乔·凯恩是波士顿颇有名望的政客，被描写为"聪颖狡诈，像狮身人面像一样沉着冷静"。近年来，他一直受老约瑟夫委托，观察马萨诸塞州的政治形势的发展情况。在这次演讲中，杰克的出色表现深深地打动了凯恩。报告中，凯恩写道："你那个年轻的小伙子有一种独特的东西。他演讲时吐字清晰、言语流利、言词尖锐，在台上神情坦然，毫无紧张之感。而且极具亲和力，能够与观众产生共鸣。杰克自始至终牢牢地驾驭着自己的发言，他没有为了讲究演讲技巧而迷失了自己的风格。他总是与他的听众处于最愉快的关系中，他成了演说的主人，而不是仆人。可以看出，他的谦逊和绅士风度赢得了在场每一个人的喜爱。"

凯恩所看到的杰克身上具有的这些素质，最终将使杰克成为魅力出众的全国公众人物。

一个多月的假期一晃而过，休息并没有减轻杰克的病，病痛迫使他另外请假，将假期推迟到3月1日，以便在新英格兰浸礼会医院进一步诊治。在莱希医院，医生们又一次对杰克的胃部和背部做了X光透视，并进行了会诊，医生们还是建议他做背部手术。但杰克对手术还是很犹豫，其中一部分原因可能是担心人们会对他入伍前的体检产生怀疑，即他没有报告自己有胃部、背部和结肠的问题。

根据医生的建议，杰克还需要在医院里住上一段时间。住院期间，美国国内的人们给杰克留下的印象是："每个人都很乐观，每天读报纸时，都会给人一种战争明天就会结束的感觉。一谈到海军，人们津津乐道的就是又击沉了几艘驱逐舰。但我知道事实并非如此，这些都不过是骗人的大话罢了。"杰克给雷德·费伊的信中这样说。

正因为如此，杰克希望赫西能尽快写一个关于这场战争的真实故事，要让人们了解这场战争是为了人类生存而不是为了杀戮。在医院的病床上，赫西对杰克进行了采访。"他把那天夜里游泳的水域从地图上指给我看，当时他从一块礁石出发，游了一整夜，结果水流又将他冲回原地。他的经历是那么荒诞离奇，让我忽然产生了一个念头：用小说的形式来描述这个故事……那天我们聊了很久，用了整整一个下午和晚上一部分时间。回到纽约后，我一口气写完了整篇文章。"赫西回忆说。3月初，赫西将写完的稿子送到了《生活》杂志。

与此同时，杰克的假期也结束了。3月8日，杰克接到命令，海军将他调到位于佛罗里达州迈阿密的一个鱼雷艇基地，在那里他没有什么要紧的工作。

在迈阿密期间，杰克阅读了赫西这篇人类求生故事的初稿。杰克认为，文章总体上处理得非常精彩，但在细节方面还应该做些修改。

首先，杰克认为赫西对109号艇副艇长伦尼·汤姆的描写用墨不够，没能突出汤姆的形象，"我很理解，像这样长度的文章，必须将故事限定在几个中心主题之内，既要保持故事的连续性，又不能过分描写细节。但汤姆的确表现得非常出色。在109艇被驱逐舰撞成两块后，是汤姆将约翰斯顿救上来，并带领9个筋疲力尽的艇员在海上游了5个小时，要知道这可并不是一件容易的事。在荒岛上，第一个试图跟着土著人划船到基地求援的也是伦尼·汤姆，只是海浪太大才没有成功。”

另外，杰克还认为应该对巴尼·罗斯多几笔赞扬之辞，因为罗斯在精疲力竭的情况下，一手拖着被烧伤的轮机手，一手划水，“他应该得到赞扬”。

不过，杰克明确向赫西提出删掉其中一个艇员的描写，这个艇员在后来押解日本战俘的过程中被打死了。杰克在给赫西的信中写道：“正如你所说，每个人看同一事物有不同的角度，而从我的角度上看，文章中对这位艇员的描写并不是很充分。当然，我意识到，他的命运充满了戏剧性和讽刺性。但是，在战争中失去理智是在所难免的。毕竟我们的艇员就那么几个人，他的结局大家都知道，就算你不指名道姓，大家也心知肚明，这会影响人们对他的怀念。为了查证是不是我对此事过于敏感，我特意请两位军官读了这个故事，他们也和我有同样的感觉。不管你同意与否，我都认为应该把这一情节删掉。如果你愿意同我讨论这个问题的话，拍份电报给我，告诉我你的联系方式，我会打电话给你的。”

赫西后来将这一情节删去了。在信中，杰克还告诉赫西他现在的生活：“只要你早上把脚架在办公桌上，一天的繁重工作就算结束了。这里的日子悠闲、缓慢。”

当时，杰克在鱼雷艇基地几乎无事可做。盟军已准备在欧洲发起大规模的两栖攻击，迈阿密早已做好了战争的准备，不需要匆匆忙忙的了。因此人们总是看到杰克在追求姑娘们，而不是在研究敌人的潜水艇。“回国的感觉真是棒极了，没有压力，没有痛苦。我真心地盼望兄弟们能马上回来。”杰克给费伊的信中写道，“佛罗里达的人们都在焦急地盼望着大进攻发起日的到来，海滩上总是挤满了人，人们都面向大海，朝着进攻的方向望去。”

尽管在迈阿密的生活很悠闲，但是杰克的健康却令人担忧，剧烈的疼痛已经不容再拖延治疗了。偶尔的高烧，伴随着蜡黄的脸色，更加说明他需要治疗。杰克决定在5月份做手术。在等待做手术的期间，杰克听到了妹妹凯瑟琳要嫁给一名新教徒的消息。

事实上，早在2月份的时候，凯瑟琳的婚姻问题就已经闹得沸沸扬扬了。“我决定嫁给一名英国人，如果不是宗教分歧的话，我早就跟他结婚了。”1944年2月6日，凯瑟琳给英加写信说。这位英国新教徒名叫威廉·哈廷顿，是一位勋爵，同时也是德文郡公爵的继承人，当时竞选英国国会议员失败后，便返回了军营，为诺曼底登陆作准备。

凯瑟琳即将与一名英国新教徒结婚的消息在她母亲罗丝·肯尼迪看来，是“背叛”，是肯尼迪家族的悲剧，同时也损害了肯尼迪家族多年来苦心经营的公众形象，是对家族尊严的一大打击。早在1920年前后，面对丈夫的不忠，罗丝想过与丈夫离婚，但保守的天主教父亲不允许她这么做。出于责任，罗丝只好忍辱负重。然而，这种所谓的责任令她付出了巨大的代价。她既不能与丈夫离婚，又不能约束丈夫的行为，还得忍受丈夫寻花问柳带给她的耻辱。罗丝认为，自己的孩子们也得承担起这种责任。她的这种要求在名义上是对孩子们的约束、教育，实际上是她处心积虑进行报复的一种形式。长期生活在这样的婚姻中，罗丝渐渐学会了掩盖婚姻中的不睦，学会了伪装一个优秀的天主教家庭，并运用家长的绝对权威，迫使肯尼迪家族的每个成员笃信天主教信条，至少在公共场合得做到这一点。罗丝怎么都想不明白，为什么女儿就做不到这一点呢？

尽管有母亲的反对，但凯瑟琳在权衡利弊、请教牧师之后，还是毅然决定与比利（威廉·哈廷顿的昵称）结婚。凯瑟琳并非深爱着比利，她只是喜欢他，而且比利很可能在几周内为国捐躯，但凯瑟琳不想残忍地伤害比利，她为他爱她的那种劲头而感动。由于凯瑟琳和比利都不愿意违背与生俱来的宗教信仰，因此他们决定，将婚礼仪式定在切尔希登记处举行，而不是教堂。

1944年5月4日，星期三，凯瑟琳订婚并将于两天后在伦敦举行婚礼的消息在波士顿的大小报纸上登了出来。

对此，罗丝只好采取拖延的办法，一味地否认这一消息。《波士顿先驱报》报道说：“肯尼迪家族成员昨天晚上宣称，他们对肯尼迪小姐与哈廷顿勋爵的婚姻计划一无所知。与此同时，家族成员也承认，自从肯尼迪小姐的父亲出任驻英大使时起，肯尼迪小姐就与哈廷顿勋爵保持着‘亲密的友谊’。”为了躲避新闻媒体的采访，罗丝在乔的朋友、纽约《每日新闻》的老板约瑟夫·帕特森的建议下，以“检查身体”的名义住进了新英格兰浸礼会医院。

然而，罗丝的父亲老菲茨杰拉德在此事上的态度却和罗丝大相径庭。老菲茨认为，对此事不应过多干涉，同时他坦言，“这件事的确困扰了我一段时间”，因为他不知道那位英国绅士是否会接受天主教的信仰，要知道他可是出身于闻名于世的新教徒家庭中。但对于婚姻的具体细节，菲茨闭口不谈，半开玩笑地解释说：“我担心人家会以为我是想和英国王室攀亲才促成这桩婚事。”他还自豪地说：“凯瑟琳是一个优秀的姑娘，能获得她芳心的小伙子，一定也很优秀。”

直到婚礼当天，罗丝才离开医院。《波士顿环球报》对罗丝出院一事做了报道：“前驻英大使约瑟夫·P. 肯尼迪的夫人、凯瑟琳·肯尼迪的母亲经过住院治疗后，今日终于倦容满面地出院了。她身着一套黑色的羊毛套装出现在波士顿的机场，她将乘飞机飞往纽约与丈夫见面。今天，凯瑟琳将与一名英国贵族举行婚礼。”

在机场，罗丝·肯尼迪夫人被记者团团围住，当与她同行的前警察局局长约瑟夫·蒂米尔蒂驱赶记者们时，罗丝对记者们说：“很抱歉，我身体不适，不能接受你们的采访，对此我深表歉意。”

对于母亲住院的事，凯瑟琳并不知晓。正在度蜜月的凯瑟琳看了报纸后才获悉此事，她十分内疚地将母亲住院的事归罪于自己。“从报纸上获悉您病重的消息，女儿万分焦急，我知道这都是我的婚事折腾的。”凯瑟琳给母亲的电报中说，她确实很为母亲捏造出来的疾病而担心。

在天主教徒的信仰中，除非罗马教廷的特殊恩准，否则天主教徒和新教徒是禁止结婚的。因此，在那些严守教义、以节欲为乐的人看来，凯瑟琳拒绝恪守天主教信条，简直是大逆不道。英国著名的情景喜剧作家伊夫琳·沃对此事大放厥词：“疯狂的二战让这个姑娘犯下了如此深重的罪孽，我真替她感到难过。另外，她的那位‘异教朋友’应该对这次婚姻负责。”

除此之外，凯瑟琳的婚事也令英国的小姐们愤愤不平。按照英国皇室的惯例，德文郡的公爵夫人将成为随侍女王的首席贵妇，将成为女王随行中显要贵宾，要知道，这是多少英国贵族梦寐以求的殊荣，而现在却被一名爱尔兰裔美国平民轻而易举地拿走了。另外，新郎的家族在英国各地拥有庞大的产业，而有朝一日，凯瑟琳也许会成为这些财产的女主人……

杰克·肯尼迪对妹妹的婚事表示支持，甚至有些羡慕。在他眼里，母亲的怪异行为以及其他人歇斯底里的指责都是那么的虚伪，他鄙视虚伪。不管怎么说，平民出身而且相貌平平的凯瑟琳能够俘获英国最有才华的高贵公爵，进入欧洲限制最严的俱乐部——英国贵族阶层，这都显示出了凯瑟琳出色的人格魅力和过人的智慧。作为哥哥的杰克在为妹妹感到高兴的同时，心里不免有些酸溜溜的，因为妹妹比他更快地踏进了贵族阶层。

在凯瑟琳的婚姻风波过去不久，1944年5月27日，杰克接到通知说医生已做好手术准备。于是杰克立即向迈阿密的鱼雷艇基地申请，入住马萨诸塞州的切尔西海军医院。为什么杰克要选择切尔西医院呢？他在申请中解释说："我的家在波士顿，在那里可以离家人更近一些，以便在几个月的恢复期内接受照顾。"而事实上，杰克选择切尔西海军医院是为了能让那名来自莱希诊所的专家给他动手术。

当盟军打响诺曼底登陆的战役时，杰克·肯尼迪正在前往马萨诸塞州的路上。途中，杰克先到纽约逗留了半天。在一家夜总会，杰克意外地遇到了约翰·赫西。赫西告诉杰克，他写的那篇关于109号鱼雷艇的故事被《生活》杂志退稿了，但《纽约人》买了这个故事。

与《生活》杂志拥有上千万读者群相比，《纽约人》只有少数高级知识分子才看，因此听到这个消息，杰克难免有些失望，而老约瑟夫则是大失所望。然而，令赫西意外的是，老约瑟夫为了扩大这篇文章的影响力，再次找到《读者文摘》，提出刊登此文的摘要。但这个行为遭到了《纽约人》的出版商哈罗德·罗斯的反对，因为按照《读者文摘》的惯例，一旦缩写了某本书或某个故事，它就永远地保留了重印的权利。

6月初的一天，老约瑟夫告诉赫西和哈罗德·罗斯，他已经说服了《读者文摘》的出版商保罗·帕尔默，他答应放弃重印的权利，破例改买对该文章节略转载一次的权利。而且，老约瑟夫还说服赫西将从《读者文摘》那儿得到的稿酬捐给柯克西（109号鱼雷艇事故中遇难的两名艇员之一）的遗孀安德鲁·柯克西夫人。这样一来，既达到了宣传目的，又做了善事，可谓一箭双雕。老约瑟夫在宣扬儿子英雄事迹方面的执著，令哈罗德·罗斯和赫西敬佩不已。

《纽约人》将赫西的文章命名为《生存》，他深入探讨了人类在逆境中强烈的求生欲。文章层次分明，清晰流畅，但这并不是老约瑟夫的首要兴趣所在。在这之后，老约瑟夫全然不顾与《纽约人》和《读者文摘》之间签署的合同，一次又一次把这个故事卖给其他杂志转载，更离谱的是，柯克西夫人没有收到那笔捐助给她的钱。

毫无疑问，在战争如火如荼的时刻，这篇文章所起的作用是举足轻重的。一方面，老约瑟夫扭转了自己胆小懦弱的恶名，另一方面又大力宣传了杰克在战争中出色的表现，这对杰克的政治前途有着不可估量的积极作用。如果说是赫西塑造了杰克·肯尼迪的英雄形象，那么让千万人获悉这一英雄形象的则是约瑟夫·P. 肯尼迪。

1944 年 6 月 11 日，杰克住进了切尔西海军医院，被诊断为椎间盘破裂。就在杰克即将进行背部手术的时候，6 月 12 日清晨，杰克从切尔西海军医院院长手中接过了海军陆战队的荣誉奖章。

6 月 22 日，经过一系列术前活体组织检查及 X 光检查之后，他被转到新英格兰浸礼会医院。6 月 23 日，由莱希诊所的詹姆斯·L. 波彭医生为他做了脊背手术。但手术没有发现突出或者破裂的椎间盘，而是发现了“异常柔软”的软骨，并将软骨组织的坏死部分进行了完全切除。显微镜检查报告表明“软骨呈纤维化”。

手术后的前两个星期，杰克反应还不错，只是恢复得极为缓慢。但是，当他开始下地行走时，下部脊椎处出现了严重的肌肉痉挛现象，需要注射相当大剂量的麻醉剂才能“感觉舒服些”。波彭医生对手术的失败深表歉意，他说：“过去我为 500 多个椎间盘坏死的病人动了手术，只有 9 人出现过类似症状，其余的在几天或几周后就能恢复正常。目前的检查表明，病人站着的时候仍然十分疼痛，估计他至少需要 6 个月才能回部队执行任务。”

在住院期间，杰克还染上了疟疾，持续腹痛。莱希诊所的首席肠胃病专家萨拉·乔丹于 7 月 14 日写信给切尔西海军医院的康克林上校说：“在术前和术后，他都表现出极为严重的腹痛症状，有时是隐痛，有时是剧痛。经过我们对 X 光照片的分析，他患有扩散型十二指肠炎和严重的痉挛性结肠炎，需要依靠镇痉挛药物。”杰克告诉乔丹大夫，他腹部疼痛是从所罗门群岛那次劫难后开始的。因此，乔丹给康克林上校的信中丝毫没有提及 10 年前杰克在梅奥诊所所作的大量检查和治疗。

此时此刻，杰克的心情可想而知。这时，中队指挥官克拉斯特结婚的消息传到了医院，杰克给他写了封信，对他的新婚表示祝贺，在谈到自己近况的时候，杰克说：“我住院已经第八个星期了，情况很不好。长了许多褥疮，还有点轻微的坏血病。再这样下去，过不了几天，你就得去‘老艇员之家’找我了。当你看到我时，我很可能正坐在草地上晒太阳。”与此同时，他还写信给一个朋友："谈到我的手术这个有趣的话题……平和一点说，医生在拿起手术刀之前应该读一两本书。"

8月初，杰克转回切尔西海军医院。对于杰克之前实施的手术是否正确，海军神经外科医生海因策尔曼认为："这是一例非常有趣的椎间盘手术并发症，而莱希诊所的外科医生很可能没找到问题的根源。从手术时的病理症状来看，并未发现明显的椎间盘破裂。从所见的手术病情记录上看，并没有完全地解决椎间盘问题。目前，病人显然无法抑止后背及左小腿的疼痛。他的疼痛源很可能是因为回归神经盘未被完全切除，也很可能是其他病因所导致。"

在杰克被疾病折磨的同时，来自英国的消息更令他心烦意乱，那就是哥哥小乔服役期满后并未回国，打算继续留在英国作战。

12 我们怀念小乔

KENNEDY

1944年，小乔一直在英吉利海峡上空执行反潜巡逻任务。5月，《波士顿环球报》登出一篇采访小乔的文章，标题是"肯尼迪之子怒猎德军潜艇"。但在采访过程中，记者惊讶地发现，小乔并不认为自己猎歼德军潜水艇是一种英雄行为，他更希望自己能在航母上飞战斗机。在执行完30次飞行任务后，小乔放弃了返回美国的权利，并说服他的副驾驶员与他一起自愿执行10次任务。

小约瑟夫为什么服役期满而不回国？杰克除了担心外，还感到十分不解。杰克不由得想起了前警察局局长蒂米尔蒂提起的一件事。

那是去年9月份小乔动身前往英国之前，老约瑟夫特意在海恩尼斯港举行了一场告别宴会。那天恰逢老约瑟夫的生日，席间吉米·伯恩斯法官举杯说："为我国英雄的父亲，为我们家的英雄的父亲乔·肯尼迪大使干杯！"这句话令小乔受到了深深的伤害，因为祝词中的"英雄"并不是指他，而是指美国海军上尉杰克·肯尼迪。当晚，与小乔同住一间卧室的蒂米尔蒂惊讶地发现，小乔躺在床上不断地抽泣，并紧握拳头，嘴里不停地说："我发誓，一定会做给他们看的。"

不管蒂米尔蒂是否夸大了小乔的反应，但肯尼迪兄弟长期以来的那种友好的竞争关系的确被破坏了，杰克第一次明显占了上风，这对小乔来说是难以接受的，因此小乔留在战区很大一部分原因是要努力超越杰克的竞争欲望。

7 月底，杰克获悉哥哥在完成 10 次额外飞行任务后，仍然打算继续留在英国作战。这个消息让杰克焦急万分，他立即从切尔西医院写信给小乔，敦促他尽快回国。

直到 8 月 10 日，小乔才回信："前一阵子有几件急事需要处理，所以直到现在才给你回信。工作很忙，但很有意思！工作性质属于保密范围，你也知道海军对保密有多重视。我已经读了赫西在《纽约人》上发表的那篇文章，非常棒！我们整个中队都读了一遍，大家深为你坚忍不拔的精神所感动。"

但同时，小乔又忍不问酸溜溜地问道："不过，我很想知道的是，当驱逐舰闯进你视线时，你到底在什么地方？你们采取了哪些措施？你的雷达到底在哪儿？"这么说的潜台词是很明显的。小乔在信里还写道："在海军中得到一枚战争奖章没什么了不起，如果运气好的话，我会带着一枚欧洲战争勋章回家。"在信的最后，小乔写道："请告诉家里，不要对我留在英国而担心。我既不会在这里考虑婚姻大事，也不会拿自己好端端的脑袋冒险，无论是什么疯狂的行动。"

但小乔欺骗了弟弟。在 8 月 11 日这天，小乔将执行一项代号为"铁砧"的飞行任务，这项任务无论从哪方面说都是极其危险的冒险行动。

1944 年 6 月 13 日到 6 月 14 日，仅仅两天，希特勒向英国发射了数百枚 V1 火箭，其中有 73 枚落在伦敦，造成数千平民遇难，英国举国震惊。V1 火箭是德军研制出的最新武器，也是希特勒的最后一招，它具有射程远、速度快，载弹量大，而且能从欧洲大陆直击英伦三岛的优势。这对于盟军来说，绝对是不容小窥的威胁，因此必须尽快打掉 V1 火箭。

盟军司令部制定了代号为"铁砧"的任务，即将一些飞机的内部装置全部拆掉，装满炸药，由两名驾驶员负责起飞，在驾驶员启动遥控导航和装弹系统后跳伞，将飞机交由尾随的其他轰炸机控制，遥控飞往 V1 导弹发射场爆炸。由于跳伞条件恶劣，因此充当驾驶员是极其危险的。但小乔还是毫不犹豫地报名参加了，在他看来，这次任务一旦成功了，则很可能得到海军的最高荣誉“海军十字勋章”。他必须抓住赶超弟弟的大好时机。

8月11日，因有浓雾，任务取消。8月12日傍晚6点，小乔和他的副驾驶驾驶着装有近1000公斤炸药的“解放者”轰炸机从费斯费德机场起飞，两架“母亲”型“温特拉”紧随其后。按计划，小乔和他的副驾驶将在起飞20分钟后跳伞，然后由“温特拉”引导飞机穿过德军密集的防空炮火，直奔目的地。然而，当小乔启动无线电遥控导航系统后，飞机突然在英国上空猛烈爆炸了。飞机残骸散落到萨福克郡布莱堡附近的新迪莱特森林方圆一英里的土地上，小乔和他副驾驶的尸体一点都未找到。猛烈的爆炸将地面上大约59幢房屋损毁，直到今天，这个地区的老人说起这次“二战中英国上空最大的爆炸”时，还惊魂未定。

事实上，在起飞前，负责这次计划的一位电子官厄尔·奥尔森中尉就警告小乔说，飞机引爆系统的遥控引信存在隐患，将导致飞机携带的近1000公斤炸药因无线电信号干扰、无线电静电或过度振动而提前引发爆炸。但小乔无动于衷。在执行任务的当天，奥尔森再次找到小乔，告诉其危险性，但小乔立功心切，不想放弃这次任务，从而导致了一场悲剧。

其实，小乔在接受这项任务的同时就已经意识到这是一项自杀任务。8月12日清晨，小乔曾在妹妹的伦敦公寓里留下一张纸条：“我即将执行任务，如果没有回来，告诉爸爸……我非常爱他。”29岁的小乔为了给他的父亲留下深刻的印象，证明自己的价值，情愿拿自己的生命去当赌注。

1944年8月13日下午，海恩尼斯的肯尼迪家来了两位牧师。当时，老约瑟夫正在屋内睡午觉。听到小乔牺牲的消息，老约瑟夫的心都碎了。但是，他立刻恢复了镇静，而罗丝则手脚冰凉、语无伦次。

送走牧师之后，老约瑟夫紧紧抓住罗丝的手，用低沉而缓慢的声音说：“我们一定要好好地活下去，还有很多事要做，我们必须照顾好活着的人。”之后，他来到门廊，把这一噩耗告诉给了正在做游戏的孩子们。孩子们惊呆了，无法接受这突如其来的打击，一个个泪流满面。“孩子们，你们要勇敢一点，你们的哥哥小乔一直是这么做的，他也一定会要求你们这么做。”约瑟夫鼓励孩子们说，“打起精神来，按原计划进行跑步比赛。”除了杰克以外，别的孩子们都照办了。杰克一个人在房前的沙滩上痛苦地垂着头，不停地走，走了很长时间。

在此后的几个星期里，老约瑟夫一直躲在自己的房间，儿子的阵亡令他痛不欲生。在老约瑟夫身上，除了可以理解的伤感之外，还夹杂着许多不为人知的情绪。或许，他对小乔的阵亡早有预感。在战前，他曾对波士顿的教育委员克莱姆·诺顿说："一场战争即将来临……我的小乔可能卷进这场战争中，如果他出了事，我也不想活了。"阿瑟·克罗克说："小乔的死是对他父亲最严重的打击，是切肤之痛，我从没见到过老约瑟夫如此痛苦。"当然，除了痛苦之外，还有内疚和羞愧。要知道，小乔自愿参加这次不属于自己职责范围的危险任务，就是为了证明肯尼迪家没有孬种，证明自己的价值，然而这却让他送了命。这一点，老约瑟夫意识到了，但他不会承认。后来，老约瑟夫虽然从痛失爱子的悲痛中挺了过来，但从此以后，只要有人一提起小乔，他不是转移话题，就是起身离开，对他来说，这是永远都挥之不去的伤痛。"你知道，我把自己的绝大部分生命以及我自己未来的所有计划都与他联系在了一起，我在他身上看到了光辉的未来，但是现在一切都破灭了。"老约瑟夫给克罗克的信中写道。在这位百万富翁的内心深处，一直有着无限野心，他想当总统，非常想。为了实现这个梦想，他以铁腕控制自己的子女，而现在却眼睁睁地看着战争毁了他的一切。在短短 4 年时间里，他失去了成为总统的一切希望，大女儿成为植物人，大儿子又战死沙场。老约瑟夫对另一个朋友说，他需要另外寻找自己感兴趣的事情，否则他就要疯了。对于向来支持孤立主义的老约瑟夫来说，儿子的死更加深了他后半生对美国介入国外事务的敌意。

8 月 14 日，《波士顿环球报》以"前大使肯尼迪为儿子阵亡而悲痛欲绝"为标题，报道了小乔牺牲的消息。

8 月 15 日，国家领导人发来了吊唁电报。

8 月 16 日，享有航空优先权的凯瑟琳从英国直飞美国。波士顿当地的一家报纸报道说："哈廷顿勋爵夫人、未来的德文郡公爵夫人凯瑟琳今天下午乘一架陆军运输机抵达纽约拉瓜迪亚机场，并立即转乘飞机赶往波士顿。在小乔生前，凯瑟琳是最后一名见到她的肯尼迪家族成员，兄妹俩曾短暂相聚过。"

凯瑟琳身穿一套蓝绿色的美国红十字夏季制服走下飞机，在机场迎接她的是哥哥约翰·F. 肯尼迪上尉。看见哥哥后，凯瑟琳疲倦地微笑了一下，接着扑到哥哥的怀里哭了起来。稍后，她擦干泪水，恢复了严肃的神情，在众人的注目下，挽着哥哥的手臂坚定地走出了停机坪，一起前往海恩尼斯港的家。

对于肯尼迪家族的每个成员来说，这将是一次安静的团聚，所有人都沉浸在哀伤之中。

1944 年春天，老约瑟夫再次向罗斯福表示，希望能在政府中谋个职位，尤其是在当时空缺的财政部长一职，但罗斯福无动于衷。5 月，老约瑟夫就战后美国贸易发表了一次重要演讲，当时有 1 000 多人到场，《波士顿环球报》用整个头版对此事做了报道。人们越来越感觉到，这位前大使很可能会成为 1944 年总统选举一股强劲的势力。但是，小乔的突然离世使他陷入了沉默。

在凯瑟琳到达的当晚，她与杰克一起去了圣弗朗西斯—埃克斯沃的海恩尼斯小教堂，因为在他们那个不讲感情、仍按部就班正常生活的家庭中，可能只有这个地方最适合他们寄托对哥哥的哀思。

8 月 17 日，杰克·肯尼迪在切尔西海军医院接受了由亨森医生主刀的直肠手术。8 月 22 日，医生在杰克的病历卡上记载着："病人腹部及腿部的疼痛减轻，行走时已没有什么不适的感觉，但腹部的疼痛仍然存在。"对此，医生们一筹莫展，只好建议杰克回家休养。

然而，现在整个家庭都沉浸在深深的悲哀之中，气氛还不如医院更适合养病。

如今，杰克·肯尼迪成了肯尼迪家的长子了。他很快发现，要当好肯尼迪家族的长子并不是看上去那么容易。

在小乔遇难大约两周后，杰克邀请了伦尼·汤姆夫妇和吉姆·里德夫妇来家中做客，那是个劳动节的周末。"我们一到达就立即被组织起来，进行各种比赛。即使汤姆夫人有孕在身，也不得不参加，这没有带给她任何特权……整个周末我们就是不断地比赛和竞争。每天吃晚餐时，肯尼迪先生都会挨个查问大家一天都做了些什么事，肯尼迪家人向来如此，真是个奇怪的家族。"里德夫人后来回忆说。

虽然生活仍然在按部就班地进行，但是老约瑟夫的失子之痛就像一片乌云，笼罩着整个家庭。晚上，当杰克一帮人在屋外的草坪上欢唱时，老约瑟夫从窗户中探出头来，咆哮道："杰克，难道你和你的朋友们就不能对你死去的哥哥有点敬意吗？"一个本来美好的晚上就这样不欢而散。第二天，他们将要向老约瑟夫道歉时，却被他冰冷的眼神吓得不敢开口。在杰克的朋友们离开后，老约瑟夫甚至无理地要求杰克从此跟他们断绝来往。

祸不单行。在小乔死后不到20天，肯尼迪家族又遭受了一次打击：凯瑟琳的英国丈夫威廉·哈廷顿勋爵在战斗中死于一个德国狙击手的枪下。这对于陷入悲痛中不能自拔的肯尼迪一家而言，无疑是雪上加霜。“我的生活完全被毁了。眼下，一切都乱套了。”凯瑟琳于10月给杰克的信中说道。在夫家的帮助下，凯瑟琳终于能够面对年轻丈夫的阵亡，并选择留在伦敦，在当地红十字会工作。“我很庆幸自己是肯尼迪家族中的一员，我的感情很坚强。看到父母对小乔的死的反应，我就明白了，我们都已经拥有了一种能力，一种不被困难击倒的能力。未来还有很长的日子，生活中的幸福还有很多，尽管现在看来有点遥远。”凯瑟琳在给一个朋友的信中说。

10月，杰克再次住进了切尔西海军医院。住院期间，他收到了许多吊唁小乔的信件。其中那封来自他在哈佛的同班同学麦考·格里斯的信，让杰克终生难忘。当年，格里斯的母亲和姐姐相继去世，肯尼迪家给予了他很大的帮助和安慰，现在他希望能把自己所认为的有关小乔阵亡的真正意义告诉杰克，以报答肯尼迪家的恩情。麦考·格里斯在信中写道：“当年在哈佛，是小乔制定了步调，给你提供了效仿的榜样。但是，我一直认为，小乔只是担当起肯尼迪家族的荣耀，而你才是这一姓氏的核心人物。如今，小乔死了，而你已成为家喻户晓的英雄，你的名字已成为勇敢、坚强、自信的象征，你为肯尼迪家族赢得了荣誉。但是，这一切小乔起到了不可估量的作用。我认为，所有的这些变故全都是上帝的旨意，他让我们其中一个人离开工作岗位，就是为了让另一个人独立地完成这项工作。”

格里斯的这封信给了杰克莫大的鼓励，在此后的岁月中，杰克一直珍藏着这封信，并不时诵读，从格里斯那发人深省、催人奋进的话语中汲取奋发图强的力量。

小乔是肯尼迪家族当然的继承人，也是美国政坛上前程远大的年轻人，但是在小乔的内心深处，他深知想要问鼎总统宝座自己的条件是远远不够的，但他认为他的弟弟杰克具备成为总统的条件，并且有朝一日肯定能成为总统，这一点在杰克取得了骄人的成绩之后他就更加确定了。当然，杰克对哥哥的这种心理也了解得特别透彻。作为一名民主党政治家，小乔有过一连串的错误判断：早期崇拜希特勒；1940年坚决反对罗斯福第三次连任党内提名；坚持孤立主义，并与其他人一起建立哈佛反战委员会等，这一切表明，他缺乏成为一名优秀政治家的判断力和优良素质。虽然小乔遭受了失败的打击，但他身上仍然有很多优秀品质值得杰克发扬光大。

为此，杰克决定写一本书，记述家人和朋友有关小乔的个人回忆，以表达对哥哥的敬意，同时抚慰自己的悲痛，也使自己从哥哥的阴影及竞争中解放出来。为了搜集资料，杰克分别给小乔以前的老师、同学、室友、战友以及情人等写信，向他们征求回忆文章。杰克将这本书定名为《我们怀念小乔》，这本书不仅是对小乔的缅怀，而且还是对那些有远大抱负却在战争中牺牲的优秀年轻人的悼念。

1944 年 11 月 25 日，杰克正式接到切尔西海军医院有关病情的通知，通知说，该病人即使继续住院也无法痊愈，建议退伍。海因策尔曼医生的报告上写道：“病人腹部疼痛持续发生，体重无法增加，现诊断为慢性结肠炎。病人目前的身体状况，与在南太平洋的艰苦作战有关。卫生委员会认为，该军官已不适于服役，建议将其交由退役委员会处理。”

然而，海军医疗局主任亚当斯上校却对杰克的最初病因提出了质疑。亚当斯上校在海因策尔曼上校的报告上批示道：“当事人在参加海军前的体检报告显示，该军官曾被严格控制常规饮食，这明确表示该军官在美国海军预备役任职之前就患有某种肠胃疾病。”亚当斯反对将杰克的病情与其过度疲劳的战争经历联系起来，他要求卫生委员会重新提出相关资料，来证明杰克已不适合服役，然后再交由退役委员会处理。

杰克被迫在波士顿继续进行各种化验、检查，并完成体检报告。对此，不仅杰克感到很愤怒，就连切尔西海军医院的海因策尔曼上校也感到愤愤不平，华盛顿竟然如此对待一个疾病缠身的英雄。为了讽刺亚当斯上校，海因策尔曼上校在报告中称：“杰克·肯尼迪上尉目前的腹部症状是他在水中挣扎了 50 多小时、1 个星期没吃没喝以后开始的。”

12 月 27 日上午 9 点，杰克出席了在华盛顿海军部科克伦附属大楼 100 号的退役委员会的听证会。听证会由 5 名退休军医组成，在读了杰克厚厚的一摞病历后，他们对海军质疑并企图拖延杰克的退役感到羞耻。经过简短的体检后，退役委员会一致认为：“该军官不能在海军服役的状况是永久性的。该军官的伤病是履行职责过程中一次事故的结果……准予退役。”1945 年 3 月 1 日，杰克将合法地退出现役。

KENNEDY

第三章

踏上征程

“我的哥哥小乔是我们家族中从事政治的当然人选；如果他活着，我会继续当作家；如果我死了，我的弟弟鲍勃会承担起这个责任；如果他出事了，还有我们的弟弟特迪去参加竞选……”肯尼迪在一次采访中说。

接过哥哥的重任

KENNEDY

1945 年的圣诞节很快到来了，杰克本来打算将那本缅怀小乔的书当做圣诞礼物送给父亲，希望能给他点安慰，但却迟迟没有印出来。不过，杰克很快意识到，父亲在圣诞节既不是想要这本怀念小乔的书，也不想要普通的节日礼物，而是希望得到杰克同意开始从事政治生涯的明确表示，以便实现父亲渴望的而小乔未能实现的肯尼迪家族的梦想。

事实上，当得知哥哥阵亡的消息时，杰克就已经预感到哥哥的政治使命必然会落到自己的肩上，自己将成为父亲实现其政治野心的执行人和实践者。在圣诞节的聚会上，杰克无奈地对费伊说："我能感觉到爸爸的眼光老是盯着我的后脊梁，他在思考下一步将采取何种行动。他希望他的大儿子从政，不，准确地说应该是要求。然而现在轮到我了，该我上场了。"

在杰克·肯尼迪青年时代的一个关键内容就是，寻找一个适合自己一生的职业，到了 27 岁尤其是这样。但是，他无法肯定政治对他来说是否是一个合适的职业，尽管他的父亲、外祖父和哥哥小乔都抱有极大的信心和热情。从政的风险不可估量，但杰克仍要接受这一挑战，因为他现在是肯尼迪家族的长子，在维护家族公共名声方面负有明确的责任。杰克后来在一次采访中也透露说："我的哥哥小乔是我们家族中从事政治的当然人选。如果他活着，我会继续当作家；如果我死了，我的弟弟鲍勃会承担起这个责任；如果他出事了，还有我们的弟弟特迪去参加竞选……"

强烈的家族兴趣、自身的政治素养以及对"无论是公共服务领域，还是积极的政治领域，我们都必须对我们的政治生活实现充分的领导"的个人信念，都激励着杰克投身于政治事业。从孩童时代起，杰克就深受曾任国会议员和波士顿市长的外祖父约翰·F. 菲茨杰拉德的政治熏陶。父亲在罗斯福前两任所担任的政府要职也为他提供了便利的条件，他可以以此为基础向上爬。而且，杰克本人对政治也有颇浓的兴趣。他在大学学了 6 年的政治科学，研究国内和国际形势；虽然后来因为在海军服役而将自己的兴趣耽搁了下来，但他在战争时期仍不断地思索着政治和国际关系，现实使他对国际问题的理解更加成熟和具有深度。离开海军后，在杰克为自己的未来作规划时，小乔的死一下子把他推到了风口浪尖，使他不得不做出从政的选择。对于杰克来说，小乔的死和父亲的野心是他从政的决定性因素。所有这一切似乎都在预示，杰克·肯尼迪将要重铸父亲的梦想，实现哥哥小乔永远都无法实现的政治使命：入主白宫。

杰克的朋友斯波尔丁后来回忆说："对于老肯尼迪来说，从政是家族的头等大事，因此杰克义不容辞。如果小乔不死的话，杰克则可能只是为哥哥的政治路途添砖加瓦。毫无疑问，小乔的死扫清了杰克从政道路上的障碍，使杰克的从政之路变得更加宽广。"

而比林斯却不这么认为："很多人说，如果小乔没有死，杰克永远都不会涉足政坛，我不相信这种说法。我认为，没有任何东西能够将杰克排除在政治之外，他的血液里流淌着政治……我了解他的兴趣、能力以及背景，因此我坚信，即使小乔还活着，他从政也是迟早的事。"

比林斯的判断很快得到了验证，在1945年圣诞节之后，杰克就把他的从政计划透露给远在太平洋的比林斯："我计划在秋季返回哈佛的法学院。然后，如果在校期间有什么好机会出现的话，我就会去争取。目前，我已经看好了一个机会，但愿能成功。"

事实上，在杰克下定决心之前，老约瑟夫从1944年12份开始就已经为杰克的政治事业搭台。当时，国会议员詹姆斯·迈克尔·柯利因犯诈骗罪以及额外的法律诉讼陷入财务危机。获悉这一消息后，老约瑟夫迅速行动。他派前警察局局长蒂米尔蒂充当密使，秘密给柯利送去12 000美元现金，帮助其还清长期债务，并许诺，如果柯利离开他的第11区国会议员的席位而改选1945年的波士顿市长的话，他会再给柯利一大笔资金为他助选。这对于面临牢狱之灾和欠了一屁股债的柯利来说，简直就是雪中送炭。如此一来，只要柯利竞选波士顿市市长成功，他空出来的众议院席位就会由杰克来替代。

在棕榈滩，和父亲确定了这一计划之后，杰克在1945年初去了亚利桑那州的城堡温泉，在那儿疗养，准备踏上他所选择的政治征途。

在这段闲暇的时间，杰克顺便整理完成那本怀念小乔的回忆录，并自费5 000美元印了出来。在书中，杰克动情地写道："在我认识的所有人中，小乔是真正具有伟大品格的人，这一点我坚信不疑。我认为，如果肯尼迪家的子女将来有所成就的话，那主要归功于小乔，是他给肯尼迪家的子女们树立了效仿的榜样。”在给乔特中学的廷克博士的信中，杰克写道：“小乔的死对我们大家都是一次很大的震动。在乔特中学的时候，他的领导能力就已表现超群。他每一件事都干得相当出色，而且都以极大的热情去做。我一直认为，只要是他决定做的事情，都一定能实现。或许，我的这种看法过于武断，有时候甚至不能客观地评价自己的哥哥，但我坚信如果哥哥还活着的话，必定会大有作为。”

至于杰克自己，“医生建议我休养一年左右，我打算等到秋天再回到波士顿”。谈到战争，杰克评论道：“现在战争对我来说，已没有任何意义。我倒是很希望在有生之年能够阻止一场战争的爆发。”杰克在给乔特中学校长的信中谈到。

然而，杰克的父亲等不及让他完全康复就催促他重新投入战斗。如同老约瑟夫在1957年8月对记者说的那样：“我敦促杰克进入政界。我告诉他，小乔死了，因此竞选国会议员就是他的责任。他不想照办，认为自己没有那种能力。但我坚决地告诉他，他别无选择了。”杰克曾对好友费伊说：“当战争结束后，你回到阳光明媚的加州悠闲自在的时候，而我却要回到爸爸那里，和他一起把一艘被撞沉的鱼雷艇和背部的旧伤变成政治上的一块砝码。现在父亲已经做好了所有的准备，就等着他的儿子了。”

此时，杰克最紧迫的任务之一就是掌握柯利所在的第11选区的形势。杰克写信到波士顿，让他外祖父的私人秘书立即帮他收集有关波士顿工商业前景的信息，并订购《波士顿邮报》和《波士顿先驱报》。1945年2月7日，杰克收到了外祖父的秘书寄来的波士顿市政建设的相关资料，并承诺在一两天之内会给杰克寄来更多、更详细的资料。

在城堡温泉疗养期间，杰克结识了一位叫帕特·兰南的新朋友。帕特·兰南是芝加哥的一名百万富翁，与杰克的父亲一样，也是白手起家，也具有爱尔兰血统。尽管兰南比杰克大13岁，但是在城堡温泉这样一个老年人占大多数的地方，他们的年龄还算比较接近，所以很自然地就成了形影不离的好朋友。已经涉足工业和印刷业多年的兰南忠告杰克说：“劳资问题将会成为战后国内的主要社会矛盾……我想你并不知道车床、自动螺丝机以及冲床之间的区别，而这是你应该知道的。”于是，杰克立即写信给外祖父的秘书。很快，杰克就收到了满满一箱有关劳工和劳动法的书籍。兰南回忆说，当时和他同住一屋的杰克几乎每天看书看到凌晨一两点钟，直到把那箱书读完，“这使我对他刮目相看，给我留下了深刻的印象。”

在那段日子里，给兰南印象最深刻的是杰克的父亲老约瑟夫。每天下午5点，老约瑟夫都会准时地给杰克打电话。“在我的印象中，很少有父亲会这样准时地给儿女打电话。一到下午5点电话铃就会准时响起，就像上了闹钟一样。然后，他父亲就开始询问，‘你今天过得怎么样？都做了些什么？有什么我可以帮你做的？……’”

在这期间，杰克写了一篇题为《谈战后和平》的文章，并把它投给了《生活》杂志、《读者文摘》和《大西洋月刊》。在文章中，杰克反对战后与苏联展开军备竞赛。他认为，如果美国努力与苏联这样一个国家竞争，无期限地维持庞大的军事力量，将会破坏美国的经济和民主。他还准确地预言，美国民主机制的约束力将会被冷战这样的国际斗争削弱。

尽管杰克认为自己的文章很有新意，但《生活》、《读者文摘》和《大西洋月刊》的编辑们却对他这篇有关裁军的文章反应平平。《读者文摘》的编辑保罗·帕尔默认为，文章虽然“构思精巧，文笔流畅”，但是太过“教训人”。《大西洋月刊》的编辑威克斯则认为：“这篇文章还需要动大手术，它将一个非常复杂的问题过于简单化了。还需要进行深入的分析。”而《生活》杂志对这篇文章根本未作任何评论。

在城堡温泉待得百般无聊的时候，杰克和兰南决定去好莱坞度假。早在战前，兰南就结识了电影导演沃尔特·休斯顿，现在他又将休斯顿介绍给了杰克。很快，休斯顿就把杰克和兰南带入了好莱坞那令人眼花缭乱的社交活动。在好莱坞的那段时间里，杰克和兰南频繁地参加各种社交活动，生活舒心惬意，杰克也恢复了往日的风采。

当杰克在好莱坞虚度光阴，过着花天酒地、骄奢淫逸的生活时，他那精力充沛的父亲则开始在波士顿四处活动，分析形势，积极地拉拢选民，为儿子的竞选做准备。

为了在马萨诸塞州再次突显肯尼迪的形象，4月初，乔与马萨诸塞州州长莫里斯·托宾一起共进午餐，并发表演说，号召“全波士顿的雇主、员工和立法人员团结起来，依赖波士顿的空港和海港来促进其经济发展”，并宣布在州里投资50万美元。第二天，《波士顿环球报》的头版就刊登出了老约瑟夫与州长的照片，下面是一行醒目的大标题《老肯尼迪先生在席间宣布：波士顿将变成一个天堂》。4 月 15 日，老约瑟夫宣布向圣安波罗尼协会捐赠 1 万美元，该协会的主要成员是波士顿地区信仰天主教的牙医。4 月 29 日，受州长托宾的委托，老约瑟夫将对全州的工商业进行一次全面考察。在 1945 年夏季的大部分时间里，老约瑟夫一直在马萨诸塞州各地四处奔走，与劳工、企业和政府领导人进行交谈。这次考察为老约瑟夫深入了解该州的经济现状和未来前景提供了难得的机会。波士顿的一个政治家指出："这次经济调查实际上是在为杰克对这个州进行的一次政治侦察。"

在老约瑟夫看来，一切进展顺利，只是他的儿子杰克——未来的候选人，此时仍对政治没有显示出多少热情，还在好莱坞过着纸醉金迷的放荡生活。1945 年 4 月底，在乔的建议下，赫斯特的芝加哥《美国先驱报》邀请杰克"以一名普通美国老兵的身份"采访在旧金山召开的联合国会议。这次联合国会议是自 1919 年凡尔赛和谈以来规模最大的一次世界性集会，汇聚了来自各国的政府首脑和外交官员。对于一个即将踏入政坛的年轻人，一个深受战争创伤的老兵来说，这可是一次绝好的机会。杰克立即收拾行装，于 1945 年 4 月 25 日前往旧金山。

2 初露锋芒
KENNEDY

有人说，杰克·肯尼迪的政治生涯是从 1945 年采访旧金山会议开始的，这种说法或许是正确的。当时，他曾郑重地向也在旧金山的朋友斯波尔丁宣布，他已经下决心从政了，"打算竞选国会议员"。听到杰克的这一决定后，斯波尔丁尽管感到有些吃惊和意外，但他立即对杰克的这一决定表示了支持，而且这种支持是发自内心、非常真诚的。

在杰克成为一位政治家之前，他有幸在旧金山目睹了战后世界新秩序形成的全过程，观察最高层的国际政治运作，这一经验对他以后的思想观点以及政治抱负有着深远的影响。

第一次世界大战以后，在美国总统威尔逊的倡导下成立了国际联盟，但后来美国却拒绝加入国联。第二次世界大战即将结束时，总统罗斯福鉴于美国在一战后倡导“国际联盟”问题上的教训，从美国的全球战略出发，经过长时间的谋划，提出了建立新的国际组织——联合国——的设想。1945年2月，雅尔塔会议决定：1945年4月25日，在美国旧金山召开联合国会议，以便按照敦巴顿橡树园会议所确定的原则制定联合国组织的宪章。然而，这一次，另一强国苏联却又不愿意合作。

3月27日，斯大林给罗斯福发来一封信，措辞强烈，宣称苏联拒绝派外交部长莫洛托夫出席旧金山会议，而是由苏联驻美大使葛罗米柯率团出席。这严重阻碍了会议的进程。当然，这并不是人员本身的问题，而是因为这里涉及级别。当时，出席旧金山会议的美国代表团由国务卿爱德华·斯退丁纽斯率领，英国代表团由外交大臣安东尼·艾登率领，按照惯例其他代表团也应由同样级别的人率领。斯大林这么做无疑是一种示威，言外之意就是“三巨头（美、英、苏）”之间有了分歧。

在旧金山会议即将召开之际，罗斯福总统于1945年4月12日在佐治亚洲的温泉城去世，总统一职由杜鲁门担任。对于苏联的不合作，杜鲁门总统的态度是，“按计划举行旧金山会议，如果苏联人不愿意参加，就让他们滚蛋”。

最终，斯大林还是派外交部长莫洛托夫和驻美大使葛罗米柯出席了会议。尽管杜鲁门总统上任后，已任命前参议员吉米·贝尔纳斯在旧金山会议后取代现国务卿爱德华·斯退丁纽斯，但斯退丁纽斯仍作为美国的首席代表出席会议。

然而，斯退丁纽斯在会上的表现就如他在罗斯福任内担任国务卿的表现一样令人失望。在会上，斯退丁纽斯显然无法控制与苏联人谈判的局势，使他和整个美国陷入了尴尬的境地。《纽约时报》驻会议记者詹姆斯·赖斯顿对斯退丁纽斯的评价是“缺乏外交方面的知识和经验，可能无法得到和他同一层次领导以及其他代表团的尊敬”。事实上，最先公开蔑视斯退丁纽斯的所作所为的是他自己代表团的成员。即使在与英国首席代表安东尼·艾登举行的一对一小型会议上，斯退丁纽斯的表现也让人感到难堪。“他不能流利地说明美国的政策，还不时地掏出一张上面只有几句话的小卡片来提醒自己。”赖斯顿透露说。

与斯退丁纽斯的糟糕表现相反，此时的杰克已经完全进入了角色，并且信心十足。作为一部论述外交事务的畅销书作者，一个能够接触到美国和英国重要官员的人，一个能够以军人角度说话的海军英雄，杰克很快在读者群中树立起了战后国际事务专家的形象。

1945 年 4 月 28 日，《美国先驱报》登载了杰克采写的第一篇有关旧金山会议的新闻报道。报道说：

有人认为这次会议的召开意味着战争的结束，它将给世界带来和平、友好。当然，这世界并不包括日本和德国。事实上，这次会议并不能带来和平和友好。

在这次会议上只要能达到两个目的，我们就已经很满足了：第一，能对敦巴顿橡树园会议上建立起来的安理会选举步骤作一些修改；第二，苏联人能在波兰问题上有所让步。

这次会议，唯一能制造出大新闻的苏联代表团没有对新闻界透露一点儿有价值的信息，他们相互之间的交流似乎也不多。不过，在星期四举行的一次记者招待会上，莫洛托夫竟然出人意料地打破沉默，讲了几分钟话，但仍未给记者们多少有价值的信息。

在会上，莫洛托夫常常在一些小问题上纠缠不清，比如由谁担任安理会常任主席这类问题，而按照惯例这一职务通常由主办国的外交部长担任。莫洛托夫之所以在小问题上斤斤计较，就是为了以后能在大问题上说了算。

在旧金山的街道上随处可见美国大兵，但他们似乎对这次会议讨论的问题并不是很了解。“我不知道这次会议究竟在讨论什么问题，但如果与会者能使我们不再打仗，我对他们表示支持。”这是一位海军陆战队中士对此的看法，可能这也代表着大多数士兵的意见。

对于中士的这个看法，我完全同意。

这篇现实感颇浓的报道使这位年仅 27 岁的记者脱颖而出，在这之后，除了报道有关旧金山会议的新闻外，杰克还不断发表自己日趋成熟的分析。渐渐的，费城的《检验报》、纽约的《美国新闻》等这些报纸也开始采用杰克的稿件。

1945 年 4 月 28 日至 5 月 28 日，杰克总共发了 17 篇 300 字的报道，主要报道美苏之间的紧张关系。

在4月30日的电讯中，杰克提出，莫洛托夫明明知道，根据雅尔塔会议所达成的协议，在波兰未成立临时政府之前，大会不能承认卢布林（波兰共产党）政府，但莫洛托夫却仍然向大会提出给予卢布林政府代表团正式席位的要求，莫洛托夫“为什么要提出卢布林政府的席位要求呢”？

杰克提出的问题实际上已经触及战后苏联对东欧构成威胁的实质。当时，苏联依靠自己优越的地理位置，已经拉拢了一些东欧小国家组成了一个强大的苏维埃阵营。苏联外交部长莫洛托夫盛气凌人的态度和确保苏联的民族安全的顽固要求令美国和英国代表团震惊、恼火。在捷克斯洛伐克流亡政府外交部长金·马萨里克宣布支持莫洛托夫关于波兰问题的提议后，美国和英国的首席代表相继作了反对苏联提议的发言。

杰克准确地预测说，苏联和西方之间已有了长达25年的不信任，这不是在短期内能完全消除的，因此不要期望与苏联建立良好的关系。同时他认为，既然苏联人参加了会议，并有兴趣建立一个国际组织，说明还是有希望的，“在旧金山的这一个星期是美苏两国历史上最关键的一周，它将决定美苏未来的关系走向何方，是否能够和平相处。”

杰克的报道越来越具有预言性。在5月4日的电讯中，杰克写道：“尽管头一个星期的会议消除了一些分歧，但结果仍不容乐观，苏联和美、英所持的观点截然不同。这令很多人大为震惊，因为在德黑兰和雅尔塔的两次会议上，他们听到的都是盟国观点完全一致的报道。那时，美、英、苏要对付共同的侵略者，所以各自将分歧掩盖了起来。然而，现在这一切已成为过去。新国际组织不过是一具骨架，力量是有限的。它只能反映各成员国之间存在的分歧……但无法使分歧得到解决。让人感到遗憾的是，团结起来与共同的侵略者作斗争比团结起来实现和平要容易得多。要想实现和平，我们还任重而道远，旧金山会议仅仅是个开端。”最后，杰克得出一个悲观的结论：“旧金山会议所产生的新国际组织只不过是1919年凡尔赛和约的同一种情绪和自私的产物，是它的翻版。”

在5月9日的报道中，杰克提出，苏联在前不久毫不费力地得到了波兰领地，那么现在苏联人是否会允许美国人留住柏林？他预测说：“如果现在无法达成协议，美、苏关系就会迅速恶化。”

敏锐的观察家们发现，约翰·F. 肯尼迪对这次会议的报道范围，已经大大超越了一名普通新闻记者、普通美国老兵的角度，此时他已初具政治家的雏形，即将破茧而出。在杰克的朋友看来，杰克并没打算投身记者这一行，这只是他进入政界的一个前奏。“杰克在公众中树立从事和热爱写作这一形象，对他成为一名优秀的政治家意义非凡。”斯波尔丁评论说。

在旧金山，除了工作外，杰克还是一个活跃的社交人物。阿瑟·克罗克对住在旧金山皇宫饭店里的杰克是这么描写的：

> 一天晚上，皇宫饭店杰克的卧房里挤满了人，杰克一身准备参加晚间正式活动的装束，只差没穿上皮鞋和晚礼服。他斜躺在床上，背靠着3只枕头，一手端着一杯鸡尾酒，一手拿着电话。他对话务员说：“请帮接芝加哥《美国先驱报》的编辑……不在？那能找个人留言吗？”过了片刻，只听杰克说道：“好的，麻烦你尽快让他得到这个口信好吗？谢谢你，请你转告他，肯尼迪今天夜里不发稿。”

当时，为了帮助杰克更好地从“一个普通老兵”的角度报道这次会议，费伊匆匆从佛罗里达赶到旧金山。费伊回忆说：“杰克不单和艾登以平等的身份交往，和波伦、哈里曼也是如此。”

在旧金山的这段时间里，杰克所接触的这些政治人物后来都成为他当上总统后的得力助手。奇普·波伦是当时联系国务院和白宫的首席联络员，还在雅尔塔会议中担任过俄语翻译，后来他成为肯尼迪政府苏联问题的首席顾问。艾夫里尔·哈里曼是当时美国驻莫斯科大使，后来成为肯尼迪政府的关键人物。在这些人之中，对杰克事业最有帮助的是时任国务卿特别助理的艾德莱·E. 史蒂文森。艾德莱·E. 史蒂文森是个热情的自由派，他才华横溢，通晓多门语言。在1941年至1944年间，他一直担任海军部长助理一职。50年代，史蒂文森成为民主党的理论权威和灵魂，共和党执政时他曾参加过总统竞选。

艾登、哈里曼和波伦三人都参加了雅尔塔会议，通过他们，杰克对苏联给西方造成的威胁有了更详细、更深刻的了解，这对他以后处理国际关系有很大的影响。

1945年5月24日，波士顿传来国会众议员詹姆斯·迈克尔·柯利决定参加11月份波士顿市长的竞选。杰克·肯尼迪的大好前景已触手可及。

此时，杰克仍然没有回波士顿的打算，他目前仍关注着欧洲的政治进展：丘吉尔不顾众多顾问的劝告，决定在日本投降之前举行大选；战胜国正计划在德国的波茨坦召开一次高峰会议。鉴于杰克对旧金山会议所作的精彩报道，赫斯特“报系”把他派往英国和德国，对英国大选和波茨坦高峰会议进行报道。

在飞往英国之前，杰克先顺道去海恩尼斯港看望父亲。6月11日，在老约瑟夫的安排下，杰克在波士顿作了一次有关旧金山会议的简短演说。在演说中他表示，他对旧金山会议深感失望，但他认为这次会议所取得的结果已经是所能得到的最好结果，值得大家全力支持。

对于杰克在旧金山的表现，老约瑟夫感到“从未有过的自豪”。1945年5月，乔给女儿凯瑟琳的信中谈到杜鲁门总统可能让他在新政府里任职一事时说：“如果他一定要给我一份工作的话，我宁可让他把工作给杰克，也许让杰克到某个国家当个驻外使节，或者当助理国务卿或海军助理部长之类的。”话虽如此，但老约瑟夫心里很清楚，总统不会任命一位只有28岁的小伙子来担当如此重要的职位。不过，由此可见，此时杰克在父亲心目中已经渐渐有了政治家的形象。

此时，新上任的海军部长詹姆斯·福雷斯特尔正在考虑华盛顿海军部人员的重组问题。史蒂文森就是在这期间被福雷斯特尔解了职，转而担任国务卿助理。原因是，福雷斯特尔认为他说话“啰嗦”，不适宜担任海军部长助理的要职。在福雷斯特尔眼中，杰克·肯尼迪才是他寻找的“了解战争和冲突的起因，了解我们的基本目标和理想，了解国际政治形势，曾经为祖国而战，是优秀的公民”这类人才。

在华盛顿会见杰克时，福雷斯特尔明确表示，他希望杰克这个出类拔萃的年轻人从欧洲回来后“到海军担任一个负责的职务”。然而杰克对此提议并没有太多兴趣，国际政治和国际关系才是他真正的兴趣所在。在华盛顿辞别福雷斯特尔后，杰克便直接飞往英国，报道英国大选。

此时，英国的竞选正进行得如火如荼。丘吉尔会赢得大选吗？在美国的时候，杰克一直认为丘吉尔和他领导的保守党会取得大选的胜利。但是，在英国跟踪丘吉尔的全英竞选活动1个月后，杰克很不情愿地得出结论：丘吉尔和他的保守党在大选中必然会落败。

6月29日，杰克整整努力了5天的电话（刚解除战时电话禁令）终于接通了，他与在海恩尼斯港的父亲聊了很长时间。杰克告诉父亲，尽管有很多人认为丘吉尔会获胜，但实际上他和他的保守党正面临一股强大的左翼潮流。他认为，如果最终保守党获得胜利，那全是仰仗丘吉尔的个人魅力。另外，他还决定在英国竞选结束后去爱尔兰和德国。

在英国采访大选的这段时间里，有一大帮英国朋友和老熟人帮助杰克了解英国当时的形势。当时，兰南也作为一名记者，在英国首都伦敦，他和杰克同住在格罗夫纳旅馆。

兰南后来回忆说："在那间不大的客厅里，常常同时有七八个人在座，他们都是杰克的朋友。我们在一起谈论的话题总是离不开英国的大选、欧洲的当前形势以及战后欧洲的格局。我认为，杰克对这类问题有着十分浓厚的兴趣，但是我一直不清楚杰克是站在什么立场上谈政治的。打个比方来说，我总喜欢从经济入手谈政治，比如战后他们将如何复兴德国。可能，此时杰克的观点还未成形。"

不过，令兰南感到吃惊的是，杰克并没有受父亲驻英期间右翼观点的影响。在他看来，杰克父子间的关系非同一般。

在英期间，由于杰克的一些朋友参加议会竞选，使杰克有了更多了解竞选程序的机会。"这是我头一次参加竞选，因此在很多地方看起来有些与众不同，至少杰克是这么认为的。"休·弗雷泽回忆说，"他总爱提出各种问题，比如为什么竞选时是这样的，具体是怎样操作的，为什么要这么操作，等等。总之他是一个喜欢刨根问底的人，好奇心极强。往往我问他一个问题，他至少反问我两个。"凯瑟琳的英国朋友巴巴拉·沃德回忆说："他会问各式各样的问题，竞选会遇到什么样的压力，什么人支持什么等等。你能明显地感觉到，这位海军上尉浑身散发着浓郁的政治气味，他那么年轻，但已经对政治形势有了充分的认识和了解。"

在竞选战役即将结束的时候，杰克预测："由于双方争夺得异常激烈，因此即使保守党获得选举的胜利，票数也不会超出太多，但是工党执政的日子不会太远。"7月5日，英国全民进行投票选举，由于此次大选还要计算驻外国的英国军队的票数，因此大选结果将在7月26日揭晓。

然而在这大选的紧要关头，杰克先是因注射疫苗而引起发烧，接着便收到父亲安排他去爱尔兰采访的电报。老约瑟夫在电报中还说，福雷斯特尔将带他去波茨坦出席同盟国与斯大林的最高级会议。

退烧后，杰克听从父亲的安排，飞往爱尔兰。这次爱尔兰之行，老约瑟夫有两个用意：第一，引起波士顿市爱尔兰人选区对杰克的关注；第二，让杰克亲眼看看他祖先在移民前生长的地方。

当时，爱尔兰南北分治，南方26镇，北方6镇。南爱尔兰的领导人德瓦勒拉总统在爱尔兰众议院宣称："我们是一个共和国。"此话一出，立即使形势变得扑朔迷离，南爱尔兰的国际政治地位问题也成了热门话题。

1945年夏天，德瓦勒拉决意结束南北分治的局面，并得到南方所有爱尔兰人的支持，但北方的爱尔兰人却决意不肯归属信奉天主教的南爱尔兰共和国。而北爱尔兰对于英国来说，又有重要的战略意义。在二战最艰苦的年代里，如果没有北爱尔兰，英国是无法单独与希特勒对抗的。杰克在报道中指出："如果英国能得到保证，在战时有权支配在二战期间发挥重要作用的乌尔斯特军事基地和其他基地，那么实现南北统一就有了希望……然而，截止到本周末，南北双方的领导人都声称，他们决不会放弃自己所辖地区的一寸土地。看来，南北统一的问题仍旧难以得到解决。"

尽管老约瑟夫一再督促杰克"尽快"报道爱尔兰的时局，但杰克已经来不及报道了，他必须离开爱尔兰前往巴黎，因为海军部长福雷斯特尔在巴黎等他一起前往波茨坦。就在杰克到达巴黎前，英国大选的结果揭晓了：丘吉尔易位，工党大获全胜，由克莱门特·艾德礼出任首相。

杰克得到这一消息后，立即向美国赫斯特报社发回电讯稿，他写道："在过去5年里，英国屡遭炸弹的轰击，但所造成的震惊都不如这次大选的结果。在大选结果公布之前，就连最乐观的工党成员也没有料到他们会获得如此大的胜利，领先保守党150个席位。"对于丘吉尔的失利，杰克分析主要有两个原因，一方面保守党已经执掌大权10年，公众认为应该换换人了；另一方面在过去的5年里，英国贫富分化越来越严重，工人们的生活条件非常恶劣。对于即将竞选国会议员的杰克·肯尼迪来说，能够认识到这两点是非常重要的。

福雷斯特尔去柏林一行人中除了杰克外，还有两名成员艾夫里尔·哈里曼和奇普·波伦，他们两人当时主要研究苏联对欧洲的企图。

与杰克一样，福雷斯特尔对国际关系也有着十分浓厚的兴趣，并对战后国际局势的发展十分关注。虽然福雷斯特尔年纪较长，从政的时间很长，掌管着美国庞大的海军部队，但他同样也对杰克的政治远见非常佩服。

站在柏林的废墟上，杰克感慨万千，轰炸毁掉了柏林的一切，所有的政府建筑、旅馆、博物馆以及帝国剧院几乎都被夷为平地。然而，就在战争的一周前，杰克还在下榻的柏林帝国饭店写信给比林斯，他还表示："形势虽然不容乐观，但战争是不会发生的。"

这次在柏林郊区波茨坦举行的高峰会讨论的主题是：欧洲势力范围的划分，如何打败日本，以及苏联是否需要参战的有关事宜。然而，令人匪夷所思的是，如此重要的会议居然没有邀请海军部长福雷斯特尔为美国正式代表陪同杜鲁门总统参加会议。

由于在波茨坦无事可做，福雷斯特尔于7月30日上午离开波茨坦，和杰克以及其他随从去参观德国的港口和城市。他们一行先后参观了不莱梅市、不莱梅港、弗洛奇、德国海军总部所在地基尔、法兰克福、萨尔茨堡以及希特勒在贝希特斯加登的避暑山庄和在高山上有"鹰巢"之称的别墅。不管他们走到哪里，谈论的话题始终围绕着苏联对欧洲的企图。

这次以美国海军部长詹姆斯·福雷斯特尔的客人的身份游览欧洲大陆的过程中，杰克遇到了或者至少近距离看到了当时国际舞台上的所有主角：哈里·杜鲁门总统、艾森豪威尔将军、英国的新首相克莱门特·艾德礼和外交大臣欧内斯特·贝文，苏联外交部长莫洛托夫和驻美大使安德烈·葛罗米柯以及南爱尔兰共和国总统德瓦勒拉。当福雷斯特尔的飞机在法兰克福降落时，海军参谋西莫·圣约翰（乔特中学校长的儿子）回忆当时的情景说："飞机舱门打开了，福雷斯特尔走下舷梯，令我惊讶的是，接着走下来的竟是杰克·肯尼迪。"艾森豪威尔要与福雷斯特尔见面，因此杰克也就见到了艾森豪威尔。

这次欧洲之行，给这位年仅28岁，即将步入政坛的年轻人留下了太多需要深入思考的问题。

1945年8月初，杰克结束了他短暂的记者生活，乘坐福雷斯特尔的专机飞回美国。此时国际形势又发生了重大变化，美国向日本广岛、长崎投掷了两颗原子弹，日本宣告投降，对日战争结束了。

杰克在欧洲的这段时间，他的父亲和外祖父在马萨诸塞州一直在为他进入国会做着精心的准备。整个7月，他们不断发表演说和召开记者招待会，阐述对本州战后未来前景的规划。另外，老约瑟夫还开始向波士顿的许多慈善机构捐助大笔的款项。

在这期间，为了进一步提高肯尼迪家族的公众知名度，老约瑟夫有两个大手笔。7月21日，他突然宣布出资2 600万美元购买世界第二大建筑——芝加哥商贸中心。7月26日，为了纪念小乔，一艘以小约瑟夫·P. 肯尼迪命名的驱逐舰在杰克的妹妹琼的主持下举行了盛大的命名下水典礼——该船提醒人们，他的两个儿子是战斗英雄。参加典礼的除了肯尼迪家族的所有成员外，他们还邀请了许多嘉宾，有新任国务卿詹姆斯·贝尔纳斯和外交官罗伯特·墨菲，还有各大报刊的老板和著名记者。

这一系列举动使老约瑟夫在接下来的几个月里成为众多杂志的焦点人物。就像一位传记作家对老约瑟夫评论的那样："提高肯尼迪家族形象的欲望是这个谜团般人物的动力所在，而他在树立恰如其分的形象方面所表现出来的能力是惊世骇俗的。"

沉静了5年的老约瑟夫忽然又开始活跃起来，这不禁使许多新闻记者怀疑老约瑟夫是否要在新政府里争取一份公职。几周后纽约一位专栏作家透露了一个重大消息，说如果柯利当选市长，前大使的儿子杰克·肯尼迪将参加众议员竞选。尽管这一消息立即遭到了杰克的否认，但事实上，杰克此时已经完全确定并坚信政治是他一生要从事的职业。

在此之前，杰克一直怀疑自己投身于政治的选择是否正确。如果小乔活着的话，杰克对政治的好奇心并不会自动转化为政治抱负。的确，如果小乔渴望踏入政界，政治就没有杰克的份儿。正如老约瑟夫在后来所说的，小乔身体强壮，性格外向，更有活力，更擅长社交，更符合马萨诸塞州政界人物的传统形象。而杰克除了瘦弱多病的健康状况外，他的性格也完全不适合传统的波士顿风格竞选活动。杰克是个很有魅力的人，但性格却内向、沉默寡言。"相比之下，我宁可跟我的朋友在一起，或者自己坐在什么地方读书，也不去跟那些政治家们拍肩膀凑热乎。"杰克私下里对一位朋友说。

在1945年初在亚利桑那州的城堡温泉跟兰南讨论未来的职业时，杰克还坚持自己只想"进入公职"，而不是搞政治。那么，是什么原因让他在这年的秋天就坚定了从政的决心呢？

在柏林波茨坦高峰会上，杰克看着在国际政治舞台上呼风唤雨的政治家们，他认识到，作为个人，能够为防止又一场战争而做出最大贡献的地方，无疑是进入政界，并拥有发言权。正如杰克的两名最亲密的助手后来说的，杰克“是在当年将艾森豪威尔和第二次世界大战中的其他领袖人物拉上政治舞台的同一种动机驱使下进入政界的”。

现在，杰克比以往任何时候更加坚定自己从政的信念，但他也深知他必须为此付出很高的代价。“政治的代价很大，但是没有多少职业能像它一样让人得到如此彻底的心灵满足。”杰克·肯尼迪在1960年对一位记者说道。

1945年9月，老约瑟夫受州长委托，以州商务委员会主席的身份对整个马萨诸塞州进行巡视。每到一地，他就召集当地商界人士和议员开会，发表各种演讲以及接受电台采访和广播讲话等，借此提高肯尼迪家族的知名度。9月16日，《波士顿环球报》上刊登了一篇标题为“肯尼迪快马加鞭为竞选”的文章，文章写道：“这位前大使连续八天就同一个主题做了26场演讲，这还不包括电台采访和广播讲话。”尽管老约瑟夫费尽心思，但他所作的一切努力却最终因为他对该州过低的评价和悲观的论调而功亏一篑。

杰克则与他父亲相反。在整个9月份，他仅在11日以美国退伍军人为主要听众，作了一次重要演说，获得了骄人的战绩。他将采访英国和爱尔兰期间的新闻稿中重要的章节挑选出来，再加上他近期参观战后德国的感受，写成了一篇题为《英国、爱尔兰和德国：战胜国、中立国和战败国》的讲话稿。《波士顿先驱报》以“杰克·肯尼迪锋芒初露”为标题对此次演讲做了报道。杰克在演讲中说：

> 这三个国家截然不同，现在又面临着不同的问题。但从这三国旅行回来，实际上是从欧洲旅行回来，我深切地感受到了，我们美国是多么伟大！
>
> 战前，在英国，在当地人眼里，美国人只是游客，英国只是游客的家乡而已；在苏联，当地人以猜忌和厌恶的态度对待美国人。
>
> 然而，在经历了第二次世界大战以后，这一切都变了。战时，有数百万的美国青年奋战在欧洲的战场上，上亿吨的美国物资和装备不断地运到欧洲，这一切使欧洲人对美国的看法发生了

根本性的改变，他们认识到美国是世界顶尖的工业生产大国。

……

在当今世界政治舞台上，我们的地位非常重要，因此我们必须承担起更大的责任。但是，我们同样也面临一个难以解决的问题，即如何让我们的生产机器保持全速运转。

……

目前我们需要解决的首要问题是，为大批荣归故里的年轻将士提供就业机会，只有把这个问题解决好了，我们才能更好地帮助其他国家。

9 月 11 日当晚，电台播放了杰克发言的录音，顿时好评如潮。

1945 年 10 月，杰克·肯尼迪对慈善团体募捐做了好几次演讲。他的讲话不像他的父亲那般傲慢自负，而是既谦虚又得体，充满一种探索问题的真诚，使听众对他充满好感。一位来自科德角的记者聆听了杰克在海恩尼斯港做的演讲后，评价道："演讲内容新颖、观点明确，杰克·肯尼迪凭借自己的真诚深深地打动了在座的每一个听众，大家都一致认为他'即将获得成功'。"在 1945 年的这个秋天，杰克每作一次演讲后，便会收到很多对他表示支持和鼓励的听众来信。

10 月 19 日，杰克收到大波士顿区战争基金筹委会主席的来信，信中热情洋溢地写道："我想您还不知道我们这儿的人都很喜欢您。和您共事的那些日子，我们感到了莫大的快乐和宽慰，我们需要像您这样的年轻人。我很高兴能把像您这样优秀的年轻人引见给无数公民，您给他们留下了非常好的印象。希望您再接再厉。"

10 月 22 日，弗雷德·古德（将杰克接生到世上的妇产科医生的儿子）给杰克的信中说道："对于政治，我是个外行，也从未接触过，但是作为一个公民，我对应该由什么样的人从事公职有自己的看法……下个月柯利就要竞选波士顿市市长一职，他当选几乎是板上钉钉的事，您为什么不考虑一下竞选即将空出来的国会议员一职呢？我认为，像您这样一位历史清白、谦逊真诚、出类拔萃的有志青年是最合适的人选。相信我，马萨诸塞州需要您这样的人才……如果您已经决定从政，我会亲自向我所在选区的选民们介绍您的。"

11月6日，在老约瑟夫的慷慨解囊和前警察局长蒂米尔蒂的鼎力相助下，现年71岁的詹姆斯·迈克尔·柯利终于如愿以偿当选为波士顿市市长。这令正直并希望进一步搞好市政建设的波士顿人感到愤怒和羞愧。但对于杰克和他父亲来说，这却是值得庆幸的事，柯利空出的国会议员的席位，给杰克提供了登上政治舞台的机会。

经过旧金山和欧洲之行的锻炼，杰克已成为一个极富观察力的国际观察家。他坚信，作为一名众议员，他绝对会比詹姆斯·迈克尔·柯利更出色。

3 新一代的“代言人”

KENNEDY

此时杰克已经下定决心竞选国会议员，然而令人意外的是他父亲开始犹豫。马萨诸塞州州长莫里斯·托宾特地跑到纽约，对老约瑟夫进行了一次拜访。托宾希望杰克作为副州长候选人当他1946年的竞选伙伴，参加角逐州长、副州长的竞选。

这个提议引起了老约瑟夫的兴趣。当时的形势是，杰克·肯尼迪只要能获得民主党内提名，便能在国会的第11选区获胜。但是，杰克能获得民主党提名吗？老约瑟夫的态度相当悲观，因为波士顿的爱尔兰裔民主党人之间的内部斗争要比与共和党的竞争激烈得多。他担心他那体弱多病的儿子经受不住竞选国会议员的考验。老约瑟夫觉得，可能杰克和受公众欢迎的民主党州长莫里斯·托宾搭档，竞选副州长更好一些，因为托宾向他承诺，这个职位在民主党内部不存在竞争。据蒂米尔蒂后来透露，老约瑟夫之所以对这个建议感兴趣，除了担心杰克过不了党内初选这一关外，还因为他一直认为副州长这一职位是小乔的理想位置。

但杰克的外祖父老菲茨杰拉德、乔的表哥凯恩以及杰克本人都对这个提议表示反对。然而，作为杰克的竞选金库，老约瑟夫才是最后作决定的人。

几个星期过去了，老约瑟夫迟迟没有做出决定。凯恩终于按捺不住了。

在杰克涉足政坛初期，没有人比凯恩更能准确了解杰克的潜力。1946年3月，凯恩详细地给老约瑟夫分析了参加副州长竞选的不利之处。凯恩指出，如果托宾与肯尼迪联手取得胜利，在托宾成为参议员后，杰克可晋升为州长。但是，假如托宾没有当选州长，而杰克竞选副州长成功，后果则是不堪设想的。那时候，杰克将在一位共和党州长手下办事，完全暴露于共和党和新闻媒体的攻击之下，将被说得一无是处，更不可能有升任州长的机会。另外，在过去的32年中，只有一位副州长最终晋升为州长。那些怂恿他竞选副州长的人只不过想乘机捞些油水罢了。与其做个没有声音的副州长，还不如当个卓越的国会议员，不仅能获得全国以至全球的知名度，而且能成为公众的代言人。相比之下，杰克若想在一个民主党占优势的选区获得国会议员的席位，只需战胜反对派即可。

尽管凯恩的分析切中要害，但老约瑟夫“依然希望杰克当选副州长”。到3月11日，老约瑟夫权衡利弊后，有些动摇了：“如果他竞选国会议员更有胜算，我也乐见其成。”但他仍然拒绝透露最后的决定。然而，3月末举行的一次民意测验，使老约瑟夫终于下定决心支持杰克竞选国会议员。

1946年4月20日，老约瑟夫在海恩尼斯港的家中召开了一次家庭会议，宣布了杰克竞选国会第11选区议员的决定。老约瑟夫信心百倍地对家人说：“我们将全力以赴。”这时尤妮丝瞥了一眼身旁病容满面的哥哥杰克，不禁问道：“爸爸，你真的认为杰克能当议员吗?”老约瑟夫坚定而自信地答道：“孩子，你必须记住，这取决于广大选民。”出于感情上的原因，老菲茨杰拉德一直坚定地支持杰克竞选国会议员，对于这个决定他自然是欣喜若狂。在当天晚上的聚会上，老菲茨以异常严肃的表情注视着杰克，提议说：“为未来的美国总统，我的外孙约翰·菲茨杰拉德·肯尼迪干杯!”所有的这一切表明，杰克已经正式踏上了他的政治征途。

对杰克·肯尼迪来说，波士顿第11选区相比较而言是最理想的政治土壤。

首先，肯尼迪家族在这个地区有着良好的社会关系网。从1884年到1929年，肯尼迪家族和菲茨杰拉德家族都和这里关系密切。直到现在，这个地区的许多人还依然记得杰克的祖父帕特里克·约瑟夫和他的酒店，并对肯尼迪家族保持着好感。老约瑟夫仍然是东波士顿马弗里克广场的哥伦比亚信托银行的拥有者。

其次，杰克在波士顿的知名度相当高。当地大报系赫斯特报系的老板威廉·赫斯特是老约瑟夫的朋友，因此杰克在旧金山、英国发回的每篇文章都会在该报系的每一份报纸上出现。每篇文章旁边除了有杰克的小照片外，还会附上这样的一份小简历：约翰·肯尼迪中尉是南太平洋鱼雷艇英雄，前任驻英大使约瑟夫·肯尼迪之子，曾获得海军陆战队的荣誉奖章，是畅销书《英国何以沉睡》的作者。

再次，也是最重要的一点，杰克有富裕而善于竞争的家庭做后盾。

然而，在其他地区情况就大不一样了。布赖顿部分地区拥有 2.2 万中立的民主党人；东波士顿第 1 区和波士顿北区，两个意大利裔工人集中居住地，他们似乎都很拥护在波士顿市议会代表他们利益将近 8 年的约瑟夫·拉索；查尔斯敦，其特点是大量爱尔兰裔天主教装卸工居住在这一地区，而他们拥护的则是约翰·科特，科特以长期担任第11选区议员秘书一职而闻名；萨默威尔的 3 个选区也是工人区；另外，作为选区之一的坎布里奇，尽管拥有 30%的登记选民，但是坎布里奇的前任市长、州议会议员迈克·内维尔已经在这个选区内建立了自己稳固的地位。

第 11 选区居住着 37 个不同民族的 32 万多选民，大部分区主要居住着蓝领工人，因此这里被描述为“全国最贫穷、居民成分最复杂的地区之一”。而杰克作为一个百万富翁的儿子，从未在这一带居住过，对这一地区的人们和生活也一无所知，因此在这一带，杰克一公布参加竞选就被宣布是一个“不受欢迎的外来政客”。除此之外，还有别的不利因素：年纪轻、资历浅，从未担任过公职。对于初出茅庐的杰克来说，要想在第 11 选区获胜绝对不是轻而易举的事情。

在考虑了诸多因素之后，杰克立即组织了一个竞选班子。事实上，在杰克还没有完全确定竞选国会议员时，他的外祖父菲茨就帮他组织第一个“竞选班子”，包括比利·萨顿和帕乔·马尔克思。

比利·萨顿担任杰克的政治秘书。他曾在部队服役三年多，在此之前曾担任过马萨诸塞州两位众议员的竞选政治秘书，有着相当丰富的经验。

帕乔·马尔克思主要做街区的宣传工作。“他一年 12 个月都在谈论政治。除了圣诞前夜、圣诞节和玫瑰碗体育场的球赛。除了政治，他再没有其他任何兴趣。”一位杰克在波士顿的忠实拥护者如此评价马尔克思。

老约瑟夫的表兄乔·凯恩担任竞选经理。他曾负责过 1937 年莫里斯·

托宾对柯利的市长竞选和1942年约翰·菲茨杰拉德对约瑟夫·凯西的竞选，并且都取得了胜利，他熟知波士顿爱尔兰政治圈里各种交易的每一个细节。对于如何向第11选区的选民推荐杰克，他成竹在胸。凯恩提出了一个相当有魅力、响亮的竞选口号，能够体现肯尼迪作为一种能够体现过去和未来的新型爱尔兰裔政治家的受人欢迎之处："新一代献上一位领袖。"这迎合了具有相当数量的自称"新生代"的美国人的胃口。

而老约瑟夫则负责幕后操纵。约瑟夫对助选的工作人员说："我们要像推销肥皂片一样推销杰克。"他还雇用了多德广告公共关系公司，着手"马萨诸塞州国会选举史上规模空前的广告活动"。

与此同时，为了抗衡来自父亲的压力，杰克还邀请了很多好朋友前来助阵。其中包括小弗雷德·古德，哈佛的好友托比·麦克唐纳，鱼雷艇部队的战友雷德·费伊、埃德·麦克劳林以及他的妻子西丝等等。

1946年4月22日，星期一，杰克·肯尼迪授权《科德角时报》公布自己将角逐第11区的民主党国会议员竞选提名。与此同时，他驱车赶往波士顿向有关单位上报他的个人资料，以及向新闻界及广播网发表竞选宣言。

多德广告公司的约翰·高尔文给肯尼迪写了竞选声明。约翰·高尔文二战期间曾在海军服役，他的舰队也在所罗门群岛的韦拉拉韦拉岛附近被击沉。退役后，曾担任红十字会的公共关系部部长，是一位非常优秀的资金募集者，后来在多德的广告公共关系部门任职。

随着竞选声明的发表，这场竞选战斗拉开了序幕。

1946年4月22日晚上7点15分，杰克·肯尼迪在电台向公众发表了他的竞选演讲：

> 第11区的选民们，美国人民以至全世界人民目前正徘徊在十字路口，战争使得我们这个世界满目疮痍。我们现在的所作所为将会塑造未来许多年的人类文明史。
>
> 目前是最艰难的时期。为了不再让另一场世界大战爆发，我们必须夜以继日，用我们的智慧和行动为世界的和平奋斗不息。如果第二个希特勒出现在世界的舞台上，如果极权主义再次席卷世界并形成威胁的话，那么摆在我们面前的只有一条路，那就是

战争！即使付出多大的代价，我们也要阻止浩劫再次肆虐这个世界。

……

在这次竞选期间，我将与诸位坦诚相对，直言不讳，我希望这个选区的人们能清楚地知道我的立场。

在国内政策上，肯尼迪表示，他拥护国家卫生保障体制，拥护继续进行价格控制，拥护“住房租金议案”，支持自由企业，支持劳工获得基本权利，包括获得基本工资的权利、组织工会的权利、进行集体谈判的权利和罢工的权利。另外他还表示，支持资本主义经济下的民主政府，反对法西斯主义、纳粹主义和社会主义。

在外交政策上，肯尼迪主张，建立一个强大的联合国，但他反对苏联拥有在安理会中的否决权。针对美国在太平洋上建立自己的军事基地政策，肯尼迪表示反对，他主张把美国在海外拥有的军事基地置于联合国的托管之下，这样一来就可以名正言顺地在联合国中反对苏联将他国领土据为己有，遏制苏联在全世界范围扩张它的极权主义，同时也可以树立起美国在世界上公正的领导者形象。

在演说的最后，肯尼迪表示：“现在，我们只有通过坦荡的行动才能避免战争。如果你们选我为国会议员，我将言必信，行必果，为此付诸行动。”

约翰·F. 肯尼迪的政治生涯就此正式开始。

在接下来的时间里，肯尼迪和他的助手们花了 6 个星期的时间走访整个选区的每一个角落，争取每一张选票。每天早上 7 点，肯尼迪都要和他的助手们赶到工厂和码头的大门口，在那里站上一个多小时，与前来上班的工人们握手。匆匆吃过早餐后，肯尼迪便开始走街串巷，敲开附近街区的每一家房门，一边跟主人握手，一边介绍自己：“你好，我是杰克·肯尼迪。”午饭时，他与中国人一起吃中餐，与意大利人一起吃意大利通心粉。下午，他走进沙龙、理发店、台球厅和餐馆，跟那些控制着他的命运的男男女女交谈：邮递员、出租司机、女招待和装卸工。在助手们的陪同下，肯尼迪走访了选区内的所有的消防队、警察局、邮局、酒吧、赌场以及民宅，他是第一个这么做的政客。一次，老约瑟夫在街上看到马路对面的肯尼迪正与码头工人握手，便对身边的朋友说："真没想到杰克还有这两下子，之前我一直以为这种场面永远不会出现在我们面前。"另外，肯尼迪还拜访了坎布里奇的所有市议员。尽管他们对他比较敌视，但肯尼迪还是尽力以谦逊的态度和诚恳的交谈去取得他们的支持。

但是，这些都还不足以赢得选举。肯尼迪必须走上讲台，让选民们知道他了解他们的需要和面临的问题。

肯尼迪的公关部门大约为他起草了500份讲话稿。刚开始，杰克发表竞选演说时，语速很快，声音有些沙哑，"紧张得调子很高"，给人一种非常严肃的感觉。当时评论他的演讲时用得最多的字眼是"僵硬、木讷"，他几乎一点儿都不偏离事先准备好的稿子，显得很死板，平时的幽默感荡然无存，显然缺乏政治家风度。实际上，肯尼迪也认为自己是一个相当枯乏的公开演讲人，对于自己能否用口才赢得众多选民的拥护一直持怀疑态度。肯尼迪的妹妹尤妮丝后来回忆说："很多次演讲后，杰克都非常沮丧，他觉得自己的演讲软弱无力，甚至让前排的那些人睡着了。爸爸会立刻问他：'我刚刚和坐在前排的××先生和××太太通过电话，他们觉得演讲很精彩。然后，我又打电话给××，他说去年的发言人在同一种活动中只有40个听众，而你有90个听众。'之后，爸爸让杰克先说说他觉得自己在哪些地方不足，以便下次演讲得更好。最后，爸爸再说出他的意见，两人便坐在一起分析整个演讲中的优点和缺点，以及如何提高演讲水平。"

逐渐的，肯尼迪学会了运用自己的天生魅力和真诚征服选民们。在一次论坛上，其他几名候选人都大肆渲染他们卑微的出身，讲他们是如何艰难地走到今天的，而肯尼迪则说道："看来今天晚上我是唯一一个不那么艰难地走到这里的人。"他的坦率和幽默深受听众的喜爱。当肯尼迪向在战争中失去了儿子的母亲们做演讲时，他除了高度赞扬那些为了国家、为了和平而牺牲的战士们，还贴心、温情地对这些母亲说道："我想我知道你们这些母亲的感受，因为我的母亲也和你们一样。"肯尼迪的这番话深深地打动了在座的每一位母亲的心，毫无疑问他已经赢得了她们的支持。

这段时间，肯尼迪几乎是整天工作，通常早上6点钟起床，第二天凌晨两三点休息，然后一早又开始投入紧张的工作。肯尼迪身边的人们注意到了他那双凸出的眼睛和蜡黄的脸色，持续的背痛使他不得不经常手扶拐杖出现在选区。但他从不抱怨，因为他别无选择。当《观察》杂志的记者采访他时，他只是轻描淡写地说："我只是在做小乔应做的事。"与此同时，肯尼迪的勤奋与努力，也让那群声称"他不过是个永远不需要为了生计而工作、被娇宠坏了的富家公子"的对手们哑口无言。

整个竞选班子的工作人员在这段时间也是相当辛苦，但大家的兴致非常高。肯尼迪当时的竞选秘书之一彼得·克洛赫蒂在事后评论说："我认为这是一次相当独特的竞选运动。杰克的独特魅力吸引了大量的志愿者前来帮忙，在贝来福饭店和18特蒙特大街以及在整个选区的所有竞选站，从早到晚前来助选的人员络绎不绝。我从15岁开始搞竞选，到现在已经有30多年。我从未见过哪一次竞选像这次一样拥有如此多的志愿服务人员，而且大部分都是年轻人，我想他们可能在此之前从未对政治产生过兴趣。他们满怀激情地拥在选区所有的竞选站里，为杰克拉来了难以数计的选票。"像肯尼迪一样，他们也常常工作到凌晨才休息，甚至更晚。

在整个竞选活动中，肯尼迪完全不用操心的就是钱，而这也是最重要的。根据保守统计，老约瑟夫在这次竞选活动中共花掉了25—30万美元，也有人认为总数至少有50万美元之多。其中很多是由老约瑟夫的主要助手埃迪·穆尔以现金形式支付出去的。当时，老约瑟夫的两个得力助手前警察局长蒂米尔蒂负责安排肯尼迪会见各方面的领导人，并招纳更多的竞选工作人员，埃迪·穆尔则负责付钱。肯尼迪的得力助手戴夫·鲍尔斯后来回忆说："我在18特蒙特大街的竞选总部与穆尔见面，他带着我走进一个付费厕所。当我们进入一间封闭式的厕所后，穆尔递给我一叠现金，并说道：'在政界，在付钱问题上怎么小心谨慎都不为过。'"尽管罗丝认为自己的丈夫在这次竞选中"尽量做得隐蔽，躲在幕后，不招人注意"，但显而易见，老约瑟夫才真正是整个竞选活动的后台老板。

由于当时战争刚刚结束，成千上万的老兵正在退役，如果没有出色的战争经历，是难以拉到选票的。于是，1946年1月，老约瑟夫帮助肯尼迪在第11选区成立了"小约瑟夫·P. 肯尼迪海外战争退伍军人分会"，由肯尼迪担任分会长，这儿成了他竞选的一个政治基地。肯尼迪在分会的第一次演讲就受到了报界的极大关注，有人甚至言过其实地称这位战斗英雄是"基督再世"。老约瑟夫还通过一项特殊交易，使肯尼迪当选为即将召开的全国海外战争退伍军人协会年会的主席。此届年会邀请了艾森豪威尔、麦克阿瑟、马歇尔、金、哈尔西以及几百名战绩卓著的将领出席，届时可能会吸引两万多名退伍老兵到会。

在这次竞选中，老约瑟夫的战术非常明确，用钱来帮助肯尼迪树立形象。他买下了波士顿的每一块大广告牌和海报张贴处大肆进行宣传，不给对手留有丝毫余地。形象展示的标题是“肯尼迪进军国会”，除了有一张肯尼迪的肖像外，还有一位退役军人的父亲指着肯尼迪说：“那就是我们的人，小子。”

与此同时，老约瑟夫还与《读者文摘》的出版商作了一笔交易，非法将印有约翰·赫西写的关于109号鱼雷艇文章的那期《读者文摘》重印10万多本，除了分发到第11选区的每一位选民手中，公共汽车以及地铁的每一个空座位里也都会有一册。

肯尼迪的宣传文章、图片出现在《读者文摘》、《展望》、《生活》、《自由》杂志和其他各种各样的宣传媒体上，而这是其他竞选人绝对不可能做到的。据统计，这次竞选花在露天大广告牌、报纸广告、电台广播、新闻短篇和全国性杂志的宣传报道上的钱，是马萨诸塞州民主党初选史上最多的一次。肯尼迪的主要竞争对手迈克·内维尔路过一个赌场时跟一个同伴抱怨说：“我能上报纸的唯一办法是去参加赌博，然后让警察抓我。”

老约瑟夫除了用大笔的钱给儿子做宣传外，还用钱收买竞选对手的助选员，甚至向候选人行贿，让他们在适宜的时候参加或退出竞选。当时，与肯尼迪竞争的候选人有10人之多，其中最强劲的对手要数迈克·内维尔。他一直是州议院的议员，民主党的领袖，他的拥护者遍及整个选区，可以说内维尔拥有决定性的优势，甚至连肯尼迪本人都承认内维尔是“这个选区最合适的众议员人选，理应获胜”。然而，内维尔却在金钱面前败下阵来。内维尔的儿子罗伯特事后说：“金钱是一个相当重要的因素。要知道，那个时候参加一次竞选需要准备25 000美元，家父为了筹集这笔钱，把房子都抵押了出去，直到去世也没有还清这笔抵押。而他们（肯尼迪）却怀揣50万美元来竞选，真是太让人吃惊了！……肯尼迪的策略就是，要么收买他们，要么撵走他们。”而拒绝被收买的人，最终也会被老约瑟夫控制的媒体广告和舆论宣传压垮。内维尔的竞选助手丹尼尔·奥布赖恩心痛地回忆：“他们（被肯尼迪击败的候选人）败下阵来是因为被收买，而内维尔这个自尊清高、一生光明磊落的人，最终也被老约瑟夫的舆论宣传压垮，难逃出局的厄运。”

正如凯恩在后来对记者所说的那样："在竞选中，只要是他父亲插手的事，都是付了钱的。政治就像是一场战争，取得成功要有3个条件。第一是金钱，第二是金钱，第三还是金钱。"

父亲这种狂热举动，令肯尼迪经常感到窘迫不已。肯尼迪力求以自己的魅力、功绩去赢得竞选的同时，他的父亲却以不正当的手段谋求竞选胜利。但是，肯尼迪很清楚，他必须与父亲保持高度的一致。"每当我们与他父亲意见不和时，杰克总是无奈地说：'约翰，我知道在这一点上你是对的，但是爸爸出了钱，我们总得顺着他点吧。'"肯尼迪的竞选宣传总管约翰·高尔文说。

不过，肯尼迪很快就意识到，父亲在竞选中大把大把地花钱，使人们对他的厌恶感已逐渐发展成为敌对情绪，虽然不足以对他候选人资格构成威胁，但至少可能造成落选。老约瑟夫自然也意识到了，尽管他一直躲在幕后，从不露面，但即便如此，肯尼迪还是为此遭到了对手的猛烈攻击。

肯尼迪的一位竞争对手在一次电台演讲中说："我们这里有个非常年轻的候选人，据说家产有3 000万美元。这个候选人在此之前从来没有担任过公职，在这个地区甚至没有住所。他来自纽约，他父亲住在佛罗里达，现在他人住在波士顿的贝来福饭店，我敢说他从没在那儿睡过觉。那么，一个从未在本地区居住过的候选人，怎么可能了解这个地区人民的疾苦呢？"

为了讽刺肯尼迪的竞选活动，他的竞争对手们在报纸上刊登了这样一则"广告"："国会席位待售——申请人无须经验，但必须住在纽约或者佛罗里达，并且是百万富翁。"

类似这样的攻击在6月份达到了高潮。其中以专栏作家艾伯特·韦斯特以"丹特·奥肖内西"为笔名写的文章最为尖刻。他将肯尼迪贬为"很有英国味"的富家子弟，"按照我的看法，肯尼迪竞选候选人资格是地方政界发生的最不要脸的事情。他来到这里，在一家饭店里设了一个虚假的住所，然后凭借着他家的关系网宣布他还没有决定当副州长还是国会议员……这真是厚颜无耻。他父亲花着我们纳税人的钱，走遍马萨诸塞州，然后到处散布马萨诸塞州的商业和工业马上就要完蛋的鬼话……简直是个伟大的混蛋……现在他儿子跳出来了，他，他本人，做过什么值得你投票的事情呢？"

或许，此时的肯尼迪对政治斗争的残酷性还没有充分的心理准备，个人的局限性和肆虐的人身攻击固然令他有些沮丧泄气，但他决不会妥协退让，反而激发他全力以赴争取胜利的决心。对肯尼迪而言，政治就是一种类似于橄榄球那样的竞技体育，能够唤起他争当冠军的激情。正如他在1960年对一位采访者所说："政治的魅力在于它的竞争性，那种激动人心的竞争挑战。"

奥肖内西甚至连帮助肯尼迪竞选的志愿服务者们也不放过，对他们也进行了猛烈的抨击。

作为国会议员候选人之一的约瑟夫·李出身名门，颇具贵族风范，不失为一个绅士。奥肖内西就是为了支持他才向肯尼迪发难的。为了挽回影响，肯尼迪决定解决问题的根源，他打算亲自向李提出息战的恳求。

"一天，肯尼迪来到我面前，含着泪请求我让奥肖内西撤销那篇措辞激烈的文章，并问我，为什么他们不能进行面对面的公平竞争，而要把肯尼迪家族都卷进来。"约瑟夫·李后来向记者透露说。看着面前憔悴不堪、瘦弱的年轻人，李被肯尼迪的真诚感动了，而且他知道自己在这场竞争中根本没有一丁点胜算。于是，当天晚上李就给奥肖内西打了电话，请他放过这个年轻人。

肯尼迪的个人魅力发挥了作用。

对于年轻的肯尼迪来说，他的个人魅力还使他拥有了一件得天独厚的秘密武器：对女人的吸引力。事实上，在他还没正式宣布竞选国会议员时，就已经开始注重女性选民这支占了注册选民50%以上的庞大队伍。肯尼迪常常对他的助手们说："妇女的力量，是未开发的资源。"他将发动妇女作为本次竞选的主力军。当时肯尼迪有这么一句名言："年长的女人将做你的母亲，年轻的女人将做你的爱人。如果你利用好了这两种力量，你将战无不胜。"因此，肯尼迪家族为年轻的小姐和少妇举行了茶话会。

从一定程度上说，这次竞选是肯尼迪的独角戏，但他的家人却是人人全力以赴，个个竭尽所能。鲍勃、尤妮丝、帕特里夏、琼，全都上场助阵，连14岁的特迪也帮忙跑腿。鲍勃刚刚从海军退役回来，他被派到比林斯的手下，负责起坎布里奇的一个选区的工作。比林斯要求他像"把自己的生命和杰克的生命都押在这次选举上"一样去工作。罗丝作为候选人的母亲尤其卖力。在家庭观念重的意大利妇女面前，她衣着简朴，耐心地与她们一起聊家常，向她们讲述自己九个儿女的故事；而在切斯纳特希尔高雅的女士们面前，她戴着宝石首饰，围着貂皮围巾，和她们讨论自己最近在巴黎看到的新式时装。白天尤妮丝、帕特里夏和琼在竞选站里帮忙，并在街区挨家挨户地进行游说。晚上，她们帮着筹备茶会，可以说，妹妹们对肯尼迪的支持，也像许多女性支持者们一样狂热。

每天晚上，肯尼迪轮流参加妹妹尤妮丝和帕特组织的 3—6 个家庭茶会，每场茶会有 15—20 名年轻女性参加。“杰克面带微笑，一条腿跨在椅子扶手上回答姑娘们的提问，在严肃的论述中掺杂着自然，他的那种感觉就好像置身于朋友之中。我想，在场的每个姑娘都想嫁给他。”肯尼迪的一位助手回忆说。几天之内，所有这些参加茶话会的年轻女性都会受到肯尼迪竞选班子的邀请，请她们当肯尼迪的志愿者。

这些茶话会中，最为出名的是在坎布里奇海军准将饭店举行的那次“波士顿茶会”。整个第 11 选区的年轻女性都收到了邀请函，邀请她们穿上最漂亮的衣服来参加这场聚会。这对于她们来说简直是荣幸至极，因为她们中的大多数人从来没有出席过上流社会的聚会。那天，老约瑟夫系了一条白色领带，穿着一身白色燕尾服，与身着巴黎最新时装的罗丝一起接待了近 1 500 名兴高采烈的来宾。而肯尼迪热情地穿梭在人群中，和每一位妇女握手、问候，有时还在小姐的面颊上匆匆印上一吻，他力图让在座的每一个妇女都感到自己受到约翰·肯尼迪的青睐。这次盛大的活动立即成为各报纸的头版头条，一家报纸标着醒目的大标题“1 500 名年轻女性争相目睹肯尼迪的风采”，该区的观察家们称这次茶会是“该地区国会席位竞争历史上绝无仅有的一次”。

另外，肯尼迪还带着他的助手们去访问一些中学和女子学院，也许这些女孩子还未到投票年龄，但是她们却会说服自己的父母去投这位候选人的票。“上帝啊！她们为他而发疯。那些孩子们尖叫着向他冲过来，韦在他身边大喊大叫，还争相触摸他！”费伊回忆说。

无论是在家庭茶会上还是在演讲台上，肯尼迪都受到了人们的热烈欢迎。在离初选还有 3 天的时候，波士顿的一个老牌政客预计：“这小子肯定会当选。”

《波士顿邮报》公布的最新一轮民意测试说：“约翰·费茨杰拉德·肯尼迪，这位曾经在战时担任鱼雷艇艇长的年轻人将获得国会第 11 选区议员的席位。肯尼迪所获得的选票数远远高于观察家们所预期的得票数。然而，令人惊讶的是，这位年轻的竞选者在老年选民中的受欢迎程度并不比在年轻选民中差，他的支持者多为退伍军人和妇女。”

而老约瑟夫却拒绝相信这次民意测试。他清楚地意识到，投票前的任何“胜利”都是脆弱的，这次竞选是儿子通向总统宝座的必由之路，必须稳扎稳打，绝不能有半点疏忽。于是，他又花巨资委托纽约《每日新闻》的民意调查小组到波士顿，再进行一次民意测试。结果显示，肯尼迪不仅处于领先地位，而且得票数竟是其他竞争对手的票数之和的两倍，老约瑟夫真是又惊又喜。但他还不满足，利用与电影界的老关系，老约瑟夫让新闻摄影师把肯尼迪竞选的精彩场面剪接成一个新闻纪录片，在投票前的几个晚上在波士顿的数家电影院同时播映。

老约瑟夫曾大放厥词地认定波士顿是一座没有商业发展机会的城市，并因此而离开，而现在他又以为儿子的竞选只能靠大把的钱才能获胜，而忽略了自己儿子身上富有魅力的个性和聪明才智。事实上，肯尼迪之所以能获得选民们的尊重和拥护，主要是靠他的人格魅力。“其实杰克可以像任何人一样，花 10 美分就能进入国会。”凯恩事后坚定地判断道。

到 6 月中旬，所有的迹象都预示着肯尼迪将获得压倒性的胜利，然而在最后一刻，发生了意外。

1946 年 6 月 17 日星期一，也就是初选的前一天，肯尼迪和 150 名“小约瑟夫·P. 肯尼迪海外退伍军人分会”的成员参加了一年一度的邦克山游街，游行队伍横穿查尔斯顿。那天，天气酷热难耐，而肯尼迪不仅坚持走在游行队伍中，而且还不戴遮阳帽。当他坚持走完 5 英里的路程时，已精疲力竭，刚经过检阅台时，他就累得晕了过去。现场一位目击者记得“他脸色又黄又青”，看上去像是个心脏病发作的病人。连续几个月疲于奔命的肯尼迪健康状况早已恶化，到了 6 月中旬更是糟糕到极点。那段时间，肯尼迪每天至少要泡 5 次热水澡，或者以按摩来缓解背部疼痛，而且还得天天穿着钢背撑才能工作。幸运的是，这件插曲并没有在选民中张扬开来。

所有的艰苦付出终于换来了决定性的初选胜利。1946 年 6 月 18 日，初选结果揭晓，约翰·肯尼迪以绝对的优势获胜，以 22 183 票对 11 341 票的优势领先于迈克·内维尔。其他 8 名候选人中，约翰·科特获得了 6 671

票，另外两名候选人瓜分了 5 000 票，还有 1 人的票不到 2 000，而其他 4 名候选人各自只得到了几百票。结果一出，关于肯尼迪获胜的消息便占满了当地报纸显眼的版面：年轻的肯尼迪胜券在握，他将赢得国会的席位。

从某种意义上讲，肯尼迪 1946 年的国会议员的初选，以及他庞大的智囊团，为他以后所有政治竞选运动奠定了良好的基础。

当得知肯尼迪赢得初选的胜利时，所有为他助选的工作人员都欣喜若狂，激动不已。在结果揭晓的当天，肯尼迪前往每一处竞选站表示慰问，其中的意义远远超出私人交情。波士顿《旅行者报》这样写道："坎布里奇市有 200 多名工作人员为欢迎他的到来一直等到凌晨 1 点 30 分。"

52 年前，肯尼迪的外祖父老菲茨杰拉德与国会议员失之交臂，而 52 年后的今天，他的外孙踏上了他未走完的征程，并已经获得初步的胜利，为他扬眉吐气。6 月 18 日，《先驱美国人报》刊登了老菲茨那简洁而又自豪的声明："今天晚上，我是最快乐的人。约翰·F. 肯尼迪是位充满智慧、勤劳、积极上进的年轻人，更重要的是他的人格魅力，他将成为第 11 选区一名很棒的众议员。"在声明的最后，该报总结说："就是这样，这位瘦高个儿又向国会议员的席位迈进了一步，该席位在 52 年前曾属于他的外祖父，前波士顿市市长、风趣活泼的约翰·F. 费茨杰拉德。"

老约瑟夫在竞选中强大的金钱攻势招致了很多非议，但凡是为肯尼迪工作过的人都非常清楚，约翰·肯尼迪的胜出首先是靠他本人的努力和人格魅力，而他父亲的金钱作用最多排在第二位。在竞选结果揭晓后，迈克·内维尔面对记者的采访，伤心地问："你怎么可能战胜 100 万美元呢?"对此，《旅行者报》发表评论说："金钱的作用被政治家们夸大扭曲了。作为一名候选人，肯尼迪具备其他对手没有的，也绝对不可能用金钱买到的优势——迷人的魅力，以及战场上的功绩，闻名遐迩的姓氏以及广泛的社会关系。此外，这位年轻的国会议员还拥有一个高效的竞选机构，而这也是其他候选人所不具备的。前来帮助肯尼迪竞选的人员年龄都在 35 岁以下，他们热情洋溢，充满活力，虽然很多人没有什么经验，但他们都圆满地完成了每一项任务。在这两个月里他们日夜忙碌着，他们的汗水最终为肯尼迪拉来了难以数计的选票，同时也博得了选民们的称赞。"

另外，年轻也是肯尼迪竞选胜利的一个重要因素。肯尼迪在竞选中所表现出来的特点与当时"年轻、业余"的时代风尚完全吻合。托尼·加吕西欧（肯尼迪后来在波士顿的秘书）评论肯尼迪在1946年的初选时说："年轻是他的政治基础……尽管他后来锻炼成了一名相当出色的演说家，但他在刚开始时的演讲却糟糕得让人怜悯。他决不是那种强有力的政治家，轻松、微笑和自然是他获胜的要诀。"在肯尼迪的竞选班子里，除了几个久经沙场、老成持重的助手外，其他人都很年轻。年轻的退伍军人和年轻妇女想有所作为，自然而然地会被约翰·肯尼迪所吸引。上了年纪的人依然保持着对老年候选人的忠诚；由于代沟，年轻人对老年的候选人并不理解，他们需要代表年轻一代的新面孔。"与那些在我们生长环境中的政治家相比，年轻的约翰·肯尼迪就像一缕春风，给波士顿的政界注入了一种新鲜活力。他代表着一种新型民主党人，具有令人倾倒的魅力和谦逊，大脑反应灵敏迅捷，知识丰富，并且对国际问题有着广泛的了解。"肯尼迪的一个支持者说。多尔顿认为，肯尼迪一改美国典型保守派政治家的传统形象，他的非专业姿态也成了一种显著的优势。他从不对选民说："妈妈好吗？带我问候她。"他也几乎不去参加悼念活动，除非他认识死者本人。正如肯尼迪自己所说的，他参加了"一场讨伐保守势力的战斗"。

4 年轻的众议员

KENNEDY

1946年是美国社会急剧演变的一年，人们对战争年代的动乱以及大萧条和新政所带来的许多变化感到厌倦，自主思想成为社会的主流，从而开始了美国历史上一个崭新的时代。在选民看来，约翰·F. 肯尼迪就是"新一代"的代言人。

1946年7月14日，在美国宣布独立170周年纪念大会上，肯尼迪发表了一篇题为"美国人性格中的一些基本要素"的演说。肯尼迪认为，美国人性格中的自由美德使美国在和平时期和战争时期都获得了成功，而现在这种美德却受到"国内知识分子的愤世嫉俗的挑战，以及国外集体主义思想的挑战"。肯尼迪站在法纳大厅的讲台上，面对波士顿的政府官员和市民们讲道："每一个人都是自由的，他有思想自由、言论自由、信仰自由。这些自由的权力对我们这些受美国传统熏陶的人来说，是天经地义、普遍使用的权利，是我们每个人生活中的一部分。但是，在今天，世界上还有大片地区把这些自由权利作为一种意识形态、一种政府形态加以拒绝……幸运的是，在今天这个特别的日子里，这些自由的美德仍然是美国人性格中的伟大品质，并且会继续发扬光大。”

肯尼迪的独立日演说，一再强调美国人性格中的“爱国主义”、“个人主义”和“理想主义”，阐述了他的最基本政治理念。在以后的政治生涯里，他始终坚持着这些理念，并为之奋斗不息。这次演说标志着肯尼迪哲学思想的成熟。

现在肯尼迪的打扮越来越像个政治家，衬衣在皮带外面，没有回复的信放在自己的手提箱里。这几个月来，肯尼迪努力树立自己在选民面前的形象，他时刻保持着警惕，不给对手留下任何可以攻击的把柄。作为竞选的操盘手，老约瑟夫除了提供金钱外，还对肯尼迪蒸蒸日上的事业进行着指导，而且事必躬亲。“这位父亲从表面上看似乎从不介入，实际上是从没离开过，他时时刻刻都在参与。任何时候遇到无法解决的问题，只要打电话给他，他总能帮助我们。”但是在后来被问及他在这次竞选中为肯尼迪做了些什么时，老约瑟夫却否认自己有过任何贡献，他说：“我只是给别人打了打电话，和我认识的人接上了联系。要知道我从10岁起就在马萨诸塞州搞政治，认识了很多人，有很多关系。”

担任竞选负责人的马克·多尔顿后来评论这位前大使时敬佩之情溢于言表：“他是我所见过的最能干的人，他为那次国会竞选倾注了极大的心血，是当之无愧的竞选总负责人。在那段时间里，他每隔一个小时，最多两个小时就会打电话找我了解进展，竞选中的任何细节都不会放过。他给当地不同的选民发去询问信，请他们提出看法，并对其进行比较。尽管他如此关心此次竞选，但是他从未公开露面。”

老约瑟夫从来不在意人们如何看他，也不在乎自己是否惹人讨厌，仍非常认真地干他自己的事。他曾对戴夫·鲍尔斯说：“实际上死于忌妒的人比死于癌症的人多!”老约瑟夫一直躲在幕后指挥着每一次行动，对付每一位肯尼迪无法应付的人，确保肯尼迪散漫的性格和竞争对手的诡计不伤害到他的进程。当最北区一名神父指责肯尼迪不经常去教堂做礼拜时，老约瑟夫的反应非常迅速，他立即打电话向红衣主教申诉。

不仅如此，老约瑟夫还通过各种慈善捐助来提升肯尼迪的形象。就在竞选如火如荼的时候，老约瑟夫出资数百万美元以小约瑟夫·肯尼迪的名义建立了一个慈善基金会。8 月 12 日，老约瑟夫不失时机地向波士顿红衣主教理查德·库欣捐赠一张 60 万美元的支票，以帮助波士顿的贫穷儿童。不过，老约瑟夫并没有自己递交支票，而是由他的儿子、国会议员候选人肯尼迪在奠基仪式上在众多记者面前，以基金会主席的身份亲手把支票交给库欣大主教。

尽管老约瑟夫的过多干预有时会挫伤肯尼迪的积极性，但他投在肯尼迪身上的精力与信心却是令人敬畏的，这与许多新英格兰人的无动于衷、鼠目寸光形成了鲜明的对比。总的来说，老约瑟夫在这次竞选中的作用具有两面性。一方面，他的金钱支持、经验支持以及发达的人脉为肯尼迪的政治事业打造了坚实的基础；但同时，他作为战前孤立主义者的名声以及他与新政的不和，也使肯尼迪丧失了许多自由派的选票，比如历史学家小阿瑟·施莱辛格就坚决地表示绝不会支持肯尼迪。“阿瑟说，老约瑟夫除了对赚钱有兴趣外，从没见他干什么有利于民众的事，因此他不会投肯尼迪的票。”肯尼迪的一位助选人员回忆说。

赢得了初选的胜利后，肯尼迪给自己放了两个星期的假。他先回了一趟海恩尼斯港的家，之后便去好莱坞享受了几天骄奢淫逸的生活。

返回波士顿后，肯尼迪开始频繁演讲。针对自己所在选区选民的低投票率，他反复呼吁大家关心政治，关心国家的命运。

8 月 21 日，民主党少壮派在宾夕法尼亚召开大会，讨论“退伍军人在全国选举中的作用”，肯尼迪在发言中讽刺道：“卢梭曾说过：‘只要有一个人面对国家的事情时说，这与我有什么关系？那么这就意味着这个国家就要衰亡了。’而今天许多人正在说‘与我有什么关系’，这里的许多人其中包括许多妇女，也包括许多退伍老兵。我认为，这种对政治漠不关心的态度的危害是非常大的……我们必须清楚地认识到，我们不是为别人，而是在为自己奋斗。”另外，当谈到“我为什么是一名民主党人”时，肯尼迪说，民主党之所以成了多数党，是因为民主党从安德鲁·杰克逊到现在，尤其是自 1932 年以后，在罗斯福的领导下，民主党一直是为人民而奋斗，一直在倡导先进的立法制度，而且经受住了关于国家利益的考验。9 月 27 日，他在乔特的一次讲话中继续重复着同样的话题，号召大家行动起来：“在布鲁克林这个非常富裕的地区里，只有 20%的人在初选中投了票。

在纽约最近的一次议会选举中只有10%的人投票。我们必须认识到，如果我们不积极参与我们的政治生活，那么我们将失去某种宝贵的东西，即许多年轻人在国外为之浴血奋战的东西。”

肯尼迪的演讲越来越具有一种宣讲道德的口气，他希望别人与他共同踏上未来的征途，希望能与其他人共同努力开创一个比他父亲在海恩尼斯和棕榈滩的生活圈更广阔的舞台。尽管他背负着重大责任，承受着巨大的精神压力，但在肯尼迪的身上总是充满着自由的气息。可以说，此时唯一能激发他内心真情和力量的只有“自由”。

1946年10月，肯尼迪在波士顿电台发表竞选演说，强烈而真诚地呼吁公众应该鼓起勇气，以清醒的头脑对付苏联。肯尼迪讲道：“今天的苏联是世界上最恶劣的奴隶国家，它被一帮残暴自私、侵略欲强烈、推行强权政治的小集团所控制。在这帮人的控制下，苏联人民完全没有个人自由，更谈不上经济保障。在这个文明社会里，只有唯一一个国家可以对无罪之人加以惩罚，那就是苏联。苏联执行的铁幕政策和新闻封锁将其国内的真实形势隐藏起来，而我们听到的则是莫斯科那帮聪明而又狡猾的宣传人士向全世界鼓吹的有利于其主子们的舆论。我认为，苏联意在发动一场全世界范围内的侵略，全世界热爱自由的国家都应该而且必须站出来制止苏联的阴谋和野心，否则将被其毁灭。”

这篇在1946年10月21日发表的电台广播讲话的主要内容被修改成演讲稿，在11月5日大选前后的一系列竞选集会上被再三使用。

在有关苏联的问题上，肯尼迪与他父亲有着严重的分歧。在老约瑟夫看来，苏联由于它所执行的政治制度而拥有一个能够最直接、最有效地处理国际事务的政策机构。而肯尼迪则认为，苏联政府由于官僚主义弊病，实际上几乎处于瘫痪状态。在从未去过苏联的老约瑟夫眼里，苏联是一个“充满巨大潜力、自信”的国家，而亲身游历过苏联的肯尼迪则认为，无论从经济上还是政治制度上，苏联都是缺乏自信的，只不过它的不自信被强大的国家机器所掩盖。在肯尼迪看来，苏联最严重的问题是对人类尊严和自由的完全漠视，在西伯利亚的劳改营就是最直接的体现，“苏联官员们不否认西伯利亚关押着大概1 800万到2 000万名苏联公民”。

在对待苏联的态度上，肯尼迪坚决拥护国务卿詹姆斯·伯恩斯“对苏联采取强硬政策”的观点。从这时起，到他作为美国总统遇刺身亡前，

“反苏”一直是他最首要、最基本的政治原则，没有丝毫动摇。在肯尼迪的心灵深处，有一点已经根深蒂固，那就是维护自由，对他而言这是一场不能放弃的圣战。

1946 年 11 月 5 日这一天的选举，掀起了一场全国、全州的共和党浪潮。在马萨诸塞州，民主党丧失了一个参议员、一个州长和一个副州长的位置。从全国范围来说，这是共和党自 1930 年以来第一次重新获得众议院和参议院的控制权。相对于共和党这种排山倒海之势，肯尼迪的表现却依然可观。他以 69 093 票对 26 007 票的悬殊差距战胜了他的共和党对手莱斯特·鲍恩。这对于一个初涉政坛的 29 岁年轻人来说是个决定性的胜利，更重要的是他向自己、家庭和朋友们证明了自己能够完成攀登顶峰的艰辛历程，而这是他的父亲和外祖父都没能做到的。

肯尼迪的朋友们纷纷来电来信表示祝贺，然而肯尼迪却表现得冷静异常。此时，他更多地想到的是对哥哥的纪念，而非个人的成就。肯尼迪对哥哥除了怀念以外，更多的是同情。哥哥小乔生前将父亲当做崇拜的偶像，为了给父亲脸上贴金、给家族带来荣誉，他付出了生命的代价。1946 年 11 月 11 日是第一次世界大战休战纪念日，刚刚大获全胜的肯尼迪应邀向查尔斯顿的美国退伍军人协会分会发表讲话，他动容地说：“没有一个人能像他那样为兄弟甘愿献出自己的生命。”言及至此，肯尼迪禁不住潸然泪下，根本无法再继续讲下去。肯尼迪的感情崩溃了，这其中除了他缅怀亡兄那种难以抑制的悲痛之情，还夹杂着许多不为人知的感情。

肯尼迪凭借自己聪明才智、谦虚真诚、与人为善和不畏艰险的精神，单枪匹马地重现了肯尼迪家族的荣誉，并摆脱了父辈的那种狭隘自私和固执，将自己塑造成一个多元论者和理想主义者。他的这种爱国主义、理想主义、自由主义后来成了一代美国人的特质。

29 岁的肯尼迪成为一名美国国会议员，由此走向了更大的胜利。

5 当选参议员

KENNEDY

1947 年 1 月，被棕榈滩的阳光晒得黑黝黝的肯尼迪精神抖擞地迈进了国会的大门，从此踏上了他的从政之路，这时他还不到30岁。

由于工资增长幅度缓慢，大量工人罢工游行，全美上下开始担忧共产主义的威胁，哈里·杜鲁门总统的支持率暴跌，民主党经济状况发生重大变化，共和党赢得了在参议院超出民主党4个席位和在众议院超出民主党58个席位的优势。这对于刚刚进入众议院的民主党人肯尼迪来说，意味着在今后共和党控制下的两年里几乎没有取得个人进展的可能。对肯尼迪而言，既然无法取得个人政治上的进步，还不如通过这段时间为自己的选区多做点实事以建立自己的根基。事实上，肯尼迪从来不认为国会能够给他提供多少机会，使他成为国家的主要领导人而拥有发言权，他只是对当选国会议员这一职务感兴趣而已。他当初竞选国会议员的目的很明确：国会只是通向国家最高政治权力的一个跳板。阿瑟·克罗克认为："从他当选众议员时起，他就没考虑过别的问题，心里只想着一件事，那就是如何以最快的速度成为参议员。他需要发展的空间，而对一个初来乍到的新手来说，这样的机会是几乎不可能得到的，即使那些老资格的众议员也很难得到。依我看，众议院只不过他的一个中转站而已。"

在1947年肯尼迪进入国会的第一年，谁都不可能认为他已经准备好在国家事务中扮演领导角色。朋友们把他说成是一个焦急而厌烦的年轻人，而在众议院中，他被视作一个大学的新生。虽然已经到了30岁，但是他那孩子般的相貌和举止所表现出来的不是雄心抱负和严肃的志向。他来去匆匆，开会和约会经常迟到，生活中透露着随意、轻松和享乐。

在华盛顿乔治敦第31大街1528号租下的一座三层砖砌小楼里，与肯尼迪一起居住的有他那26岁的妹妹尤妮丝（她当时在司法部的一个青少年犯罪委员会工作）、比利·萨顿，在肯尼迪家干了多年的厨师玛格丽特·安布罗斯，还有肯尼迪的贴身男仆乔治·托马斯。比利·萨顿回忆说："这里的感觉很像学生会，嘈杂、忙碌、人来人往。大使、罗丝、比林斯、托比，这里是所有来华盛顿的朋友必到之地。"在生活上，肯尼迪"很随便"，住所一片狼藉，毛毯打卷，女人的内衣裤塞在沙发缝里。尽管托马斯试图约束肯尼迪的邋遢行为，但褶皱的衣服还是扔得满地都是，吃了一半的残羹冷饭还是会出现在意想不到的地方。他不修边幅，泡泡夹克、运动衣、松松垮垮的羊毛衫、卡其布衣裤、褶皱的外套和衬衫，留有污迹的领带和胶底运动鞋，这些都是他喜爱的打扮。他的衣服、纸张、钞票扔得到处都是，仆人和秘书不得不跟在后面不停地收拾。他的秘书玛丽·戴维斯说，他像一个“懒散粗俗的新英格兰人，瘦弱不堪的身体上总是挂着不合体的衣服”。

肯尼迪对金钱漠不关心，身上几乎从来不带钱，车费、餐费甚至教堂的捐款，这些往往都是他的秘书或朋友们替他支付，甚至和女伴在饭店和夜总会结账时，他也常常会因为没有钱而不得不请他的女伴付费。他还经常从朋友处借一些小钱，却总是忘记还钱。一次，老约瑟夫对一个同事说：“杰克绝对不知道他自己的经济情况。”肯尼迪自己很少开大宗的支票，他的大笔开支通常由他的下级或他父亲的下级支付。在使用10万美元以上的年收入时，他几乎不接触现金。

到华盛顿上任后没多久，肯尼迪便对一个朋友表示，国会使他厌倦。众议院的生活无法使他兴奋起来，因为“作为一名众议员，你无法做很多事，我们只是众议院的虫子”。另外，让肯尼迪备受折磨的是“那些神秘规则和惯例”以及老派政治家们的墨守成规和政治上的狭隘、自私。“杰克觉得他的大多数议员同事都忙着在自己选区建立势力，忙于自己狭隘的政治利益。在那里，根本无法迅速推动立法，想要实现什么目标简直比登天还难。”比林斯回忆说。肯尼迪常常身着毛衣，脚穿运动鞋，双手插在兜里，一副悠闲自在的样子出现在国会大楼里，那神情仿佛在说：“如果不用为生计而烦恼，这份工作还是相当的不错。”而实际上，议会的工作常常令肯尼迪情绪非常低落，为了消磨枯燥乏味的时间，他常常在自己办公室的里间练习高尔夫挥杆动作，甚至和朋友在办公室踢足球。

肯尼迪在国会混日子时，老约瑟夫却在拼命赚钱。儿子成功当选众议员使老约瑟夫甚感骄傲和满足，同时也为他增加了新的压力，他很清楚，如果肯尼迪有朝一日竞选总统，将需要很大数额的钱，因此他又重操老本行——赚钱。为了扩大自己的资本和收入，继股票市场、电影业和酒店业之后，老约瑟夫开始投资房地产和石油业，总之只要有利可图，他就毫不犹豫地追逐，这使得他财源滚滚。据估计，在1942年至1960年间，仅房地产一项，老约瑟夫的收入就超过1亿美元。据《幸福》杂志的估计，到1950年时，老约瑟夫的资产总额已达到4亿美元。“我的子女对赚钱没有丝毫兴趣，一点儿都没有。”相反的，他的子女个个擅长花钱，有的简直是挥金如土，因此老约瑟夫在1929年、1936年和1949年三次为子女建立了信托基金。到 60 年代初，每个子女的信托基金已达 1 000 万美元，每年税前收入达 50—100 万美元。对老约瑟夫来说，赚钱完全是为了养家，使子女们的经济有所保证，从而促成儿子们达到他自己的野心。

老约瑟夫的美梦能成真吗?

初战告捷，老约瑟夫以坚韧不拔的精神又着手谋划儿子的进一步发展。1789 年到 1952 年的 163 年间，在众议院服务过的数万人中只有 544 人赢得过参议院的席位，对于大多数人来说，进入众议院已经是他们政治生涯中辉煌的顶峰。但是，对于肯尼迪家族来说，特别是对老约瑟夫来说，众议院最多只是第一步，“肯尼迪家的人总是在争取下一个位置”。

在争取下一个位置之前，肯尼迪首先要做的就是在自己的选区站稳脚跟。为此，他和老约瑟夫聘请了可靠助手坚守华盛顿和波士顿的办公室，以便有效地对选区的要求做出反应。

波士顿的办公室主要负责人是弗兰克·莫里西。他是一名职业律师，除了自己的律师业务外，他的大部分精力用于办理老约瑟夫交办的事情。日常工作由退役军人乔·罗塞蒂负责。办公室的顶梁柱是 50 岁的未婚女士格雷斯·伯克。她对工作尽心尽责，是个打理一切的专家。罗塞蒂对她的评论是：“她对杰克忠心耿耿，绝不允许任何不利于杰克的事情在那个办公室发生。无论是市政厅还是州议会，她都有个人关系，一切轻车熟路。”

在华盛顿，肯尼迪的办公室位于所有新议员集中的“新人区”，在老议会办公楼的 322 室。职员的负责人是才华横溢的特德·里尔登。办公室另一名职员是来自波士顿的比利·萨顿，即肯尼迪原来在波士顿的政治秘书。他的作用就像老约瑟夫身边的埃迪·穆尔一样，是个杂务总管，负责料理一切。萨顿是一个活动能力非常强的人，到国会没多久就认识了所有算得上人物的人。“如果你需要办什么事，比利总是认识某某人。”除此之外，萨顿在处理日常琐事方面也很有一手，大部分来自选区的抱怨或寻求帮助的事情在他那儿就能得到解决，根本用不着上报到肯尼迪那儿，这对不喜欢接见选民的肯尼迪来说相当称心。

华盛顿办公室的主要工作落在比肯尼迪小一岁的玛丽·戴维斯女士身上。玛丽·戴维斯有 8 年给议员当秘书的经验，她是效率的灵魂。“玛丽一来，你可以让 12 个人回家。她可以同时做几件事，比如一边接听电话一边打字，而且绝对不会出错。她简直就是一台政治机器，认识所有的人，每一件事都做得非常到位。”萨顿回忆说。

与此同时，老约瑟夫继续利用自己的关系网和金钱在马萨诸塞州以及全国树立肯尼迪的公众形象。在老约瑟夫看来，任何有利于争取更高职位的努力都不算早。1947 年 1 月，肯尼迪被美国青年商会评选为“1946 年度 10 大杰出青年”，而且排名第一。《波士顿环球报》、《纽约时报》、赫斯顿报系以及其他媒体在老约瑟夫的公关下纷纷出台对肯尼迪有利的报道，把肯尼迪宣扬成一颗璀璨的政治新星。

然而，父亲的帮助并不是没有代价的。在这样一位脾气暴躁、盛气凌人、控制欲强、对人要求苛刻并且常常做出有失身份事情的父亲的干预下，要维护自己的独立意识和尊严，比任何时候都困难。肯尼迪在接近 30 岁的时候，在如何与父亲和睦相处，又能摆脱父亲的控制这件事上，颇为困惑。当特德·里尔登就任肯尼迪华盛顿办公室负责人后不久，便接到一个来自棕榈滩的电话，老约瑟夫要他成为儿子办公室的耳目，报告肯尼迪的一言一行，并声称不会亏待他。在肯尼迪进入众议院后不久的一次宴会上，肯尼迪正与家族的一个朋友凯·哈里私下交谈，而老约瑟夫却在一旁就众议院的某个法案的投票问题喋喋不休，企图影响肯尼迪的投票。肯尼迪被激怒了：“嘿，爸爸，你有你的政治观点，我有我的。我有权决定自己怎么投票。”对于儿子的愤怒，老约瑟夫微笑着说：“瞧瞧，凯，这就是我为什么给他们每人 100 万美元的原因，这样只要他们愿意，就可以轻视我了。”一个一贯对父亲言听计从的儿子，终于敢顶撞自己威严无比的父亲了。肯尼迪告诉比林斯说：“我觉得爸爸已经决定要成为一个双簧表演者，而我所扮演的角色就是前面那个傀儡。”

但是，肯尼迪也明白，正是父亲的金钱和关系使他拥有了相当大优势。在老约瑟夫的游说下，肯尼迪先后成为众议院的劳工与教育委员会的委员和退役军人事务委员会的委员，并进入了负责退役军人住房问题的一个特别小组委员会，拥有了发言权。

在国内问题上，由于约翰·肯尼迪保守的财政立场，因此他反对给医院提供资金，反对给农村合作社以联邦资助，反对给纳瓦霍和霍皮族印第安人以援助，反对在没有公共图书馆的地区提供资金去建造，反对禁止雇用歧视的法案，反对共和党提出的减税议案，反对民主党支持的社会福利方案的开销计划。在他看来，这些计划可能会导致联邦政府 60 亿美元的赤字，对国家经济造成威胁。在众议院的一次会议上，肯尼迪问道："难道各位不认为在冷战期间应该让国家的经济保持稳定，以便在战时我们能有强大的经济作后盾？"

与此同时，肯尼迪真心同情依赖政府的蓝领工人对过上稳定生活的需求。他赞成扩大社会保障福利，制定最低工资法，以及制定给予穷人医疗照顾的折中法案。凡是有利于他的选民的任何法案，他几乎都投票赞成。

在劳工和教育委员会上，肯尼迪作为工人阶级居住地区的代表，他觉得自己有责任有义务为工会的利益说话。但是工会的领袖们自私自利，将自身利益凌驾于国家利益之上。在肯尼迪看来，许多劳工领袖都是腐败的敲诈勒索者。尤其让他忧心忡忡的是共产主义在工会的渗透。在 1947 年召开的关于共产党颠覆汽车联合工会和电子联合工会问题的小组委员会听证会上，肯尼迪揭露汽车联合工会的共产党员哈罗德·克里斯托弗尔犯了伪证罪。肯尼迪怒不可遏，不断斥责被怀疑同情共产主义的证人们，因为在 1941 年苏联与纳粹德国结盟期间，克里斯托弗尔的工会竟发动罢工来干预美国为重整军备所作的工业动员。

尽管如此，当众议院在 1947 年 4 月讨论对劳工过度严厉的哈特利法案时，肯尼迪加入了反对该提案的议员行列。肯尼迪认为，该法案"带来的不是和平，而是劳工战争"，他宣称，投票批准哈特利提案，就等于投票批准工业战争。然而，该法案的温和版本最终还是获得通过。

在退役军人住房问题的特别委员会上，他公开要求众议院针对住宅短缺以及改善回国退伍军人的住房条件制定住房法。针对美国军团继续反对住房法案，肯尼迪在众议院公开宣称："美国军团的领导层自从 1918 年以来就没有提出过有益于国家的建设性意见。"他指责这个组织对退伍军人不负责任。肯尼迪对住宅问题的积极倡议，为他赢得了一片赞扬声，公众坚决站在他的一边，支持者的来信表明他获得了 10∶1 的支持率。有个支持者写信给波士顿所有的报社，赞扬杰克具有"正义的勇气"。

到了 1947 年年底，肯尼迪在支持工会方面的投票记录获得了工业组织大会的最高分：11 次投票中 11 次正确。

在联邦政府资助教育问题上，反天主教倾向的法案令肯尼迪怒火中烧。在肯尼迪看来，禁止将联邦政府的资金用于教会学校是歧视性的，也是违反宪法的。他积极呼吁，联邦政府应平等对待公立和教会学校。于是，肯尼迪立刻成了帮助教会学校的典型，并受到了天主教会和非宗教界领导人的高度赞扬。一家天主教报纸将肯尼迪称为“选区利益的救星”，也有人将他称为“天主教选民的傀儡”，这样的称谓令他感到非常不满，他不愿意被人看成是主张教会利益的天主教议员，他认为自己的工作主要是为了国家利益、公众利益，而不是出自狭隘的集团利益或个人喜好。

1947 年，波士顿市长詹姆斯·迈克尔·柯利在其市长任内，因诈骗罪被判 6—18 个月的监禁。对于 72 岁患有糖尿病和高血压的柯利来说，监禁意味着死刑。在柯利向法官提出减轻刑罚的要求遭到了拒绝后，17.2 万名柯利的支持者向杜鲁门总统请愿，要求宽恕柯利，马萨诸塞州的所有代表都支持该请求，只有肯尼迪例外。肯尼迪咨询了医疗机构，得知监禁并不会直接危及柯利的生命，而且他还会得到监狱医院适当的医护，便毅然拒绝在请愿书上签名。回到办公室后，肯尼迪对特德·里尔登说：“唉，特德，这下我们是吹了，我的政治生命已经结束了。”他的这种担心并不是无来由的，要知道他的选区可是柯利的一个大本营。

虽然此时肯尼迪在处理国内事务上还处于摸索中，但是在处理重大外交政策上则显得得心应手。当时的国际形势是：在东欧、希腊、土耳其和伊朗等问题上，苏美之间的紧张关系加剧，很有可能再次爆发战争；在亚洲，中国爆发内战，美国可能不得不干预亚洲事务。而在美国本土，有消息说共产党已经渗入美国政府内部，因而美国的传统生活方式受到了威胁。此时两大阵营已经基本形成，冷战的局面使共产主义和资本主义无法在同一块天空下和平共处。在大多数美国人看来，共产主义是一种磐石般的全球威胁。富兰克林·D. 罗斯福在雅尔塔会议上对斯大林的妥协把东欧给了共产党。二战后，白宫和国务院已经失去了中国。

在这样的背景下，肯尼迪表现得更像一个国际主义者。1947 年 3 月，杜鲁门总统提出了杜鲁门主义，即提议援助希腊和土耳其以抑制苏联在近东的扩张。1947 年 4 月 1 日，肯尼迪在北卡罗莱纳大学发表了当选众议员后第一次对外政策方面的演讲。他采取了与父亲的孤立主义截然相反的立场：“我们应努力斗争，防止欧洲和亚洲被一个军事大国主宰，受到红色独裁主义的统治。”肯尼迪认为，总统的政策是确保国家安全和和平的唯一途径。对于这一计划可能激怒莫斯科进而引发又一场全球争端的警告，他指出，只有今天坚定地反对苏联的红色独裁统治，才能有效地阻止莫斯科将来作出危险的举动。除了赞同杜鲁门主义外，肯尼迪同样公开支持整个马歇尔计划和欧洲复兴计划。1948 年，肯尼迪投票赞成加强军备，并提出建立一种配比系统，即美国每一个师配比欧洲 6 个师，他希望通过促使欧洲各国承担各自的份额来卸掉美国过重的经济负担。

在 1946—1949 年期间，有关共产党渗入美国政府部门的警告声此起彼伏。到了 1949 年 1 月，美国对共产主义威胁的恐惧已经到了狂热地步。在众议院反对共产主义的浪潮中，肯尼迪走在前面，不断进行猛烈的攻击。他支持对意大利的 20.27 亿美元的援助请求，还呼吁中止巴勒斯坦的武器禁运，而贯穿所有这些思想的一条主线就是保卫欧洲，抵御共产主义。然而，对于共产主义威胁的过度担忧，时常造成肯尼迪出现不理智的判断，或过激反应。在 1950 年哈佛大学举行的一次非正式讨论会上，约翰·肯尼迪公开宣称他对约瑟夫·R. 麦卡锡有好感。麦卡锡疯狂反共，后引起美国公众规模庞大的反麦卡锡浪潮。但肯尼迪就是看中了他的反共思想以及他的“旺盛精力、智慧和政治才能”。1952 年 2 月，在哈佛斯皮俱乐部的一次晚宴上，一位演讲者把阿尔杰·希斯（被怀疑是莫斯科的间谍）与约瑟夫·麦卡锡联系起来，并对两人都表示厌恶。这时，肯尼迪一反常态，怒气冲冲地问道：“你怎么胆敢把一个伟大的美国爱国者的名字与一个叛徒的名字连在一起?”他还公开宣称，对坚决反共的理查德·尼克松战胜自由派的加利福尼亚参议员海伦·贾哈根·道格兰斯表示高兴，并且还宣布他有希望摆脱“外国人对我们的缠磨”。在自由派人士看来，这位年轻的众议员的直言不讳酷似他的父亲。

然而，老约瑟夫仍然坚持他的孤立主义。他已经公开抱怨，认为美国在战后百废待举，恢复经济是头等大事，而不是将数亿美元资金送到国外抵御苏联。他把杜鲁门总统对西欧的干预看作是自由派人士浪费美国资源的一个例子。老约瑟夫提出的解决办法就是听任苏联扩张，并预测苏联在发现自己的扩张之路行不通时自然就会垮台。到那时，美国因为实行孤立主义，已经实现经济上的繁荣，成为工业和新兴国家的楷模。在弗吉尼亚大学演讲时，老约瑟夫向听众问道：“支持法国在印度支那的殖民政策或者实现李承晚先生在朝鲜的民主概念，这与我们有什么关系呢?”他呼吁，不要去干涉共产主义，那样只会产生矛盾，他还正确地预言共产党中国和苏联之间会发生分裂。

老约瑟夫的孤立主义和不干涉共产主义令肯尼迪非常懊恼。不过，他知道父亲做出这样愚蠢的判断并不是出于分析国家利益的结果，而更多地想到的是对个人家庭损失的担忧。可以说，肯尼迪家族两代人之间的分歧是典型的战前孤立主义和战后冷战战士之间分裂的一例。对于和父亲之间在外交政策上的分歧，肯尼迪表示："我不打算改变他的主张，他也不打算改变我的主张。"父子俩都同意各自保持不同的意见，但肯尼迪有时候会刻意与父亲的立场相区别。老约瑟夫也清晰地认识到，自己作为一名绥靖主义者、孤立主义者和反犹太主义者，对儿子政治地位会产生很大影响，于是他逐渐地减少了对外发表政论的频率。与此同时，父亲对国际形势的错误判断增添了肯尼迪对公共事业的信心，他坚信自己在外交事务上一定能有所成就。

在1947—1949年间，得到约翰·肯尼迪密切关注的国家重大问题有：工会、住房、教育，尤其是对美国国家安全构成挑战的共产主义。在参与国家事务的同时，肯尼迪的社交生活也丰富多彩，在众议院中435个有发言权的人当中，他是唯一一个能够将自己的时间一半用于公众，一半用于个人的议员，因为他那支庞大而高效率的办公室队伍应对了选民的要求。"杰克是个玩乐型和思考型的综合体。"肯尼迪的一位英国朋友评价说。

在华盛顿，肯尼迪很快就赢得了女性杀手的名声，这些女人大多数都属于一夜情类型。在肯尼迪眼里，女人只是征服对象，是娱乐品，只有在男人与男人之间才存在认真的情感联系。一位颇为了解肯尼迪的女士说："只有身处男性朋友之中，开着男子汉的玩笑，杰克才会感到真正的高兴。"另一个女士对肯尼迪的描述是："他人不错，机智有趣。但是，他散发的是光，而不是热。他不是亲昵、动人的那种男人，对于性爱，他是一完成便抛诸脑后，压根儿不会缠绵温存。"

但是，"女孩子们简直为他发疯"。肯尼迪在众议院的同事，也是他为数不多的好友之一的乔治·斯马瑟斯议员回忆说："杰克喜欢女孩子们，女孩子们也很喜欢他。他是一个热情可爱的小伙子，对女人很有一套。"与肯尼迪维持了一年多恋情的影星吉恩·蒂尔尼说："杰克经常对我说，他将怎样去征服世界。他非常自信，但是在他的身上也有一种很可爱的孩子气。他那种爱开玩笑、毫不做作的爱尔兰魅力对女人来说简直无法抗拒。可能我无法解释清楚杰克吸引人的原因，但他确实令人非常痴迷。"

在高等法院法官威廉·O. 道格拉斯的眼里，肯尼迪“越来越表现得像个花花公子”，可供他挑选的女人多得就像一桌丰盛的自助餐，而且相当便宜，“简直是一分钱一打”。肯尼迪的魅力、智慧和幽默令所有遇到他的人（不管是男人还是女人）情不自禁地被吸引，但是他却少有密友，并不是因为他无法和人建立起亲密的关系，而是他那强大的家族关系网和丰富多彩的社交生活使他拥有了他需要的所有伴侣。

肯尼迪在性生活上的胡作非为，暴露出了一个与他在公开场合表现出的不一致的、焦躁不安的、探索的自我。母亲的冷漠、疏远和她对珠宝、服装及打扮的专注，使肯尼迪终生厌恶这种没有真性感的虚伪行为。除了享受性快感之外，他讨厌别人触摸自己，讨厌女人的海誓山盟的爱情观。因此，直到这个时候他丝毫不想结婚成家的事。当肯尼迪家族的传记作家向肯尼迪问道，为什么他要躲避真正的男女关系，为什么在事业蒸蒸日上的同时还要冒着被揪出丑闻的危险寻花问柳？肯尼迪沉思片刻，神色悲哀地回答道：“我真的不知道，我想我是不由自主。”据采访他的传记作家回忆，当时肯尼迪看上去就像是个快要哭出来的小男孩。

有人认为，肯尼迪疯狂地追求女人可能是源于自己命短的意识。1947年夏天，援助欧洲的马歇尔计划刚刚提出，许多议员亲自到欧洲去调查那里的经济情况，肯尼迪也和众议院劳工小组委员会的几个同事一起前往，他的行程还包括俄国，以研究共产主义制度下的“劳工状况”。在正式调查开始之前，肯尼迪和妹妹凯瑟琳一起访问了南爱尔兰，做了一次故乡之旅。然而，令人措手不及的是，在访问爱尔兰期间肯尼迪突然病倒，不得不住进伦敦医院。医生的诊断结果是，他患有阿狄森氏病，即肾上腺缺乏，其典型症状是肾上腺发生功能障碍，导致身体虚弱，食欲减退、体重下降、恶心呕吐、血液循环不正常，而且会导致自身免疫力减弱，从而使他从小就纠缠不清的身体问题有了一个结论。虽然此时内分泌学家已发明可以补偿肾上腺不足以分泌激素的可的松，但是谁也无法肯定疾病是否会缩短肯尼迪的寿命。

1947年10月，约翰·肯尼迪被迫放弃他的欧洲之旅，从南安普顿乘“玛丽皇后号”船回波士顿。当时他已经病得很重，以至于在他被担架抬下“玛丽皇后号”船之前，一个牧师专门赶来为他做临终涂油礼。

在波士顿的莱希诊所，肯尼迪接受了脱氧皮质酮的注射，健康很快得到了恢复，也许正是这种注射挽救了他的生命。当他重新回到众议院的工作岗位时，他对自己的健康状况非常担心。他背部的疼痛仍在持续，常常需要使用拐杖，在休息时后背需要撑着支架，现在他又患上了要命的阿狄森氏病，一场小小的感冒都可能置他于死地。他终于得知，他也许活不过45岁。事实上，他在英国的医生曾告诉帕梅拉·丘吉尔："你那位年轻的美国朋友，他活不过一年的时间。"他的朋友加里·威尔斯认为，肯尼迪那种疯狂的性表现是对他身体残疾的一种讽刺、对抗。肯尼迪阅读了所有能找到的有关拜伦的书，他将自己与拜伦等同起来。拜伦也身体残疾，知道自己会年纪轻轻就丧命，便疯狂地追求女人。

另外，发生在妹妹凯瑟琳身上的事加深了肯尼迪对人生蹉跎的感受。

1948年4月，凯瑟琳与家人一起在棕榈滩度过了2个月假期，即将返回英国时，她告诉父母自己与另一个英国男人相恋了。他叫彼得·菲茨威廉，绰号"热血"。他既是勋章耀眼的战争英雄又是英国最富有的贵族之一，其先祖可追溯到"征服者威廉"即英王一世。菲茨威廉不仅是个新教徒，而且还是个有妇之夫。他让一些人想起了乔·肯尼迪——"老奸巨滑，相当不安分守己的男人"。凯瑟琳向父母保证，菲茨威廉一离婚，他俩就马上结婚。

罗丝对此事的反应非常强烈，简直气得发疯，新教徒也就罢了，竟然还是个有妇之夫。她警告凯瑟琳，如果她执意嫁给这个英国男人，她就与她断绝关系。老约瑟夫的态度则要现实得多，他知道女儿再婚是必然的，现在最主要的就是将此事瞒过美国媒体。

凯瑟琳于4月返回英国后，菲茨威廉也办妥了离婚手续，他们计划5月份举行订婚仪式。老约瑟夫同意5月15日去巴黎同凯瑟琳和她的未婚夫见面。然而，就在凯瑟琳和菲茨威廉飞往法国的途中，发生了一场悲剧性的意外事故：他们的私人飞机遇到了暴风雨，在罗纳谷的一座山上坠毁，凯瑟琳、菲茨威廉及两位驾驶员全部罹难。

对于老约瑟夫这样一个拥有一切的男人来说，在短短4年间失去了各方面都最像他自己、也是他最为钟爱的一对儿女，令他痛不欲生。凯瑟琳被安葬在查特维斯德文郡公爵的领地，墓碑上刻着："她给人以快乐，自己也找到了快乐。"

肯尼迪是在华盛顿的家里得到凯瑟琳的死讯的。当时他正斜靠在躺椅上欣赏埃拉·洛根在《彩虹仙子》中唱的主题歌《格罗卡莫拉的情况》，助手比利·萨顿也跟他在一起。当特德·里尔登的电话确认这起悲剧事件时，肯尼迪对比利·萨顿说，那女高音的嗓音真甜，然后便掉开脸，失声痛哭。肯尼迪觉得凯瑟琳的死简直没有任何道理。在所有兄弟姐妹之间，肯尼迪与凯瑟琳的关系最亲密，兄妹俩之间充满了柔情和关爱。他不住地问比林斯："怎么会这样?""他痛苦极了，"比林斯回忆道，"在那些日子里，他总是不由自主地想起和凯瑟琳在一起的时光，即使是在众议院听证会上，他也无法不思念她。"凯瑟琳的死起初令肯尼迪心灰意冷，如果医生的预言准确的话，他可能只有10年好活，肯尼迪曾向特德·里尔登和乔治·斯马瑟斯询问过最好的死法，在众多死法里，他更希望自己死于战争或毒药。

死神已经带走了小乔和凯瑟琳，而且现在也正等着他，在经历了一段悲痛欲绝的日子后，"杰克决定，不想那些没有用的，他要充分享受生命，在生命给予他的时间里尽可能做到最好，尽可能多地享受冒险和乐趣，把每一天都当做自己生命中的最后一天来过，只要有事情做，他就会竭尽所能。"比林斯回忆说。显然，凯瑟琳的死不仅更加坚定了他享受生活的决心，而且还促使他下决心在公众事业上实现更远大的抱负。

凯瑟琳死后，肯尼迪除了事业上的坚强决心外，又多了一份勇于接受事实的坚忍意志。1948年，肯尼迪连任众议员后，便着手竞选更高职位。从马萨诸塞州的政治历史中，肯尼迪了解到：金钱和行之有效的战略是成功的关键。让肯尼迪犹豫不决的是，竞选参议员还是州长？当然，无论是老约瑟夫还是肯尼迪都更倾向于参议员这一职务，但是如果他在这一年获得参议员提名，那就意味着要挑战深受欢迎的共和党人莱弗里特·索顿斯托尔。根据早期的民意测试结果，肯尼迪赢得竞选的可能性十分渺茫，因此他避开了与索顿斯托尔的竞争，把竞选的重点放在州长的位置上。作为一种铺垫，他常常花4天时间在马萨诸塞州四处走访，发表演说，仅仅在星期二和星期四回国会观看投票结果。但是，1948年6月的民意测试结果显示，肯尼迪参加州长竞选的胜率并不是很高，因此他决定继续等待。

1951年，新发明的可的松已经可以口服，这为阿狄森氏病人带来了生的希望。该药一上市，人们便疯狂抢购。肯尼迪家族利用关系，买了大量的可的松囤积在全国各地的保险箱里，以确保肯尼迪有充足的药源。肯尼迪每天摄取 2 毫克，大腿上还定期接受 150 毫克醋酸脱氧皮质酮丸的植入。不过，这种合成激素是有副作用的，包括“皮肤发黄（实质性的肤色变异），人到中年仍头发浓密、肌肉力量和耐力提高，精神和性欲亢奋”。但是，这些副作用对肯尼迪来说却是好事，他的健康和精力大有改善。由于对健康的忧虑消失了，他变得野心勃勃，目标也渐渐清晰起来，他想要竞选参议员的位置。

在肯尼迪看来，马萨诸塞州的首席执行官的工作不过就是“坐在办公室，签订几份污水合同”，且权力有限，他这个“外来政客”在“没有基础”的情况下走上这个位置，似乎不太可能取得大的成就。而参议员则要参与制定外交政策，更重要的是他如果赢得参议员的竞选，就有可能被提名总统候选人。1951 年 12 月，在全国广播公司电视台的《与新闻会面》节目中，肯尼迪表示，他对进入参议院很有兴趣，正在考虑是否参加第二年的竞选。

从很大程度上讲，肯尼迪是否可以向参议员的席位迈进，还取决于现任州长保罗·德弗。作为马萨诸塞州民主党的主席，德弗有权决定自己是连选州长还是与共和党人小亨利·卡伯特·洛奇争选参议员席位。

到了 1952 年初，德弗还在踌躇不定，悬而不绝。肯尼迪有些沉不住气了，他找到德弗，对他说：“嘿，保罗，你得下决心了。如果你想竞选参议员，我就竞选州长。如果你想竞选州长，我就竞选参议员，不管你如何决定，对我来说都无所谓。只是你定下来后，就尽快告诉我，好吗?”实际上，肯尼迪早就拿定主意竞选参议员了，他认为，尽管在 1948 年和 1950 年两次蝉联州长职位的德弗对参议员席位有很大的兴趣，但是德弗并没有把握战胜共和党中炙手可热的洛奇，更何况 1952 年还是共和党年。德弗最终在 4 月 6 日给肯尼迪打来电话说，他将争取蝉联州长。肯尼迪松了一口气，对助手微微一笑说：“我们得到了想要的竞争格局。”

肯尼迪正式宣布参加 1952 年参议员的竞选。此言一出，舆论一片哗然，许多人都认为肯尼迪自不量力，因为他的对手是令人生畏的小洛奇。如果说费茨杰拉德和肯尼迪的名字在波士顿家喻户晓的话，洛奇则是整个马萨诸塞州和整个新英格兰地区的“流行商标”，洛奇家族的祖先可追溯到 17 世纪马萨诸塞州的殖民时代，它代表了一个比肯尼迪家族更悠久、更杰出的政治王朝，同时也是歧视来自爱尔兰的肯尼迪家族的新英格兰社会的代表。小洛奇出身高贵，是有教养的新英格兰人的典型代表。他的爷爷是当年因反对威尔逊总统的国际联盟计划而闻名于世的老亨利·卡伯特·洛奇，也正是老洛奇使约翰·肯尼迪的外祖父约翰·菲茨杰拉德在竞选生涯中遭到最后一次惨败。为了进入参议院，小洛奇已经先后击败了三个爱尔兰人：詹姆斯·柯利、约瑟夫·凯西和戴维·沃尔什。作为政治家，他似乎是不可战胜的。因此，这次肯尼迪要与小洛奇较量，在外人看来简直无异于鸡蛋碰石头。

但约翰·肯尼迪和老约瑟夫却信心十足，在全面客观地分析了竞选形势后，他们似乎已胜券在握。

首先，肯尼迪家族具备三个有利因素。首先是金钱，在这方面肯尼迪显然比小洛奇的金库充实得多。第二，肯尼迪的个人魅力与不知疲倦的竞选热情远远超过了小洛奇。肯尼迪的政见与小洛奇没有多大差别，因此选举更多地转向了个性魅力之争，而对于善于展示个性的肯尼迪来说，在这场声望的角逐中，他无疑会占上风。第三，爱尔兰和新英格兰人已不再是势不两立了，他们开始携手，共同对付新来的意大利人、犹太人和黑人，这意味着肯尼迪有希望得到更多新英格兰人的支持。

当然，肯尼迪要面对的困难也是显而易见的。其中让肯尼迪家族最担心的是，小洛奇说服战功赫赫、德高望重的艾森豪威尔辞去欧洲北约部队总司令职务去竞选总统，如果艾森豪威尔当选，将会带动一大批共和党人一起当选，其中当然会包括小洛奇。正因如此，夺标呼声甚高的小洛奇认为自己的参议员地位不可动摇，因此他在州内投入的精力非常少，而是将主要精力用于帮助艾森豪威尔竞选总统，这给了肯尼迪很大的空隙。

为了给公众造成洛奇过于自信的印象，老约瑟夫向媒体透露，洛奇对肯尼迪参加角逐一事表示轻视，并预计自己能以 30 万票取胜，洛奇还传话给他说不要浪费钱。洛奇后来否认了老约瑟夫的这一说法，但不管事实到底如何，洛奇轻蔑肯尼迪的态度使这次竞选的火药味更浓。联想到 1916 年老菲茨在洛奇的祖父那儿栽了跟斗，老约瑟夫愤怒地对一个记者咆哮道："我们听到的只是洛奇的祖父如何把污迹斑斑的窗玻璃摆在南波士顿的'天国教堂'的大门口。"

根据尤妮丝的记忆，老约瑟夫"已经考虑、计划、酝酿了两年的时间"，现在更是全身心地投入肯尼迪的竞选事宜。老约瑟夫相信肯尼迪一定能把洛奇“拉下马”，同时他也明白“与洛奇之间的竞争将是他能够想象到的最艰苦的一战”。但是，只要“杰克过了这一关，他就会被提名，并当选为美国总统”。老约瑟夫自信地预测道。这一次，老约瑟夫明确宣布，肯尼迪的竞选班子由他全权负责。他在离肯尼迪公寓不远处的比肯街84号租了一套舒适的公寓，在那里对此次竞选活动的开支、宣传、演讲的准备和重大声明实施监督。

跟1946年一样，老约瑟夫注入了大量资金来支持肯尼迪。随着1952年选举渐渐临近，肯尼迪家族的捐款源源涌入马萨诸塞州。虽然候选人自己只能花费2万美元，个人捐献限制在1 000美元，但是向任何一个或者所有代表候选人的委员会捐献1 000美元方面没有限制，间接使用该州的党内资金来宣传提名人也没有限制。一笔接一笔以约翰·肯尼迪名义赠送的钱款送往慈善机构，尤其是“意大利—美国慈善社”。老约瑟夫给肯尼迪的一封信中说：“我们可能需要寄给他们（某个团体）一张1 000美元的支票，因为这是1952年。”另外，老约瑟夫还组织了一系列针对渔业、制鞋业和纺织业的捐赠，向它们各捐赠了1 000美元，宣称是要致力于改进这些行业。肯尼迪坦率地跟费伊说，随着选举的临近，他父亲会一直把捐献集中于马萨诸塞州。在捐助方面，老约瑟夫可能投入了数百万美元，远远超过了该州共和党为支持小洛奇而支付的100万美元。

老约瑟夫在竞选运动中最能说明问题的一次开销是把50万美元借给《波士顿邮报》的老板约翰·福克斯。《波士顿邮报》以宣传麦卡锡主义闻名，1952年6月，当福克斯用400万美元买下这家报社后，他便陷入了经济危机。1952年秋天，老约瑟夫用他的贷款挽救了福克斯破产的厄运，因此该报也由过去敌视肯尼迪而改为替肯尼迪大唱赞歌了。“你知道，我们不得不买下那家该死的报社，否则我就会被长舌所淹没。”肯尼迪事后对一位记者说。

但是，竞选之初，肯尼迪的情况并不是很好。由于获胜的决心过于强烈，老约瑟夫的固执武断和不合拍差点断送了整个竞选努力。一开始，担任肯尼迪竞选活动经理的是马克·多尔顿，他从1946年起就一直追随肯尼迪，是肯尼迪不要报酬的竞选顾问。但没过多久，老约瑟夫就与多尔顿产生矛盾。老约瑟夫认为多尔顿不够得力、精明，还在一次会上当众羞辱他，指责他花了钱却没有产生好结果。多尔顿只好求助于肯尼迪，但肯尼迪又无意违背父亲的决定，多尔顿觉得遭受了“沉重的打击”，便辞了职。在竞选活动期间，肯尼迪聘请了自由人士加德纳·杰克逊，让他去争取自由派民主党人的支持。为了强化对自由人士的掌握，杰克逊让波士顿办公室的一些工作人员准备了一幅印有这样一句话的报纸广告：“共产主义和麦卡锡主义都错了。”老约瑟夫看到这则广告时满脸怒火，掀翻了他们正围坐着的牌桌，大声叫嚷着他们想毁了肯尼迪，因为他认为这种言论是反美的。结果这则广告被取消，肯尼迪也不反对，事实上他认为这种广告很拙劣。

当竞选班子士气低落、人心涣散之时，在司法部当律师的罗伯特·肯尼迪（鲍勃）出任竞选经理。当时罗伯特·肯尼迪只有26岁，是刚从弗吉尼亚大学法学院毕业的律师，对选举以及马萨诸塞州的政治几乎一无所知。但成为哥哥的竞选经理后，他由一个腼腆、羞怯、笨拙和内向的年轻人，变成了一个“坚定、自负、无情的大将军”。

作为竞选经理，鲍勃每天工作18个小时，为哥哥的最终当选立下了汗马功劳。他建立了一个机构，能够接触到州内的每一个地方，激发了成群的支持者像他那样玩命地工作。鲍勃最大的价值在于他那种干劲十足、不遗余力、一往无前的实用主义精神。他把哥哥肯尼迪的名声看得高于一切，甚至不惜用他的拳脚去保护哥哥的名声。难怪肯尼迪说，鲍勃是唯一一个没有从背后向他刺刀的人，是他关键时刻唯一能指望的人。凡是肯尼迪不便出面的困难差事鲍勃全承担了，从而维护了肯尼迪一尘不染的政治形象。当保罗·德弗的机构在竞选州长的活动中疲软，试图与肯尼迪的竞选机构联手时，鲍勃不留情面地拒绝了。事后，德弗跟老约瑟夫抱怨了他那生硬粗暴的儿子，并发誓以后再也不跟鲍勃打交道。鲍勃的挺身而出挽救了竞选，使肯尼迪的竞选班子更有成效，与他一起共事的工作人员将鲍勃的加盟作为一种标志，将他加盟前称为“革命前”，加盟后称为“革命后”。一位传记作家称鲍勃·肯尼迪组织的竞选是“马萨诸塞州历史上最井然有序、最科学、最周密、最错综复杂、最训练有素和运转灵活的竞选运动”。

在鲍勃·肯尼迪的指挥下，宣传成了这次竞选的核心。他们决心使约翰·肯尼迪渗透到马萨诸塞州的每一个角落。几年前肯尼迪在州内四处走访时，曾把沿途碰到的有朝一日对他竞选有用的年轻人的材料整理成了庞大的档案，现在这些档案派上了用场，肯尼迪给其中的每一个人写信，把信件发到了他所到过的39个城市和312个镇，因此肯尼迪从全州征集到了262 324个提名他为候选人的签名。而当时的法律要求竞选者征集的提名签名为2 500人，在职的小洛奇也只满足于这个数目。262 324人的签名在马萨诸塞州的政治历史上简直是前所未有的。另外，肯尼迪还让助手们一一向所有的签名者发去感谢信，而小洛奇却没有做到这一点。

肯尼迪在二战中的英雄事迹仍然是他们宣传的一个重点。肯尼迪竞选班子印制了90万份关于肯尼迪的小册子。小册子的封面上是小乔和肯尼迪的照片，标题是：约翰·肯尼迪实现了死在英吉利海峡上空的兄长约瑟夫·肯尼迪的梦想。这本小册子图文并茂，主要内容是约翰·赫西关于109号艇的文章，并配上了肯尼迪在南太平营救战友的插图。肯尼迪家族雇用大批人力，四处散发这些小册子，“在每一个社区，竞选班子都设立一个完全脱离当地党组织的政治机构……他们将肯尼迪的宣传册发送到了马萨诸塞州的每家每户。”戴夫·鲍尔斯说。这是前所未有的联系选民的方式。

正在这时，肯尼迪收到了当年指挥撞沉109号鱼雷艇的日军“天雾”舰舰长花见弘平的来信，信中写道：

敬启者：

从细野军治博士那里我才得知，在1943年8月初的那场所罗门群岛的海战中，被“天雾”号击沉的那艘鱼雷艇，居然是您指挥的。我就是当时“天雾”号的舰长，当听到这个消息时，非常吃惊。后来，在《时代》杂志1952年8月18日的一篇文章中，看到了那场海战的记录，使我仿佛又回到了那个夜晚……

当时我发现一艘行动十分大胆的敌方小型鱼雷艇出现在我所指挥的大型驱逐舰面前，而且毫无畏惧。由于距离过近，无法发射炮弹，只好下令全速前进，把鱼雷艇撞沉……

对于阁下当时那种勇猛的行为，鄙人非常钦佩……目前鄙国同贵国一样，也在举行国会选举。在此我谨预祝阁下在这次选举中马到成功。

“天雾”号驱逐舰舰长　花见弘平

很快，这封锦上添花的信就刊登在了当地多份报纸上，并在马萨诸塞州引起了不小的轰动。另外，肯尼迪竞选活动的工作人员还整日守在电话机旁，试图给每一个投票人每天打两次电话。这样一来，似乎全州的每一个角落都能听到肯尼迪的名字。

不仅鲍勃，肯尼迪家族中的女性成员也都倾巢出动。从母亲罗丝到最小的女儿琼，都不遗余力。罗丝四处奔走，又一次扮演不同身份的各种角色。尤妮丝、帕特里夏和琼组织各种各样的茶话会，吸引了无数的妇女选民。不错，又是茶话会！肯尼迪的竞选班子认为，赢得女性选民仍然是此次成败的关键之一。精于此道的肯尼迪当年在波士顿第 11 选区展现了他对女性选民的吸引力，现在他又要在全州女性面前检验他对女人的魅力了。随着竞选的深入，肯尼迪渐渐发现，自己对年轻女性的“异性魅力”，似乎比对老年妇女的“儿子魅力”更突出，因此肯尼迪家族举行的茶话会上被邀请的年轻女性越来越多。

肯尼迪家族在马萨诸塞州的每一个城市都举行了茶话会，其中大型茶会共举行了 33 次，出席的妇女总数高达 7 万人。每一次茶话会上，站在主人席上的约翰·肯尼迪脸上始终荡漾着他那招牌式的微笑，并大方、真诚地和每一位妇女握手、问好，仔细倾听她们充满爱意的祝福，他令每一位和他握过手或吻过脸的妇女都感到心里暖洋洋的。就这样，英俊潇洒、富有魅力的肯尼迪俘获了一批又一批妇女的心。

当然，使年纪轻轻的约翰·肯尼迪迈进参议院大门的不仅仅是茶话会、金钱以及富有成效的竞选班子，同时也与他自身的辛勤工作分不开。

在竞选的这段时间里，他的日程安排得满满的，常常每天要参加 12 个或更多的活动。每天早上 6 点，肯尼迪就准时起床，带领着他的竞选班子东奔西走，一直工作到半夜时分才休息。肯尼迪的背伤和痉挛几乎一刻不停，可以说他无时无刻不处于疼痛之中。但是在众人面前他不能表现出来，必须显得精力充沛，干劲十足。白天，他马不停蹄地访问居民区，慰问工人，发表演说。晚上，在众多妇女参加的茶话会上，肯尼迪要连续 3 小时笑不离脸，俨然是世界上最开心、最快乐的年轻人。但茶话会结束后一回到车上，他笑容顿消，痛苦地躺在座位上，或许这时候才可能听见他小声地呻吟声。一天之中，只有躺在盛满热水的浴缸里时，他才会好过一点，同时这也代表了一天的结束。

竞选虽然艰苦，但他争取最高政治地位的坚强决心赋予了他极大的热情、勇气和毅力。在这种野心的驱使下，约翰·肯尼迪将战无不胜。

约翰·肯尼迪在“美国妇女选民联盟”组织的辩论会上，对小洛奇发动了致命的一击。在这次辩论赛上，年长的小洛奇看上去神气十足，带有贵族那种居高临下的优越感，而年轻的肯尼迪则显得自然、轻松、富有活力。辩论中，肯尼迪声情并茂，极富人情味，而小洛奇的演讲则枯燥无味。肯尼迪的提问一针见血，显得咄咄逼人，而小洛奇的发言则空洞无力。到最后，小洛奇只能胡乱搪塞，只有招架之功，而无还手之力了。站在后台的肯尼迪的支持者们发现，小洛奇“手在背后神经质地挤压和弯曲”。第二天，报纸上登出了两人辩论时的照片，肯尼迪面带微笑，拳头直指沉默不语的小洛奇，一副满怀信心的模样；而小洛奇则显得过于严肃，很拘谨。

尽管小洛奇在辩论中稍逊一筹，他还是自信地认为自己会取胜，以至于在竞选的最后几星期，他仍然花很多时间在州外为艾森豪威尔助选。与此同时，肯尼迪如火如荼的竞选活动在马萨诸塞州已达到高潮。就在选举日前夕，鲍勃的孩子降生了。精明的竞选经理请来了波士顿的理查德·库欣大主教为婴儿举行洗礼，此举顿时令爱尔兰人和意大利人对肯尼迪好感倍增。可以说，肯尼迪胜局已定。

最后，共和党总统候选人艾森豪威尔以 208 800 票的优势在马萨诸塞州取得胜利，德弗的州长位置因 14 000 票败给了共和党候选人，而肯尼迪却在这场势均力敌的竞选中以 51%（领先 70 737 票）的微弱优势战胜小洛奇。竞选的结果让很多人都感到非常惊讶，尤其是小洛奇，他简直无法相信这个事实。自从 1932 年以来，他在一系列的竞选中从来没有失败过，这次竟然输给了名不见经传的肯尼迪。细心的人发现，肯尼迪超过小洛奇的那 70 737 票差不多正好是出席茶话会的妇女人数。小洛奇后来也承认：“是那些茶话会打败了我们。”

的确，参加肯尼迪家族举办的茶话会的 7 万多选民里，大部分投了肯尼迪的票。不过，从整个投票结果看，肯尼迪不仅仅赢得了女性选民的支持，他还赢得了少数民族选民的支持，包括爱尔兰人、意大利人、犹太人等等。尤其面对犹太选民时，肯尼迪必须战胜有关他父亲曾经反犹太人、甚至亲纳粹的传言，对此肯尼迪的答复是：“记住，是我在竞选参议员，不是我父亲。”凭借着父亲的巨大财富、哈佛的高等教育、英勇作战的戎马生涯，肯尼迪已成为每一个移民家庭及其子孙们所追求的楷模。少数民族的选民们之所以投肯尼迪的票，除了能从肯尼迪被纳入美国上层社会这一事实中得到间接的满足，也在表明他们不再为自己是移民而感到自卑，已经融入了美国生活的中心。

在这次竞选参议员的过程中，肯尼迪不仅战胜了自己，而且战胜了人们对爱尔兰天主教徒的偏见。这尤其让老约瑟夫和罗丝感到欣慰，它补偿了他们因为自己是东波士顿爱尔兰人而遭受到的冷眼和迫害。

6 邂逅杰奎琳·布维尔

KENNEDY

1953 年 9 月 12 日，约翰·肯尼迪结束了快乐的单身汉生活，与一个叫杰奎琳·李·布维尔的姑娘结为夫妻，这一年他 36 岁，杰奎琳 24 岁。

杰奎琳·李·布维尔，昵称杰基，1929 年 7 月 28 日出生于东汉普顿。她的父亲名叫杰克·布维尔，是当地一名受人尊敬的律师的儿子。他身材高大，眼睛深蓝，一头黑发，因为皮肤黝黑，人们都习惯称他为“黑杰克”。1914 年，黑杰克从耶鲁大学毕业后，没有继承父业进入法律界，而是进入了华尔街亨利·亨氏证券公司做了一名经纪人。第一次世界大战爆发后，黑杰克在战争的最后一年入伍。1919 年，他回到亨利·亨氏公司复职。黑杰克在校时成绩平平，但进入商界仅 3 年，便成了华尔街响当当的人物，并办起了自己的证券公司。此时黑杰克的年收入已经达到 10 万美元，但是他生活奢侈，穿的衣服全是从英国进口的，一个人拥有 4 辆轿车，并配有一个专职司机，另外他还喜欢赌钱、喝酒、嫖女人，因此常常入不敷出。杰奎琳的母亲珍妮特·李出身于一个纽约的富裕家庭。杰奎琳的外祖父曾是一个贫困的爱尔兰移民的儿子，他凭着自己的勤奋与聪明从哥伦比亚大学法学院毕业后，一跃成为纽约中央储备银行总裁和董事会主席，并在这个位置上坐了 40 年。珍妮特从小过着养尊处优的生活，住在一所大厦里，由仆人伺候，上名牌贵族学校，有私人小汽车，热衷于赛马。由于珍妮特的父母属于爱尔兰移民，而且又是暴发户，因此无法得到东汉普顿上流社会的承认。当黑杰克向珍妮特求婚时，珍妮特的父母很快同意了这门婚事，尽管黑杰克风流成性，但他毕竟是上流社会的布维尔家族的后代。

1928 年 7 月 7 日，珍妮特·李和黑杰克在东汉普顿的圣菲洛梅纳教堂举行了盛大的婚礼。次年他们的长女杰奎琳便出生了，她和她的父亲一样有着一头乌黑的头发，两只乌黑的大眼珠分得很开。就在这一年，黑杰克遭受了严重的打击，经济危机导致股市崩溃，几乎令他倾家荡产，最后不得不向珍妮特的父亲请求援助。珍妮特的父亲詹姆斯·李同意向黑杰克提供帮助，但是他提出了三个条件：第一，黑杰克必须节制开支，改变奢侈的生活方式；第二，黑杰克只能保留一部汽车，并放弃对欧洲时尚的追求；第三，不许赌博、喝酒，不许购买大风险的股票。在获得保证后，詹姆斯向黑杰克提供了一大笔贷款，并允许他们一家搬入他的一套私人住宅中。此外，在黑杰克父亲的资助下，他们还在东汉普顿长期包租了一幢消夏别墅。

黑杰克和珍妮特的婚后生活并不幸福。黑杰克生性放荡，喜欢过花天酒地的日子，而且他的适应能力很差，一遇到挫折就采取逃避的态度。珍妮特性格刚强，控制欲强，是个现实主义者，一心想成为社会上出人头地的女人。很明显，遭遇 1929 年股灾的黑杰克已经无法满足珍妮特进入上流社会的野心。另外，黑杰克喜欢寻花问柳的毛病成为他们婚后矛盾的主要焦点。

杰奎琳 3 岁半时，她有了一个妹妹卡洛琳·李。平时黑杰克在纽约华尔街股票交易所工作，珍妮特带着两个女儿在东汉普敦生活。一天的工作结束之后，黑杰克喜欢去酒馆喝两杯，然后找个花枝招展的女人。当他周末回到东汉普敦的家里时，身材瘦小，长着一副窄长而瘦骨嶙峋的脸的妻子珍妮特简直让他无法入眼。而珍妮特也因为丈夫的风流韵事大发雷霆，夫妻俩争吵不休。

1936 年 9 月 30 日，两人达成协议分居。孩子由珍妮特抚养，黑杰克每月付给珍妮特生活费和孩子赡养费共 1 050 美元，并有周末探视权。1940 年 1 月，珍妮特为了得到一笔丰厚的离婚费，在《纽约每日镜报》上发表了一篇文章，指控黑杰克有一系列的通奸事件。珍妮特贸然发表她对丈夫私通的指控，不仅极大地损害了黑杰克在纽约的声誉，而且对两个女儿的消极影响也是毁灭性的。1940 年 6 月，珍妮特和黑杰克在内华达州离婚。两个女儿由珍妮特抚养，黑杰克每月支付 2 500 美元的赡养费。每年夏天黑杰克可以有 6 周与孩子们度假，平时还拥有探视权。

杰奎琳就在这种动荡不定的家庭生活中长大，过早地体验了人世间的痛苦与艰辛，这也是她早熟的一个原因，但她的天赋并没有因为家庭环境的影响而被束缚。

在两岁生日时，杰奎琳·布维尔正式进入社交界，开始接待朋友。《东汉普顿明星报》在报道此事时，将杰奎琳称为"一位十分可爱的女主人"。一个月以后，杰奎琳带着她那只苏格兰狗参加当地的赛狗会，并得了奖。《明星报》的报道说："2 岁的杰奎琳·布维尔蹒跚地走向领奖台，以极为自豪的神态向大家展示了那条跟她差不多大的苏格兰狗。"可以说，从这时起杰奎琳就已经是人们关注的焦点。也许是从母亲那儿得到的遗传，杰奎琳从小就喜欢赛马。她第一次骑马时只有 1 岁，到上幼儿园时，已经参加过多次马术比赛。

在杰奎琳 4 岁半的时候，一次她们的英国保姆带着她和妹妹到中央公园去玩，杰奎琳却与保姆走散了。当警察找到她的时候，发现她正独自在一条小路上溜达。见到警察后，她用锐利的目光看了警察一眼并以命令的口吻对他说："警官先生，我的保姆带着我的妹妹跑丢了，请你快去把她们找回来，我想，她们应该尽快回家。"

随着年龄的增长，姐妹俩的性格差异越来越明显。妹妹卡洛琳·李温文尔雅，待人柔和，而杰奎琳则相反，她是一个男孩子气十足的女孩，刚强、任性、争强好胜、言辞激烈，喜欢和男孩子们一起玩耍，甚至打架。

在学校，杰奎琳显得非常聪明，常常抱怨学校的功课太轻松。尽管校长斯特林费洛小姐承认杰奎琳的天赋明显比同年龄孩子要高，但是杰奎琳的调皮捣乱也令她大伤脑筋。有一段时间，杰奎琳每天都要去校长办公室受训，但收效甚微。在得知杰奎琳特别喜欢马之后，校长对她说："世界上最好的骏马，如果未经训练，终其一生，仍不过是一头普通的马而已，它不会等候在跑道上，不会服从赛场上的多种命令，它能有什么用呢？你就好比是匹骏马，有速度、有耐力、有脑子，但是如果你没有经受合适的训练，就不会成器。"这几句话，让杰奎琳茅塞顿开，从这以后，她渐渐变成了一个循序渐进、有张有弛的好学生。

杰奎琳从小就认为自己出类拔萃，而且具有非常强的竞争意识。无论在任何比赛中，这个自命不凡的小女孩总是有奖必得，赛马、网球比赛、时装表演会上处处拿头奖。即使是做游戏，杰奎琳常常也要扮演皇后或公主，一切由她指挥，强迫别人跟着她转，而她的妹妹李和其他女孩总也无法摆脱被她指定的侍女的角色。

尽管杰奎琳的天赋没有受到家庭环境的影响，但父母历时 4 年的婚姻大战，却使她的性格发生了很大的变化。妹妹李当时还太小，不太懂得家中所发生的一切，但杰奎琳却大不一样，她什么都看到了，什么能听到了，虽然并不完全理解这一切，但是她明白发生了什么。渐渐的，杰奎琳开始表现出一种分裂的个性，她喜怒无常，就像一支忽开忽关的灯泡，时而热情友好、满脸笑容，时而脸色阴沉、闷闷不乐，让人难以捉摸。当她不高兴的时候，就一头扎进书堆里，拒绝同外界接触。

杰奎琳和母亲相处得并不愉快。珍妮特常常莫名其妙地训斥杰奎琳，而杰奎琳那阴沉的脸色和生硬粗暴的反应只会令母亲更加恼火。而父亲黑杰克则让杰奎琳感觉温暖，与父亲一起外出是杰奎琳最高兴的时候。黑杰克不管自己经济上如何拮据，对女儿们从来都非常慷慨。每周周末，黑杰克总是想着法儿带着两个女儿尽情玩乐。他带着姐妹俩到第五大街随心所欲地购物，带她们到布龙克斯区的动物园游玩，到赛马场把女儿们介绍给全体骑手。在玩乐的同时，黑杰克还不忘作为父亲的责任，他向她们传授时尚观点和艺术鉴赏力，并教她们如何走路、如何说话、如何保持自身的神秘以制造诱惑力。杰奎琳后来那迷人的举止都得益于此时父亲对她的教诲。在杰奎琳眼里，母亲就像神话中的妖婆，父亲则是不可能有错的好人。

1941 年，珍妮特与比她大 5 岁的休·杜德黎·奥金克洛斯结婚。奥金克洛斯，昵称胡迪，是耶鲁和哥伦比亚法学院的毕业生，他的家族非常富有，珍妮特看中的也正是他的金钱和地位。很快，杰奎琳和妹妹李就接受了这位举止笨拙、性情温和的继父，并亲切地称他“休迪叔叔”，并能与休迪叔叔的几个孩子融洽相处。进入新家庭后，杰奎琳感到很新鲜、很快乐，也不再担惊受怕，但是她的那种快乐只是表面上的，她依然不愿意多和人接触，常常把自己关在卧室长时间读书、作画、写诗，或者到乡间去骑马。不过总体而言，杰奎琳在这里度过的时光是比较幸福的。

1944 年，15 岁的杰奎琳被送往康涅狄格州法明敦的波特小姐中学，这是一所专为出身高贵的女孩设立的高级寄宿学校，拥有一流的教师，但校纪森严，气氛令人窒息。学校的全体女生都出身于豪门贵族，非常任性、势力、霸道，而杰奎琳只能靠黑杰克每月寄来的50美元生活费勉强维持生活。尽管经济拮据，但杰奎琳近乎明星般的气质使她很快成为学校里引人注目的角色。她一如既往，不改她那孤僻的习性，以至于没有一个知心的朋友，就连那些出身名门的同学也认为她孤僻而势利，总是摆出一副居高临下、独断专横、冷漠无情的样子。1947 年 6 月，杰奎琳从波特小姐学校毕业，在毕业班刊的“生活目标”下面，杰奎琳写下了“不当家庭主妇”几个字。

毕业后的杰奎琳很快成为社交界的一颗新星。这年夏天，珍妮特为她组织了一次进入上流社会的交际活动。舆论界将杰奎琳命名为“本年度社交新人皇后”，评价她“具有古典美女的相貌，帝王般的气质。她自然大方、嗓音甜美、出言不凡、语惊四座、聪明过人，凡是出入社交界的女孩应具备的素质她都具有”。

带着“社交皇后”的桂冠，杰奎琳进入了东海岸最负盛名的瓦萨女子大学。舆论的过多关注和宣传给她带来了麻烦，学院里的姑娘们嫉妒她，小伙子们讨好她，新闻媒体不断地纠缠着他。这些令杰奎琳闷闷不乐，虽然她希望成为众人瞩目的人物，但是她不喜欢自己的生活被打乱。在瓦萨女子大学，杰奎琳尽管是校园里知名度很高的校花，但是她谦虚谨慎、举止文雅，拒绝了所有采访，埋头于书本之中，潜心钻研法国文学。虽然每个周末她都同耶鲁大学和哈佛大学的小伙子会面，但无人能进入她的心扉。她不想嫁给他们当中的任何一个人，之所以与他们见面，只不过是寻开心而已。

1948 年 7 月，19 岁的杰奎琳和 3 个朋友登上轮船前往欧洲，进行了 7 周的旅行。这次旅行使杰奎琳对欧洲产生了浓厚的兴趣，回到瓦萨大学后不久，杰奎琳就接到通知，她可以在二年级时到国外留学一年，她立刻选择了法国。

1949 年夏天，杰奎琳来到法国巴黎大学读四年级。据杰奎琳自己说，她在巴黎度过的这一年是她生平最快乐的一年。1949 年的法国仍然处于战后艰难的日子里，面包和肉类都是凭票供应。杰奎琳与一家法国人住在一起。住所里没有暖气，唯一的浴室里只有一个用马口铁做的浴盆，而电热水器陈旧不堪，几乎无法供应热水。冬天到了，杰奎琳戴着手套、耳套，围着围巾，穿着大衣躲在被子里学习。尽管生活环境艰苦，但她心情特别舒畅，她喜欢这种无拘无束的感觉，在这里她每天都能学到可以激发她、引导她的新鲜知识。

1950 夏天，杰奎琳到德国、奥地利、苏格兰和爱尔兰进行了一次简朴的旅行。无论是在哪一个城市，杰奎琳不放过任何一个了解当地历史和民间故事的机会，她和任何人都能攀谈，常常拦住大街上素不相识的人，向他们询问各种问题。

然而，法国一年的留学生活很快就结束了，杰奎琳依依不舍地离开了法国。回到美国后，杰奎琳从瓦萨大学转入华盛顿大学，主修法国文学。在此期间，她报名参加了《时尚》杂志举办的记者招聘大奖赛，内容是写一篇他们仰慕的已故知名人物的小品文。杰奎琳选择了巴黎的俄罗斯芭蕾舞团创始人狄亚基列夫、法国现代派诗人波雷莱尔和爱尔兰唯美主义作家、诗人兼剧作家王尔德作为他仰慕的偶像。

为了夺得这次大奖赛的头奖，杰奎琳一连好几个星期废寝忘食，全身心投入到这篇小品文的撰写中。功夫不负有心人，杰奎琳击败了来自 225 所大学的 1 280 位竞争对手，赢得了此次比赛的最高奖。作为奖励，她将被聘为《时尚》杂志的特别采编人员，分别在巴黎和纽约做半年的实习记者。

杰奎琳欣喜若狂，这样一来，她又可以回到那个令她心醉神迷的国家，而且还能不依赖父母独立谋生。更重要的是，记者的身份可以使她与那些名流交往，她可以从他们身上获得所有她想得到的知识。然而由于母亲的干预，杰奎琳不得不拒绝了这项奖励。作为补偿，珍妮特同意出钱让杰奎琳和妹妹李一起在 1951 年夏天再到欧洲度假。

1951 年 5 月的一天，也就是杰奎琳即将赴欧洲旅游之际，《查塔努加时报》驻华盛顿记者查尔斯·巴特里特在他的乔治敦住宅区举行晚宴，杰奎琳和肯尼迪都应邀到场。席间，巴特里特为两人作了介绍。肯尼迪一下子就被杰奎琳深深地吸引住了，不仅仅是因为杰奎琳的相貌，更重要的是她身上散发出来的超凡脱俗的高贵气质以及聪明才智。而杰奎琳对这位举止潇洒、风度翩翩的年轻议员也颇有好感。事实上，两年前巴特里特就试图撮合肯尼迪和杰奎琳，在他看来，只有年轻的约翰·肯尼迪才能配得上举止高雅、气质不凡的杰奎琳。但是那次由于种种原因两人失之交臂。

初次认识后，肯尼迪开始与杰奎琳约会，但是双方都不是很积极。夏天，杰奎琳与妹妹一起去欧洲旅游，而肯尼迪此时也正忙着1952年的参议员竞选，根本无暇谈情说爱。

从欧洲旅行回国后，在休迪叔叔的建议和帮助下，杰奎琳在《华盛顿时代先驱报》找到了一份记者工作，在华盛顿的大街上采访各种人并拍摄一张照片。在这期间，杰奎琳认识了一个名叫约翰·赫斯特的男人，并在1952年1月20日与其订婚。约翰·赫斯特高大魁梧、风度翩翩，毕业于耶鲁大学，是个银行家，住在纽约，无论是珍妮特还是黑杰克都非常满意女儿的这一选择。但是，杰奎琳呢？事实上她还没有真正拿定主意。

1952年的3月，杰奎琳与约翰·赫斯特解除了婚约。她之所以与约翰·赫斯特分手，是因为她发现自己爱上了另外一个男人，此人正是约翰·肯尼迪。在巴特里特夫妇的努力下，杰奎琳和肯尼迪又一次获得发展关系的机会。但此时肯尼迪竞选参议员的活动正如火如荼地进行着，他很长时间才给杰奎琳打一次电话，他们的感情也就一直不温不火地发展着。

1952年12月，艾森豪威尔当选为美国总统，约翰·肯尼迪竞选马萨诸塞州的参议员也获得成功，此时肯尼迪开始将注意力投向杰奎琳。很快，两人的感情便热络起来。

杰奎琳对肯尼迪而言，看上去就是一个理想的伴侣，或者说最符合肯尼迪的口味：俏丽、端庄、妩媚、聪颖细腻，有教养、兴趣广泛，有着特别出众的气质，并且来自一个显赫的天主教家庭，在这一点上满足了肯尼迪政治婚姻的需要。

而对杰奎琳而言，肯尼迪身上那种极富魅力、让人捉摸不透的性格令她深深地感到她要的就是这样的男人。除了看中肯尼迪的个人魅力和才华外，杰奎琳还看中了肯尼迪的财富。当时，杰奎琳的财产仅仅是祖父1947年留给她的3 000美元，她的生活来源是她做记者每周56美元75美分的薪水，而表面上的豪华奢侈都是休迪叔叔掏的腰包。尽管她对肯尼迪的风流韵事早有耳闻，但这并没有使她退缩，反而增加了她对肯尼迪的兴趣。当然，促使两人最终结合的主要原因，还是俩人的感情。

“他们俩虽然都以各自超群的魅力成为众人瞩目的焦点，但同时又都是孤独、寂寞的人，在他们相遇的那一刻，就立即从对方身上看到了这一点。”斯波尔丁回忆说。他们有着相似的遭遇，双方的家庭都不和睦，但他们都学会了在逆境中争做上游，而且从不抱怨，他们都争强好胜，具有很强的独立意识等等，就连双方的名字都是那么接近——杰克和杰基。

1953年4月18日，杰奎琳的妹妹李同麦克尔·坎费尔德在乔治敦的圣三大教堂举行了婚礼。可能是由于受到妹妹李的婚礼的刺激，杰奎琳开始主动向肯尼迪进攻。她主动跑到国会去，假装为她的专栏作采访，并给肯尼迪送去美味的法式午餐。她还帮他撰写文章，把法国作家保罗·缪兰写的有关法国卷入越南战争的文章及其他法文书翻译出来供肯尼迪参考，在他背痛时为他拿公文包，陪他参加各种政治聚餐。杰奎琳处心积虑地想把自己塑造成一个温柔、贤惠、热情、有教养、兴趣广泛的好伴侣，而且是不可替代的。她的恋爱艺术就像她的马术一样精湛。她的若即若离，对于惯于让女人们投怀送抱的肯尼迪来说相当奏效。在他需要她时，她会说自己正忙着有事，分不开身，有时会摆点架子，让他久等，偶尔还当着肯尼迪的面称赞其他男人的才华，最令肯尼迪受不了的就是她不打招呼就离开华盛顿去别的地方。杰奎琳的欲擒故纵令肯尼迪的虚荣心受到了极大伤害，但这反而激起了肯尼迪征服她的强烈欲望，风流倜傥的肯尼迪已经完全被杰奎琳迷住了。

不久，杰奎琳应邀去了海恩尼斯港肯尼迪的家。可以说，杰奎琳的各方面条件都很称老约瑟夫的心意：高贵出身、典雅气质、精明成熟，而且还是天主教徒。他觉得杰奎琳具备做第一夫人的素质，很愿意这个女孩成为他的儿媳妇，于是他一再鼓动儿子尽快结婚。然而，此时的肯尼迪似乎还不想终结自己快乐的单身汉生活。就像杰奎琳的表兄约翰·戴维斯说的那样：“如果他没有那么大的政治野心，很可能一辈子都不会结婚。”可以说是感情和政治需要这两方面的原因促成了这桩婚姻。

杰奎琳耐心地等待着肯尼迪向她求婚，但直到1953年5月，肯尼迪仍然没有做出决定，于是杰奎琳决定飞往英国伦敦去采访伊丽莎白二世的加冕典礼，这一次又是不辞而别。杰奎琳在伦敦度过了两个星期，她发回了很多采访报道，而且每篇文章都登在了《时代先驱报》的头版上。杰奎琳的关于菲利普亲王、女王以及她所见到的一切非同寻常的事情的报道深深地打动了肯尼迪。对这些报道，肯尼迪将它们一一收藏了起来，一篇都没漏掉。离开美国两星期后，肯尼迪给杰奎琳发了一份电报：“文章很精彩，只是想念你。”在他们随后进行的电话交谈中，约翰·费茨杰拉德·肯尼迪终于向杰奎琳·李·布维尔求婚，请求她嫁给他。

1953年7月20日，《Life》杂志封面，肯尼迪与杰奎琳。

杰奎琳欣喜若狂，自己的梦想终于实现了。她将嫁给一个仪表堂堂、富有、前途无量的男子。但兴奋过后，杰奎琳却开始犹豫了。她知道嫁给肯尼迪以后，她的生活将会有彻底的变化，她将失去自食其力的独立地位，加入到肯尼迪家族中去，而肯尼迪家族那令人身心紧张的生活以及作为一名政治家妻子的生活令杰奎琳非常担忧。还有，她从来没有操持过家务，甚至连鸡蛋都不会煮，更不要说举行家宴。

尽管杰奎琳心存疑虑，但肯尼迪对她的吸引力毕竟太大了。采访结束后，肯尼迪亲自去机场迎接杰奎琳归来，并正式向她求婚。这桩婚事最终得到了双方家庭的同意。

1953年6月25日，珍妮特和休·杜德黎·奥金克洛斯在汉默史密斯农场举办招待会，正式宣布肯尼迪与杰奎琳订婚。接着，奥金克洛斯夫妇与肯尼迪家族分别为两人举行了盛大的订婚舞会。

1953年9月12日，是一个举行婚礼的无可挑剔的日子。在新港的圣玛利亚大教堂，约翰·费茨杰拉德·肯尼迪与杰奎琳·李·布维尔举行了婚礼。一大早就有3 000多名群众聚集在教堂门口，想一睹这对新人的风采。州政府不得不派警察来维持秩序，并拉起警戒线将数千围观者挡在外面。新娘杰奎琳在继父奥金克洛斯的搀扶下走上圣坛，肯尼迪与弟弟鲍勃（伴郎）早已等候在圣坛旁。为这对新人主持婚礼的是波士顿大主教理查德·卡迪纳尔·库欣，他负责主持婚礼弥撒并代表教皇向新婚夫妇致以祝福，协助他的是弗朗西斯·罗西特阁下和至少三位天主教知名牧师。肯尼迪家的一位朋友说："要是有可能，乔会把教皇请来主持婚礼。"前来观礼祝贺的客人多达750人，他们中除了双方的亲朋好友外，还有新闻记者、政治评论员、社交专栏作家、辛迪加专栏作家、电影界名人、国会议员等，这对新婚夫妇不得不用了两个小时同他们一一握手，接受他们的祝福。老约瑟夫还特意从波士顿请来了著名男高音歌唱家卢吉·维纳，为儿子演唱《万福玛利亚》和《基督啊，赐福于我》，对这对新人表示祝福。整个婚礼有着浓厚的天主教气氛。

在教堂举行的婚礼结束后，又在哈默史密斯农场举行了盛大的宴会，1 200多名宾客参加，热闹非凡。同波士顿的所有政客一样，肯尼迪绝对不会放过这个难得的机会巩固老朋友，结交新朋友，他不厌其烦地向杰奎琳介绍每一位来宾。舆论界将这次婚礼称为："本年度盛事：黛布女王嫁给了美国最有魅力的单身汉。"

婚礼结束后，这对新婚夫妇乘坐私人飞机飞回纽约，在华尔多夫大饭店欢度了新婚之夜。9月14日，他们飞往墨西哥南部的旅游胜地阿卡普尔科度蜜月。

阿卡普尔科是杰奎琳多年以来梦想的度蜜月的首选之地。童年时期，杰奎琳随父母旅行途中路过此地时，她就说过她要在这里而不是在其他地方与她的白马王子度蜜月，"就是在那幢房子里"。杰奎琳指着海边的赤褐色悬崖上的一幢粉红色别墅说。而现在，当她作为肯尼迪家族新成员再次来到此地时，约翰·肯尼迪真的把杰奎琳带到了那幢粉红色的房子里作为栖息地。肯尼迪和杰奎琳在那里度过了一段非常美好的时光。"我终于知道了销魂的真正含义，杰基在我心里将永远被奉为神圣。感谢爸爸妈妈让我配得上她。"肯尼迪给海恩尼斯港的父母的电报中说道。这期间，他们经常去太平洋垂钓，有一次居然钓起了一条足有9英尺长的东方旗鱼。杰奎琳美滋滋地将这条鱼制成标本，作为他们蜜月的纪念，后来这条鱼一直挂在肯尼迪参议员的办公室里；肯尼迪入主白宫后，这条鱼就挂在总统办公室对面的房内。在杰奎琳美好的蜜月生活中，她写了一首赞颂肯尼迪的诗：

他会找到爱情
但他将因此永失安宁
但他须永远寻觅
那神话中金色的羊毛
那潜藏在海风和大海中的无数梦想

短暂而快乐的蜜月结束后，肯尼迪回到华盛顿忙于他的政治事务，而杰奎琳则整天在海恩尼斯港同家人们在一起，只有周末肯尼迪才回到海恩尼斯港同她相聚。1954 年初，杰奎琳和肯尼迪搬到华盛顿哥伦比亚特区的乔治敦居住。

新婚的第一年，他们的生活过得紧张而充实。杰奎琳决定放弃自己过去的“不做家庭妇女”的诺言，承担起家庭内部的事务。她要改变肯尼迪过去不注意穿着和自由散漫的形象，重新塑造一个有条理、干净整洁的年轻政治家。杰奎琳的努力给肯尼迪的生活带来了秩序：衣服不再是皱巴巴的，领带上面再也不会污迹斑斑，再也没有出现两只不同颜色的袜子或皮鞋的情景。当肯尼迪要到外地作竞选演说时，杰奎琳已经为他准备好了行李，再也不会风急火燎地往机场冲。另外，她还参加了桥牌俱乐部（因为肯尼迪喜欢打桥牌）、高尔夫学习班以及烹饪学习班，但是她在这些方面的努力成效都不大。

除了做一名普通的好妻子外，杰奎琳也努力扮演作为政治家妻子的角色。她开始阅读报纸的政治版面，到肯尼迪的办公室帮助处理来往信函，还把伏尔泰和塔列朗等人的作品译成英文，以便于肯尼迪在演讲中随时可以引用他们的名言。只要肯尼迪需要，她就会坐在参议院的楼上，用崇拜的目光聆听他的演讲。她参加各种政治聚会和华盛顿贵妇人们的茶话会，尽管这些活动令她感到厌烦，但只要形势需要，杰奎琳就会大方地同外交官、政府官员们握手寒暄，还能同那些贵妇人讨论时下最流行的时装。为了更加适合参议员妻子的角色，杰奎琳报名参加乔治敦大学外交学院的美国历史课的学习，加入参议院妇女红十字会，学会了扎绷带的技术。

与此同时，杰奎琳凭着父亲的谆谆教导和在波特小姐学校里所受的表演训练，帮助肯尼迪成为了一个真正令听众着迷的演说家。她帮助丈夫学会如何放慢语速，说完两句话停顿一下喘口气，语调要抑扬顿挫，在重要的地方做有效的停顿，并给他示范，演讲人的手势能够发挥什么样的作用。她还帮助肯尼迪克服了严重的新英格兰土音，代之以深沉而洪亮的嗓音。更重要的是，在杰奎琳的帮助下，肯尼迪学会了在讲台上如何保持大方的仪态以及冷静沉着的大脑。

7 获普利策文学奖

KENNEDY

作为96名参议员中的一员，约翰·肯尼迪希望能对国内和国际事务产生影响。在进入参议院的最初，肯尼迪将大部分注意力放在组建一个卓有成效的办公室上。为了满足他作为一个参议员行使更大职责的需要，肯尼迪在依赖原来那批忠心耿耿的助手们的基础上，又聘请了两个助手：伊夫林·林肯和西奥多·C. 索伦森，他们都是内布拉斯加当地人。

伊夫林·林肯毕业于乔治·华盛顿大学，她的父亲是位忠诚的民主党人，曾担任过两届众议员，丈夫是一位政治科学家。40岁的伊夫林从1950年开始在国会山工作，于1952年加入肯尼迪众议院竞选活动班子，肯尼迪当选为参议员后她的职务是肯尼迪的私人秘书。肯尼迪对她的评价是：她是一位快乐、容易打交道的女士，更是一名忠实的助手，交给她的每一项任务都能圆满地完成。

西奥多·C. 索伦森，出身于一个激进的共和党家庭，父亲曾担任内布拉斯加州的首席检察官和司法部长，是争取妇女选举权的积极分子。母亲是苏联犹太人的后代，她跟丈夫一样是个民权活动家。索伦森本人是个讲求实效的自由派、民权活动家、和平主义者，曾在内布拉斯加州成立了一个种族平等的协会。从大学毕业后获得了律师资格，他便雄心勃勃地闯华盛顿，到政府部门求职，他的抱负是寻求一个能对联邦政府施加影响的职位。24岁的索伦森先是在联邦安全总署里做一个小律师，后来给众议院铁路退休立法临时委员会当法律顾问。

索伦森对于新上任的参议员来说是一个令人惊喜的发现，肯尼迪在对他进行了两次5分钟面试之后就聘用了他。在第一次面试中，索伦森就直言不讳地批评肯尼迪对麦卡锡主义的反对太软弱，还坦言自己来应聘主要是冲着肯尼迪将得到的位置而来的，并不是同意肯尼迪的政治观点。索伦森走出肯尼迪的办公室后，就知道自己肯定没有希望了。事实上，在他面试之前，一位朋友就告诉他："约翰·肯尼迪决不会聘用他父亲没有叫他聘用的任何人，只有吉姆·兰迪斯（哈佛法学院前任院长、肯尼迪家族律师、肯尼迪的特别助理）是例外，他父亲在过去50年里从未雇用过任何一个非天主教徒。"除此之外，在二战期间，索伦森还是一个拒服兵役者。

然而，令索伦森意外的是，自己不仅得到了第二次面试的机会，而且还被录用。肯尼迪喜欢索伦森，在他眼里，索伦森是一个适合一起工作的那种有脑子、讲实际的自由主义者，他的圈子里需要一个这样的人，需要一个更加响亮的自由主义者的声音，这样才能使他在政治道路上走得更远。

尽管索伦森与肯尼迪的政治、哲学观点存在分歧，但是跟肯尼迪一起共事没多久，他就立刻喜欢上了自己的老板，"他说话很随便，有时候还带点羞涩，在他身上根本看不到参议员惯有的浮华和絮叨，更不会给人一种居高临下的感觉"。作为肯尼迪的第二位法律助理，为了避免两人在基本立场上分歧太大，索伦森向肯尼迪提出了一些问题，包括乔·肯尼迪、麦卡锡主义以及天主教的问题。肯尼迪略带歉意地回答说："你得记住，我是从我父亲的屋子里走出来直接进入国会的。"言下之意，他承认自己受到保守思想的影响。为了消除索伦森的疑虑，肯尼迪将自己描述成一个自由主义者。在得到自己想要的答案后，索伦森便打定主意死心塌地地跟着这位年轻的参议员了。伊夫林·林肯对他的评价是："他忠心耿耿，为参议员提供全方位的服务，时间对于他来说什么都不是，因为他把所有的时间都给了参议员。"

肯尼迪的办公室位于老参议院办公楼的362室套房里，套房有4个单间，一间是肯尼迪的办公室，其余三间分别由林肯、索伦森、里尔顿占用，后来几个在国际国内问题上经验丰富的助手也陆续搬了进去。办公室工作人员都到位后，肯尼迪给自己和职员们安排了第一个任务，即履行他在竞选参议员期间对马萨诸塞州选民的承诺：比他的前任为马萨诸塞州做更多的贡献。

1953年初，肯尼迪在参议院的发言中提出了促进新英格兰经济发展的40项提案，这些提案呼吁对马萨诸塞州的多个行业，包括渔业、纺织业和船舶制造业以及港口等提供帮助，受到了民主党和共和党的欢迎。尽管在国会通过一项提案的过程极其漫长，但所幸的是肯尼迪的大部分提案获得了通过，并得到落实。在媒体的宣传攻势下，肯尼迪的成就和声望迅速在整个州里蔓延。

在开辟圣劳伦斯海上航路的法案上，肯尼迪一方面为了国家利益，一方面为了获得全国的知名度，他冒险采取了有争议的立场，成为波士顿地区唯一投票赞成该法案的参议员。在过去 20 年里，该法案曾 6 次提交国会，但一直为马萨诸塞州议院所反对和否决。从总体上看，这条航路对美国经济，特别是对中西部地区的经济具有重大价值，但马萨诸塞州的人们担心这条航路会破坏他们目前的贸易利益。肯尼迪在为该法案的通过游说时，说道："我们的目的不应当是'各州的争斗、分离'，而是'一个国家、一部宪法、一个命运'。"最终，这项法案获得了通过，《波士顿邮报》指责他"使新英格兰遭到毁灭"。但是，在这个法案上的立场使肯尼迪成为全国性的新闻人物。

肯尼迪很清楚，如果想要竞选总统的话，自己必须被全国的公众所熟知，必须将自己的观点传播到全国的各个地方，而且还得建立自己在参议院外交事务方面的领袖地位，因此在外交政策和国防方面，肯尼迪也频频公开发表自己的观点。

针对艾森豪威尔政府提出的 1954 年度军备预算消减的方案，肯尼迪持反对态度，他更倾向于增加国防开支，扩大与苏联的军备竞赛。关于美国援助在印度支那的法国人的问题上，肯尼迪认为应该让法属殖民地国家独立，他坚决反对美国的军队介入；当时朝鲜战争已经爆发，如果这时美国军事干预印度支那，必然会导致中国的反应，到那时美国将处于比在朝鲜更糟糕的境地。对国家重大安全问题的处理，肯尼迪实事求是的态度赢得了公众以及舆论界的巨大关注和一致好评。

然而，此时肯尼迪的背疾却日益严重了。1952 年的参议员竞选，过度劳累使肯尼迪的背疾恶化。到 1954 年下半年，疼痛几乎到了令他难以忍受的地步，他不得不拄拐杖走路。8 月份议会休会后，肯尼迪立即赶到科德角听取专家们的意见，专家们建议他做一次脊椎连接手术，如果不做手术，他就可能丧失行走的能力。但是，这种手术对于一个阿狄森氏病患者来说有致命的危险，而且手术成功的几率只有 50%。老约瑟夫坚决反对做这个手术，但肯尼迪态度异常坚决，他说他宁可死，也不愿拄着拐杖度过后半生，他坚信自己一定能闯过这一关。

1954 年 10 月 11 日，杰奎琳陪着他住进了纽约医院的特别外科病房。经过数日的慎重检查后，医生们认为，这位参议员的肾上腺系统不健全，极容易发生感染，会妨碍他自身的防护功能，还可能会引起休克或其他术后病变，建议手术分两个阶段进行。但鲁莽的肯尼迪坚持手术一次进行，从而使手术的危险性大大增加了。

肯尼迪和他的妻子杰奎琳

1954 年 10 月 21 日，菲利普·威尔逊博士率领的 4 人手术小组对肯尼迪进行了脊椎连接手术。3 个多小时的手术取得了一定的成功，一个金属盘被植入腰椎里，以固定脊柱，但术后却发生了葡萄球菌感染（被植入的金属盘可能也被感染了），病情急剧加重，肯尼迪陷入了昏迷。3 天后，他进入休克状态，此后的几个星期里病情时好时坏，一直在生死边缘徘徊。好几次医生们都失望了。一次，肯尼迪的病情忽然急剧恶化，医生们以为他撑不住了，家人被请来告别，神父为他举行了天主教的临终仪式，牧师为他做了涂油礼。杰奎琳悲痛欲绝，老约瑟夫站在儿子的病床前泣不成声，新闻界也大肆报道他的病情，一颗冉冉升起的政治新星似乎即将陨落。

或许是肯尼迪强烈的求生欲望和在政治上追求成功的决心发挥了作用，他竟奇迹般地从死亡线上挣扎过来，慢慢地恢复了意识。到 11 月中旬，他终于度过了危险期，病情渐渐好转。到了 12月，肯尼迪战胜了感染，医生允许他回棕榈滩休养。

在肯尼迪住院期间，25 岁的杰奎琳表现出了惊人的魄力，帮肯尼迪度过了难关，正如肯尼迪对杰奎琳的评价："我妻子是个胆小怕事、沉默寡言的女孩。但是在情况危急的关头，她却会应付自如。"在肯尼迪昏迷的那二十几天里，杰奎琳日夜护理，连着几小时坐在他身边，为他搓手、按摩，为他念诗；当他苏醒后，给他喂饭，帮他换病号服，跟他玩跳棋、猜谜的游戏，还把肯尼迪一直喜欢的糖果偷偷带进医院给他吃。总之，她做了一切能使肯尼迪振作精神、忘却疾病疼痛的事情。

在照顾肯尼迪的这些日子里，杰奎琳也表现出了作为一位政治家夫人的社交应酬能力。在肯尼迪与病魔抗争的时候，一系列大人物发来电报或打电话过来慰问，杰奎琳一一给他们写了感谢信，其中包括艾森豪威尔总统，民主党领导人、曾任美国伊利诺斯州州长和美国副总统的阿德莱·史蒂文森，共和党领袖、时任参议院议长和副总统的尼克松，担任总统顾问、军事工业委员会主席的贝尔纳德·巴鲁赫等。

1955 年 2 月初，肯尼迪又被送回纽约医院再次接受手术，将第一次植入的金属盘拿出来，然后移植一片骨头取代碎裂的软骨。这次手术很成功，2 月 25 日，肯尼迪已经可以下地行走，医生批准他出院回棕榈滩疗养。

身体有所恢复后，肯尼迪开始反省在公开谴责麦卡锡问题上自己不参加表决的姿态在政治上是不明智的，在良心上也是不可原谅的。

二战以后，当美国人迎来 50 年代的时候，美国正处于所谓的"红色恐怖"时期。1949 年共产党中国的成立，苏联引爆原子弹以及朝鲜战争的爆发，使美国国内反共的态度更加激化，在参议员麦卡锡的煽动下，美国爆发了一场规模颇大的反共浪潮。

在 1951—1954 年间，参议员麦卡锡一手遮天，打着清除政府内部的颠覆分子（即共产党）的名义，操纵参议院设立调查委员会，大批民主和进步人士被非法传讯，并遭到陷害。他大骂杜鲁门总统是"婊子养的"，其顾问是“波旁威士忌和本尼迪克特甜酒”里醉生梦死之徒。他还攻击马歇尔将军和迪安·艾奇逊等人制造了人类有史以来最大的黑幕，无数外交界和学术界人士蒙受不白之冤。他的这种未经证实的指控已经严重损害了公民的自由，造成了国家的分裂。在艾森豪威尔当上总统和肯尼迪进入参议院的头 6 个月，如何约束约瑟夫·麦卡锡的问题已经成为国会经常讨论的一个话题。

1954 年春，陆军部长罗伯特·史蒂文森在麦卡锡的一个名叫沙因的军官身上找到了可以攻破麦卡锡的突破口。沙因由于麦卡锡的帮助而免除了兵役，但却取得了军官头衔。麦卡锡自然拒不承认自己的干涉行为，随后便举行了麦卡锡与陆军一案的听证会。陆军将举行听证会这一消息披露给媒体，并安排了实况转播，让人们“看清这个混蛋打算干什么”。1954 年 4—6 月间 36 天的电视实况转播，估计吸引了 2 000 万观众。麦卡锡胡子拉碴的出现在屏幕上，对事实的随意窜改、不负责任的态度以及目中无人的架势，令观众极为反感。9 月，国会的一个特别委员会建议“谴责”麦卡锡破坏参议院规则、侮辱陆军将军。12 月，参议院通过了谴责麦卡锡的议案。从此以后，麦卡锡主义声名狼藉，成为法西斯的同义词。

而在民主党中，唯一一个没有投票反对麦卡锡的是肯尼迪。为什么肯尼迪没有跟民主党伙伴和参议院的大多数人一起谴责麦卡锡呢？难道出于对麦卡锡的好感？1953 年，在一次采访中，当被问到对麦卡锡的看法时，肯尼迪不假思索地回答说：“没什么好感！”肯尼迪曾两次在公共场合指责麦卡锡的行为过于激进。在 1953 年到 1954 年需要参议院批准的人员任命上，肯尼迪还成功地阻止了麦卡锡的助手以及两个朋友的任命，与麦卡锡形成直接的冲突。麦卡锡曾气急败坏地威胁肯尼迪说，如果将来肯尼迪要推动什么立法的话，“我们走着瞧”。在 1954 年 7 月份举行完听证会，参议院第一次打算公开谴责麦卡锡时，肯尼迪就准备投票反对他，而且还准备了发言稿。但是，参议院却推迟了谴责麦卡锡的听证会。

很难猜测约翰·肯尼迪在最后投票的关头，到底思考些什么？为什么会做出不投票的决定？一些政治观察家认为，当时肯尼迪如果旗帜鲜明地反对麦卡锡，势必会激怒马萨诸塞州的一些天主教徒，对于经常为了赢得选民，不惜改变立场的肯尼迪来说，他自然不会公开反对麦卡锡。肯尼迪自己当然也清楚地意识到了，如果他公开反对麦卡锡，必然会遭到某些选民的惩罚。肯尼迪曾无奈地说："那么我能怎么做呢？难道要我剖腹自杀吗？"肯尼迪在麦卡锡问题上的消极反应，他给出了数个难以令人信服的解释。他声称，老约瑟夫对他施加了压力，而且当时他弟弟鲍勃也在麦卡锡委员会工作，因此他将自己这次政治错误解释为个人问题。另外他还声称，在参议院对麦卡锡问题进行最后商议时，他正在医院接受背部手术。

不管出于哪一种原因，肯尼迪在道义上的主张是软弱的，他没有坚持自己的良知。在以后的政治生活中，他一直非常后悔自己的决定。在1960年的总统竞选中他险些因此败北。

在棕榈滩休养期间，肯尼迪一直在思考有关政治独立和政治勇气的问题。一天，斜倚在床上看书的肯尼迪忽然对杰奎琳说："我想写作。这段时间里，我一直在思考有关道义和政治勇气的问题。政治家们在什么时刻、在什么问题上会拿自己的事业来冒险呢？这一点引起了我极大的兴趣。我打算写一本以政治家的勇气为主题的书，你觉得这个主意怎么样？"尽管杰奎琳对丈夫的身体有些担心，但还是对丈夫的这一想法表示支持。

肯尼迪选择了约翰·昆西·亚当斯、丹尼尔·韦伯斯特、托马斯·哈特·本顿等8位参议员，以传记的形式讲述他们的职业生涯，探讨他们政治行为的动机，以及所表现出的不同寻常的勇气。在杰奎琳、西奥多·索伦森（肯尼迪的政治顾问和笔杆子）、乔治敦大学朱尔斯·戴维兹教授、历史学家小阿瑟·施莱辛格等人的帮助下，这本最后定名为《勇敢者肖像》的著作最终于1955年底完稿，并于1956年1月1日出版，肯尼迪在前言中写道："如果没有我的妻子杰奎琳的鼓励、支持和批评，这本书是无法完成的。在我整个康复期中她所给予的帮助，是怎么感谢也不够的。"

这本书一上市，立即好评如潮，连续好几个月销量排名第一。该书的大多数章节被杂志、报纸转载，各大学也纷纷邀请肯尼迪去做演讲，而且还被译成十几种文字。当然，这和老约瑟夫花了10万美元的宣传费是分不开的。

《勇敢者肖像》于1957年获普利策奖的人物传记奖，肯尼迪将500美元的普利策奖金捐给了黑人大学。普利策奖是美国国内最权威的文学大奖，主要颁发给有杰出成就的作家、音乐家、诗人或新闻记者。关于肯尼迪是如何获奖的，评选委员会认为，这本书对于立志成为政治家的青年有着激励和典范的作用，因而他们选择了它；也有人认为，如果不是老约瑟夫暗中操作，利用阿瑟·克罗克的影响对评选委员会施加压力，此书根本不可能获得普利策奖。不管怎么说，这次获奖不仅提高了肯尼迪的声望，而且对他的政治事业有着深远的意义。普利策奖的获得给39岁的肯尼迪打上了严肃认真甚至聪颖机智的印记，而这些品质在美国人的眼里是战胜国内外挑战的无价之宝。

《勇敢者肖像》是否由约翰·肯尼迪亲手撰写，一直以来也是存在争议的。从1954年下半年到1955年上半年，肯尼迪一直面临严重的健康问题，中间还做过两次大手术，而且这位美国参议员还有繁忙的公务在身，怎么可能会有精力和时间撰写一部如此成功的著作呢？已经公开的文件表明，肯尼迪确确实实参与了此书的全部制作过程。他先提出了主题，挑选了人物，然后由西奥多·索伦森和乔治敦大学的朱尔斯·戴维兹教授负责搜集、整理材料，之后肯尼迪对整理好的材料进行编辑加工，记录了大量的笔记，最后由秘书将他口述的内容记录下来，成为最后完成稿，因此这本书的"肯尼迪风格"非常明显。虽然没有迹象表明他起草过该书稿，但是现存肯尼迪当年的口述录音带足以说明肯尼迪对这本书的贡献。

不管《勇敢者肖像》是否由肯尼迪亲自撰写，它都是本可读性很强的书。在美国当时面临种种挑战和危机的时刻，这本书给人以鼓舞，激励人们爱国和无私奉献，被看作是一种战斗口号，要将公众需要置于个人利益之上。对于肯尼迪而言，写作的过程其实就是他自我总结和反省的过程，他开始超越于狭隘的选区、党派意识之上，成长为一名全国性的政治家。他还希望通过《勇敢者肖像》向公众表明，自己在国家危难时刻决不会做出妥协的消极反应。在书中，肯尼迪将政治家的道德基础归结为"将国家的利益置于首位，不计个人得失、不顾压力、危险和阻碍，做他应该做的事"的那种勇敢。

8 一个天主教徒能当副总统吗？

KENNEDY

1955年5月24日，离开华盛顿8个月后，肯尼迪终于又回到参议院上班了。当他不用拐杖走到自己的议员席上时，受到了参议员同事们的热烈欢迎，他们对他在如此严峻的健康问题面前坚持事业的毅力表示敬佩。事实上，肯尼迪依然被持续的背痛折磨着，他对自己的几次背部手术感到很愤怒。现在，肯尼迪除了每天两次为自己注射可的松控制阿狄森氏病外，还需经常在背部注射盐酸普鲁卡因来缓解背部疼痛。

1955 年 7 月，杰奎琳与肯尼迪一起到欧洲度过了为期 7 周的工作假期。在这次度假期间，他们对教皇、法国总理乔治斯·比多进行了私人访问。另外，在希腊船王瓦利斯多德·奥纳西斯的“克里斯蒂娜号”游艇上，肯尼迪夫妇还有幸与他们很崇拜的英国前领导人温斯顿·丘吉尔近距离接触。在同外国领导人打交道时，杰奎琳所表现出来的社交能力令肯尼迪感到惊奇。

1955 年 9 月，当他们旅欧归来，回到华盛顿时，杰奎琳怀孕了。10 月 15 日，肯尼迪夫妇在弗吉尼亚州的麦克莱恩花 12 万美元买下了希科里山庄，为即将出生的小宝宝营造适宜的环境。

在杰奎琳看来，她与肯尼迪一起度过了手术那段最艰难的时光，又一起创作了《勇敢者肖像》，现在又有了他们爱情的结晶，肯尼迪应该能忠于她了。

但是她错了。杰奎琳悲哀地发现，在约翰·肯尼迪的世界里，政治和肯尼迪家族始终是第一位的。杰奎琳后来回忆说：“几乎每个周末我都是独自度过，即便杰克在家的时候，他好像也忙得不亦乐乎。政治成了我的情敌，我们根本就没有家庭生活。”她希望能与他单独待一段时间，可是“那该死的电话铃响个不停，使我们在一起吃顿饭都不可能”。另外，婚后的肯尼迪依然我行我素，毫不检点。他在众目睽睽下勾引妇女，在旅馆里和女孩子们幽会。有一次，杰奎琳对比林斯说：“我从来没想到自己会受这样的侮辱。当杰克突然跟一些很年轻的女孩一起消失时，我才发现自己被撇在舞会上。”她感觉到自己的背上永远挂着一块大牌子，上面写道：“丈夫有外遇的女人。”

由于长期的精神紧张，他们住进希科里山庄不到一个星期，怀孕 3 个月的杰奎琳流产了。1956 年 1 月，杰奎琳再次有了身孕，医生告诫她，如果她不把精神放松，就很难保全孩子。

1956 年，对于约翰·肯尼迪来说是至关重要的，如果他能在 1956 年大选中获得副总统的提名，那么 8 年副总统的生涯将是他 1964 年入主白宫的前奏，而到那时，他才刚刚 47 岁。

1956 年是美国选举年。民主党内的阿莱德·史蒂文森、埃夫里尔·哈里曼、埃斯蒂斯·凯弗维尔三人正争夺总统提名。如果史蒂文森获得提名，肯尼迪就可能会成为他的竞选伙伴，因此肯尼迪的智囊团认为，肯尼迪的未来取决于史蒂文森是否成功，所以肯尼迪的任务是在党内的提名大会上将马萨诸塞州代表团拉到史蒂文森一边。1956 年 3 月和 4 月，肯尼迪组织了支持史蒂文森的签名活动，而且还为史蒂文森发表了一篇激动人心的总统提名演说。

8 月 13 日，民主党全国代表大会在芝加哥召开，史蒂文森赢得了总统提名，将与共和党人艾森豪威尔进行总统角逐。然而在选择副总统竞选伙伴问题上，史蒂文森却没有按照传统的做法挑选一个竞选伙伴，而是戏剧性地宣布此问题由民主党大会第二天举行投票决定。肯尼迪家族被激怒了，老约瑟夫认为这是在拒绝肯尼迪。

从 1956 年年初，由于《勇敢者肖像》的热销以及肯尼迪发表的越来越多的演说，使他的名声大震。随着大选的到来，热情洋溢的新闻记者们开始讨论肯尼迪的候选人资格。2 月，《形象》杂志的作者弗莱彻·克内布尔称，肯尼迪拥有“所有必需的民主党的优点”：朝气蓬勃、风度翩翩，二战中的英勇战绩，自由主义观点以及经过考验的获取选票的能力，这些都说明了他将是史蒂文森 1956 年大选的潜在竞选伙伴。但是日渐明显的是，肯尼迪的宗教问题不是一个有利条件，史蒂文森也认为肯尼迪的天主教信仰是一个不可逾越的障碍。6 月，克内布尔在一篇文章中写道：“一个天主教徒可以当副总统吗?”前邮政部长吉姆·法利认为，美国还没有准备好接受一个天主教徒，众议院议长萨姆·雷伯恩也同意这个意见。但肯尼迪却不信这一套，从他踏入政坛起，成为第一个天主教总统的政治目标就深深地吸引着他，他绝不甘心因为自己的宗教问题而被否定。

在史蒂文森宣布副总统候选人的提名由投票决定后，肯尼迪家族马上召开了紧急会议，掀起了 12 个小时的狂热的政治活动。在肯尼迪和鲍勃的带领下，竞选班子连夜准备竞选所需要的旗帜、徽章、传单、喇叭和海报等物品。肯尼迪尽快地会见了各州的领袖，访问了几个州的核心小组。助手们还一家家走访代表们下榻的饭店，为肯尼迪拉选票。

第一轮投票结束后，参加竞选的汉弗莱、瓦格纳、戈尔都被淘汰出局，仅剩肯尼迪和凯弗维尔继续角逐。

在第二轮投票中，肯尼迪以648 551超越凯弗维尔，只差38票即可获得提名。但是风云突变，西部各州的新教徒担心候选人名单上会出现一个天主教徒，所以都把选票给了凯弗维尔，将势头扭转过来。最后，凯弗维尔以755 589票的优势战胜了肯尼迪，获得了提名。一直默默观看选票统计结果的肯尼迪失望地站起来，带着疲倦的微笑大步流星地走上主席台，发表了简短而动人的讲话。他首先对支持他的全体人员表示感谢，并感谢史蒂文森作出的由代表大会公开决定提名的办法，最后他提议全体一致同意凯弗维尔的提名。

对于肯尼迪而言，这次失败是他政治生涯中遭遇的第一次重大挫折。鲍勃认为，这次失败是由于他们没有组织好。但实际上，还有一些别的因素对肯尼迪也很不利。首先，他对麦卡锡的态度使他失去了很多自由主义者的选票；其次，很多民主党人认为，一个信奉天主教的人当竞选伙伴会削弱史蒂文森竞选总统的力量。虽然肯尼迪遭受了失败，但舆论界却认为，肯尼迪是这次大会收获最丰厚的一个人，他获得了公共关系上的一大胜利。在大会短短一个星期的时间里，肯尼迪用自己的魅力、智慧、风度和才干把自己塑造成了一个全国性政治人物，给各州代表以及公众都留下了深刻的印象，从而也获得了更大的知名度和地位，为他以后竞选总统创造了条件。而这次失败从长远来看也未尝不是好事，这使他避开了后来史蒂文森不成功的总统竞选。

随后，肯尼迪便开始为史蒂文森的总统竞选活动四处奔波。事实上，肯尼迪以及他的助手们都清楚，史蒂文森的竞选活动从一开始就是一次失败的努力，他根本就没有可能战胜深得人心的现任总统艾森豪威尔。

在这段时间里，肯尼迪穿梭于24个州之间，发表了150多场演讲，在为史蒂文森竞选的同时，肯尼迪也为他自己的政治未来做好了铺垫。到1956年底，肯尼迪已经开始了在民主党内提名的竞选活动。肯尼迪曾告诉他的助手：“如果想要在政治这条路上走得更远，就你必须做一个彻底的政治家，争取所有可能的力量。除了争取选民以外，还得争取党的领导人。”

1957年对于肯尼迪来说，真是鸿运当头。一年内全美有2 500封信飞进他在参议院的办公室，全是邀请他去演讲的。为了抓住这一机会，肯尼迪在 47 个州做了 144 场演说，几乎是每两天一场。到 1958 年初，他每星期的演讲邀请达到 100 份。在参议院民主党领袖林登·约翰逊的帮助下，肯尼迪还成为外交委员会的一员，外交政策向来是他的强项，在他看来，能在国家安全问题上参与讨论是一个参议员最崇高的职责，而且这也为他建立了在党内作为对外事务发言人的地位。肯尼迪还在这一年被选入哈佛大学的监督委员会，他的微微侧脸作沉思状的大幅照片刊登在《时代周刊》的封面上。

锦上添花的是，杰奎琳在两次流产后，终于在 1957 年末剖腹产下了女儿卡罗琳·布维尔·肯尼迪。12 月 13 日，卡罗琳在圣·帕特里克教堂内的布维尔祭坛接受洗礼。这一天，布维尔家族和肯尼迪家族几乎倾巢出动，电视和报纸大量报道了这次受洗仪式。在决定性的 1958 年来临之际，肯尼迪已经成为新闻记者笔下“十全十美的政治家”，有一个温文尔雅的妻子，现在又有了一个女儿。肯尼迪对公众的吸引力越来越大，大众杂志和上十种新闻杂志定期发表有关肯尼迪及其家族的专题报道。一个新闻记者宣称，有关肯尼迪的文章超过了他所有对手的总和。

对于约翰·肯尼迪来说，1958 年的参议员竞选只不过是 1960 年总统竞选的前奏。毫不夸张地说，肯尼迪连任参议员是毋庸置疑的，以至于马萨诸塞州的共和党人找不出任何层次的愿意与肯尼迪竞争的候选人。

为了赢得大量选票，肯尼迪家的人都全力以赴。鲍勃依然担任竞选经理，肯尼迪最小的弟弟，26 岁的弗吉尼亚大学法学院的大学生特迪也被叫来接受政治上的洗礼。老约瑟夫依然是幕后老板。

竞选活动非常繁忙，肯尼迪穿梭于各州之间演讲，拉近了与观众的距离。他的一位助手曾告诉记者：“我们一天给这位参议员安排了 15 个城镇的 15 次演讲，直到晚上 11 点，一天的工作才算告一段落。”肯尼迪的大部分演讲都是超党派的，而且口气相当温和，这使得马萨诸塞州的报界对他好感倍增。与 1952 年形成鲜明对比的是，肯尼迪 1958 年竞选连任时没有一家州报反对肯尼迪的连任，包括那些属于共和党的报纸。另外，对于选民的所有来信，肯尼迪一一回复，并尽量做到亲自处理州里的问题。

最终，由于没有对手，肯尼迪不费吹灰之力就取得了创纪录的胜利。肯尼迪在 132 万张选票中赢得了 874 608 票，占总票数的 73.6%，是马萨诸塞州候选人获得的最大票差。

虽然肯尼迪竞选连任成功，在参议院中资格稍长了一级，但作为国会参众两院的成员，他清楚地意识到，立法人的生活远远不如首席行政长官的生活更加令人感到满足。肯尼迪在竞选中经常说：“因为我想把事情办好。”这句话被他的支持者认为是他谋求总统职位的最基本的理由。肯尼迪深信，行之有效的领导主要来自上层，只有获取了行政职权才能获得真正的发言权。特别是在经历了1956年竞选副总统候选人提名失败后，肯尼迪更坚定了他的决心：获取行政职权，成为美国的最高统治者，以便获取这个职位所赋予的权力，获得改善世界的更大自由度。

9 总统候选人

KENNEDY

1960年1月2日，星期六，中午12时30分，民主党自由派参议员约翰·菲茨杰拉德·肯尼迪在记者招待会上宣读了他的竞选声明：“今天，我宣布参加竞选美国总统……在过去的40个月里，我走遍了联邦的每一个州，并和各界的民主党人交谈过。因此，我参加竞选是以这一信念为基础的：我能在提名和大选中获得胜利。”

这一年，约翰·菲茨杰拉德·肯尼迪刚刚42岁。

在竞选声明中，肯尼迪强调自己并不是一时冲动，而是已做好了充分准备。对自己的天主教身份，他没有直接提及，但他在不经意中巧妙地点出了选民们心中的疑问：“候选人是否相信宪法，是否相信第一修正案，是否能做到政教分离，这些才是最重要的。”当谈及人们对他的过于年轻的担心时，他强调自己20年来走访了“几乎每一个洲、每一个国”的大量海外旅行经验，还提到自己“从一个海军军官到国会议员，为国效力了18年。我认为要考验的不在于年龄，而在于这个人本身。”对于其他候选人，肯尼迪没有多做评价。

在第二天《会见报界》节目中，肯尼迪断然拒绝考虑在任何情况下接受副总统候选人的提名。他说：“现在的形势与1956年多少有些不同。如果我这次不成功，而民主党内别人成功了，那我就可能要等上8年时间，那时会出现一些新鲜面孔，而我就会靠边站。我并不想把将来的8年时间花在主持参议院的工作上，等待着总统去世来继任总统职位。如果是这样，我认为我在参议院里可以最适当地为党和国家效力。”根据美国宪法，副总统兼参议院议长职位，在双方投票数目相同时，拥有最后的裁决权。自1936年的马丁·范布伦以来，还没有任何现任副总统入主过白宫，肯尼迪私下表示，副总统的位置是“一条死胡同”，他坚决拒绝任何形式的副职。对他而言，屈居第二就等于失败，而肯尼迪家族没有失败者。无论是宣读竞选声明，还是接受媒体的采访，肯尼迪的语气都十分坚定，举手投足之间都表现出了坚定的信心。

约翰·肯尼迪在马萨诸塞州取得竞选连任的胜利，以及自1956年民主党大会以来越来越大的全国知名度，使得他在很多人的心目中已经成为1960年总统竞选的候选人之一。而此时的他已经完全具备入主白宫的条件：在南太平洋立下了赫赫战功，普利策奖的获得者，有一位集美貌和智慧于一身的妻子和一个活泼可爱的女儿，有一批忠心耿耿的追随者，他的父亲富可敌国，最重要的是他自身拥有追求最高位置的雄心。另外，当时的国内外形势对肯尼迪也非常有利。

20世纪50年代的美国正处于经济大萧条时期，到了50年代末，美国作为世界老大的位置又遭到了苏联的挑战。此时的美国总统艾森豪威尔已69岁，而且健康方面也出现了问题，与40岁出头年富力强的肯尼迪相比，似乎后者更适合作为领导者去应对苏联挑战和经济萧条。1958年初，渴望宣传家乡人的一些马萨诸塞州的报纸已经将肯尼迪称为1960年民主党的总统候选人，党内的许多领袖也都表示同意。

但是，不利之处也是显而易见的。

在美国，基督教新教徒与天主教徒人数比例是2∶1，在美国历史上从来没有一个天主教徒当选过美国总统。从美国建国之初开始，关于天主教徒能否同时忠于教堂和国家的疑虑就从来没有消除过，因此肯尼迪的宗教信仰使人们担心梵蒂冈可能会左右美国国家政策。1950年5月，24%的选民表示不会把票投给一个天主教徒。

其次，在美国历史上，从来没有一个43岁的人当选总统，年龄对于肯尼迪的竞选也是一大障碍。在此之前，的确有一小批候选人在不到50岁的时候入主白宫，但还没有一个人在43岁的时候就登上总统宝座。“看着他走出房间，瘦高的身材，简直有些男孩子的味道。”一个新闻记者在1958

年看到肯尼迪时描述道。还有，肯尼迪在执政和立法事务上毫无经验，在参议院期间并没有提出对国家有实质性贡献的重大立法。另外，肯尼迪家族的财富也遭到批评家的抨击，认为他是在家族财富支撑下的公共运动的产物，而不是政治业绩的结果。肯尼迪当时也没有得到重要人士的拥护。鉴于肯尼迪的年龄、宗教信仰、职务等各方面因素，全国知名的民主党人几乎都一致认为他最合适的位置是副总统，而提名和选举他当总统是不恰当的。

国会中的民主党人在总统候选人提名问题上只是将肯尼迪排在第四位，名列林登·约翰逊、史蒂文森和斯图尔特·赛明顿之后。根据民意测验结果显示，当时民主党内部对总统候选人提名的情况是：众议院民主党人、民主党各州委员会主席以及一部分劳工领袖拥护赛明顿，参议院民主党人和大多数南方领袖拥护参议院民主党领袖约翰逊，新闻出版界编辑和有影响的知识分子拥护史蒂文森，大多数黑人领袖和劳工领袖拥护坚定的自由派议员汉弗莱。而民主党中两位德高望重的人物也表了态，前总统哈里·杜鲁门公开赞成赛明顿，已故总统罗斯福的夫人埃利诺·罗斯福则表示她赞成汉弗莱或史蒂文森。由此可见，要成为民主党总统候选人，肯尼迪面临的障碍太多了。

因此，肯尼迪如此自信地竞选总统，令当时的美国政界和新闻界感到吃惊，几乎没有几个政治评论员和活动家认为肯尼迪将获得提名。但他却对自己取得胜利充满自信。

早在 1959 年初，肯尼迪和他的竞选班子就已经意识到，在这次只有 16 个州有初选的竞选中，要想获得 1960 年总统候选人的提名，不仅需要普通民主党员的支持，还需要争取民主党在各个州的领导人。为此，他们在华盛顿专门设立了一个办公室，负责联络民主党在全美各地的州长和主席，以及当地和基层的支持者，该办公室由肯尼迪的妹夫史蒂夫·史密斯负责。1959 年 10 月，盖洛普调查机构向 1454 名民主党的郡一级主席发出一系列调查问卷，在“抛开个人爱好”的前提下，这些主席们在 1960 年民主党总统候选人上问题对肯尼迪、赛明顿、史蒂文森、约翰逊和汉弗莱的支持率分别是 32%、27%、18%、9%、3%，还有 11%的人拒绝发表意见。但 61%的人认为肯尼迪在 1960 年的大选中会被共和党的总统候选人尼克松击败，只有 34%的人相信肯尼迪能战胜尼克松。更让肯尼迪竞选班子沮丧的是，55%的主席认为肯尼迪还会败在共和党另一位候选人、纽约州州长纳尔逊·洛克菲勒手下。

面对如此严峻的形势，肯尼迪意识到，必须尽其所能地发动一场全方位、高效率的竞选活动。从1959年秋天起，肯尼迪开始奔走于全美各地。为了讨好掌握着更多选票的地方党的领袖们，肯尼迪多次访问他们的州，为他们的竞选活动筹集并且赞助活动经费，在他们举办的宴会上和群众集会上发表演讲，向他们征求意见和帮助，给他们每一个人以真诚的关怀。肯尼迪的竞选工作人员通过书信、电话与所有可能成为大会代表的民主党人联系。为了赢得基层选民和普通民主党人的支持，肯尼迪的竞选班子在每个主要城市都安排秘书人员，建立肯尼迪俱乐部，也就是“市民组织”。肯尼迪不断在剧院、集市、工厂、俱乐部、工会、商会、律师协会以及街道角落等各种地方向规模不等的人群发表演讲。肯尼迪从来不拒绝任何一个人的电话，从来没有忽视过任何一封来信和怠慢过任何一个来访的客人。因此，肯尼迪的实力基础聚集在代表们所在的各州。那里的基层选民、普通的民主党员拥护肯尼迪的人多于拥护其他候选人的人，而掌握着比华盛顿那些大人物更多选票的地方党的领袖们也更倾向于肯尼迪。

另外，他的对手们也各有软肋。汉弗莱过于自由主义，被有些领域排斥，比如工商界，而且他既不想花钱也不想费力气，在竞选中表现得相当消极，或许这是由于他意识到，在这次角逐中自己只是史蒂文森和赛明顿的掩护。约翰逊尽管在南方和边境的各州以及大多数温和的东部州、西部州占有优势，但他却无法赢得自由主义、少数民族选民以及农民的拥护，更重要的是民主党大会不可能让一个南方人获得提名；还有对他不利的一点，就是他本人对任何事都没有坚定信念。赛明顿得宠于老派职业政治家，属于折中型候选人，如果在提名人选上形成僵局，他很可能会成为民主党内最强有力的竞争对手，最后极有可能作为党的选择而胜出，因此肯尼迪只需在形成僵局前赢得提名就算打败他了。史蒂文森虽然自1956年大选以后一直否认自己对再次选举有任何兴趣，但他那帮权势显赫的朋友们却一直在幕后推动他再次获得提名。他的软肋是在东部各州，对于东部来说，史蒂文森的当选就是一场灾难，因此东部各州肯定会支持本州的人，也就是肯尼迪。

面对这场恶斗，肯尼迪只有全力以赴，就像他的父亲一样，靠着不断地竞争，靠着非凡的毅力和坚定的信念不停地向前冲。当时一个政治观察家评论说：“他（肯尼迪）是所有职业竞选人员中最精明的一个。事实上，他的处境极为危险。只要稍有不慎，就会被周围那群虎视眈眈、伺机报复的政敌置于死地。”而他的对手们在过高估计自己的同时，却低估了肯尼迪的实力，更忽略了杰克身后的肯尼迪家族成员。

在肯尼迪正式宣布竞选总统的前4个月，肯尼迪家族就已经启动了紧张而有序的竞选活动。鲍勃凭着在1952年肯尼迪竞选参议员时的出色表现，理所当然地成为这次竞选运动的经理。竞选委员会的主要人员有17位，皆是精兵强将。每天早餐以后，所有人员在竞选总部集合，由鲍勃将当天的任务分配下去。“我们不仅有了一个最优秀的候选人，而且有了一个最优秀的竞选运动总管。他有着惊人的记忆力，对地名、人名，谁喜欢谁，谁反对谁，什么时候应该给谁打电话、寄材料都了如指掌。”34岁的鲍勃玩命地工作，他的信条就是只许成功不许失败，他用自己的激情和标准去感染竞选班子的每一个人。肯尼迪最小的弟弟特迪和妹夫萨金特·施赖弗各自负责一片地区，另一个妹夫斯蒂芬·史密斯是行政总管，除了负责华盛顿专门的办公室，还负责筹集与分配资金。肯尼迪家族的女人们和家族那些忠诚的朋友们无一例外地都加入了这场竞选运动中，为肯尼迪东奔西走。

老约瑟夫仍然是整个竞选活动的幕后首脑。在肯尼迪当选参议员之后，老约瑟夫曾对他说：“你做你认为正确的事，我们会对付政治家们。”从1958年起，老约瑟夫就与很多有权势的人物保持电话联系，向他们推荐肯尼迪。当纽约一家银行总裁坚决反对天主教徒入主白宫时，老约瑟夫说：“我在你的银行里存了900万美元，我可以随时从你的银行里全取出来。”老约瑟夫一直汲汲于金钱，但更急于把这些财富转化为无限的权力，把肯尼迪家族的名字深深地烙在美国的历史上。

“我们要像推销肥皂片一样推销杰克”已经成为老约瑟夫的口头禅，如何让约翰·肯尼迪的名字走进千家万户，被更多选民所熟知，老约瑟夫胸有成竹。早在1958年肯尼迪竞选连任成功，老约瑟夫就以势不可挡的步伐，运用媒体大炮在全国范围内开始了一场轰轰烈烈的宣传活动。

在老约瑟夫的金钱攻势下，无数新闻记者对约翰·肯尼迪以及整个肯尼迪家族大肆吹捧。《星期六晚邮报》率先刊登了标题为“令人惊异的肯尼迪家族”的文章，将约翰·肯尼迪描述为“非常聪明、相貌英俊、忠诚、勇敢、可信、招人喜爱、政治知识广博”。此后，有关肯尼迪和肯尼迪家族其他成员的特写连篇累牍地出现在《红皮书》、《生活》、《展望》、《皇冠》、《读者文摘》、《华盛顿邮报》等期刊杂志上。不仅如此，署名约翰·肯尼迪的文章开始频频出现在《外交》、《纽约时报杂志》、《报道者》等有声望的刊物上，实际上大部分由索伦森撰写。另外，詹姆斯·伯恩斯教授还为肯尼迪写了一本正式的“权威性传记”。为了讨好自由派，索伦森操刀写了一本名为《移民之邦》的书，最后署名仍然是约翰·肯尼迪的名字。获得普利策奖的《勇敢者肖像》更是宣传的重中之重。毫不夸张地说，1959 年整整一年，美国人民耳闻目睹的都是肯尼迪。

另外，老约瑟夫组建的航空公司还租借给肯尼迪一架飞机，从而使他的工作效率大大提高。当别的候选人在机场焦急地等待飞机或在火车、汽车上疲于奔命时，肯尼迪已经争取了更多的时间，走访了更多的州，会见了更多的选民。

3 月 6 日，在新罕布什尔州举行了第一次初选，肯尼迪获得了 85% 的选票，取得了第一场胜利。但是，新罕布什尔州的这次初选并不能说明问题，因为在没有遇到任何重量级竞争对手的情况下，取胜是理所当然的。

接下来在印第安纳州和内布拉斯加州的初选中，肯尼迪也轻而易举地赢得了胜利，获得了这些州的支持。在加利福尼亚州，州长帕特·布朗向肯尼迪承诺：如果肯尼迪在新罕布什尔州、威斯康星州和西弗吉尼亚州的初选中取得胜利，在俄勒冈州仅落后于参议院韦恩·莫尔斯，并在盖洛普测验中成为获得提名的领先人选，那么他就在民主党代表大会上支持肯尼迪。在俄亥俄州，经过艰苦的谈判，肯尼迪也得到了州长迈克·蒂萨尔类似的承诺。

在 1960 年的初选中，肯尼迪遇到的第一次真正较量发生在威斯康星州，竞争对手是休伯特·汉弗莱。

汉弗莱是中西部的新教徒，威斯康星州与他的老家明尼苏达州相毗邻，因此除了宗教信仰方面的优势外，汉弗莱还具备一个近邻的优势。威斯康星拥有大量的新教徒，如果肯尼迪这个来自东北部的天主教徒在这儿能击败汉弗莱的话，那么肯尼迪在别的地方就能轻易获胜；但是，如果在这里肯尼迪输给了汉弗莱，那么一个天主教徒是否能获得提名、能否入主白宫，就会进一步引起党内外的怀疑。老约瑟夫认为威斯康星州是“竞选活动的危机”，“如果我们在那里的情况不太好，我们就应该退出竞争”。

而对于汉弗莱来说，威斯康星州对他获得提名也起着至关重要的作用，因此他也一定会全力以赴地争取选票以及该州 31 名代表的支持。

鉴于此，肯尼迪家族为了确保在威斯康星的初选中获胜，全家人在 3 月份就提前一个月涌入威斯康星。当汉弗莱踏进威斯康星的时候，他发现自己已经陷入了肯尼迪家族的天罗地网，到处都是肯尼迪的宣传资料和肯尼迪家族的成员，他感觉自己就像是“街角上的一家杂货店在与一家大型连锁超市竞争”。在威斯康星州没有一处找不到肯尼迪家族的人，人手短缺的汉弗莱抱怨道：“肯尼迪家人覆盖了全州的各个地方，而且他们的模样相似，语调相似。有一天，我竟得到这样的报告，说杰克同时出现在三四个不同的地方。”汉弗莱的竞选车每到一个社区，得到的信息要么是肯尼迪家族成员已经在这里开过茶话会了，要么就是肯尼迪的直升机刚刚飞走。可怜的汉弗莱虽然在自己的家门口，却如同在一片陌生的土地。

至于肯尼迪自己，在威斯康星为期 6 个星期的竞选活动中，他不遗余力，表现出了夺取总统宝座的韧劲和决心。每天早上 6 点，有时甚至更早，肯尼迪就急匆匆赶到纺织厂、肉类包装厂或牛奶场，去迎接那些冒着寒冷来上班的工人们，与他们握手、寒暄。一次，肯尼迪在黑暗中站了好几个小时与工人们握手。他的助手鲍尔斯悄声对奥唐奈说：“真是不可思议！我要是有他多么多的钱，现在应该在温暖的棕榈滩享受阳光。”同肯尼迪握手的一位老妇人说：“你太早了，我的孩子，现在还太早，还太早。”肯尼迪礼貌地回答说：“不，夫人，是时候了。我的时间就是现在。”

吃完早餐后，一天的竞选活动就开始了。肯尼迪马不停蹄地在各个州演讲，与各种各样的人交谈、握手，往往到深夜一两点钟，肯尼迪才能回到旅馆，躺在浴缸里用热水来缓解背部的疼痛。由于握手的次数太多，他的手甚至被抓破出血。就连素来对政治不怎么感兴趣的杰奎琳也陪着丈夫东奔西走，与选民握手寒暄。在威斯康星州，肯尼迪踏遍了所有的选区。为了获得威斯康星最北部的第 10 选区的 400 名选民的支持，肯尼迪在寒冷空旷的第 10 选区走了 185 英里，他勇往直前，不知疲倦。

不过，汉弗莱也没有坐以待毙。“有关肯尼迪的父亲、肯尼迪的宗教信仰以及肯尼迪个人生活的恶毒谎言到处传播着。”索伦森后来回忆说。

为了煽动公众对肯尼迪家族财富的仇视，汉弗莱宣称，肯尼迪的竞选班子虽然井然有序，但是他们却没有思想，只是在金钱的驱使下行动而已，并且汉弗莱还在密尔沃基犹太听众面前将肯尼迪“井然有序的竞选班子”比作纳粹德国，还大放厥词“感谢上帝让我的竞选班子一片混乱”。当然，汉弗莱决不会放过肯尼迪在麦卡锡问题上表现出的懦弱，但他只不过就是重复着之前人们对肯尼迪的批评，并没有什么新的内容。

对于汉弗莱的攻击，肯尼迪没有表现出一丝一毫的愤怒，依然保持着冷静。在各种演讲和集会中，他只是充分表现自己的魅力和聪颖。面对宗教信仰方面的攻击，肯尼迪家族采取了两方面的策略。一方面，肯尼迪努力利用宗教问题为自己服务。他反复地提起宗教偏见，并把自己装扮成一个反天主教运动的受害者。另一方面，肯尼迪的助手们将有关天主教的材料向这个州的天主教家庭发送，刺激天主教徒投肯尼迪的票。与此同时，肯尼迪一再强调他不希望宗教信仰这个毫不相干的标准成为他是否获胜的原因。

4 月 5 日，肯尼迪在威斯康星州获得了 476 024 张选票，占总投票数的 56.5%，是威斯康星州 57 年历史上候选人获得的最多的票数。虽然肯尼迪在 10 个地区里赢得了 6 个地区的多数票，从而赢得了威斯康星 60% 的大会代表，但这 6 个地区居住着大量的天主教选民，而汉弗莱取胜的主要地区主要是新教徒聚居地。毫无疑问，宗教问题仍然是挡在肯尼迪面前的一个坎儿。

随后，肯尼迪与汉弗莱的提名之争又将战场移到了西弗吉尼亚州。这个州的天主教徒仅占总人口的 4%，如果肯尼迪能在这儿战胜汉弗莱这位新教徒，那么他就不仅能获得提名，而且将使肯尼迪战胜宗教问题。

由于反天主教运动的存在，在该州首府查尔斯顿的一次民意测验显示，肯尼的支持率落后于汉弗莱。4 月 8 日，在竞选筹划会议上，鲍勃表示将在该州的竞选中理智地回答有关肯尼迪的天主教信仰问题，然后将重点转向该州面临的更重要的实质性问题，比如经济。

肯尼迪在弗吉尼亚州展开竞选活动的第一天，就直面自己是个天主教徒的事实。他说：“我是个天主教徒，但是，我一生下来就是个天主教徒，这难道就意味着我不能成为美国总统？我参加海军的时候，没有人对我的宗教信仰产生疑问。我在退伍军人医院住院时，没有人对我的宗教信仰产生疑问。当我哥哥驾驶轰炸机前往德国执行他的最后一次任务时，也从来没有人对他的宗教信仰产生疑问。我可以在国会任职，我的哥哥可以为国殉身，可是我们不可以成为总统吗?”言下之意，你们怎么可以怀疑我对国家的忠诚呢?在索伦森的指点下，肯尼迪把自己描绘成了一个十足的受害者。通过一再宣传，肯尼迪的宗教信仰似乎已经由劣势渐渐转变成优势。

在4月5日至5月10日期间，肯尼迪走遍西弗吉尼亚州的每一个地方，跟数千人握了手，了解到了该州人民的艰难困苦，而且表现出一种发自内心的关切。他向该州的选民承诺，他要提高福利，扩大粮食流动，建设一条州际公路，刺激煤炭行业，建立一个全国性燃料系统。

为了消弱汉弗莱浓厚的自由主义色彩，肯尼迪的竞选班子提醒公众，如果汉弗莱获得提名，那么肯尼迪提出的经济计划就会遭到破坏。汉弗莱直言不讳地声称，无论选民们支持的是他还是斯图尔特·赛明顿、阿德莱·史蒂文森参议员，都将是阻止肯尼迪的最后一次机会。针对汉弗莱的声明，肯尼迪回应说，休伯特·汉弗莱参议员明知道自己没有获得提名的机会，却和他在初选中竞争，目的只有一个——就是阻止他，让赛明顿、史蒂文森或约翰逊获得提名。在肯尼迪看来，约翰逊和赛明顿不参加初选是不值得人们真正对待的。肯尼迪进一步提醒公众:“如果约翰逊或其他候选人需要你们在大选中投他一票，为什么他们不来到这里请你们投他一票呢?在我看来，任何志向远大的被提名人逃避这种竞争都是不尊重选民的表现。”

4月12日，在富兰克林·罗斯福逝世15周年的纪念日上，汉弗莱这位罗斯福的坚定追随者站在罗斯福的画像前发表演讲，唤起人们对罗斯福的美好回忆，并许诺自己也要像这位伟大的总统一样致力于解决经济与社会问题。为了抗衡汉弗莱，肯尼迪请来了支持他的罗斯福的儿子小富兰克林·罗斯福。小罗斯福四处发表演讲，取得了巨大的成功，无论走到哪里都吸引了大批满怀希望的人，每当他提到“我的父亲”时都会赢得听众的鼓掌欢呼。一个记者称，“小罗斯福的到来就像是上帝的儿子来到人间，告诉人们投天主教的票没有什么大不了，是被允许的”。此外，在老约瑟夫的提议下，几千封赞扬肯尼迪的信件由小富兰克林·罗斯福签名，然后从纽约的海德公园寄到西弗吉尼亚的民主党人手中。显然，小罗斯福为肯尼迪的竞选成功立下了汗马功劳。

竞选渐渐走向了白热化。汉弗莱攻击肯尼迪是个金钱型候选人，用钱买选票。为了报复汉弗莱的侮辱，鲍勃授意小罗斯福利用汉弗莱在二战中逃避兵役大做文章。小罗斯福手拿麦克风，声音洪亮地向听众问道："休伯特·汉弗莱为什么逃避二战的兵役?"而事实上汉弗莱是因为健康原因不被批准入伍的。可是一旦将这一点与肯尼迪的英雄事迹放到一起，就会使人们产生泾渭分明的感觉。

然而，汉弗莱面临的最严峻问题是金钱。西弗吉尼亚政治就是金钱：向县民主党老板付钱最多的候选人就能成为经过批准的人选。于是，该州各县的民主党老板们、竞选大大小小职位的民主党人，无一例外地得到肯尼迪家族的赞助，就连广大选民的口袋里，也装进了肯尼迪家族的钞票。"与那些县领导们从肯尼迪家族那里收到的钱相比，我们可以付出的最高捐款额根本不值一提。"汉弗莱抱怨道。要知道，汉弗莱在整个竞选活动中的花费只有 2.5 万美元，而肯尼迪家族仅仅在电视节目上的花销就已经达到了 3.4 万美元。虽然事后，肯尼迪的竞争对手指责在这次竞选中肯尼迪家族有收买选票的行为，但调查的结论是"没有发现重大违规行为"。

5 月 10 日，在西弗吉尼亚州的初选中，肯尼迪取得了 60.8% 39.2% 的压倒性胜利。整个事态已经变得很明了，肯尼迪的胜局已定。既然他能在新教徒占总人口 96%的西弗吉尼亚州获胜，那么在中西部和东北部那些拥有天主教徒的工业各州更是胜券在握了。综合分析肯尼迪在威斯康星和西弗吉尼亚州取得决定性胜利的原因，主要是因为肯尼迪的个人魅力，还有他致力于政教分开的保证、对提高经济的重视，其次才是金钱。自西弗吉尼亚州起，肯尼迪攻无不克，一路顺风，民主党的其他候选人只不过在他们本地区显示了实力，而肯尼迪则在各个地区都领先，他已经完全打通了总统候选人提名的道路，就等着洛杉矶的民主党代表大会的最后提名了。

然而，就在 7 月 11 日的洛杉矶大会召开前的关键时刻，前总统杜鲁门出击了。1960 年 7 月 2 日，杜鲁门在全国电视记者招待会上重申了对赛明顿的支持。为了成功阻挠肯尼迪的提名，他不仅加上了对约翰逊的支持，而且还额外提出了另外 8 个有望被提名的人。杜鲁门言辞激烈地指责全国代表大会是一个"事先安排好的、被一个候选人控制的、叫人嘲笑的场合”，并攻击肯尼迪的支持者向代表们施压，迫使代表们倒向肯尼迪一边。在电视广播中，杜鲁门公开对肯尼迪的宗教信仰和经验不足表示质疑，宣称很怀疑肯尼迪是否已经做好治理这个国家的准备，“这个国家是否已经为接受你担任总统做好了准备？我们需要的是一位尽可能成熟和有经验的人。我能否劝您耐心等一下呢？”

7月4日，肯尼迪在电视访谈节目中公开答复说：

> 如果说我担任了14年的通过选举产生的重要职务还算经验不足的话，那么杜鲁门先生提出的10个候选人中只有3个算得上经验丰富，而20世纪的全部美国总统中包括威尔逊、罗斯福以及杜鲁门先生本人在内都算不上经验丰富。按照杜鲁门先生检验成熟的标准，所有年龄在44岁以下的人都应排除在受人信赖和负责指挥的职位之外，也就是说应阻止杰斐逊撰写独立宣言、阻止华盛顿指挥大陆军、阻止麦迪逊首创宪法，而克里斯托弗·哥伦布甚至不应该发现美洲。
>
> 在我们这样一个年轻的国家里，有大量的年轻人在国会和各州的首府任职，选民们有权要求具有同样精力和活力的人在白宫任职。因为有一个新世界要去争取，一个生机勃勃、和平友好的新世界。
>
> 杜鲁门先生问我能否确定自己已经准备好了治理这个国家和被这个国家所接受，这使我想起了100年前的亚伯拉罕·林肯。在他当上总统之前，受到老政客们的围攻之后，他写下了这样一段话：“暴风雨已经到来了，我知道这是上帝的旨意。要是上帝已经给我指定了一个位置、一份工作，我相信我已经准备好了。”今天，我在这里郑重地回答，如果这个国家的人民选择我当他们的总统，我相信我已经准备好了。

肯尼迪机智地将对自己的不利因素转变成一个有利因素，成功地赢得了这场辩论。但是，他此时还得面对约翰逊的挑战。

7月5日，约翰逊宣布竞选总统，并针对肯尼迪在麦卡锡问题上的消极态度以及健康状况和年龄大做文章。约翰逊要求公开评估肯尼迪的健康状况，从而使人们对他是否有能力担任总统而产生质疑。在暗地里，他还向别的州代表们散布谣言，将肯尼迪描绘成“患有佝偻病的骨瘦如柴的小家伙”。

除此之外，埃利诺·罗斯福夫人又站出来了。早在1958年，肯尼迪的总统候选人势头开始上升的时候，罗斯福夫人就在著名的《星期六邮报》上发表文章指责肯尼迪“在1954年逃避了麦卡锡问题”，她在文章中写道：“我认为麦卡锡主义关系到每一位国家的公务员，任何人在这一问题上都应该有明确的态度。然而，直到今天我也没有听到参议员肯尼迪的态度，我无法肯定一个不愿就如此重大问题发表立场的人会有什么政治前途。”在1958年5月，她对肯尼迪的候选人身份发动了一次更加直接的攻击，她对一名记者说，如果肯尼迪能真正做到政教分离，这个国家就准备让一个天主教徒入主白宫，但是她无法肯定肯尼迪是否能做到这一点。在1958年的12月，罗斯福夫人对肯尼迪进行了更严厉的指责，在一次电视谈话节目中她说，她将尽一切努力促使民主党选出一名不会有肯尼迪可能引起的那类问题的总统候选人，并对肯尼迪是否具备当总统的资格表示质疑，指责他没能表现出曾在自己书中讴歌的那种独立性和勇气。此外，她还指控老约瑟夫“在全国各地耗费巨资，可能到现在每个州已经买通了一个代表”。在此之后，罗斯福夫人曾一度不准备公开表态，但是在1960年即将召开民主党代表大会前夕，她却出人意料地再次对肯尼迪的总统候选人身份公开表示反对。在洛杉矶的记者招待会上，罗斯福夫人认为“民主党产生的最强有力的候选人应该是史蒂文森”，并说，如果约翰·肯尼迪当选，那么“新的政府核心将会既没有原则，也没有性格”。她认为，提名无望当选的肯尼迪是一种浪费，因为她不相信肯尼迪会赢得黑人的选票，也不相信反天主教偏见不会伤害肯尼迪。她希望肯尼迪的“大公无私和政治勇气”会使他同意担任副总统职务，在这个职务上得到“成长和学习的机会”。

在7月10日，即投票的前一夜，75岁的埃利诺·罗斯福夫人，这位在美国妇女界最受敬仰的妇女、杰出的女政治家参加了不下11个会议，用坚定而悲伤的语调向代表们解释她为什么反对毫无疑问是一位绅士的肯尼迪进入白宫。

1960年7月9日，星期六，肯尼迪到达洛杉矶机场，迎接他的是5 000人组成的华英队伍。当他到达会场时，迎接他的是另一个经过精心组织的示威人群。在7月10日《面对媒体》的电视节目中，肯尼迪说：“我认为我将赢得提名，但是我并不认为大局已定。没有一次代表大会会这样。”

在洛杉矶，肯尼迪的竞选班子已经准备就绪。大批各种类型的志愿工作者被分配到54个代表团与代表们膳宿一起，密切关注他们的情绪和言行，尤其是投票情况。鲍勃坚持要求获得每一个投票人的姓名、地址和电话号码。肯尼迪的“控制室”里存放着每个代表的档案卡片，“代表接待室”里放映着介绍候选人的影片，屋子里坐满了肯尼迪的支持者，漂亮的助选小姐忙着向肯尼迪的支持者们分发附有竞选徽章的免费咖啡。

7月11日，星期一，民主党代表大会开幕。与此同时，史蒂文森的竞选运动也如火如荼地展开。在会场外，数以千计的史蒂文森的支持者在游行，并高呼“我们要史蒂文森”，在会场里面也有数以千计的支持者，他们站在走廊里，寻找着任何一个拉选票的机会。星期二，当史蒂文森走进会场时，他获得了雷鸣般的掌声。原先估计能拉过来支持约翰·肯尼迪的力量，如休伯特·汉弗莱以及一些加利福尼亚代表，都已经被史蒂文森拉走了。

与此同时，约翰逊的支持者也相当活跃。星期二下午，约翰逊向肯尼迪提出挑战，要在马萨诸塞州和德克萨斯州代表团面前进行辩论。在肯尼迪接受后，约翰逊针对肯尼迪在农业立法和民权问题上的表决记录以及他的缺勤问题进行攻击。肯尼迪并没有正面回应约翰逊的攻击，他表示他们之间在重大问题上并没有意见分歧，因此没必要进行辩论。另外，肯尼迪还向约翰逊承诺他会支持他连任一期，引来了听众的哄笑。

另一个颇有实力的候选人赛明顿比较明智，他在意识到自己没有获得候选人的胜算后便早早地退出了竞争。

星期三，随着肯尼迪、约翰逊和史蒂文森正式获得提名，大会的热度更加高涨。在这最后的紧要关头，各方人马都使出浑身解数，看谁能赢得761名代表手中的选票，即1 520票总数中的半数。

当史蒂文森和约翰逊放出话来，由肯尼迪做他们的竞选伙伴时，肯尼迪明确地予以拒绝。当别人问到是否会与史蒂文森联合时，肯尼迪说：“我可以明确回答你，如果我与任何人搭档接受副总统提名的话，我就把明年参议院的薪金全部给你。”

在投票前的两天，肯尼迪将所有的时间都用在了那些尚未表态、尚未作出许诺的代表和领导人身上，他一一拜访了这些代表，并游说他们投自

肯尼迪在1960年民主党全国大会上演讲

己一票。在投票的前一天下午，肯尼迪请明尼苏达州州长奥维尔·弗里曼为他做了主要提名演说，这正是肯尼迪的精明所在。弗里曼是中西部人，自由主义者，新教徒，受到农场主的拥护，而且他是一州之长，是一个适合上电视的、强有力的发言人，更重要的是，他有望在最后时刻从自己的州里将史蒂文森和汉弗莱的选票争取到肯尼迪的手里。

该做的都做了，现在就等最后的投票结果了。

1960年7月14日上午，唱票工作在嘈杂的会场上进行着。在第一次投票中，肯尼迪就获得了比约翰逊多一倍的票数。最终，肯尼迪共赢得了763名代表的选票，获得了提名。面对这一结果，斯图尔特·赛明顿不无感慨地说："他不过是比我们这些人胆子更大一点，更富有精力、智慧和刚强之气罢了。"

得知这一消息后，肯尼迪做的第一件事就是打电话给妻子杰奎琳。当时杰奎琳正待在海恩尼斯港，等候小约翰的出生。随后，肯尼迪赶到会场，接受人们的祝贺，并对他的支持者们作了一个简短的致辞，以表谢意。人们散去后，肯尼迪与鲍勃在大会的大厅里单独待了一会。肯尼迪脸上带着明显的微笑，鲍勃还是带着一副习惯性的紧张表情。接着，两人都返回寓所休息了，或许，他们目前最需要的，仅仅只是休息。

约翰·肯尼迪在获得民主党总统候选人提名以后，要做的第一项重要决策就是寻找一位竞选伙伴，即副总统候选人。对于肯尼迪来说，他需要的竞选伙伴应该能够帮助他开展艰难的竞选活动，并有能力履行总统的职责。然而，由于肯尼迪曾经拒绝副总统的提名，因此很多人认为他轻视这一职位。另外，根据美国的传统，副总统在上任后几乎不起任何作用，唯一有利的就是在总统去世后能直接荣登总统宝座。为此，肯尼迪发表声明："我一定挑选我所能得到的最优秀的人……虽然这对副总统来说，确实不是一个多么好的前景，即只有我不幸死去，他才能对事态的进展发挥影响。"

由于可供挑选的候选人很多，肯尼迪的决定变得尤其复杂。6月29日，索伦森给肯尼迪提出了一份22人的副总统提名人选名单，进行筛选后只剩下了6位，分别是：汉弗莱、约翰逊、史蒂文森、赛明顿、杰克逊和明尼苏达州自由主义人士奥维尔·弗里曼。最后，肯尼迪决定由林登·约翰逊担任他的竞选伙伴。排除个人情感因素，从政治上来说，约翰逊是所有人当中最有可能帮助肯尼迪赢得关键州选票的人。

来自南方德克萨斯州的林登·约翰逊，是一个地地道道的新教徒，熟悉农业和西部问题，是美国历史上最年轻的多数党领袖，也是在过去8年的国会工作中比艾森豪威尔更有建树的参议员。约翰逊作为竞选伙伴至少可以帮助肯尼迪在德克萨斯州和南方各地获得优势，而这些地方恰恰是肯尼迪没有多大影响或完全没有影响的地区。但是，如果提名约翰逊为副总统候选人的话，肯尼迪势必失信于劳工领导人和民权组织，意味着要"违背所有曾经支持过他的人"。在与劳工组织进行多次谈判之后，自由主义者与约翰逊达成协议：约翰逊承诺支持党内的民权纲领，自由主义者答应不在议员席上进行阻止约翰逊获得副总统候选人提名的斗争。

经大会口头表决，约翰逊获得副总统候选人的提名，因此也出现了美国历史上第一次由两个现任参议员担任总统和副总统候选人的组合。

在确立了竞选伙伴之后，肯尼迪又马不停蹄地准备发表提名演说。20世纪50年代的美国，已经由物质上的丰富演化成了一个"了无生机、枯燥乏味、安于现状、失去了使命感"的社会，于是，重新建立共同使命、鼓舞斗志便成为肯尼迪竞选活动的中心内容。面对 8 000 名听众和数百万电视观众，肯尼迪在洛杉矶大剧场发表了提名演说。在这篇演说中，他第一次提出了“新边疆”这一概念。他说：“我所说的‘新边疆’并不是一种希望，而是一种挑战。它所包含的内容不是我总结出来打算提供给美国人民的东西，而是我打算请求美国人民给予的。我们是否已经准备好了接受这一挑战？‘新边疆’已成既定事实——未知的科学与空间领域，未解决的和平与战争问题，尚无解决方案的贫困与过剩的课题……整个世界都在观望着我们会怎么做，我们不能辜负他们的信任，我们不能不直面挑战。”

10 总统大选

KENNEDY

洛杉矶的代表大会结束后，为了从数月的旅行和大会的压力中恢复身体，肯尼迪回到海恩尼斯港的家中休息。休息了两天后，肯尼迪就开始一刻不停地为 11 月的大选做准备。肯尼迪、鲍勃、老约瑟夫以及肯尼迪身边所有的工作人员都迫不及待地想发动争夺最高荣誉的“战争”。肯尼迪同鲍勃以及助手们开了一系列的计划会议，与约翰逊召开了战略讨论会，又与党内各派代表们进行了一场团结会谈。7 月底，肯尼迪与史蒂文森在科德角会面时，肯尼迪请求史蒂文森在纽约自由主义者阵营内争取支持，同时，肯尼迪采用了史蒂文森创建对外政策班子的建议。8 月初，肯尼迪去独立城拜访了前总统哈里·杜鲁门，还去海德公园拜访了埃利诺·罗斯福夫人，成功地说服了他们加盟他的阵营，给予他支持。另外，罗斯福夫人还同意担任肯尼迪竞选委员会的名誉主席。

8 月份的国会特别会议之后，两党角逐总统职位的战斗打响了。肯尼迪将面临一场极为艰苦的恶战。

理查德·尼克松，共和党总统候选人，当时的美国副总统。尼克松头脑冷静、思维敏捷，具有雄辩的口才、广泛的竞选经验和丰富的电视演说知识。他长期担任国会议员与副总统，与肯尼迪比起来，可谓是政坛老手。而且在此之前，他已参加过 4 次全国性选举，名声比肯尼迪响亮得多，经验也更丰富。艾森豪威尔的声誉和威望，以及共和党执政 8 年来的政绩，都成了尼克松一笔不可忽视的财富。他的竞选伙伴小亨利·卡伯特·洛奇，也是一个精明强干的人物，而且在全国的知名度远远高于约翰逊，甚至比肯尼迪还有名。根据两党代表大会后进行的两次民意测验结果显示，尼克松在两次调查中分别以53%∶47%和56%∶44%领先。令肯尼迪家族感到更不安的是，31%的尼克松的支持者表示他们极为热烈地支持他们的候选人，而肯尼迪的支持者中只有22%表达了同等热情。许多关心肯尼迪的人心里都暗暗为他担心：他能斗得过尼克松吗？另外，当时的民主党内部纷争不断，四分五裂。共和党不仅占据执政党的各方面优势，而且上下一致，齐心协力。

9月初，肯尼迪在底特律的演说拉开了正式竞选的序幕，进入了入主白宫的冲刺阶段。在刚开始的几场演说中，他绷着脸，表情因紧张而显得严肃、不自然，还习惯性地挥动拳头，说话带哈佛口音，那连珠炮式的讲话也没有引起听众的响应。渐渐的，在周围工作人员的帮助下，肯尼迪开始学着放松，尽量减慢说话速度，演说也越来越精彩。

在不知疲倦的鲍勃的领导下，竞选班子高效运转，发动了一场大规模的全国性选民登记运动。纽约、宾夕法尼亚、德克萨斯、伊利诺伊、俄亥俄、新泽西、密执安、加利福尼亚和马萨诸塞这9个州是肯尼迪竞选班子重点攻克的选区，如果他能在这几个州获胜，就意味着赢得了大选。助选人员四处奔走，游说700万未登记的选民进行登记，并投民主党的票。“从现在起到11月，你们每人登记上一个人，就相当于投了两次票。”肯尼迪对他的助选人员说。与此同时，针对有关肯尼迪的诸多诽谤，包括宗教信仰、健康状况、年龄问题、竞选中的大笔花销、在麦卡锡问题上的反应、在劳工和民权问题上的表决记录、参议院缺勤等等问题，竞选班子准备了一份“反击资料”。

宗教问题仍然是肯尼迪入主白宫的最大障碍，而且逐渐成为一个决定性因素。最新预测表明，如果反天主教情绪不能得到遏制，那么肯尼迪的宗教问题至少会给他带来150万票的损失。对此，鲍勃立刻成立了一个“社团关系部”，迎头痛击宗教问题，该部每周要回复600—1 000封有关宗教问题的信件。

9月7日，以全国最著名的新教牧师诺曼·文森特·皮尔博士为首的150名牧师们成立了一个新机构——“公民宗教自由大会”。这个机构在开了一整天的秘密会议后，发表了一项公开声明。他们认为，罗马天主教具有教堂和教皇国的双重身份，因此肯尼迪的信仰在竞选活动中存在是否合法的问题。他们的声明着重强调，无论肯尼迪作出什么样的答复，他的宗教信仰也不能使他被接受为总统。

9月12日，肯尼迪应邀前往德克萨斯州休斯敦牧师协会，就有关宗教问题发表公开演讲。这一举动相当冒险，遭到了竞选班子里大多数人的反对，但肯尼迪认为这是迟早要面对的事情，只有将这一问题早点解决，才能使自己转向更富有建设性的问题。为此，肯尼迪专门请来了天主教学者约翰·科格利辅导他进行演讲的准备工作，因为他在宗教方面的知识十分有限。

在休斯敦莱斯饭店水晶舞厅里，肯尼迪一身黑西服，打着黑领带出现在300名新教牧师的面前，他举止从容，没有丝毫的紧张感，表现出了临危不惧的大将风度。在演讲中，肯尼迪庄严地宣称："我是民主党的候选人，恰好还是个天主教徒。我坚信政教完全分离的原则，在公共事务上我不代表我的教堂，我的教堂也不代表我，如果出现良知与国家利益之间的冲突，那我就辞去公职。"他的演讲非常成功，很多人认为这是肯尼迪在竞选中最好的一篇讲稿。演讲之后，牧师们向肯尼迪提了很多尖刻的问题，他回答时的镇定和克制赢得了牧师们的阵阵掌声，而且有些人在会后还走上前来跟他握手，并祝他竞选胜利。

肯尼迪的出色表现，不仅赢得了现场的新教牧师们，而且也给电视机前观看这次演说的观众留下了深刻的印象，赢得了很多徘徊观望者的支持。坐在电视前观看演讲的众议院民主党领袖萨姆·雷伯恩连声赞叹："我的上帝！他简直是在给他们洗脑。这个年轻的家伙定会成为一个伟大的总统。"

休斯敦的演讲暂时抑制住了围绕宗教问题的叫嚷声，使得肯尼迪能集中精力去说服人们对于他经验匮乏或年轻的质疑。这时全国性的电视联播网耗费几百万美元的巨资，请两大政党的候选人举行一场电视辩论。这对肯尼迪来说，正求之不得，不仅可以转移人们对他宗教信仰问题的注意力，而且能够重拳反击对他经验不足的说法。肯尼迪毫不犹豫地接受了联播公司提出来的辩论建议，把球踢给了尼克松。

艾森豪威尔与其他共和党人都劝诫尼克松不要接受电视转播对抗这种

前所未有的挑战，因为他在全国的知名度要比肯尼迪大得多，现在又被普遍认为是较成熟和有经验的政治家，完全没必要通过电视帮助肯尼迪推销形象。另外，近一段时间以来他的健康状况也一直不佳，先是在一场事故中膝盖受了感染，住了两个星期的医院，之后又患了感冒，嗓子哑了。他完全有健康方面的理由拒绝上荧幕。

但是，尼克松喜欢直接面对政敌，并对自己的辩才很自信。他在大学时期就获得了“全国辩论冠军”的头衔，在1946年的一场辩论中一举击败了对手，开始了自己的政治生涯。在1952年竞选活动中，他所发表的“切克斯演说”（在1952年的副总统竞选中，尼克松在进行私人政治基金辩护时提到了他的爱犬“切克斯”，所以这篇演说被称为“切克斯演说”）是截至当时美国政治家运用电视最成功的一次。1960年，他在莫斯科与苏联领导人赫鲁晓夫进行的著名的“厨房辩论”，使他名声大增。为了维护自己的声誉，为了避免拒绝辩论会造成的政治损失，为了去影响握有选票的几百万民主党人和无党派人士，尼克松接受了这次挑战。

最后，经双方商定，决定在9月26日、10月7日、10月14日和10月21日分别举行4次辩论，每次一小时，全国的电视网和无线电网同时联播。

肯尼迪清楚地意识到，这4场辩论，尤其是第一场，对选举结果将产生决定性的作用，届时将会有占全美人口2/3的观众，即7 000万人坐在电视机前观战。成败在此一举！为此，肯尼迪全力以赴，和助手们花了大量的时间来讨论可能遇到的每一个问题。“肯尼迪躺在国宾东大酒店的床上，手里拿着一沓助手们为他准备的卡片，一张卡片涉及一个主题。肯尼迪几乎用了整整一天的时间才看完这些卡片。”肯尼迪非常勤奋地准备着，他信心十足。

1960年9月26日晚8点30分，在芝加哥的CBS演播室里，两名总统候选人在主持人史密斯和由4名电视记者组成的专题讨论小组面前，面对全国的观众开始了第一场辩论。

肯尼迪首先讲话，他的开场白简短有力，所涉及的主题都是他在竞选的最初几周里被人们所熟悉的。相比之下，尼克松的开场白平淡无味，只是尽可能地突出自己与肯尼迪的不同之处。在回答主持人史密斯的提问以及与尼克松辩论时，肯尼迪看上去精神饱满，充满朝气，显得更加轻松、更具自制力，他始终面向观众侃侃而谈，给人的印象是一个打算应对国家重大问题的领导人。尼克松则面容憔悴，缺乏生气，显得很紧张，几乎是很害怕的样子，他忙于面对他的政敌而不是面对观众，给选民的感觉是他试图在一个政敌面前占上风。尼克松可能是由于身体还没有完全恢复过来，看起来萎靡不振，让人不禁想起当年与富兰克林·罗斯福同台竞争的赫伯特·胡佛，当年的胡佛看起来也是憔悴不堪、倦容满面，而充满朝气的肯尼迪则让人回忆起带给人民希望的罗斯福。全国坐在电视机前的观众都在关注着他们，一个朝气蓬勃、热情洋溢，一个无精打采、惴惴不安。看着电视直播的辩论，尼克松的竞选伙伴洛奇骂道："那个狗娘养的刚刚输掉了大选。"

第一次辩论后，观看电视辩论的 7 000 万美国人中大多数的意见是：肯尼迪已经赢了。抱怀疑态度和持异议的民主党人，包括史蒂文森的支持者、大城市的党魁们、原来态度暧昧的南方州领袖，尤其是新教徒，现在全加入到肯尼迪的阵营里了，共和党人再也不能说他不成熟和没经验了。民意测验似乎也证明了这一点。然而，与电视观众不一致的是，通过收音机听他们辩论的人却认为尼克松稍胜一筹。在随后的 3 次辩论中，肯尼迪乘胜追击，节节胜利，而尼克松却疲于应付。

就在这紧要关头，艾森豪威尔又帮了肯尼迪的忙。一直以来，艾森豪威尔对他的副总统态度暧昧，他曾对很多人讲过"尼克松根本不是当总统的料"，并再三表示看不起尼克松，尤其痛恨尼克松关于副总统在管理政府的说法。在记者招待会上，一个新闻记者请艾森豪威尔总统列举在他执政期间，副总统曾参与过一些什么重大的决定时，他回答说："我不记得了。如果你给我一个星期的时间，也许能想起一个。"这对尼克松的竞选打击简直太沉重了！

辩论结束后，盖洛普最新民意测验表明，肯尼迪以 49%∶46%领先。

1960 年，美国 88%的家庭拥有电视机，作为一种先进的传媒，电视已成为政治家们赢得选票的有力工具。作为第一位"媒体政治家"的约翰·肯尼迪正是利用这一渗透力极强的工具，走进千百万美国人民的家中，展示其个人魅力，树立在选民中的光辉形象。

随着竞选运动接近最后阶段，争取更多自由主义者的支持对肯尼迪来说尤为重要。为了支持民权事业，肯尼迪采纳了民权倡议者哈里斯·沃福德的建议，成立了民权部，并任命芝加哥资深众议员威廉·道森和黑人妇女马乔里·劳森负责该部。肯尼迪的竞选班子还花5万美元邀请深受黑人欢迎的纽约众议员亚当·克莱顿·鲍威尔到全国各地发表讲话。肯尼迪本人对美国的种族主义也是义愤填膺，曾多次在黑人大会上发表演讲，指责南方各地实行种族隔离制度，并向民权组织承诺将支持民权立法，采取更大范围的行政措施。10月12日，尼克松的竞选伙伴洛奇在发表讲话时宣布："如果尼克松当选的话，将在内阁中任命一个黑人，这是我们既定纲领的一部分，我在这里向大家保证。"对此，尼克松怒不可遏，否认了洛奇的这一说法，从而不可避免地激怒了黑人。而肯尼迪在随后的电视访谈节目中，却对洛奇的这一建议表示支持，并宣称应当鼓励黑人全面地参与国家政治，更有必要进入政府内担任更高的职位。

10月19日，即一个星期后，美国黑人运动领袖马丁·路德·金牧师被捕入狱。在亚特兰大一家百货公司里，金牧师由于拒绝离开该公司的餐馆被当场逮捕，被判处4个月的劳役，然后又被捏造的罪行而被拒绝保释。当记者询问尼克松对此事的意见时，尼克松表示他没有意见。但私下里，他曾打电话给司法部长，认为金牧师的宪法权利遭到了侵犯，请司法部进行调查，可是尼克松的这一要求最后因为种种原因被搁置。肯尼迪知道此事后，立即给金牧师那怀有5个月身孕的妻子打电话，向她表示慰问并答应尽最大的能力给予帮助。鲍勃也被法官不公正的判决激怒，出于政治上的考虑，也出于对金牧师的同情，他给审理该案的法官打了电话。第二天，这位黑人牧师就被保释出来。很快，肯尼迪兄弟维护黑人权利的佳话传遍了全国，令肯尼迪在黑人当中赢得了巨大的优势，并且促使许多自由主义者、新教徒也转向他的一边。马丁·路德·金的父亲本来是个从来没有想过要投一名天主教徒的票的老顽固，他现在也临时改投肯尼迪的票。

10月中旬，盖洛普民意测验表明，肯尼迪以51%∶45%的票数领先，然而到了10月下旬，由于艾森豪威尔的加入，令尼克松的人气有所提升。大选前三天的盖洛普民意测验表明，尼克松和肯尼迪的竞争势均力敌。

1960年11月8日，参加这次大选投票的人数创造了历史上的最高票数68 832 818票，投票率达64.5%，比1956年多10%。肯尼迪和杰奎琳在波士顿投票后，便回到海恩尼斯港的家中。

海恩尼斯港的鲍勃的房间到处都是机器和电线，已成为通讯和选票分析中心。肯尼迪家族的全体成员聚集在这间屋子里，紧张地等待结果。

晚上8点，从康涅狄格州传来结果，肯尼迪以9万票的多数取胜。随后，宾夕法尼亚以及各工业州的结果也相继来到，肯尼迪一路领先。到10点30分，肯尼迪所得的选民票数已领先150万张。杰奎琳激动地对肯尼迪："哦，杰克，你现在已经是总统了!"肯尼迪平静地回答道："不，现在还言之过早!"

的确，在晚上11点以后，肯尼迪的领先地位逐渐消失。俄亥俄州、威斯康星、田纳西、肯塔基、堪萨斯、南达科他州和北达科他州等选区全部转向了尼克松，数字统计表明，肯尼迪的领先地位已经微乎其微。

到凌晨3点钟的时候，大选还没有决出胜负，六大州的选票还没有完全定下来：宾夕法尼亚、伊利诺伊、德克萨斯、明尼苏达、新墨西哥、密执安和密苏里州。到凌晨3点30分的时候，虽然形势还不明朗，但肯尼迪决定上床睡觉了，留下鲍勃和其他人在那儿忙碌。

当肯尼迪第二天9点起床时，鲍勃告诉他他已经赢得了大选，当选为美国总统。

肯尼迪最终以303张总统选举人票胜过了尼克松的219张，相差84张，以34 226 731张普选票胜过了尼克松的34 108 157张，相差118 574张。在1960年的大选中，肯尼迪仅以0.1%的微弱优势获胜，如果尼克松能在全国每一选区多得半张票，那么总统宝座就是他的了。

KENNEDY 第四章 白宫岁月

肯尼迪是吹着“新边疆”的号角来到白宫的，因此他需要聘用能忠心服务于他的目标的人。他在竞选中宣布的录用人才的唯一标准是要有高超的工作能力，即既有思考能力又有行动能力和敏锐的判断力，勇于创新和改革，总而言之，他要聘用自己能够找到的最有才华、最有成就的人。

1 入主白宫
KENNEDY

1960 年 11 月 9 日中午时分，共和党总统候选人尼克松在午间电视节目中发表了一份承认竞选失败的声明。随后肯尼迪以当选总统的身份出现在海恩尼斯港兵工厂与媒体见面。很明显，约翰·肯尼迪对自己成为美国第 35 届总统兴奋不已，在新闻发布会上他的双手在颤抖。

但是，约翰·肯尼迪几乎没有时间享受自己的成功，离上任只有 72 天了，有太多的工作等着他：组阁，任命大约 75 个重要的内阁成员和制定政策的官员，对 600 个其他重要职位进行提名，与现任总统艾森豪威尔进行权力交接，处理过渡时期的行政问题，策划就职典礼，准备就职演说稿……

肯尼迪是吹着“新边疆”的号角来到白宫的，因此他需要聘用能忠心服务于他的目标的人。他在竞选中宣布的录用人才的唯一标准是要有高超的工作能力，既有思考能力又有行动能力和敏锐的判断力，勇于创新和改革，总而言之，他要聘用自己能够找到的最有才华、最有成就的人。但是，要找到这样合适的人选并说服他们却不是一件容易的事。就像肯尼迪曾对他的助手说的那样：“在过去的几年里，我花费了很多时间去结识能够帮助我当上总统的人，结果导致我没有时间去认识那些能够帮我当个好总统的人们。”现在，肯尼迪的妹夫萨奇·施赖弗和顾问们承担了物色人选的工作，为肯尼迪提供了大量的人选名单。

相对于内阁成员来说，挑选一支白宫职员队伍要容易得多。肯尼迪为自己的白宫班子挑选了一批适合自己的办事风格的人。很明显的是，诸如西奥多·索伦森、波埃尔·塞林杰、肯尼思·奥唐奈、劳伦斯·奥布赖恩、戴夫·鲍尔斯和伊夫林·林肯等这些多年来一直忠心耿耿为他工作并将他推上总统宝座的人，将成为白宫班子的主力军。

西奥多·索伦森跟随肯尼迪多年，在起草演说稿、提出议案和国内政策等方面非常出色，尤其是起草演说稿，因此由他担任总统特别顾问再合适不过了；塞林杰担任总统新闻秘书；奥唐奈担任预约秘书，负责接待白宫的来访者，安排约会；奥布赖恩担任立法联络员，整天同议员们混在一起，鼓动议员支持总统的提案；鲍尔斯和伊夫林担任总统特别助理。他们占据了总统的椭圆型办公室附近的西大厅，并且他们不需要经过正式预约就可以直接接近肯尼迪，这些足以说明他们在政府中的重要性。另外，肯尼迪的好朋友小阿瑟·施莱辛格辞去教职也来到白宫工作，担任总统顾问，是政府对国内外自由主义者的发言人，同时也是“创新和思路的源泉”。

对于肯尼迪来说，国内经济和国家安全方面的管理是他这一届政府的首要任务，因此在内阁成员方面，财政部长和国防部长的人选尤为重要。

肯尼迪任命共和党人道格拉斯·狄龙为财政部长。他是一个开明的共和党人，从来不出于党派动机采取行动。狄龙的父亲是华尔街的巨头人物，他本人毕业于哈佛，作为特权家庭的孩子与美国最富有、最有影响力的阶层关系密切。狄龙曾担任过艾森豪威尔政府的驻法大使和负责经济事务的国务卿。同共和党的传统政策相反，狄龙支持用赤字财政对付衰退，而且在出现赤字时仍主张减税。为了平衡一下狄龙的任命，同时也出于经济和政治上的考虑，肯尼迪任命明尼苏达大学教授沃尔特·赫勒为经济顾问委员会主席，戴尔·贝尔为国家预算局局长。

44岁的福特汽车公司总裁罗伯特·麦克纳马纳被任命为国防部长。他也是个共和党人，毕业于哈佛，是个精力充沛的实干家，具有极强的独立意识和坚韧的意志，在二战期间曾作为一名空军军官应用一种数据控制系统大大提高了空军的效能；他还拥有无可挑剔的经商资历，管理能力尤为突出。在他担任国防部长期间，美国的太空、民防、情报、准军事行动、对外援助以及一般性外交政策等都取得了很大的成就。

在确定国务卿人选的过程中，肯尼迪希望确保自己能够控制国务院。51岁的迪安·腊斯科非常适合做肯尼迪的国务卿。他知识渊博，是一个经验丰富的外交家和谈判高手，而且他措辞简洁，从不唱高调，更重要的是他更喜欢辅佐，而不是试图挑头。

肯尼迪希望有一个人才部。他并不在乎党派界限，他所挑选的人大多数抱着和他同样的思想和目标，并把国家利益置于一切之上。在他的内阁中，大多数都是温和派，这些人员都比较克制，甚至没有一点丑闻玷污内阁。但是，肯尼迪时常面临私人集团的压力，他曾向索伦森抱怨说：“上帝啊，这个人要求这个，那个人要求那个。你根本满足不了任何人。”在肯尼迪的人事安排中，民主党自由派人士极少入阁，大多数人获得的都是次于内阁一级的职务，这自然引起了自由派的不满。史蒂文森很属意国务卿一职，却被派任驻联合国大使，切斯特·鲍尔斯出任副国务卿，弗兰克·克芬负责开发贷款基金，乔治·麦戈文被派去主持粮食工作及和平计划。当施莱辛格提醒肯尼迪，自由主义者对自己在内阁的代表太少而不满时，肯尼迪的回答是："项目计划比人更重要，我们要彻底依照计划进行。"

总体来说，肯尼迪搜罗人才的工作是相当成功的。但他让艾伦·杜勒斯和J. 埃德加·胡佛继续分别负责美国中央情报局和联邦调查局的这两项任命，却是草率的，这将对肯尼迪政府产生致命的影响。杜勒斯自1953年以来一直担任中央情报局局长一职，他同犯罪集团结成同盟，使肯尼迪政府打击犯罪时陷入进退两难的尴尬境地。而胡佛担任联邦调查局局长已经36年，他是一个典型的清教徒式的人物，已经达到病态的程度，而且他支持种族隔离制度，反民权，与杜勒斯一样也对犯罪集团视而不见。

内阁成员中最引人瞩目和引人非议的任命是总统的弟弟鲍勃·肯尼迪被任命为司法部长。在美国的历史上，总统的弟弟担任司法部长这种事是绝无仅有的，这意味着最高行政官和最高执法官合二为一，也就是说"只要总统和司法部长都认为是合法的，那就是合法的"。起初，鲍勃对裙带关系方面的指责有所顾虑，而且司法部长很可能会招惹民权方面的大量仇恨，从而使总统因为司法部在民权方面不得不做的事情而遭受埋怨。但肯尼迪却执意要任命鲍勃，一方面帮助鲍勃增加行政经验，以便将来产生肯尼迪家族的第二个总统；另一方面，肯尼迪希望在出现问题时，内阁里有位成员能对他实话实说。而且老约瑟夫也一定要鲍勃接受这个任命，"我要确保鲍勃能够获得与杰克同样的机会"。

肯尼迪家族原打算利用鲍勃的不情愿、老约瑟夫的固执己见以及肯尼迪需要在内阁中有个知己的说法，抑制住舆论界对这一任命的批评声。但随着这一任命的公布，公众风暴般的批评也随之而来。在记者咄咄逼人的发问下，肯尼迪以他惯有的幽默化解了紧张气氛，他说："早上凌晨2点左右，我把头伸出门外，前后打量一下街上的动静，然后就自言自语地说：'反正现在没人，就任命鲍勃吧！'"

在上任前的这两个月里，与艾森豪威尔的关系对于权力的交接是至关重要的。12月6日，肯尼迪以即任总统的身份被艾森豪威尔邀请前去白宫会晤。在艾森豪威尔眼里，肯尼迪只不过是个“傲慢的毛头小伙”，除了用他父亲的财富赢得了政治职位以外，几乎什么都没干，绝对不是个严肃认真的公仆。但这次会晤却使艾森豪威尔和他的助手们对肯尼迪的印象大为改观。在会晤结束后，艾森豪威尔给肯尼迪传话，说他以前所获得的有关肯尼迪的信息有误，肯尼迪是他迄今为止见过的最聪明、最有才华、最能干的人之一。1961年1月19日，肯尼迪再次与艾森豪威尔会晤，这次会晤也是在愉快的气氛中结束的。怨恨、冷淡、充满敌意、互不通气，这几乎是以往总统权力交接的必然现象，但这次却不同，艾森豪威尔和肯尼迪的移交工作是在友好、真诚、信任中进行的，正如肯尼迪所说：“我认为我们的目的已经达到了，即向公众确保权力的移交是和谐友好的，从而加强我们的力量。”

到了1960年12月底，由肯尼迪领导的新政府的施政纲领以及面临的所有紧要问题，都已形成文字，其内容包括经济的复苏和增长、资源保护、住宅、农业、教育、社会保障体系、古巴问题、共产主义问题、对外援助、拉丁美洲的防务及利益冲突等各方面。

1961年1月初，肯尼迪的注意力越来越多地转向了就职典礼的准备工作。对他而言，在启动他的政府方面，没有任何一件事的重要性能超过就职演说。为了避免党派之争，或对前任有所非议，肯尼迪希望这篇讲稿尽量简短，集中谈外交政策。索伦森作为主要撰稿人，为这篇讲稿收集了大量的建议和材料，最终演讲稿却是由肯尼迪亲自撰写的。整个演讲稿只有1 900字，算得上言简意赅的模范，是自1905年以来最短的一篇总统就职演说。作为华盛顿的一种象征，肯尼迪命令就职典礼上必须带高顶黑色大礼帽，替代了霍姆堡毡帽（1952年艾森豪威尔就职典礼的着装规定）。为了让自由主义者看到他准备为美籍非洲人争取平等权利，他请玛丽安·安德森演唱《星条旗之歌》。他还邀请86岁的著名诗人罗伯特·弗洛斯特朗诵他的16行国诗《绝对天赋》，这首诗不仅适合这位好勇斗狠的诗人本人，也象征着新政府将再次尊重有头脑、有想象力的人，而这在艾森豪威尔执政期间是一个不足之处。

1961年1月20日，是新总统宣誓就职的日子。“一切都在严寒中开始，华盛顿的天气一直很冷，而且昨天刚下过一场大雪”，阳光照耀下的白宫愈发显得熠熠生辉。成千上万的人从四面八方汇集首都华盛顿，冒着凛冽的寒风参加新总统的就职典礼。

美国第35任总统约翰·肯尼迪在首席法官厄尔·沃伦的领诵下，手按圣经，宣誓就职。

中午12点，庄严的典礼开始了。在红衣主教理查德·库欣念完冗长的祈祷词和弗洛斯特朗诵完《绝对天赋》后，约翰·菲茨杰拉德·肯尼迪，美国第35任总统，在首席法官厄尔·沃伦的领诵下，手按圣经，朗诵了他的就职誓言。随后，肯尼迪脱去大衣，站在凛冽的寒风中发表了他著名的就职演说。

我们今天不是庆祝党的胜利，而是庆祝自由。它象征着一个结束，同时也象征着一个开始；它表示一种更新，也表示一种变革。因为我已在你们和全能的上帝面前做了我们的祖先在将近175年以前所规定的那种庄严的宣誓。

如今的世界已经很不同了，人类手中掌握着致命的力量，这种力量既可以消灭所有形式的贫困，也可以消灭所有形式的生命。我们的先驱为之奋斗不息的革命信念——人权并非来自政府的施舍，而是上帝所赐——在世界各地仍然存在分歧。

今天，我们不敢忘记我们是第一次革命的继承者。让我们的朋友和敌人同样听见我此时此地的讲话：火炬已经传到了新一代美国人手中。这一代人在本世纪诞生，经历过战争的磨炼，受过艰苦困难的和平时期的熏陶，他们为我们悠久的传统而感到自豪，他们决不愿亲眼看到或听任我们国家的人权传统逐步被褫夺。

要让每一个国家都知道，无论它们是希望我们繁荣还是希望我们衰落，我们都会为了自由付出任何代价，承担任何负担，对付任何困难，支持任何朋友，反对任何敌人。

……

现在，号角再次向我们发出召唤——不是号召我们拿起武器，虽然武器是我们所需要的；不是号召我们去战斗，虽然我们做好了战斗的准备；那是号召我们肩负起一场持久和胜败未分的斗争，年复一年的斗争，反抗人类共同的敌人：暴政、贫穷、疾病和战争本身。

我的美国的同胞们，不要问你们的祖国能为你们做些什么，而是要问你们能为祖国做些什么。

全世界的同胞们，不要问美国能为你们做些什么，而是要问我们大家共同能为人类的自由做些什么。

肯尼迪的就职演说与富兰克林·罗斯福的第一次著名演说并驾齐驱，成为激励性语言和呼唤公民义务的典范。用索伦森的话来说，肯尼迪的这篇就职演讲稿“体现着我们过去继承下来的最美好的东西，也体现着我们对未来的最美好的憧憬”。民主党众议院院长萨姆·雷伯恩评价说：“这是自 1864 年林肯发表演说以来最佳的演说。”

在肯尼迪的就职演说后，几乎 3/4 的美国人认可了他们的新总统。从 1961 年 1 月 21 日开始，这位新总统要带领他的班子奋勇向前，开拓新边疆了。在正式入主白宫的第一天上午 10 时 30 分，肯尼迪签署了第一号行政命令：提高给失业人口的食物品种，并把数额加倍。

在上任的头100天里，肯尼迪在国内方面的最大担忧是经济。1961年1月30日，在他的第一个国情咨文演说中，肯尼迪沉重地指出经济衰退的事实，并将经济发展列为他的首要国内目标。他讲道："美国的经济遇到了麻烦。我们上任的时候，正值7个月的经济衰退、3年半的经济萧条、7年的经济增长萎缩、9年的农业收入下降……在大约550万失业的美国人中，有100多万人连续4个月一直在寻找工作……本届政府不打算袖手旁观，我将在未来的14天内向国会提出一些法案，保证经济复苏，并为提高长期经济增长率铺平道路。"

2月2日，肯尼迪向国会送去一份准备了好几个星期的经济咨文，一共提出了7项法案：(1) 对失业者增加13个星期的临时补助；(2) 重新开发贫困地区；(3) 把救济金扩大到失业工人的子女；(4) 增加社会保险金并鼓励提早退休；(5) 提高最低工资标准并扩大这一标准的实施范围；(6) 给生产谷物的农民提供紧急救济；(7) 为建筑新住宅和清除贫民窟提供经费。在161天内，这7项法案全部获得通过并成为法律，这就是著名的反衰退计划。可以说，这是约翰·肯尼迪1961年在经济方面取得的最大成绩。

令肯尼迪兴奋的是，从4月初开始，经济已经从衰退中显著回升。3—4月的两次民意测验表明，对经济持乐观态度的人从34%增加到58%，公众对肯尼迪总统的支持率高达92%。

经济的增长，失业率的降低，促使肯尼迪决心将更多的资金投入到国民经济建设中去。为了刺激经济，他指示联邦机构加速政府采购与建设工作，并采取了一系列的行政措施：提前发放了10亿美元的州建公路补助经费；提高农产品价格补贴并予以提前支付；加速分发应予退还的税款；降低住房贷款利率；扩大信贷和放宽贷款的范围；加速分发军人的人寿保险分红；扩大剩余粮食分配；施行食品券计划，扩大美国就业局的服务范围；鼓励联邦储备委员会购买政府债券以维持长期的低利率。

到了1961年底，肯尼迪的反衰退计划已经使美国的经济走出低谷，进入蓬勃发展的阶段。1962年初，经济发展的速度明显慢了下来，尽管还在向前，但似乎已经没有了先前的活力。这时肯尼迪又面临一个新的挑战，即4月的钢铁涨价。"钢铁价格上涨，通货膨胀也就随之而来。"这句话精辟地概括了美国的价格动向。肯尼迪动用了他掌握的一切资源，成功地与钢铁行业阻止了钢铁涨价，最终抑制了通货膨胀。在肯尼迪的领导下，1962年的延期纳税法案和1963年的减税法案增强了工业企业的活力，新的对外贸易法的通过大大促进了出口。

在肯尼迪的任内，美国的国民生产总值增长了20%，工业生产上升了22%，个人收入提高了15%，失业率为5%，通货膨胀率为1.3%。尽管很多人指责肯尼迪对经济学一无所知，但是他的上台的确给美国经济带来了一个空前发展时期。

在对外援助方面，肯尼迪创建全国志愿服务和平队，并声称："为全世界人民输送'自由'和'民主'是美国义不容辞的责任。"和平队的最初人数为500人，到1963年达到5 000人，先后被派往46个国家。1961年3月13日，肯尼迪提出争取让拉丁美洲"和平与进步"的主张，并在同年8月份召开的泛美经济社会理事会上正式通过了争取进步联盟的宪章。为了加强盟国的民主制度，加速经济发展，美国政府将提供100多亿美元的资金。

在国防上，肯尼迪提高国防预算，建立绿色贝雷帽快速反应部队，大力支持空间计划，号召赶超苏联。

约翰·肯尼迪在执政期间最杰出的表演是在外交方面。当时，正值国际政治舞台风云变幻之际，古巴导弹危机、柏林危机等一大堆的麻烦缠绕着他，极为严峻地考验了他的判断能力和行动能力。然而，面对这一切肯尼迪没有退缩，他以高昂的情绪给美国人民带来了极大的希望和勇往直前的勇气。

2 干预古巴

KENNEDY

古巴位于加勒比海西北部，面积110 860平方公里，人口1千多万，是世界最大的蔗糖出口国。这个加勒比海上的岛国，自独立以来政变频频。1953年7月26日，在菲德尔·卡斯特罗的带领下，古巴革命开始。1959年1月，卡斯特罗率领的2 000人的游击队打败了4万人的政府军，在首都哈瓦那组织了新政权。在1959年春天革命胜利后不久，卡斯特罗便以古巴总理的身份访问了美国，他希望同美国保持良好关系。但是不久，卡斯特罗便与有可能巩固他的权力地位的古巴共产党结成了联盟，废除了美古军事协定。1960 年初，美国与古巴的关系迅速恶化，艾森豪威尔政府宣布与古巴断交。与此同时，经过艾森豪威尔政府的批准，美国中央情报局训练和武装了一支由古巴流亡分子组成的解放部队，即"古巴旅"，以便随时向古巴进攻，推翻卡斯特罗政权。

肯尼迪当选总统两天后，即 1960 年 11 月 29 日同杜勒斯会谈时，才第一次正式知道这个对古巴的入侵计划，但他并未表态。1961 年 1 月 19 日，肯尼迪与艾森豪威尔在白宫会晤，艾森豪威尔建议他批准入侵古巴的计划。1 月 22 日和 28 日，肯尼迪召开了两次古巴问题白宫会议，参加会议的人员包括腊斯克、麦克纳马拉、鲍勃、杜勒斯以及其他国家安全专家和外交政策专家。在会上，入侵计划的主要制定者和负责人杜勒斯一再强调，形势紧张，时间越长对美国越不利。

肯尼迪总统和前任艾森豪威尔总统在商讨古巴危机

对于这一入侵计划的后果，国务院预计，这样的行动可能会在美国和拉丁美洲产生非常严重的政治后果，可能引发拉丁美洲的严重暴乱，甚至会触发苏联和中国进入世界其他地区。副国务卿切斯特·鲍尔斯认为："这个入侵计划是不合法的，不道德的，也是不可行的，违反了建立美洲国家组织的波哥大条例，而且如果行动失败的话，将大大提高卡斯特罗的威望和力量。"

国防部和中央情报局的预计则比较乐观，他们认为，可以使用在危地马拉训练的古巴旅在古巴南部海岸实施两栖登陆，同时发动宣传攻势，号召古巴人民起来反抗卡斯特罗。如果古巴没有立刻出现暴动，入侵人员可以躲藏在周边的山区，逐步壮大力量以推翻卡斯特罗。在这项行动中，并不需要美国的实际入侵，因此没有违背美国的不干涉原则。

肯尼迪现在面临两难境地。如果批准这一计划，他将面临极大的政治风险，正如施莱辛格所说："这将是您第一项重大的外交行动。这样一来，您以前精心培育的友好感情将前功尽弃，新政府将在亿万人民的心目中树立起一个固定的令人憎恶的形象。"与此同时，参议院外交委员会主席威廉·富布赖特也强烈反对这个计划，他指出，美国一边谴责苏联不支持民族自治，一边策划入侵一个国家，这是一种伪君子行径，"良心也说不过去"。他主张以遏制政策代替入侵，并告诫说："卡斯特罗政权至多是一根肉中刺，还不是插在心头的一把刀。"如果取消这一计划，就必须解除危地马拉的古巴旅的武装，那么将这帮古巴流亡者安排到哪里去呢？来美国或遣散到拉美各地，只会有助于这个计划四处传播，从而使美国声名狼藉，肯尼迪个人也会被指责是卡斯特罗的绥靖者，没有执行艾森豪威尔在西半球抵御共产主义的计划。对此，肯尼迪的态度是谨慎而带有保留的：授权继续开展中央情报局的秘密活动、修订中央情报局的入侵计划，指示国务院迅速采取外交举措以孤立卡斯特罗。与此同时，肯尼迪保留了未经他的授权不做任何决定的权力。

1961年2月，肯尼迪向参谋长联席会议征询意见，他们一致同意这一计划。被派去危地马拉考察以及评估入侵计划的资深将军们也都赞同这次行动。尽管肯尼迪疑虑重重，但最终还是同意了这项计划，不过他特别强调，这次行动只能由古巴人自己行动，必须排除美国武装部队做任何直接、明显的参与。

3月16日，肯尼迪批准了中央情报局提交的入侵计划修订案，但他还是犹豫不决，"他保留了取消计划的权力，甚至是在登陆前24小时"。在4

月 12 日的记者招待会上，肯尼迪被问到这样一个问题："在帮助反卡斯特罗暴动或入侵古巴方面，美国将走多远?"肯尼迪信誓旦旦地保证说："在任何情况下，美国武装部队都不会对古巴进行任何干涉。古巴的基本问题是古巴人自己的问题，不是美国和古巴之间的问题，本政府确保没有美国人卷入古巴境内的任何行动。"

4 月 14 日，肯尼迪批准中央情报局采取行动，随即由 1 400 多名古巴流亡分子组成的古巴旅在尼加拉瓜卡贝萨斯港乘船向古巴猪湾行进，他们的行动目标是在猪湾占领三个滩头阵地，同时由古巴旅的伞兵夺取古巴本岛和大海之间的几个据点。

4 月 15 日，古巴旅遭受了第一个挫折，而这也是致命的。8 名流亡者从尼加拉瓜卡贝萨斯港驾驶 8 架轰炸机轰炸了 3 个古巴机场，然而出人意料的是，这次空袭只摧毁了卡斯特罗 30 多架战斗机中的 5 架，结果导致在猪湾登陆的古巴旅在抢滩之前和登陆之后遭遇到了空中打击。

4 月 17 日清晨，大约 1 400 多名古巴流亡分子组成的突击队在古巴的猪湾登陆，发动突然袭击，古巴军队奋起反击，战斗进行得十分激烈，流亡分子损失惨重。4 月 18 日上午，古巴旅再次遭遇沉重的打击，卡斯特罗的空军击落了古巴旅 4 架飞机，击沉了一艘货船，船上装有古巴旅的弹药、汽油、食物、医疗设备以及通信设备。到了 18 日傍晚，2 万名由苏制坦克和大炮武装的古巴政府军冲了过来，将入侵的流亡分子团团围在海滩。同时，古巴政府在国内逮捕了 2 万名潜在的反对派，防止了美国中央情报局预计的内部暴乱。至于撤退到山里的计划，由于登陆的地点四周都是沼泽，撤退计划根本不可能实现。另外，整个古巴旅只有 135 人是合格的士兵，其余的人过去所从事的职业大多是文职，比如教师、音乐家、职员、医生等等。作为一支精锐部队，必须由 20 岁左右的青年组成，而古巴旅的组成人员平均年龄是 29 岁，其中还包括 60 岁以上的老人。没有空中掩护、没有供给、没有充足的兵力，周围都是沼泽，无法逃跑，摆在古巴旅面前的只有两条路：要么投降，要么在毫无希望的战斗中战死猪湾。

4 月 20 日，一切都结束了，1 400 多名入侵者中近 1 200 人被俘虏，114 人陈尸海滩。历史学家西奥多·德雷珀将这次事件描述为"历史上罕见的一次十全十美的失败"。

卡斯特罗的外交部长劳尔·罗亚向联合国指控，认为美国中央情报局策划了针对古巴机场的空袭，是“帝国主义的侵略行为”。一开始，不明真相的史蒂文森在联合国真诚地否认美国的参与，但当中央情报局的谎言露出显著破绽后，气急败坏的史蒂文森只好自己想办法为撒下的谎进行开脱，并私下里向肯尼迪表示，如果肯尼迪再执迷不悟，他只好辞职。

全世界都被这个愚蠢和荒唐的入侵计划震惊了，都为美国的欺骗而激动起来。《法兰克福新报》宣称：“肯尼迪在政治上和道义上都失败了。”米兰《晚邮报》说：“美国威望在一天之内下降的程度，超过了艾森豪威尔的优柔寡断和胆小怕事的8年。”

在整个猪湾事件中，凡是不能出错的地方全出错了，而肯尼迪在做出如此重大的决定时，受到了中央情报局和国防部以及参谋长联席会议的误导：

第一，肯尼迪原以为他批准的只是古巴流亡分子秘密遣返古巴的活动，而事实上，中央情报局在没有征得白宫同意的情况下就聘用曼哈顿的一家新闻发布公司以“古巴革命委员会”的名义发布新闻，入侵事件早已被大肆宣扬并蓄意鼓吹成一次大规模的入侵活动。

第二，肯尼迪认为，万一流亡分子未能在猪湾建立并守住滩头阵地，他们就会借助这一行动“消失在山林中”，与山区的其他叛乱分子一起展开游击战。而事实上，流亡分子登陆的四周都是沼泽地，根本无法按原定计划撤退到山区。

第三，在批准该计划前，肯尼迪曾指示中央情报局通知古巴旅的领导人，“美国的进攻部队将不被允许以任何形式参与或支持入侵计划”，在这个前提下古巴人是否愿意继续行动。而古巴旅领导人的答复是愿意继续行动。中央情报局和军方也一再向肯尼迪保证，流亡分子可以在没有美国军队参与的情况下取得胜利。因此肯尼迪认为他是让古巴流亡分子自己做出选择，他们为了自己国家的自由而愿意付出生命的代价，在肯尼迪看来，一个人的最可取之处莫过于爱国勇气。而事实上，古巴旅之所以愿意继续进行肯定，是因为他们相信，一旦入侵行动开始，在进攻看起来就要失败时，美国武装部队会支援他们。

第四，肯尼迪批准这项计划时得到保证说，卡斯特罗不具备迅速挫败这次行动的军事能力，而事实上卡斯特罗手里拥有一支至少2.5万人的装备精良的军队，这些装备都是由苏联提供的。

第五，能否在古巴内部引起全面暴动，是这次行动能否成功的关键点，中央情报局给肯尼迪的信息是，古巴内部有 7 000 名起义者通过特工服从某种程度的领导，另有 2 万名同情者，只要古巴旅在岛上站住脚，古巴的地下组织和叛逃军人以及 1/4 的古巴人民将会紧密配合这次行动，直至推翻卡斯特罗政权。而事实上，卡斯特罗比美方想象的更深入人心，更有声望。另外，由古巴旅电台发布地下组织起义的暗号也发生了错误，导致古巴地下组织没有如期接到命令。更糟糕的是，4 月 15 日的空袭早已使卡斯特罗警觉起来，他下令搜捕古巴所有企图造反的嫌疑分子，因此地下组织还没来得及接到起义的命令就被抓走了。

在整个猪湾事件中只有一件事做对了，那就是肯尼迪在关键时刻表现了克制：拒绝提供大规模的空中支援。在 4 月 18 日下午，古巴流亡者被卡斯特罗军队围困在海滩上时，中央情报局副局长比斯尔和伯克将军提出用航空母舰击落卡斯特罗的飞机，派驱逐舰轰炸卡斯特罗的坦克，但肯尼迪表示，无论形势恶化到什么程度，也不会派遣美国武装部队进行直接干预。事后，杜勒斯和比斯尔把失败的责任归于肯尼迪拒绝空中支援。而经过中央情报局总稽查莱曼·科克帕特里克 6 个月的秘密调查，猪湾失败的主要责任在于中央情报局糟糕的计划、组织、人员配备和管理。

令人敬佩的是，猪湾事件之后，肯尼迪授权白宫发表一项声明，表示他作为总统，将独自承担猪湾事件的全部责任。由于肯尼迪对古巴发出严重警告，古巴旅的 1 千多名幸存者保住了性命。在大约 1 年零 8 个月后，即 1962 年圣诞前夕，这批俘虏在价值 5 300 万美元的医药和机械的交换下获释。

起初，猪湾惨败对肯尼迪的声望来说似乎是一种可怕的打击。然而令人意外的是，大多数美国人给予肯尼迪的是谅解、同情，而不是指责。《哈泼斯》杂志编辑约翰·费希尔在该刊发表文章说："每个总统大概都需要花一年左右的时间去组织他的行政班子，去摸清他所面临的那架巨大而危险的官僚机器的路数，毕竟政府这艘船是唯一经常在顶部漏水的船。肯尼迪的遭遇就好比是，刚住进新家，就发现屋顶塌了，门也刮倒了。"这大概代表着一般人的看法。4 月底的一次盖洛普民意测验表明，肯尼迪获得的支持率仍然高达 83%，61% 的公众支持肯尼迪对古巴局势的处理方式。对此，肯尼迪沮丧地说道："我现在就像艾森豪威尔一样，干得越糟，就越得人心。”

尽管这次入侵行为得到了大多数美国人的谅解，但是在国外情况就大不一样了。猪湾入侵行动破坏了肯尼迪在当选总统之初与赫鲁晓夫建立的所有亲善关系，拉丁美洲的人民也被美国的伪君子行径激怒了。更为糟糕的是，猪湾事件不仅强化了卡斯特罗在古巴的地位，提高了他在拉丁美洲的声望，还提高了苏联在第三世界的地位。苏联指责美国的干涉一定会遭到反击，

无疑，猪湾事件成为肯尼迪一生中最糟糕的失败。“尽管这次事件让我付出了昂贵的代价，但是我学到了一样东西，那就是，我们必须对付美国中央情报局。”肯尼迪说。从此以后，肯尼迪尽力避免与中央情报局接近，并撤掉了杜勒斯、比斯尔的职务。但是，通过这件事，肯尼迪一下子树立了大批敌人：杜勒斯、比斯尔、中央情报局及古巴流亡分子头目。

3 柏林危机
KENNEDY

柏林，位于德国东部，施普雷河注入哈韦尔河口处。第二次世界大战结束的时候，美国、英国、法国占领德国西部，即后来的联邦德国；苏联占领德国东部，即民主德国。进入苏联占领地区 10 英里的柏林由四国共管。1948 年，随着东西方的一系列行动，柏林被分割成苏联占领的东柏林和西方占领的西柏林。在整个 20 世纪 50 年代，柏林的东德与西德两部分日益隔绝。1958 年，赫鲁晓夫要求签订对德和约，建立一个独立的国家，使西柏林成为非军事化的“自由城市”，并限定美、英、法三国在 6 个月内从西柏林撤军，从而结束盟国在柏林的权利。由于美方坚决不退让，赫鲁晓夫才让步，并同意与当时美国总统艾森豪威尔在巴黎举行首脑会谈。但没想到，就在这个节骨眼上发生了美国 U-2 飞机入侵苏联领空侦察并被苏击落事件，导致巴黎会谈破裂。

对于艾森豪威尔的继任者肯尼迪来说，柏林和德国的问题仍然是与苏联较量的中心。1961 年 2 月，肯尼迪与赫鲁晓夫共同决定于 6 月 3—4 日在维也纳举行美苏首脑会谈。对赫鲁晓夫来说，猪湾事件正好是对这位年

轻而又缺乏经验的总统重拳出击的大好机会，他希望肯尼迪在会谈中像在处理猪湾事件时一样缺乏决心，使其在柏林问题上做出让步。5 月 12 日，赫鲁晓夫专门写信给肯尼迪，表示美苏首脑会谈仍然有效。对肯尼迪来说，他最大的担心就是经过猪湾事件后，赫鲁晓夫不会相信他在柏林问题以及其他任何问题上的决心。在估量了经过猪湾事件后残存的自信心后，肯尼迪接受了赫鲁晓夫的挑战，他希望借此机会挽回猪湾事件使他失去的威望，显示他是一个成熟而且强硬的美国领导人。

1961 年 6 月 3 日，肯尼迪总统途经巴黎来到维也纳。在机场，激动的迎接人群高举“掀起铁幕”、“别拿他们当回事，杰克”的标牌，让人觉得是为约翰·肯尼迪摇旗呐喊的一次政治运动。相比之下，维也纳人对赫鲁晓夫的到来则要冷淡得多。这次会谈历时两天，重点讨论核试验和柏林问题。

第一次会谈于 6 月 3 日下午 12 点 45 分在美国使馆召开，首先讨论了禁止核试验的问题。赫鲁晓夫不愿意停止试验，并反对联合国防止地下核试验的实地检查。他主张，一年进行三次视察就足够了，再多就“等于间谍活动，是苏联无法接受的”。赫鲁晓夫提出，实施检查工作的必须是一个 3 人委员会，由共产党国家、中立国家和西方国家各派 1 名代表组成，其权限是执行各方一致同意的决定。肯尼迪否定了赫鲁晓夫的这一提议，他认为，如果没有一项禁止核试验的决定，不出几年，核大国的数量将上升到 10—15 个，“必定会增加重大冲突的危险”。在这一问题上，美苏双方都没有取得任何进展。

尽管禁止核试验谈判的失败意味着长期的危险，而柏林问题却是迫在眉睫。赫鲁晓夫称柏林为“西方的睾丸，随便什么时候，我们想要他们感到疼痛，我就在柏林狠狠挤一下”。而肯尼迪政府认为，柏林已经成为俄国人喉咙里的一根“刺”，就像古巴是美国人喉咙里的“刺”一样。

第二天，柏林问题使整个会谈的气氛十分紧张。从 1949 年到 1961 年中期，大量民主德国人和其他东欧人通过柏林涌入联邦德国，12 年间，民主德国人口流失了近 200 万，其中大部分是专家和技术人员，如果再不有所行动，民主德国的经济将难以支撑。另外，一直以来，苏联就很担心重新统一并重新武装起来的德国与西方结盟；而现在苏联又有了新的担心，即联邦德国不久将拥有核武器，因此赫鲁晓夫急于解决柏林问题，希望尽快把柏林和两个德国的地位确定下来。

在会上，赫鲁晓夫重提 1958 年 11 月曾提出过的要求，即签订对德和约，使柏林成为自由城市，美、英、法从柏林撤军。赫鲁晓夫说，如果可能的话，苏联打算与民主德国和联邦德国都签署和平协定，但若是被西方拒绝，苏联就单独与民主德国签订合约，西柏林将因此成为一个“自由城市”，届时，西方进入柏林还需要得到民主德国的同意。西方军队只能在一定条件下驻扎在西柏林，与此同时，苏联军队也不会离开西柏林。

肯尼迪明确表示，美国不会被胁迫签订任何协议。他说：“我们在柏林……是打进去的，并不是因为获得什么人的许可。如果我们甘愿丧失我们在柏林的权利，那么谁也不会信任美国所承担义务和诺言……我们放弃了西柏林就等于放弃西柏林人，放弃了一切统一德国的希望，也等于放弃了西欧，而西欧对美国的安全是至关重要的。”肯尼迪断然拒绝了赫鲁晓夫的这一最后通牒，并敦促赫鲁晓夫不要威胁当前的实力均衡，不要挑衅美国的反应。

赫鲁晓夫的态度也同样强硬，他说：“世界上没有任何力量能阻止苏联签署和平协议。如果美国要在这个问题上发动战争，那我也没什么办法。不过，美国将为围绕柏林问题发生的任何战争负责。”赫鲁晓夫不屈不挠的敌对态度令肯尼迪非常恼火，他拒绝做出让步。肯尼迪反驳说，苏联威胁要单方面改变现状将是任何战争的诱因，美国不希望促成某种危机。

午餐后，在肯尼迪的要求下，他们举行了最后一次单独会谈。肯尼迪竭力劝阻赫鲁晓夫不要采取这样莽撞的行动，各方都应当认识到另一方的利益和责任，希望对方不要用柏林这样深刻牵涉美国国家利益的问题与美方发生冲突，一切决定都必须慎重考虑。赫鲁晓夫断然拒绝，他说：“莫斯科打算用武力来抵御美国入侵民主德国的任何行动。战争与和平由美国决定，我要和平，如果你要战争，那是你的事。”看来，他签订合约的决心是不可改变的。肯尼迪面色严峻地回答：“如果真的这样，出现的将是战争。今年的冬天将会非常寒冷。”会谈结束后，肯尼迪得到一份苏联官方的备忘录，上面提到两个德国可以讨论分歧的时间为 6 个月，没有提到赫鲁晓夫所提出的“年底之前”的底线。不管怎么说，留给肯尼迪和西方的时间不多了。

美国和苏联正在走向冲突。

会谈结束48小时后，肯尼迪回到了华盛顿。他立即会见了参众两院的领导人，坦诚地评述了与苏联领导人会谈的情况。他认为，西柏林是美国与苏联对抗的焦点所在，如果在苏联面前示弱，做出让步，美国在欧洲以至全球的利益将会受到严重损失。肯尼迪做出一个重要决定：美国将不惜一切代价维持西方在西柏林的权力。

去维也纳参加会谈之前，肯尼迪先与法国总理戴高乐举行了三天的会谈，维也纳会议之后又与英国首相麦克米伦进行了非正式接触，与他们的谈话不仅使肯尼迪了解到赫鲁晓夫的立场和想法，而且使他相信他有能力把西方世界团结起来，相信自己有能力应付摆在面前的严峻考验。回到华盛顿当天晚上的7点，肯尼迪从椭圆形办公室向全美国人民发表电视讲话说，尽管会谈“是那样沉闷，却是非常有益的”。然而，“苏联人和我们的是非观念完全不同，给同一些词赋予的意义也不同：和平、战争、民主和民意。特别是，对于今天的世界处于何种地位以及它将朝着哪个方向走，我们的观点也完全不同。但是，双方都认识到，对方有能力给彼此和全世界带来巨大的伤害。鉴于此，我呼吁全人类做出一切可能的努力避免战争的发生。”

6月10日，在离开维也纳6天以后，赫鲁晓夫也在电视上向苏联人民阐述了和平协议、改变柏林地位的重要性，重申了要在“本年内”签署和平协议的要求。

6月中旬，肯尼迪让前国务卿迪安·艾奇逊负责对德国问题进行专门研究的报告出笼。报告认为：赫鲁晓夫的目的是想试探一下美国总统的意志和决心，柏林问题实质上是一场意志上的较量，在没有决出胜负之前任何谈判都无济于事。总统只要让赫鲁晓夫相信，如果苏联同民主德国签订了合约，美国就采取军事行动，甚至不惜进行一场核战争；这样一来，赫鲁晓夫就会被吓住，而现在他不相信美国敢这么做。苏联大使曾扬言，“到危急关头，美国不会为柏林而战斗”。现在，只要宣布全国处于紧急状态，延长服役期限，把妇女、儿童从欧洲撤退回国，加强并提高美国在德国部署的军事力量，恢复核试验，就能使美国的盟国、美国公民，尤其是使莫斯科对美国重新认识。

艾奇逊的报告引起了白宫及国务院的争议。一方面是以艾奇逊、参谋长联席会议、国务院和国防部一些官员为首的主战派，主张公开进行军备建设，以震慑苏联；另一方面是两任驻苏大使汤普森和哈里曼、外交委员会主席富布赖特、汉弗莱、史蒂文森、施莱辛格等人，他们反对与苏联进行军事对抗，主张进行更加灵活的外交策略，在军事准备的同时不排除就柏林问题再次讨论的可能。

肯尼迪认为，在猪湾事件后，他已经经不起任何过激的反应。他拒绝公开在两种意见中做出选择，也不愿意贸然行事，但他表示不排除与赫鲁晓夫重新回到谈判桌前。

7月初，美国《新闻周刊》报道了艾奇逊报告的部分内容（由肯尼迪批准，向赫鲁晓夫表明姿态），从而加剧了苏美之间的紧张关系。作为回复，7月初，赫鲁晓夫召开了一次为期3天的高级军事顾问会议。在7月8日德国入侵苏联20周年纪念日上，赫鲁晓夫特地穿上全套戎装，发表电视讲话，宣称如果西方列强想一显身手的话，就给他们一次机会。赫鲁晓夫还在当天宣布取消紧缩100多万苏联军队的计划，将军事预算增加1/3。

在开始的第一周里，面对苏联的威胁，肯尼迪一直在寻求最大限度的灵活反应。他拒绝宣布全国进入紧急状态的建议，认为“唯一的选择就是真正的谈判，否则就是相互灭亡”。但他明确地表示，如果苏联改变西柏林的现状，美国将不惜进行一场核战争。为了向莫斯科清楚表明他的这一立场，肯尼迪安排在7月25日发表一次宣传力度很大的电视讲话。

现在，肯尼迪最担心的是，他在柏林问题上的立场会在国内引起什么样的反应。苏联驻美大使米哈伊尔·缅什科夫私下告诉赫鲁晓夫：“约翰·肯尼迪没有什么大不了的，没有多少胆量。”私下里，英国首相麦克米伦也认为，肯尼迪无法提供任何真正的领导。而更糟糕的是，美国的媒体和公众也已经有了这样的感觉。对于肯尼迪来说，7月25日的讲话将是扭转这些印象的重要转折点。

7月25日，肯尼迪向他的人民做了电视演说：

> 如今，西柏林已成为考验西方勇气和意志的伟大场所，已成为一个焦点。在那里我们所承担的义务，此时此刻正同苏联的野心处于根本对立的状态。我们决不能容忍苏联人将我们赶出柏林，无论是逐渐地驱逐，还是使用武力……这个城市的安全程度同我们的安全息息相关。我们将随时准备谈判，如果谈判有帮助

的话。但是我们也必须准备用武力进行抵抗，如果有人对我们用武力的话……我们谋求和平，可是我们不会投降。

为了确保美国拥有比全面核行为范围更加宽泛的选择，肯尼迪宣布，他将要求国会追加 32.5 亿美元的国防预算，陆军将从 87.5 万人增加到 100 万人以上，海、空军也将有小幅度的增加，征兵额将增加 1—2 倍，后备部队将被征召入伍，还将扩大民防计划，修筑防核尘掩体等。

肯尼迪的讲话令美国人和西欧人感到高兴，他们对肯尼迪总统的“决心和坚定”表示支持。民意测验显示，60%的美国人认为，苏联坚持签订对德和约就意味着战争，而 55%的人认为苏联让步的可能性为零。盟国的领导人对肯尼迪的讲话反应不一。法国总理戴高乐一心想把法国经营为一个世界大国，不打算在柏林问题上消耗太多的精力；英国首相麦克米伦不想为保护德国人去打仗；联邦德国（西德）的总理阿登纳进退两难，一方面不愿妥协，一方面又不愿为西柏林打一场毁灭性的核战争，而且是在本土。

毫无疑问，对肯尼迪的讲话反应最大的是莫斯科。脾气暴躁的赫鲁晓夫被激怒了，他激动地宣称，肯尼迪的讲话是挑起战端的最后通牒。赫鲁晓夫强调他的决心不受胁迫，如果发动战争，苏联的核优势可以使肯尼迪成为美国的最后一个总统。赫鲁晓夫挑衅地说，苏联已经能够生产 1 亿吨级核弹，并且拥有能够运送这种核弹的火箭，苏联科学家迫切希望试验这种武器。为了利用西方的分歧，赫鲁晓夫在接下来的两个星期里交替使用“双管齐下的战术”，即一面严厉警告，一面又作出邀请谈判的姿态，前一天还在谈论核战争将给西欧留下“一堆废墟”，第二天又建议，美国和苏联的象征性部队可以按联合国的一项解决办法留在西柏林。在这种对峙中，肯尼迪是不会退缩的。

由于对战争的恐惧，越来越多的民主德国人涌向西柏林，整个 7 月份越境流入西柏林的超过 3 万人，到了 8 月份每天流亡到西柏林的人数不断地增加，仅 8 月 7 日这一天越境避难者就多达 2 000 人。8 月 12 日，民主德国领导人乌布利希飞往莫斯科，要求苏联把东西柏林之间的边界全部关闭。顿时，美国与苏联剑拔弩张。

8 月 13 日凌晨 2 时 30 分，民主德国的警卫部队沿着东、西柏林的分界线，在东柏林境内修筑起一道钢筋水泥墙，史称“柏林墙”。

柏林危机再度升级！

柏林墙的修筑使西方国家甚为恐慌。肯尼迪对边界关闭一事反应很谨慎，国务院在4天以后才向莫斯科提出正式抗议。肯尼迪认为，这堵墙建在东德领土上，如果苏联只是在东柏林有动作，美国根本无能为力，因为这不违反先前的约定。同时，肯尼迪认为柏林墙的建立是一个好兆头，他推论说："如果赫鲁晓夫想要占领整座城市，为什么还要筑一堵墙呢？这是他在给自己找脱离困境的台阶，尽管这不是一个很体面的方法，但一堵墙总比一场战争好得多。"但是，美国政府的反应令西柏林人感到不满，西柏林市市长威利·勃兰特要求肯尼迪加强美国在该城市驻扎的军队的力量，以证明他对柏林的承诺。肯尼迪的回复是，边界封锁表明了苏联的决心，但它不是进行一场战争的理由。不过，为了维护西柏林的士气，显示美国人不怕苏联人，肯尼迪同意另外派遣部队去柏林，继续加强在欧洲的军事力量，以遏制苏联对柏林的威胁。

8月18日，美国副总统林登·约翰逊在卢休斯·克莱将军的陪同下，飞往柏林进行访问。约翰逊坐着敞篷车，在10万名夹道欢迎的群众的欢呼声中驶入市中心。19日，1 600名美国陆军将从西德乘装甲车沿高速公路通过民主德国边境检查站，开进柏林。肯尼迪推迟了周末去海恩尼斯港换换环境的惯例，他留在华盛顿，要他的军事助理同这支部队的司令官保持接触，每15分钟就向他汇报一次军队的行进情况。19日上午10点，第一分队的60辆装甲车通行无阻地进入西柏林，柏林人对他们的到来感激涕零。"这是我一生中见到的最激动人心、最令人难忘的事情。"美军指挥官后来回忆说。

柏林危机并没有因为"柏林墙"的建立而结束，双方军队对峙的局面时有发生。8月30日，东柏林边检站扣留了一辆美国汽车，很快，8辆美军坦克和5辆装甲车开到边界，将炮口对准民主德国的警备队，警备队被迫放还汽车。

9月1日，美国的地震仪记录到无可置疑的证据，表明苏联人又恢复大气层核试验了，并且这些试验直到11日才告一段落。对此，肯尼迪一边指责苏联恢复核试验是"一种核讹诈，彻底置人类要求缩减军备竞赛的欲望于不顾"，一边呼吁苏联停止核试验。赫鲁晓夫对肯尼迪的呼吁置之不理，并宣布，苏联要爆炸5 000万吨级的核弹（相当于扔在广岛的原子弹的 2 500 倍），而且他的确那么做了。

美国显然无法承受这种压力，作为对苏联核试验的回应，肯尼迪在 9 月 5 日批准美国恢复地下核试验。

除了进行核对抗外，肯尼迪也在考虑解决德国问题的新办法。尽管举行有成效的会谈前景极为渺茫，但肯尼迪一直期望找到一种协商解决柏林问题的办法。事实上，此时赫鲁晓夫因为柏林墙的建立挽回了些面子，开始由威胁的立场转向谈判。但在一次又一次地威胁美国必须限期签订合约之后，赫鲁晓夫需要一个体面的台阶。

在 9 月份联合国大会开幕的前一天晚上，苏联新闻发言人米哈伊尔·卡马洛夫向肯尼迪总统传递了一个信息，说赫鲁晓夫主席准备进行一次能够防止苏美冲突的高峰会谈。在联大会议之后，赫鲁晓夫通过秘密途径给肯尼迪送去了一封长达 26 页的充满热情而且友好的信。

10 月 17 日，赫鲁晓夫发表声明，对西方提出的解决德国和西柏林问题的方案感到满意，排除了必须年底签署和平协定的期限。

到了 1961 年 11 月，由于肯尼迪总统实行的现实主义政策，成功地处理了柏林问题，由于赫鲁晓夫宣布取消限期缔结和约日期的报告，柏林危机逐渐消失，美苏关系暂时缓和。肯尼迪在接见赫鲁晓夫的女婿、《信息报》编辑阿里克塞·阿德佐贝时说，德国问题可以再拖上 15 年。苏联对此表示同意，并指出，苏联不在柏林问题上设时限，问题什么时候成熟，什么时候解决。

在这场危机中，肯尼迪对赫鲁晓夫的威胁所作出的沉稳而坚定的反应，保证了西方在西柏林的权利。赫鲁晓夫的妥协，表明苏联在 1961 年寻求与美国平起平坐的目标失败，但对肯尼迪来说，这不仅恢复了他在外交方面的信心，而且也扭转了猪湾事件之后公众对他的印象。他取得了担任总统后的第一个胜利。

4 古巴导弹危机

KENNEDY

1961 年 4 月猪湾事件以后，卡斯特罗宣布，他是个忠实的马克思主义和列宁主义者，而且毕生如此。随后，古巴宣布进行社会主义革命，美国与古巴断交。苏联趁机取得了打入西半球的机会，开始向古巴提供经济、军事援助。

1961 年 4 月 21 日，肯尼迪成立了一个工作委员会，表面上是个研究猪湾惨败的工作小组，实际上很快演变成了旨在推翻卡斯特罗政权的工具。11 月 3 日，在理查德·古德温的敦促下，肯尼迪总统授权开展“獴行动”，即在古巴发动宣传战、精心组织多种破坏活动，还包括暗杀卡斯特罗，由罗伯特·肯尼迪（鲍勃）任非正式的最高司令。

事实上，在艾森豪威尔政府任期结束前几个月，中央情报局就策划过一系列暗杀卡斯特罗的行动，甚至让犯罪集团去招募古巴人执行暗杀任务，因为犯罪集团中的许多人是被卡斯特罗驱逐出哈瓦那赌场的，他们渴望恢复在古巴的商业利益。为了准备暗杀，中央情报局想出了各种稀奇古怪的暗杀方法，如毒药胶囊、致命的细菌粉末、在卡斯特罗抽的雪茄里注入肉毒杆菌毒素、有毒的钢笔、去卡斯特罗常去的饭店下毒等等，但均未成功。

1962 年 4 月、6 月，由鲍勃领导的“獴行动”特别小组针对卡斯特罗的两次行刺都未成功。

1962 年 7 月 2 日，古巴武装部长、卡斯特罗的弟弟劳尔到达莫斯科，带来了一个情报，即肯尼迪政府准备通过秘密暗杀来推翻卡斯特罗政府。劳尔要求军事援助，赫鲁晓夫答应了劳尔的要求，答应从秋季开始安装中程弹道导弹。赫鲁晓夫在做出这个决定的同时，也意识到这一举动很可能会导致一场危机，甚至引发与美国的战争，但是他为什么要铤而走险呢？首先，此举可以遏止美国对古巴的进攻，将古巴纳入莫斯科的轨道；其次，可以减小苏联与美国的导弹差距；再次，在柏林危机中赫鲁晓夫没有取得理想的收获，他要在美国的后院放把火，以便在美苏关系上赢得更多的发言权。此外，对古巴接近中国共产党的担忧，是赫鲁晓夫加强苏古关系的又一个理由。

当时，苏联在导弹、轰炸机和可使用的核弹头方面都远远落后于美国。1962 年，美国拥有洲际弹道导弹 156 枚，苏联则不超过 44 枚；美国拥有战略轰炸机 1 300 架，而苏联最多有 155 架。另外，美国还拥有潜艇发射的北极星式导弹 144 枚。

一直以来费尽心思要以对等地位与美国谈判的赫鲁晓夫认为，在古巴的这种投资，正是争得对等的一种捷径。赫鲁晓夫的算盘是，暂时隐瞒在古巴的军备建设，等美国大选结束后在联合国与肯尼迪会面时，再宣布苏联在古巴的导弹基地，这意味着向美国宣告，苏联打击美国本土的导弹数量和力量增加了一倍，从而迫使肯尼迪在柏林和古巴的问题上让步。

1962 年 8 月，古巴港口的活动明显频繁，从黑海开来的大批苏联货船开始抵达古巴港口，而且每条船上都有大批苏联技术人员。8 月底，在古巴的俄国人已经有 5 000 多名。美国情报部门报告说，苏联运往古巴的军事装备增加，苏联的技术人员正在古巴建立横贯全岛的 SA-2 导弹发射阵地网。SA-2 导弹是一种现代防空武器，不能携带核弹头，射程只有 30 英里，甚至打不到美国的基韦斯特。因此，美国国家安全官员认定，苏联运往古巴的装备，仅仅限制于防卫水平。

1962 年 8 月 31 日，纽约的肯尼思·基廷参议员在议会发言中指责政府没有对古巴安装的、由 1200 名苏联军人控制的苏联火箭作出有效反应。就在同一天，肯尼迪的办公桌上放了一批古巴军事情报照片，包括地对空导弹以及配备有导弹的鱼雷艇。

自从猪湾事件以后，古巴一直是肯尼迪在政治上最沉重的负担。尽管古巴拥有越来越多可能用于袭击美国的苏联武器，但迄今为止并没有发现进攻性武器，因此不足以作出军事反应。不过，为了抵制各方面要求他对哈瓦那立刻采取行动的压力，肯尼迪私下向国会承诺，如果赫鲁晓夫在古巴部署地对地核导弹，他就对古巴采取行动。

9 月 4 日，肯尼迪的新闻秘书赛林杰向新闻界宣读了一份针对苏联在古巴部署导弹的声明。9 月 7 日，肯尼迪表示，他正命令 15 万陆军预备役进入 12 个月的现役期。

此时，赫鲁晓夫通过苏联驻美大使多勃雷宁传话给肯尼迪，承诺："在美国国会选举之前，我们不会采取任何可能使国际形势复杂化或加剧我们两国紧张关系的步骤。"他还让人给鲍勃传话，他们在古巴没有做任何新的或特别的事情，苏联在古巴的部署肯定是防御性的，并不对美国安全构成任何威胁。赫鲁晓夫给美国内务部长斯图尔特·尤德尔传达的也是相同的信息。就在苏联方面信誓旦旦之际，24 枚中程导弹和 16 枚远程导弹正在运往古巴的途中，每一枚导弹所携带的核弹头威力将比投在广岛的原子弹大 20—30 倍。

直到现在肯尼迪也没有得到关于导弹的确切消息。9 月 12 日，中央情报局得到消息，说有人亲眼看见一个装载 20 件物品的卡车车队，向古巴首都哈瓦那西南部的一个飞机场方向行进，车上的物品有 65—70 英尺长，很像是大型导弹。18 日，中央情报局收到在古巴的一名特工人员发回的绝密报告，证实在哈瓦那西南约 50 英里的一个地方有苏联人建起的弹道导弹发射场。报告还指出，在古巴比那尔德里奥省的一个农场里，苏联军人正在那里进行秘密的工作，或许和导弹有关。

10 月 9 日，肯尼迪批准 U-2 高空侦察机对古巴岛进行一次侦查，尤其注意西南部。由于目标地区上空有云，能见度低，因此直到 10 月 14 日 U-2 飞机才完成了这次侦察任务。U-2 飞机在古巴上空的侦察总计 6 分钟，拍摄照片 928 张。当天晚上，五角大楼分析中心的专家们对照片进行了分析，证实了古巴拥有进攻性武器的传言。照片显示，在圣克里斯托尔地区发现一个中程弹道导弹发射基地，在瓜纳哈伊地区发现两个中远程弹道导弹发射基地。另外，3 个中程弹道导弹发射基地正在建设中，还发现 21 架具有发射核炸弹能力的 IL-28 中程轰炸机。与此同时，这一情报得到了代号为“铁波”的苏联特工奥利格·潘科夫斯基的证实。

从此，掀开了古巴导弹危机的序幕。

10 月 16 日上午 8 点 45 分，国家安全顾问邦迪向肯尼迪报告了古巴的情况。肯尼迪随即召开白宫会议，研究关于苏联在古巴设置导弹的对策，会议主要集中到如何将这些导弹从古巴清除。潜在的解决方案包括空中打击导弹设施、更加全面地空中打击大范围目标、封锁、入侵等等。无论采取哪一个方案，肯尼迪一再强调，在把事实真相和美国政府的反应公之于众之前，每个人都要严守秘密，过早的泄密会使苏联加快行动，或者引起美国公众的惊慌。

在 10 月 18 日会议上，肯尼迪表示不排除军事行动的可能性，但他更倾向于封锁和谈判。在这天晚些时候，肯尼迪与苏联外交部长葛罗米柯举行了两小时会谈。双方对进攻性导弹问题都只字未提，葛罗米柯依然强调说，他们给古巴的装备只是属于防御性的。肯尼迪告诉葛罗米柯说，苏联的武器运输已经造成了自战争结束以来最危险的局面。然而，葛罗米柯并没有意识到肯尼迪给他的暗示，仍满心欢喜地向赫鲁晓夫报告，“形势令人满意”。

10月19日中午，肯尼迪再次召开白宫秘密会议。前国务卿艾奇逊、麦科恩、联席会议和邦迪都更倾向于大范围空中打击，让美国的飞机用常规炸弹迅速攻击中程弹道导弹发射基地和有可能的机场。但这样的行动很有可能引发一场核战争。肯尼迪、鲍勃以及国防部长麦克纳马拉更赞成封锁。

1962年，美国总统约翰·肯尼迪就古巴危机问题发表演讲。

下午休息过后，经过两个半小时的集中讨论，大家达成了一致的意见：首先对古巴进行海上封锁，如果封锁起作用了，苏联则会撤走导弹；如果苏联方面没有撤走导弹，再进行空中打击。封锁是弥补轰炸和入侵不力的强硬行动，主动权在美国手里，使赫鲁晓夫有时间重新考虑他的行动。

肯尼迪决定在10月22日星期一的晚上在电视讲话中向公众披露古巴危机情况，并宣布对古巴进行封锁。为了赢得国内外对封锁行动的一致赞成，肯尼迪分别给3位前总统打电话，并与国会领导人举行会议寻求他们的支持。1962 年 10 月 22 日，在肯尼迪发表电视演说前一小时，美国驻各国大使都收到了说明情况的电报，苏联驻美大使多勃雷宁除了演说稿副本以外，还收到了肯尼迪写给赫鲁晓夫的一封信。

22 日晚 7 时，肯尼迪对全国公民发表了 17 分钟的电视讲话。他明确地指出，已经有确凿无疑的证据表明，苏联在古巴已经修建了一系列的进攻性导弹基地，那些中远程导弹安装完毕后可以打击西半球的大部分主要城市。肯尼迪严厉谴责苏联无视美国和西半球的和平，卑鄙地将战略武器设置在苏联领土之外，这是对现状作出蓄意挑衅和毫无理由的改变。肯尼迪宣布，从现在起封锁古巴，阻止任何进攻性武器到达该岛屿，并要求苏联立即从古巴撤走其导弹，“如果已经在古巴的导弹得到使用，无论是向西半球任何国家发射，都将视为苏联对美国的攻击，就会导致美国对苏联的报复性攻击。任何企图闯越封锁线的船只，都将被美国海军击沉”。与此同时，肯尼迪还承诺要遏制对美国的盟国的威胁，暗示苏联，美国决不会在德国和柏林的问题上妥协。

10 月 23 日，苏联方面没有回应。拉美国家一致认可肯尼迪所宣布的计划，法国总理戴高乐知道情况后说，这正是他会采取的措施。艾德莱·史蒂文森在联合国用侦察照片向联合国提出申请，要求召开安理会特别会议，处理古巴导弹危机，趁机为入侵古巴找借口。

10 月 24 日，肯尼迪收到赫鲁晓夫的回复，态度同样非常强硬，几乎没有表现出和平解决的任何希望。直到此时，赫鲁晓夫还强调他们运往古巴的武器是防卫性质的，并指责美国的行为“严重违反国际惯例”，“对和平构成严重威胁”。随后，赫鲁晓夫命令苏联当局进入完全的戒备状态。在联合国，秘书长吴丹敦促双方在两三个星期内停止武器运送和封锁，回到谈判桌前。肯尼迪态度强硬地说，在苏联同意拆除并撤走导弹基地之前，美国拒绝谈判。

24 日上午 10 点，封锁线已经展开。美国海军在加勒比海部署了 180 艘舰艇，B-52 轰炸机受命满载原子武器在空中飞行。美国在世界各地的海、陆、空三军部队全都进入戒备状态。而此时，所有苏联中程弹道导弹及弹头都已经到了古巴，接近投入使用。一场前所未有的、随时都可能爆发的核战争乌云笼罩了古巴和全世界。此外，25 艘苏联商船仍然朝着隔离线的方向驶来，其中两艘似乎装载着“进攻性武器”的船只大概两小时左右接近隔离线，大约有 6 艘苏联潜艇与商船汇合到了一起。苏联潜艇的出现使局势变得更加紧张，美国军队的备战级别从警戒等级 3 级提高到了 2 级，比准备全面开展战争的等级只低一级。在华盛顿，执委会等待着第一次阻截的发生。肯尼迪对鲍勃说，他认为发生核战争的可能性为 1/3。

在苏联船只即将到达美国检查线时，空气似乎都要凝结了。所有人的神经都高度紧张，尤其是美国总统肯尼迪，如果苏联船只强行通过，美国海军就会对其开火，那将意味着第三次世界大战的爆发。“这几分钟是总统最担心的时刻，他抬手捂住嘴巴，拳头张开又合上。他的眼神很严厉，几乎到了阴郁的程度。”鲍勃后来回忆说。

第一线希望出现了，在即将到达检查线时，苏联船只调转了航向。肯尼迪松了口气，他几乎准备下令阻截了。肯尼迪命令美军切勿采取行动。

在 24 日的傍晚时分，赫鲁晓夫给英国和平主义者伯特兰·拉塞尔发了一封电报，表示他愿意尽一切努力避免战争，包括与肯尼迪谈判，还承诺不就美国的挑衅采取过激反应。然而在这天晚上赫鲁晓夫给肯尼迪的信中就没有如此友好的态度，他言辞激烈、态度强硬，表示拒绝向封锁屈服，还警告说，他们决心捍卫自己的权力，而且“我们拥有充分的条件”。

10 月 25 日早上，在美国宣布隔离封锁 22 个小时后，美军才在海面上第一次拦截住一艘苏联商船，在查明船上货物后获准放行。10 月 26 日，肯尼迪授予美海军登上一艘苏联租用的黎巴嫩船只进行检查，苏联船长接受了检查，没有发现任何武器。尽管这条船不是苏联本身的船只，但是这意味着局势有所缓解。

就算莫斯科不会再挑战隔离封锁线，而在古巴，导弹方面的工程还在继续。在 26 日上午的执委会会议上，如何清除在古巴的进攻性导弹成为会议的中心话题。肯尼迪的许多幕僚都希望立即轰炸和入侵古巴，一劳永逸。肯尼迪命令国务院着手拟定在古巴建立一个文官政府的计划，以备入侵和占领古巴。

就在这时，局势发生了戏剧性的一幕。在肯尼迪发出命令后不到两个小时，他收到了赫鲁晓夫的一封潦草的长信。赫鲁晓夫在信中提出一个解决危机的方案，即只要美国政府保证不入侵古巴并解除封锁，那么苏联就从古巴撤回导弹。与此同时，他也警告说，如果出现战争，苏联已经作好了准备。迫使赫鲁晓夫退让的最重要原因，是苏联相对于美国的弱势地位。然而，肯尼迪还没来得及松口气，又传来一个坏消息，一架在古巴上空飞行的美国 U-2 侦察机被一枚地对空导弹击落，飞行员被炸死，这说明古巴导弹发射场的 SA-2 导弹基地已经投入使用。

由于对 U-2 的攻击和飞行员的死，联席会议要求最迟于 27 日上午开始大规模空中打击，并在 7 天后入侵古巴。但肯尼迪对此并没有把握，他竭力避免任何军事行动，他希望再等一天，等待更多的关于美国飞机遭遇的情况，等待赫鲁晓夫的最后谈判立场。

在最坏的结果出现之前，约翰·肯尼迪不想放弃努力。经过一番详细讨论，肯尼迪在 10 月 27 日致函赫鲁晓夫，信中表示，苏联必须中断、拆除在古巴的进攻性导弹基地工程，撤走导弹。作为交换，美国政府将停止隔离封锁行动，并保证不入侵古巴。

这封信由鲍勃亲手交给多勃雷宁。鲍勃明确向多勃雷宁表示，如果在 10 月 28 日苏联没有将导弹撤走，美国将在 29 日或 30 日做出某些决定——对古巴进行空袭，甚至入侵，那会导致“重大后果”。

10 月 28 日，赫鲁晓夫通过电台广播了给肯尼迪的信，以确保在某些事件引发军事行动之前，华盛顿能够迅速获知。在信中，赫鲁晓夫承诺从古巴撤除导弹从而结束苏美军事冲突的危险。

危机过后，经过 3 个星期的谈判，在 11 月 30 日时，所有在古巴的导弹发射场地已经被拆除，美国针对古巴的海上隔离封锁行动结束。肯尼迪在声明中说，赫鲁晓夫的决定是一种具有政治家风度的决定，对和平做出了重要积极的贡献。虽然导弹撤除，但卡斯特罗禁止检查人员进入古巴，因此肯尼迪不准备放弃将卡斯特罗赶下台的计划。他虽然遵守对赫鲁晓夫的承诺，没有入侵古巴，也拒绝帮助古巴流亡领导人入侵古巴，但对古巴的破坏和对卡斯特罗的行动仍然继续进行着，直到肯尼迪死后的 1963 年 11 月 22 日下午。

肯尼迪后来回忆说，10 月 27 日这天，核战争的爆发比以往任何时候离人类都近。在危机过去 40 多年后的今天，史学家们几乎一致同意，这是 45 年冷战期间最危险的时刻。古巴曾是约翰·肯尼迪失败的地点，而这次成为他成功的地点。在古巴导弹危机中，肯尼迪拒绝采取肯定会触发一场核战争的军事行动，其间所表现出来的克制，使他成了危急时刻政治家的楷模。他以一种精心斟酌过的克制、外交和对话相结合的手段，赢得了一场个人和国家的胜利。后来，肯尼迪在谈到他担任总统一职的功过时，他不无得意地说："我希望人们提到我时，就用他们提到约翰·亚当斯时所说的那句话'他保卫了和平'。"

1962 年 10 月是肯尼迪在白宫最辉煌的时刻，同时他也实现了在二战鱼雷艇部队时的愿望：在他有生之年能阻止一场战争。或许，肯尼迪在《勇敢者肖像》这本书序言中的一段话，能最好地评价他在古巴危机中的表现："他还有很长的路要走，他还要赶上很多事，但这次是顶峰，他绝不可能超过今天他所做的事情了。"

5 肯尼迪之死
KENNEDY

1963 年对于肯尼迪来说，是充满希望和幸福的一年。在成功解决柏林危机，尤其是解决古巴导弹危机后，美国民众给予这位有史以来最年轻的总统有史以来最高的支持率 82%。舆论界称肯尼迪"给了美国人对他们的总统以及与总统一起工作的团队的一种强烈的信任感"，并将他描述为一名"坚定"、"理性"、"冷静"、"意志坚强"和"技能出众"的总统。

1963 年 5 月，肯尼迪在亲人和朋友的祝福声中愉快地度过了 46 岁生日。随着 1964 年大选的临近，展现在肯尼迪面前的是更大的希望、荣耀和赞誉，当然也潜藏着阴谋、仇恨、敌对以及各种危机。

在国际问题上，肯尼迪看不到在他上任总统 15 个月以来有什么缓解的趋势，而且某些问题甚至比过去还棘手。

越南在肯尼迪外交政策中占有十分显著的位置。虽然肯尼迪在 20 世纪 50 年代曾经公开置疑西方阻止越南自主的努力，但是由于冷战的需要，肯尼迪全盘接受了艾森豪威尔的多米诺骨牌理论，认为南越的沦陷将导致整个东南亚落入共产党之手。在肯尼迪政府看来，南越和老挝的民族主义力量是"北京的代理人"，如果放弃了南越就意味着丧失了美国在该地区应对共产党的决心和信心，因此必须竭力在这一地区对共产党实行遏制，这样既显示了美国的力量，又震慑了第三世界国家的民主解放和独立运动。

肯尼迪总统在他的办公室里

1961 年春天，肯尼迪派副总统约翰逊访问越南，目的在于表明美国将继续支持南越领导人吴庭艳。8 月初，肯尼迪答应资助吴庭艳，将军队从 17 万人扩大到 20 万人。与此同时，随着越南形势的恶化，更多的白宫人员要求增派士兵去越南，同时派遣战斗部队轰炸北越。肯尼迪虽然没有公开否定这一提议，但他对美国直接承受军事义务的建议犹豫不决，他一直很怀疑在越南的军事投入会成为一个无底洞。10 月，肯尼迪派总统军事顾问泰勒、罗斯托、兰斯代尔和其他几个军方和外交官员前往越南考察，他们一群人建议，美国应当增运军事装备、增派军事顾问和派遣一支 6 000—8 000 人的小规模作战部队，在出现严重军事危机的情况下，可以增援越南政府的武装力量，抗击北越的“侵略”。

尽管肯尼迪极不情愿美国作出公开军事反应，但在国际和国内的压力面前，他还是派遣了一支特种部队进入越南，开始了美国在南越的战争。到 1963 年底，美国驻越部队已达 1.2 万人。由于美国伤亡数字的上升，公众讨个说法的要求越来越强烈。1963 年 5 月 23 日，肯尼迪在为二战中牺牲的美国军人的烈士纪念碑揭幕时，纽约市民举行了示威，他们的口号是“美国撤出越南”。1963 年 10 月，肯尼迪从越南撤回了 1 000 名士兵，并承诺至 1965 年底撤回美国驻越南的所有部队。

然而，让肯尼迪无法想象的是，在后来的15年中，越南成为除了第二次世界大战外美国军队在任何其他海外冲突中损失人数最多的地方，高达6万人；每天耗费150万美元的军费，大大拖住了美国经济的后腿；美国空军投下的炸弹总重量是第二次世界大战期间用于攻击德国、日本和意大利的两倍。

在国内方面，各种政治势力之间的关系盘根错节。政党之间，中央情报局、联邦调查局与黑手党之间，各种利益关系纠结缠绕，因此作为总统，肯尼迪必须极为小心地周旋于各种政治势力之间。

早在1960年肯尼迪竞选总统时，肯尼迪通过情妇朱迪思·坎农与黑手党党魁萨姆·贾卡纳扯上了关系。根据联邦调查局1979年公布的报告，该局的窃听装置得到了黑手党资助肯尼迪竞选的材料：他们给肯尼迪提供了一大笔竞选经费，还操纵了伊利诺斯州、芝加哥等地区的选票。在1961年的猪湾事件以及后来的“獴行动”中，中央情报局又多次雇用黑手党成员暗杀卡斯特罗。由于中央情报局和联邦调查局同这些黑手党的各种利益关系，致使他们对黑手党组织的犯罪行为视而不见，有组织的犯罪横行。

1963年，身为司法部长的罗伯特·肯尼迪加大了打击犯罪的力度。在罗伯特的敦促下，劳工领袖吉米·霍法因欺骗和贿赂陪审团受到司法部的起诉，黑手党魁首贾卡纳被联邦调查局日夜跟踪，另一位黑手党魁首卡洛斯·巴尔切罗受到审判。

罗伯特领导的司法部这一系列的动作，赢得了公众的推崇，但同时也与黑手党和其他犯罪组织结下了恩怨。吉米·霍法发誓要“干掉”肯尼迪兄弟，黑手党组织更是对兄弟俩恨之入骨。

肯尼迪兄弟与以胡佛为首的联邦调查局关系也非常紧张。罗伯特任司法部长后，第一次使联邦调查局服从司法部，这不仅使胡佛的权力受到限制，而且还断了与黑手党的交易。从此胡佛竭尽全力收集肯尼迪兄弟的证据，还在肯尼迪兄弟的住所安装窃听器。

但是，最令肯尼迪恼怒的莫过于民权领域。1954年，美国最高法院就“布朗诉堪萨斯州托皮卡教育管理委员会”一案的判决大大推动了民权运动。该案废除了长期存在的公立学校可以实行种族隔离的制度，即“隔离但平等”准则。1957年，联邦政府与阿肯色州政府在种族问题上发生了第一次重大冲突，艾森豪威尔总统派遣联邦军队才将冲突平息下去。到肯尼迪就任总统时，在南方的公共汽车上、旅店里以及学校内仍然实行种族隔离制度。

肯尼迪在当选总统前，曾批评艾森豪威尔拒绝就住宅问题采取行动，肯尼迪强调说，只要总统大笔一挥，就可以结束公助建房上的种族歧视。然而，由于担心因为民权问题影响他的整个国内计划，直到就任 20 个月后，肯尼迪才表示要实现他在大选中做出的大笔一挥的承诺，即取消种族隔离的联邦建房。肯尼迪之所以支持民权运动，在很大程度上是因为他要成为总统。时局把他推到了主动参与民权运动的行列中。

1962 年 9 月，梅雷迪斯校园血案震惊了美国。詹姆斯·梅雷迪斯是一名年轻的空军退伍士兵，从 1961 年起曾三次申请就读种族隔离严重的密西西比大学，均被拒绝，于是他就向法院控告该校实行种族歧视。1962 年 9 月 27 日，梅雷迪斯第四次试图报名入学，但被 200 名州警阻止，法院表示无能为力。结果引起一场骚乱，导致两个平民被杀，70 人受伤。肯尼迪命令，联邦军队护送梅雷迪斯到大学注册，并在全副武装的警卫保护下开始上课。1963 年春，在亚拉巴马州的伯明翰又发生了严重的种族暴力事件。数千名黑人男女和儿童在街上游行，号召废除种族歧视，警察用警犬和消防水龙头对付黑人，激起了更大的仇恨。5 月，著名的黑人民权领袖小马丁·路德·金的住宅以及住的旅店被炸。9 月，三 K 党党员在一座浸礼会教堂的地下室里进行恐怖爆炸活动，导致 4 名黑人小孩惨死。

肯尼迪再也忍受不了这种惨无人道的行径，他派遣联邦军队护送黑人学生到大学注册，并采取了一系列措施改善黑人的人权状况，并首次就种族不平等问题发表演讲。在肯尼迪的敦促下，所有的政府机构都实行了吸收少数民族的政策。鲍勃也在佐治亚大学发表了措辞强硬的演讲，他宣布自己将为争取种族平等而工作，并称赞两位黑人学生为自由战士。这是 20 世纪美国第一位司法部长在南方就民权问题发表演讲。1963 年 6 月 19 日，肯尼迪向国会提交了一项新的民权法案，增添了在公共旅馆禁止种族歧视和有关投票的条款。令人遗憾的是，这项法案直到 1965 年才成为法律。

然而，肯尼迪兄弟的行动并没有减少种族冲突的发生。在蒙哥马利，一群白人暴徒手拿棒球棒、铁链和棍棒等在公共汽车站终点站攻击民权活动家、新闻记者、摄影记者。

越来越多的黑人认同了肯尼迪。他和鲍勃在民权问题上所表现出来的政治勇气，获得了黑人的特别好感，尤其肯尼迪更是深得人心。但与此同时，肯尼迪支持民权运动的行为也激怒了许多信奉种族主义的右翼人士，引起了他们的仇恨。

在这种内外交困的条件下，肯尼迪开始为 1964 年的总统竞选四处奔波。

1963 年 11 月 21 日，肯尼迪乘坐总统专机“空军一号”从安德鲁斯空军基地起飞，离开华盛顿，开始了为期 3 天的德克萨斯之行。

临行前，许多人对肯尼迪德克萨斯之行的必要性持保留态度。德克萨斯是美国极右势力的中心，也是美国犯罪率最高的一个州。在肯尼迪预定要发表谈话的几个德克萨斯城市中，达拉斯声名狼藉，每月发生的凶杀案比英国全年还多，从 1963 年初到 11 月 20 日止，该市就发生了 110 起凶杀案，而且 70%以上是借助枪弹。在肯尼迪访问达拉斯前几个星期，带有肯尼迪画像并写着“捉拿叛国贼”字样的传单、攻击肯尼迪的各种漫画在全市随处可见。参议员威廉·富布赖特请求肯尼迪不要去达拉斯，因为那里实在太危险了。肯尼迪无奈地回答：“我也不想去达拉斯，但又不得不去。”还有许多参众两院的同事以及助手等等都提出了同样的忠告，但肯尼迪总统均未采纳。他不能不去，因为此行是应副总统林登·约翰逊之邀，本来他们之间的关系已经非常紧张，如果不去，他们的关系很可能就此恶化甚至公开分裂。这对于向来重视政府形象的肯尼迪来说，是不允许发生的。

一向不喜欢政治的第一夫人杰奎琳也将陪同丈夫一同前往。在杰奎琳陪他访问欧洲的过程中，肯尼迪已经充分领略到杰奎琳作为第一夫人的无上魅力，他要让德克萨斯州人都看到这位曾倾倒欧洲的第一夫人。

11 月 21 日，肯尼迪一行人到达德州之行的第一站圣安东尼奥，林登·约翰逊在此与肯尼迪会合。圣安东尼奥的气氛非常热烈，肯尼迪受到了民众和地方政要们最热烈的欢迎。稍作停留后，随即飞往沃斯堡，并于当夜下榻沃斯堡的德克萨斯饭店。

11 月 22 日，肯尼迪总统出席早餐会，向沃斯堡商会发表演说。在此之前，肯尼迪曾指着他发表演说的讲台对杰奎琳说：“看看那个讲台，周围有那么多大楼，如果真有人要置你于死地，特工处是无能为力的。”

22 日，将近中午时分，“空军一号”抵达达拉斯机场。肯尼迪夫妇用了10分钟与欢迎他们的人群握手致意，随即乘林肯牌敞篷车前往贸易中心赴午宴。机场的气氛是热情的，并无反肯尼迪的任何迹象。

11点50分，总统车队驶离机场。总统座车的司机是安全勤务局的特工威廉·格利尔，他旁边坐着另一个特工罗伊·凯勒曼。中间一排坐着德克萨斯州州长约翰·康纳利和他的夫人，肯尼迪坐在后座的右侧，杰奎琳在左侧。跟在总统座车后面的是一辆卡迪拉克敞篷车，上面载着8名特工。第三辆敞篷车坐着副总统夫妇和德克萨斯州参议员拉尔夫·亚巴勒。后边跟着的是赴午宴的车队。尽管有着周密的保卫措施，但总统车队途经的道路多且线路危险，而且在德克萨斯教科书仓库下面拐弯时，还须把车速放慢到每小时10英里，有人提出异议，但未被采纳。

车队将穿过达拉斯市区，驶向该市的贸易中心，肯尼迪将在那儿发表演讲。车队先驶过达拉斯的住宅区，当车队驶入横贯市区的中央大道以后，欢迎的人群变得越来越多，50万市民涌上街头欢迎总统。肯尼迪与杰奎琳始终微笑着向街道两边的人挥手致意，还曾两次命令停车，以便能和两旁欢迎的人群握手。州长夫人转身兴奋地对总统说："瞧！总统先生，您不能说达拉斯不喜欢您！"肯尼迪微笑着回答："我爱达拉斯。"

12点30分，车队驶进中央大道、豪斯顿大街和埃尔姆大街的交叉路口，在德克萨斯教科书仓库下面拐弯后，以每小时10英里的速度驶进埃尔姆大街。一名保安人员用报话机通知贸易中心，说总统的车队再过5分钟就到达。就在这时，枪声突然响起。

与此同时，肯尼迪总统头部与颈部血流如注，倒在杰奎琳的怀抱里。两枪中第一枪打中了肯尼迪的颈部，第二枪击中了肯尼迪的头部，这是致命的。杰奎琳俯在丈夫身上，惊恐地发现他的后脑勺分离出的一块颅骨上有脑浆。杰奎琳先是往后缩，接着转身对着人行道大喊："上帝啊，这是怎么回事啊？上帝啊，他们杀死了我的杰克，他们杀死了我的丈夫！杰克！杰克！"肯尼迪的鲜血浸透了他的上衣，溅到了杰奎琳身上，溅到了康纳利夫妇身上，溅到了车上所有人的身上。

在总统的座车里，坐在前排的保安人员罗伊·凯勒曼立即抓起话筒命令前面的向导车："我们遭到了袭击！快，带我们去医院！"

4分钟后，肯尼迪被送进了帕克兰医院的手术室，医生们竭尽全力想挽救肯尼迪总统的生命，但因为他头部伤势过重，没有成功。下午1点20

分，医生宣告，约翰·F. 肯尼迪总统去世了。

顷刻间，两个幼小的孩子失去了父亲，一个女人失去了丈夫，一个国家失去了领袖。作为总统，约翰·肯尼迪去过世界各地，在人潮涌动的人群中始终安然无恙，然而却死在自己国家的城市街头，这不仅是对一个人的犯罪，而且也是对一个国家人民的信念和希望的犯罪，这是全美国人民的耻辱。整个美国充满了悲愤之情，人们纷纷走上街头，询问："这是真的吗?""总统的保镖上哪里去了?"

肯尼迪之死举世震惊。作为美国历史上最年轻的总统，第一个天主教徒的总统，尽管担任总统才 2 年 10 个月，但是他在他的人民心中留下了不可磨灭的光辉形象，美国人民敬仰他的智慧、他的为人以及他的政治勇气。他是美国新一代人的楷模，他的作风、他那没有矫揉造作和浮夸虚饰的随意，成为一代美国青年效仿的对象。

不论对美国人还是欧洲人来说，肯尼迪时期是一个辉煌、传奇的时代。时间已经过去了 40 多年，但这位美国第 35 任总统仍然是许多美国人心中的一个神话人物。约翰·肯尼迪，一个天主教徒，一个亿万富翁的儿子，一个才华横溢、风流倜傥的年轻人，一位美国总统，留给他的亲人朋友以及他的人民的是长久的思念。

附录　肯尼迪大事年表

1917 年 5 月 29 日，约翰·菲茨杰拉德·肯尼迪在布鲁克林出生。

1930 年 9 月，进入坎特伯雷学校学习。

1931 年 10 月，进入乔特中学学习。

1936 年 9 月，进入哈佛大学学习。

1940 年 6 月，以优等成绩从哈佛大学毕业。7 月，《英国何以沉睡》出版，成为畅销书。

1941 年 9 月，参加美国海军。

1943 年 8 月，109 号鱼雷艇在南太平洋被日本驱逐舰撞沉，约翰·肯尼迪由于表现英勇，荣获海军陆战队的荣誉奖章。

1946 年 11 月，当选众议员。

1947 年 9 月，被诊断为阿狄森氏病患者。

1948 年 11 月，再次当选众议员。

1952 年 11 月，当选参议员。

1953 年 9 月，与杰奎琳·布维尔结婚。

1954 年 10 月，进行背部手术，险些送命。

1955 年 2 月，进行第二次背部手术，休养期间写作《勇敢者画像》。

1956 年 6 月，获得哈佛大学的荣誉学位。8 月，在民主党副总统候选人提名中败给埃斯蒂斯·凯弗维尔。

1958 年 11 月，以创纪录的 874608 票再次当选参议员。

1960 年 1 月，宣布竞选总统。7 月，获得民主党总统提名，林登·约翰逊成为肯尼迪的竞选伙伴。11 月，赢得总统选举。

1961 年 1 月 20 日，宣誓就任总统。3 月，提出著名的“反衰退计划”。4 月，猪湾入侵计划失败，成立研究猪湾惨败的特别小组增加美国在越南的驻军。5 月，提出“阿波罗登月计划”。7 月，就柏林问题发表全国电视讲话，并向国会提出增加国防预算 32.5 亿美元，增加陆、海、空三军的兵力，增加征兵额，扩大民房计划。11 月，针对古巴的“獴行动”开始。12 月，在柏林问题上同苏联恢复外交接触。

1962 年 1 月，向国会提出国情咨文，提出扩军。2 月，下令从 2 月 7 日起对古巴进行全面禁运。3月，美、英联合进行地下核试验。4月，迫使钢铁公司撤销涨价；恢复大气层核试验。10月，下令武装封锁古巴，并命令世界各地的美军处于戒备状态。11月，美苏达成协议，古巴导弹危机解除，美国解除对古巴的军事封锁。

1963年1月，提出大幅度减税，以加强各经济部门。2月，提出青年和国内和平队就业计划。6月，向国会提交全面的人权法案；先后访问联邦德国、爱尔兰、英国、意大利等国，宣扬"和平战略"并进行孤立戴高乐的活动。10月，与苏、英两国签署禁止核试验条约。11月，鼓动越南政变，吴庭艳兄弟被杀，杨文明上台。美国宣布恢复对南越杨文明伪政权的支持。同月21日，肯尼迪夫妇到达德克萨斯州进行为期3天的政治旅行，22日，肯尼迪在达拉斯遇刺身亡，年仅46岁。